林存光

1966年生，山东济宁人，山东省泰山学者，中国政法大学政治与公共管理学院教授、博士生导师，尼山世界儒学中心孔子研究院特聘专家，主要从事孔子与儒学、儒家政治哲学与政治文化、中国政治思想史等方面的教学与研究工作，著有《孔子新论》《儒教中国的形成：早期儒学与中国政治文化的演进》《历史上的孔子形象：政治与文化语境下的孔子和儒学》《政治的境界：中国古典政治哲学研究》《中国政治思想通史·秦汉卷》《"文明以止"：中华民族的人文精神与文明特性研究》《天下为公与民惟邦本：儒家两大核心政治理念的历史考察与义理阐释》《论儒教作为一种文教：孔子、儒学与儒教问题评论集》《道义、权力与政治：儒家政治哲学与政治文化论集》《孔子政治哲学研究》等。

尼山儒学文库
第一辑
总主编：杨朝明

儒学的多维诠释

林存光 著

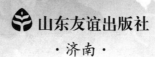
山东友谊出版社
·济南·

图书在版编目（CIP）数据

儒学的多维诠释 / 林存光著 . -- 济南 : 山东友谊
出版社 , 2022.1
（尼山儒学文库 / 杨朝明总主编 . 第一辑）
ISBN 978-7-5516-2385-8

Ⅰ.①儒… Ⅱ.①林… Ⅲ.①儒学—文集 Ⅳ.
① B222.05-53

中国版本图书馆 CIP 数据核字 (2021) 第 200591 号

儒学的多维诠释
RUXUE DE DUOWEI QUANSHI

责任编辑：赵　锐
装帧设计：刘一凡

—————————————————————————————

主管单位：山东出版传媒股份有限公司
出版发行：山东友谊出版社
　　　　　地址：济南市英雄山路 189 号　邮政编码：250002
　　　　　电话：出版管理部（0531）82098756
　　　　　　　　发行综合部（0531）82705187
　　　　　网址：www.sdyouyi.com.cn
印　　刷：济南乾丰云印刷科技有限公司

—————————————————————————————

开本：710 mm×1000 mm　1/16
印张：26　　　　　　　　字数：380 千字
版次：2022 年 1 月第 1 版　印次：2022 年 1 月第 1 次印刷
定价：95.00 元

编 委 会

总　序

2013年11月26日，习近平总书记在考察孔子研究院时指出：世界儒学传播，中国要保持充分话语权；要"大力弘扬中国传统文化"，搞好"四个讲清楚"，要引导人们更加全面客观地认识历史的中国、当代的中国，使我国在东亚文化圈中居于主动。

多年来，孔子研究院牢记总书记嘱托，依托山东省泰山学者工程、济宁市尼山学者工程，全面开展儒学人才高地建设，重点引进了一批国内外著名儒学研究高端人才。他们齐聚孔子故里，围绕儒家思想的研究与阐发，深入思考"两创"时代课题，回应时代的重大关切；他们举办"春秋讲坛"、高端儒学会讲等学术活动，与新时代儒学研究发展同步；他们参加亚洲文明对话大会、尼山世界文明论坛、世界儒学大会等国内外重要学术会议，或登台演讲，或提交论文，在不同的舞台上发出了中华文化的时代强音，握牢了儒学研究领域的话语权；他们立足"原点"，开展儒学研究，提出了许多富有创新意义的学术观点，取得了一批具有时代高度的标志性成果，展现了当代儒学研究的前沿风貌。

尼山是儒学的发源地，也是中国传统文化的重要发祥地。就像孔子"元功济古，至道纳来"那样，尼山作为孔子出生地，同样具有极其重要的象征意义。她虽然"奇不过三山，高不过五岳"，但令人仰止。可以说，尼山是"一座震古烁今的文明之山"，是"一座弥高弥新的思想之山"，是"一座栖息心灵的精神之山"，是"一座弦歌不辍的教化之山"，是"一座光耀四海的智慧之山"。2019 年 8 月，山东省整合力量，正式成立尼山世界儒学中心，确立了打造世界儒学研究高地、儒学人才集聚和培养高地、儒学普及推广高地、儒学国际交流传播高地的发展目标，新时代世界儒学的发展将从尼山再出发。

为认真解答"四个讲清楚"的重大历史与现实课题，深入做好"两个结合"文章，全面加强儒学思想文化研究，及时有效地回顾、总结、前瞻，我们将孔子研究院部分特聘专家近年来具有代表性的学术论文、研究报告、访谈演讲文稿、著作摘录等予以汇总，结集为《尼山儒学文库》（第一辑）。这些专家中，有山东省特聘儒学大家、泰山学者特聘专家、泰山学者青年专家，也有济宁市尼山学者，整体上以中国学者为主，旁涉美国、韩国学者，可以说具有很强的代表性。

《尼山儒学文库》注重思想性、学术性、时代性、普及性的统一，强调学者的学术观点和学术贡献，既有宏观的儒学元典研究，也有微观的专题思考，有助于读者了解当代儒学研究领域代表性学者之所思所想，把握新时代儒学研究的发展方向，进而反躬自省，浸润于中华优秀传统文化。我们希望读者在品读本套书的过程中，能够体悟经典、了解儒家文明、感触中华文化的独特魅力。

是为序。

杨朝明

2021 年 8 月 16 日

自序一

儒者之学的多维诠释

　　自孔子开宗立派以来，儒家学派与儒者之学历经两千五百多年的岁月，在经历无数次朝代兴革与时代嬗变的洗礼之后，迄今依然薪火传承、赓续不绝。而且，众所周知的是，孔子之学深深地扎根于上古三代优良而深厚的文化传统，由孔子开创建立的儒家思想流派可说是中华民族源远流长之优良文化传统的特有产物，尤其是，它自汉代以后又一直居于中国正统思想的主流地位。因此，像世界上其他宗教或人文的精神传统一样，孔子之学与儒家思想在历史上对中国社会生活的各个方面都发挥了一种难以估量的支配性的影响效果，而且至今仍然是一种强有力的活的文化力量。对这样一种具有重要历史影响而且迄今仍充满活力的思想流派与文化力量，采取任何一种单一的研究视角或刻板教条的看法，都可能甚至必然会得出某种偏颇的独断论观点。要之，我们需要将孔子之学以及历史上的儒家学派、儒者之学置于社会历史的总体背景之中，对其学术思想内涵及各种可能的意义进行多层次、多维度的诠释与解读。唯有如此，我们才能对"儒学"作为"一个社群的连续的叙事""一种进行着的思想与生活之道的中心"而呈现出的"一种周而复始、连续不断并且始终随机应变的传统"①，对其颇具阶段性和连续性的时代特征与精神样貌，颇具丰富性和多样性的思想内涵与实践形态，有一种多层次、

---

① [美]安乐哲：《儒学与杜威的实用主义：一种对话》，见[美]安乐哲著，温海明等译：《和而不同：中西哲学的会通》，北京大学出版社2004年版，第358页。

多维度的深刻理解与系统把握。

三十多年来，探究与诠释历史上的儒学，努力讲好孔子与儒家的故事，一直都是我学术研究的中心议题。本书乃是我近年来致力于这一尝试所取得的部分成果，共收录长短文章二十五篇，按内容大体分为四组。其中，除了少数几篇之前的文章外，绝大多数是我自2016年至今受聘为山东省"泰山学者"和中国孔子研究院特聘专家后撰写和发表的作品。

第一组是对孔子与儒家一些重要基本理念的阐释和解读，收入相关文章六篇。

自孔子兴办私学，至战国之世私人讲学蔚然成风，诸子百家各自开宗立派、竞相争鸣，形成了中国古代思想史上思想最自由的"黄金时代"。在此时代环境之下，诸子百家得以在思想观念上充分展开，提出各种各样的理论主张，以期干预时政、影响整个时代的发展走向。然而，诸子百家之所以能够各立宗主，创建各自的思想观念体系，提出自家系统的理论主张，决非仅出于某种浮浅空泛的论说，而是有其充分、可靠而深刻的理论依据，其理论依据就是各家独具特色且具有重要理论意义的核心概念与基本理念，如孔子儒家之道、学、政、仁、义、礼和修身以道、学为君子、和而不同、文明以止等，老庄道家之道法自然与法天贵真等，墨家之天志仪法、兼爱非攻、尚同一义、尚贤节用等，法家之法、术、势和信赏必罚、利出一孔等。不同的核心观念与基本理念构成了各家思想观念体系和系统理论主张的各自不同的灵魂。故近十年来，我有意识地尝试抽绎、提炼出一些孔子和儒家的重要基本理念加以深度阐释和系统解读，以期对孔子与儒家之学的思想内涵及其理论意义获得一些富有启示意义的实质性理解。按照原来的研究写作计划，我本打算就孔子和儒家的理念撰写若干系列文章后单独结集汇编成《儒家的理念》一书，但因须完成本书的编辑出版任务而不得不放弃原来的计划，把原来已写出的部分相关文章放到本书中作为第一组文章，把原计划中有关"体认天理"（"二程"）和"信得良知"（王阳明）两大理学理念的阐释和解读放到本书第三组文章中。对孔子儒家一些重要理念如"文明以止""天下为公"和"民惟邦本"所做的深入阐释与系统解读，已收录到本人所著的《"文明以止"：中华民族的人文精神与文明特性研究》（学习出版社2016年出版）和《天下为公与民惟邦本》（学习出版社2017年出版）两书中，请读者朋友参阅。

第二组是对儒家政治哲学与政治智慧的探究和解读，收入相关文章五篇。

我在拟定的"泰山学者特聘专家工作计划书"中曾提出："在今天，儒学必须有益于或有助于促进而不是阻碍民主政治的实现，这样，它才能真实实现创造性的现代转化，并重新焕发其创新性发展的思想活力。为此，我们必须'重建'儒学的范式，这既不是'复辟'，也不是'复兴'，正如德国著名哲学家哈贝马斯所言：'复辟似乎意味着回到在此期间已经腐朽了的最初状况上。……复兴似乎意味着对一种在此期间已被人们所抛弃了的传统的更新。……我们所说的重建是把一种理论拆开，用新的形式重新加以组合，以便更好地达到这种理论所确立的目标。这是对待一种在某些方面需要修正，但其鼓舞人心的潜在力量仍旧（始终）没有枯竭的理论的一种正常态度。'[①]复辟只是出于一种教条主义的兴趣，复兴从针对近百年来对儒学传统的彻底蔑弃的角度而言固然有其必要，但不是根本的目的，而且全面复兴的诉求亦不可取，因此，真正正常且合理的对待儒家传统或儒学思想资源的立场和态度应是创造性地重建儒学范式。在我看来，孔子与早期古典儒学为儒家思想的源头活水，因此，必须以古典儒学为本，来创造性地重建儒学范式。"这表

---

① ［德］尤尔根·哈贝马斯著，郭官义译：《重建历史唯物主义》，社会科学文献出版社2000年版，第3页。

达了本人多年来所秉持的一贯立场和基本态度，而且，我认为，有鉴于"大陆新儒家"特别是"政治儒学"鼓吹者的种种妄言谬说，在儒家政治哲学方面的理论重建工作尤其显得急迫和必要。为此，我们首先必须对孔子和古典儒家的政治哲学与政治智慧有一种深切的理解和恰当的诠释。

孔子之前，已有"以贤得民"和"以道得民"（《周礼·天官冢宰·大宰》）的师儒之官，而孔子卓然创办私学而"以师儒立教"，且"设为以德致位之教，传弟子以治平之术"①，可以说孔子儒家天然就具有一种关切政治的深厚情怀。然而，孔子儒家所关切和理解的"政治"，显然决非一般意义上所谓纯粹的"权力政治"，即"那种不顾理想，只以权势、欺诈和无情地运用权力为基础的政治"②，而是以志道为学、修身正己为条件，以道德教化、礼义引导为方法，以安人化人、治平天下为目标的政治。因此，在孔子儒家的思想视域中，道学政、内圣外王、修齐治平之间皆有密不可分、一体相关或层层递进之关系，为学即从政，从政即须道义担当，道义担当即意味着应造福人民大众。正唯孔子儒家"固以政治教育合一为职志"，故"孔子终身为教育活动，即终身为政治活动"③。反之，孔子儒家亦力主"建国君民"者须当"教学为先"，而君子为政尤须由"学"以"化民成俗"（《礼记·学记》）。生当诸侯力征、暴力横行的晚周衰乱之世，孔子儒家不仅汲汲于以孝悌亲亲、仁民爱物之道救世，而且怀抱着天下为公、民胞物与的公共情怀与博大胸襟，追求实现天下大同和天下一家的终极理想与根本目标，故孔子倡言仁者爱人、为政以德之教旨，《大学》揭櫫明德亲民、修齐治平之治道，孟子彰明以德服人、保障民生之王道仁政，荀子力主明分使群、群居和一之君道礼治。所有

① 萧公权：《中国政治思想史》，新星出版社2005年版，第1、48页。
②［美］乔万尼·萨托利著，冯克利、阎克文译：《民主新论》，上海人民出版社2015年版，第71页。
③ 梁启超：《先秦政治思想史》，东方出版社2012年版，第228页。

这一切，究竟是仅仅说明了他们思想的"迂远而阔于事情"（《史记·孟子荀卿列传》），还是恰恰体现了他们对"政治"之真义抑或"政治"之究为何物的真正理解？真正的"政治"，究竟是崇教化、重礼乐，以德服人，居仁由义以治平天下的经世安民之道，还是恃威势、弄权谋，以力服人，使用严刑峻法以把持天下的驭世统治之术？于此而不能深思明辨，于此而不做深切体会，屑屑于轻议妄谈孔子儒家之政治哲学与政治智慧，恐不免于浮泛皮相之见而难以得其要领与真义。我近年来一直特别用心慎思于此，故将思考和论述这一问题的若干文章收入本书编为一组，意在凸显这一问题的重要性，同时亦希望读者朋友通过此数篇文章对本人之用心能够略有体味。至于对孔子政治哲学的系统诠释与全新解读，请读者朋友参看我的《孔子政治哲学研究》（学习出版社 2019 年出版）一书。

第三组是对儒家信仰与宋明理学的初步论述和诠解，收入相关文章四篇。

如所周知，我们生活在一个改革开放、追逐梦想的时代，这是一个激扬梦想的伟大时代；同时，我们也生活在一个充满挑战的时代。激扬梦想，需要理想信念的正确指引；充满挑战，需要重新寻回道德信仰的支撑。在历史上，作为中国学术思想的主流，孔子儒家在培育、塑造和引领中国人崇德向善的理想信念方面，可谓厥功至伟。孔子儒家以仁义礼智信之"五常德"为核心的道德信仰，尤其体现了中国人最深沉的精神追求和最牢固的文明习性。然而，探本溯源，孔子儒家之崇德向善的理想信念及其以"五常"为核心的道德信仰，说到底也正体现了他们对于人生亦即人之为人之基本特质的根本认识，即人生来乃是一团活物，人之首出庶物而为万物之灵、天地之心，就在于他天赋的良心善性或其与生俱有的"性之善"与"心之灵"，诚如钱穆先生所说，"'性之善'，'心之灵'，此是中国人对人生之两大认识，亦可说是两大信仰"①。这两大信仰可说最能体现或彰显孔子儒家对于人类自身之道德本性的善良和人心良知之虚灵明觉的自信，孔子之"贵仁"，孟子之"道性善"，宋明儒者之体认天理、指点良知，其实皆是意在激发和唤醒人对自身天赋固有的良心善性或道德本性的自觉自信。作为初学者，基于对儒家信仰的这一粗浅理解而力求对宋明理学的思想脉络与义理内涵做出自己的阐释和诠解，是我近年来自觉而有意识地在学术上做出的一项初步的努力和尝试。

第四组是对儒学之历史命运、当下趋势与未来走向的一些思考和评论，收入相关文章十篇。

这一组文章多为随机性的应时之作，然而这些单篇散论却在一定意义上构成了一个系列，足以体现我多年来一直关注和思考的儒学史上的许多重要、复杂且难以回避的问题。那么，究竟是一些什么样的问题一直令本人忧思与困惑呢？不妨在此列举一二，深切希望这些问题能够引起读者朋友的共鸣与进一步的思考。

问题一：两千五百多年以来，儒学在中国历史上薪火传承而赓续不绝，其生命力亦即其影响世界之力量的源泉究竟来自哪里？假权势以迫人信从，抑或源自这样一份矢志不渝、坚韧而笃定的充分信心，即儒之为学足以启发和激励人类善良光明之德性，感化和转变人类幽暗贪恶之气质②，而且儒家之君子修养自身乃至齐家、治国、平天下最有力的凭借正是基于他对自己人性的真切体认。毋庸讳言，我本人的看法更倾向于后者，因为在我看来，单纯就学术思想本身的影响深远之生命力而言，我们不能不承认孔子之学与儒家之道中蕴含着许多迄今仍然值得我们严肃对待和认真鉴取的精神的合理内核与思想的丰富资源。但这实在又是一个不易回答的问题，因为它还关涉到

---

① 钱穆：《钱宾四先生全集》第24册《中国思想通俗讲话》，联经出版事业公司1998年版，第36页。

② 如《礼记·礼运》曰："用人之知，去其诈；用人之勇，去其怒；用人之仁，去其贪。"

一个更加令人困惑的问题，即问题二：究竟应如何看待道与势之间的关系？据《孔子家语·致思》记载，孔子生前曾感叹说："季孙之赐我粟千钟也，而交益亲；自南宫敬叔之乘我车也，而道加行。故道虽贵，必有时而后重，有势而后行。微夫二子之贶财，则丘之道殆将废矣。"孔子卒后，有弟子子贡"结驷连骑，束帛之币以聘享诸侯，所至，国君无不分庭与之抗礼"，故汉家太史公司马迁评之曰："夫使孔子名布扬于天下者，子贡先后之也。此所谓得势而益彰者乎？"（《史记·货殖列传》）汉儒刘向更直言不讳地讲："道非权不立，非势不行，是道尊然后行。"（《说苑·指武》）此最足以代表汉儒的一种通见共识。然而，儒家之道虽可以假权势以尊而得到推行，却也可能久假而不归乃至最终蜕变、沦落为权势的婢女或仆从，但不管怎样，道与势之间的紧张、矛盾与冲突始终是难以完全消解掉的，以至于宋明时期的理学家尽管普遍抱持并不断阐扬一种鲜明而强烈的传承道统的自信和道（或理）尊于势的信念①，而当他们热烈地追求得君行道的理想时，却由于行道之君之难得其人和皇权的内在限制两个方面的因素，终究导致了其理想不得不趋于幻灭。那么，究竟应如何恰当地看待和妥善地处理道与势或学术与现实政治之间的关系问题呢？现代新儒家代表人物徐复观先生在深刻反思的基础上提出的如下观点或许对我们具有十分重要的启示意义："通观古今中外，学术与现实政治，必有一相当距离，使其能在社会上生根，学术乃有发展可言，政治乃能真得学术之益。"②

---

① 如宋儒周敦颐曰："天地间至尊者道。"（《周敦颐集·通书·师友上》）明儒王艮曰："圣人以道济天下，是至重者道也。"（《黄宗羲全集·明儒学案·泰州学案一》）明儒吕坤则曰：天地间，惟理与势为最尊。虽然，理又尊之尊也。庙堂之上言理，则天子不得以势相夺。即相夺焉，而理则常伸于天下万世。故势者，帝王之权也；理者，圣人之权也。帝王无圣人之理，则其权有时而屈。然则理也者，又势之所恃以为存亡者也。以莫大之权，无僭窃之禁，此儒者之所不辞而敢于任斯道之南面也。（《呻吟语·谈道》）
② 徐复观：《两汉思想史》（第二卷），华东师范大学出版社2001年版，第264页。

问题三，撇开道与势的关系不谈，仅就儒之为儒（包括儒之为人和儒之为学两个方面）而言，两千五百多年的儒学史又究竟告诉了我们什么呢？时移世异，儒之为人与为学在两千五百多年的历史上所呈现出来的样貌与异相，真可谓千差万别，实在是一言难尽。针对不同的社会境况，不同的政治际遇，不同的时代趋向，不同的精神氛围，儒者之个性品格、价值追求、学识操守、身份地位固难以强求一致，儒学之学术立场、思想取径、理论形式、意义境界更不易整齐划一。如此纷繁复杂的历史人文现象，最须吾人审慎地运用知人论世的学术眼光加以客观冷静的探究和辨析，切不可一概而论。

孔孟讲学立教之初，居列国纷争之乱世，标举学者为己之宗旨，高扬仁义道德之理想，揭橥教民化世之目标，目的在教诲和训谕世人为学之真谛、人格之修养和治世之鹄的，其"'君子儒'之理想"，不可谓不"至为高尚美大"，但"专制时代之君臣，虽推尊孔子，表章儒术。其实断章取义，别具私心，存其仁义之言辞，略其封建之背景，忘其平阶级之宗旨，遗其君子儒之教义"①。"君子儒"与"小人儒"之名义始自孔夫子之严辨区分，孔孟居列国纷争之乱世，为求家国天下之优良治理而高扬尊德贵民之理想，实"欲化小人儒以为君子儒"②；而后世之儒处一王独尊之时代，为维护一家一姓之特权统治而特重纲常名教之信条，故"每'并与仁义而窃之'，借君子之名以遂其小人之实"③。除了儒分君子与小人之外，孔子之后"儒分为八"，《礼记·儒行》借孔子之口如数家珍地胪列的儒之高尚可贵的德行品格更是达十七种之多，另外儒之流品还有博、通、雅、大、真与愚、陋、俗、贱、偷、腐、小、伪等种种之分别。而且，既有执经守道的民间之儒，亦有曲学阿世的庙堂之儒，还有身在草野而心想庙堂之儒；既有通一经一艺的传经之儒或

① 萧公权：《中国政治思想史》，新星出版社2005年版，第37—38页。
② 萧公权：《中国政治思想史》，新星出版社2005年版，第38页。
③ 萧公权：《中国政治思想史》，新星出版社2005年版，第38页。

寻章摘句以谋功名利禄之儒，亦有学贯天人[①]、经天纬地以求济世安民之儒，更有"以语录为究竟，仅附答问一二条于伊、洛门下，便厕儒者之列，假其名以欺世"[②]之儒。可见，在历史上，儒者之名目不同如斯，足以令人感叹，毕竟两千五百多年的岁月足够其繁衍、生长和呈现出各种不同的本相来。时至现代，儒者之名又被赋予了新的意涵，如贺麟先生曰："何谓'儒者'？何谓'儒者气象'？须识者自己去体会，殊难确切下一定义，其实也不必呆板说定。最概括简单地说，凡有学问技能而又具有道德修养的人，即是儒者。儒者就是品学兼优的人。"[③]而牟宗三先生则曰："学为人、学为成人，此是抽象之泛说。若一落实，则'学为人''学为成人'之道即儒道耳。儒者点出'人成其为人''成人成其为成人'之途径，以为必自觉地印证自家生命中之理性本体，然后人始能从自然生命转为精神生命，而有真实的人生，真实的人之完成，真实的成人之完成。儒之所以为儒即在能代表而实践此途径。凡肯认而又实践此途径者，皆儒耳。……菩萨不只低眉，亦有怒目也。……只要顶得住，则或狂或狷，或豪或侠，或酒或色，皆不碍其为儒。"[④]

　　然而，不管儒者之名号与面目如何不同，儒之为学却似乎并不像儒之为人那样名目繁多而异相丛生，虽然儒家之学术思想亦随时而异，然大体言之，亦不过先秦之儒学、汉唐之经学、宋明之理学与现代之新儒学诸种形态而已。因为儒学之生久矣，虽时盛时衰，时断时续，或被燔灭焚坑，或受尊崇表章，或遭遇到充满敌意的时代环境，或生存在充满善意的社会氛围，然而唯有那些能够坚守独立治学之品格并致力于创造性思维的儒者才能够真正适应时代之需要而成就儒学创新的事业，促进儒学的蜕变与新生，乃至在理论上赋予

---

① 汉儒扬雄曰："通天、地、人曰儒。"（《法言·君子》）
② 黄宗羲：《黄宗羲全集》（第二十册），浙江古籍出版社2012年版，第450页。
③ 贺麟：《儒家思想的新开展》，见《文化与人生》，商务印书馆2015年版，第12页。
④ 牟宗三：《政道与治道》，吉林出版集团有限责任公司2015年版，第243、244页。

儒学新的生机与形态。不过，世事难料，儒学在今日，十数年间竟然纷然杂出，涌现出了各种各样的"儒学"，有心性儒学、政治儒学、文化儒学、生活儒学、制度儒学、教化儒学、学术儒学、人文儒学、社会儒学、应用儒学、情感儒学、自由儒学、角色儒学、宗教儒学、官方儒学、民间儒学、平民儒学、民本儒学、乡村儒学、企业儒学、社区儒学、书院儒学，乃至还有山东儒学、贵州儒学、浙江儒学、上海儒学，等等，不一而足。① 今天，似乎任何人只要能够"立一说、标一旨"，即可"名为大儒"，并宣称自己又发明了一种从古未有的一种什么"儒学"，"儒学"名目之多之滥真可谓未有甚于此时者也！今天，我们真的是再也不缺少这样那样的"儒学"了。但是，试问：这究竟是一种令人叹为观止的儒学繁荣景象，还是一种让人感到莫名惊诧的儒学怪异乱象？而且，我们是否还缺少点什么呢？譬如，对"儒学"的真实见解与切实践履。还有就是，这些不断涌现出来的各种各样的"儒学"，究竟让我们看到了儒学创新的生机与希望乃至让世人不敢再"以儒为戏"，还是让我们体味到了今人是多么喜欢在自家书斋中"杜撰"出各种各样的"廉价儒学"的词语游戏乃至为世人又重新提供了"以儒相诟病"的谈资与口实？

如果溯其源流，各种各样"儒学"名目的涌现，其始盖由倡立"政治儒学"之名者肇开其端。一人倡之，众人和之，气相激而意相随，乃至"对于表达新颖观点的狂热促使人们胡言乱语"②，从而导致了上述现象骤然的爆发式涌现。人们纷纷"杜撰"出各种各样的"儒学"名目，以为儒学创新者在此，

---

① 参见李宗桂：《儒学发展态势和前景展望——以2004年以来为范围》，《孔子研究》2018年第4期；姚新中：《应用儒学的兴起——儒学创新发展的趋势与愿景》，《孔子研究》2018年第4期。

② ［英］戴维·威廉姆斯编，李竞、李媚译：《伏尔泰政治著作选》，中国政法大学出版社2014年版，第73页。

遂致世人只知这样那样的"儒学",或许竟已不知真正的"儒学"究为何物。真可谓今日之中国非无儒也,似儒非儒者杂之,而有儒如无儒也。在这些似儒非儒的各种各样的"儒学"中,最具争议性和富于蛊惑性的莫过于所谓的"政治儒学"了。试看倡言"政治儒学"者之谰言无忌,其置国体民命于不顾,而亟欲以中国试吾说,曰:"中国必须再儒化!"其意无非是要恢复儒学之"王官学"的绝对权威地位,或立"儒教"为"国教",以期重新建立或复辟"政教合一的儒教国家"。殊不知"以天下而试吾说,玩人丧德之大者也"(王夫之《思问录·内篇》)!依本人之见,时移世易,在今日,中国不须再儒化,给儒学一个在思想自由的激流中"灵根再植"而大放异彩的机会,那或许才是儒学生命力的真正的试金石!或者就像宋儒"寻孔颜乐处"那样,如果有人在践行真正的儒者之学时,能够体会到一种"来自于健康的心灵"而"不假借于名位,不托附于财富"的"喜悦"①,那才是真正的儒家呀!不知读者朋友赞同我的这一看法否?

　　以上各组文章,其内容与问题彼此相关和交织,所论有欠妥不当之处,期盼读者朋友给予批评指正!

林存光

2020 年 2 月 4 日

---

① 韦政通:《中国思想传统的创造转化:韦政通自选集》,云南人民出版社 2002 年版,第 139 页。

自序二

以儒学为业
——试说儒家与儒学家

一、何谓"以儒学为业"

德国社会学家马克斯·韦伯曾发表过两篇著名的演说——"以学术为业"和"以政治为业",深刻阐述了作为一种职业意义上的学术与政治究竟意味着什么。在我看来,我们亦可仿韦伯之意而就"以儒学为业"的问题发表一些个人看法,以期引发人们对该问题的关注以及进一步的思考与讨论。

如果我理解得不错的话,韦伯所说的"业"主要是指"职业",然似亦含有"志业"的意味,因为对韦伯来讲,无论是学术还是政治的职业,都要求从事者为之献身或负责。换言之,韦伯所论说的乃是一个人决定献身于学术或政治并以之作为职业究竟意味着什么的问题。而我所谓的"以儒学为业",同样包含这样两层含义,它既指以儒学为职业,同时亦指以儒学为志业。不过,"职业"和"志业"在意涵上可能存在明显的差异,前者多指人们所从事的某种作为谋生手段的工作,而后者则指人们依照自己的志趣所从事的某项值得为之献身的有意义的事业。

对上述两种含义加以明辨区分,也许能够使我们更好地理解"职业"与"志业"之间分与合的问题。比如,具体就某个人而言,其所选择的"职业"与其所欲从事的"志业"一开始可能恰好就是一致的,但更多的时候却可能是不相关的,但由于长期从事某种"职业",随着时间的增长,有时人们也常常逐渐地对其产生一种深深的情感与认同，以至于"职业"最终变成了"志业"。

就"以儒学为业"而言，我们可以首先从职业的意义上来理解，亦即它首先是指以儒学研究为业，而且在今天儒学研究无疑首先是一项具有学术性质的工作。因此，儒学研究像其他的学术研究工作一样，在职业意义上必然受到现代大学教育和学术体制的一般外部环境的制约和影响，同时，研究者也理应遵循现代学术研究的内部规范与职业操守要求。按照韦伯"以学术为业"的观点，我们今天所处的是一个"世界已被除魅"的理性化和理智化的时代，"它的命运便是，那些终极的、最高贵的价值，已从公共生活中消（销）声匿迹，它们或者遁入神秘生活的超验领域，或者走进了个人之间直接的私人交往的友爱之中"①，因此，在今天，"作为'职业'的科学，不是派发神圣价值和神启的通灵者或先知送来的神赐之物，而是通过专业化学科的操作，服务于有关自我和事实间关系的知识思考"②。正唯如此，对从事科学性职业或专业化的学术教育的教师来讲，"无论是谁，只要他是一名正直的教师，他的首要职责就是教会他的学生承认'令人不舒服的'事实"，亦即"那些相对于他们的党派观点而言不舒服的事实"③，这就是"价值的多元性"。换言之，在课堂上，教师不应扮演领袖或充当先知的角色，"在课堂里，唯有理智的正直诚实，才是最有价值的美德"④。从科学性职业或专业化学术教育的

---

①［德］马克斯·韦伯著，冯克利译：《学术与政治》，生活·读书·新知三联书店1998年版，第48页。
②［德］马克斯·韦伯著，冯克利译：《学术与政治》，生活·读书·新知三联书店1998年版，第45页。
③［德］马克斯·韦伯著，冯克利译：《学术与政治》，生活·读书·新知三联书店1998年版，第39页。
④［德］马克斯·韦伯著，冯克利译：《学术与政治》，生活·读书·新知三联书店1998年版，第49页。

意义上讲，我认为，韦伯所强调的所有这些，都同样适用于"以儒学为业"者。

然而，在当代中国，"以儒学为业"（或以儒学研究为业）似已不仅仅是一种谋生的职业，甚至也不仅仅是一种科学性或专业化的学术教育问题，它已逐渐变成了一种值得为之献身的"志业"，甚至是一种党派性很强的"志业"，或者也可以说，对许多从事儒学研究的学者或教师来讲，"以儒学为业"逐渐由"职业"的含义变成了一种人生的"志业"，乃至在课堂上，不再仅仅局限于"知识思考"的意义，而是开始从价值和文化认同的立场讲授、宣传和弘扬儒学。后一类人显然多从前一类人发展而来。而当有一类人开始自称为"儒家"或被人称为"大陆新儒家"时①，今日中国儒学界的情况也就变得更加错综复杂了。因为这些所谓的"儒家"或"大陆新儒家"已不甘心于只是在课堂上宣传和讲授儒学，而是以更加决绝和坚定的态度与立场，开始公然充当儒家先知或中国的精神领袖，罔顾"令人不舒服的""价值的多元性"的事实，不仅向世人派发只准人们信仰而不许人们质疑的绝对唯一"政治正确"的儒学价值观，而且在当代中国的公共生活中高调现身，极力鼓吹政治化和宗教化的"儒学儒教观"，甚至公开主张"立儒教为国教"或重新建立政教合一的"儒教国家"，实行"儒士共同体专政"。对这样的"儒家"而言，"儒学"不可能只是一种学术性的"职业"，亦即"儒学研究"不可能仅仅是一种专业

---

① 如方克立先生所说："中国的现代新儒学运动，从'五四'至今已有三代人薪火相传，大体上经历了三个发展阶段。我认为以甲申（2004）年7月贵阳阳明精舍儒学会讲（或谓'中国文化保守主义峰会'）为标志，它已进入了以蒋庆、康晓光、盛洪、陈明等人为代表的大陆新生代新儒家唱主角的阶段，或者说进入了整个现代新儒学运动的第四个阶段。因此我建议在继续推进对前三代新儒家思想研究之同时，还要开始重视对第四代新儒家（即大陆新生代新儒家）所倡导的'大陆新儒学'的研究，这一研究对儒学和新儒学的未来发展可能具有更加重要的现实意义。""大陆新儒学作为一个新的发展阶段，毕竟还有其不同于港台新儒学的特点，从目前的表现来看，它至少有两点'新发展'：其一是从'心性儒学'走向'政治儒学'；其二是从'复兴儒学'走向'复兴儒教'。"（《中国文化的综合创新之路》，中国社会科学出版社2012年版，第432—433页。）

化、具有知识论性质的"学术"或"科学"工作，而只能是一种绝对的价值信念性质的问题，是一种需要全面复兴而值得为之献身的政治性和宗教性的"志业"。说到底，对他们而言，"以儒学为业"已不再是"以学术为业"，而是"以宗教为业"或"以政治为业"。

二、秉持"信念"而不负"责任"的"儒家"

正如韦伯所说，"以宗教为业"意味着秉持或恪守一种不问"后果"的"绝对伦理"或"信念伦理"，与之不同，"以政治为业"则意味着应秉持或遵循一种为自己行为的可能后果负责的"责任伦理"。这两种指导人们行为的伦理准则，"有着本质的不同，并且势不两立"，换言之，"恪守信念伦理的行为，即宗教意义上的'基督行公正，让上帝管结果'，同遵循责任伦理的行为，即必须顾及自己行为的可能后果，这两者之间却有着极其深刻的对立"；当然，"这并不是说，信念伦理就等于不负责任，或责任伦理就等于毫无信念的机会主义"，但比较而言，"信念伦理的信徒所能意识到的'责任'，仅仅是去盯住信念之火……不要让它熄灭。他的行动目标，从可能的后果看毫无理性可言，就是使火焰不停地燃烧"①。

那么，何以"以政治为业"须遵循"责任伦理"呢？这与韦伯对"政治"的独特理解密不可分。依韦伯之见，"国家是这样一个人类团体，它在一定疆域之内（成功地）宣布了对正当使用暴力的垄断权。……因此对于我们来说，'政治'就是指争取分享权力或影响权力分配的努力，这或是发生在国家之间，或是发生在一国之内的团体之间"②。韦伯由这样一种对"国家"与"政治"的独特理解，所推导出的一个自然而必然的结论就是："政治的运作，

---

① [德]马克斯·韦伯著，冯克利译：《学术与政治》，生活·读书·新知三联书店1998年版，第107—108页。
② [德]马克斯·韦伯著，冯克利译：《学术与政治》，生活·读书·新知三联书店1998年版，第55页。

要依靠以暴力为后盾的权力这种十分特殊的手段"，而"正是人类团体所运用的这种正当暴力本身所具有的特定用途，决定着政治中一切伦理问题的特殊性"，亦即"任何想从事一般政治的人，特别是打算以政治为业的人"，"他这是在让自己周旋于恶魔的势力之间，因为这种势力潜藏在一切暴力之中"，有时为了"获得'善的'结果"，"他为此不得不采用道德上令人怀疑的、或至少是有风险的手段，还要面对可能出现、甚至是极可能出现的罪恶的副效应"，因此，这也要求他"必须认识到这些道德上的两难困境。他必须明白，对于在这些困境的压力之下他可能发生的变化，要由他自己负责"①。通俗地讲，权力意味着责任，以正当暴力为后盾的权力意味着必须为自己的行为付出和承担相应的代价与责任，真正的政治家，是面对现实的"道德困境"仍愿意"以政治为业"并负责任地努力做点什么的人，因为"政治是件用力而缓慢穿透硬木板的工作，它同时需要激情和眼光。……一个人得确信，即使这个世界在他看来愚陋不堪，根本不值得他为之献身，他仍能无悔无怨；尽管面对这样的局面，他仍能够说：'等着瞧吧！'只有做到了这一步，才能说他听到了政治的'召唤'"②。相反，"在政治领域里，致命的罪过说到底只有两种：缺乏客观性和无责任心，这两者虽不总是，也常常是一回事。虚荣心，个人尽可能站在前台被人看清楚的欲望，强烈地诱惑着政治家犯下这两种过失。……对政治力量最有害的歪曲，莫过于像暴发户一样炫耀权力，无聊地沉醉在权力感之中，和一般来说对权力本身的所有崇拜"③。

由上可见，韦伯所理解的"政治"可以说就是一种现实的"权力政治"，

①［德］马克斯·韦伯著，冯克利译：《学术与政治》，生活·读书·新知三联书店1998年版，第105、108、112、114页。

②［德］马克斯·韦伯著，冯克利译：《学术与政治》，生活·读书·新知三联书店1998年版，第117页。

③［德］马克斯·韦伯著，冯克利译：《学术与政治》，生活·读书·新知三联书店1998年版，第101—102页。

但这与美国学者萨托利所说的"权力政治"，即"指那种不顾理想，只以权势、欺诈和无情地运用权力为基础的政治"①，又有着本质的不同，韦伯所谓的"权力政治"是指那种遵循责任伦理、审时度势而负责任地运用以正当暴力手段为后盾的权力为基础的政治。以此作为参照，也许我们可以更好地理解"大陆新儒家""以儒学为业"的真实的宗教和政治含义。毫无疑问，"大陆新儒家"所秉持的正是韦伯所谓的那种不问"后果"的"绝对伦理"或"信念伦理"，他们所能意识到的"责任"不过就是仅仅盯住儒学信念之火而不要让它熄灭，或者使儒学信念的火焰不停地燃烧。正唯如此，他们以"教主"自命或汲汲于充当煽动性的"先知"，不仅像暴发户一样自我标榜和炫耀自己"我们儒家"的身份，而且"像暴发户一样炫耀权力，无聊地沉醉在权力感之中"，沉醉在"对权力本身的所有崇拜"中；他们立场鲜明，态度决绝，亟欲以儒学"儒教"取代马克思主义，或者急切地希望借助国家政权的力量立"儒教"为"国教"，重新恢复儒学在历史上曾经拥有和享有的独尊性的"王官学"的绝对权威地位，以期建立或复辟"政教合一的儒教国家"。他们在自家书斋中想当然地"杜撰"出这些"儒化中国"的宗教与政治方案，并亟欲以中国而试吾说，曰："中国必须再儒化！"殊不知"以天下而试吾说，玩人丧德之大者也"（王夫之《思问录·内篇》）！很显然，这些所谓的"儒家"完全不顾思想、文化与价值之多元多样性的事实，坚称解决或应对当今中国面临的所有问题或难题的"唯一办法"就是"复兴儒学"，而且虽然口口声声鼓吹什么"政治儒学"，其实他们对韦伯所谓现实"权力政治"的本质却缺乏客观而深切的了解与反省，所以也不可能真正理解自己所应负的"政治责任"为何物，天真地以为只要借助国家政权的力量将"儒教"立为"国教"，似乎一切便万事大

---

① [美]乔万尼·萨托利著，冯克利、阎克文译：《民主新论》，上海人民出版社 2015 年版，第 71 页。

吉了。在我看来，从"责任伦理"的意义上讲，秉持如此这般"信念伦理"的所谓"儒家"，对于儒学创新或者儒学在当今中国的创造性转化和创新性发展不可能做出什么实质性的贡献，因为他们绝对而纯粹的"信念伦理"只能使他们成为不问"后果"、不负责任的"儒家"，或者只能使他们成为当今中国的一种"狂热的宗派"！

三、儒家 VS 儒学家

王国维先生尝言："今日之时代，已入研究自由之时代，而非教权专制之时代。"① 然而，秉持绝对"信念伦理"的"大陆新儒家"却一味地向人们宣示这样一种儒学一元独尊和"儒教"至上论的儒家主义的激进立场与信念：在当今中国，在所有现实的和可能的思想—意识形态方案中，"儒化"是一种更好的甚至最好的选择，因为"中国人天然是儒家"，因此，信仰儒教比信仰马克思主义更符合中国人的文化习性，而且，儒家"王道政治"优越于西方自由民主政治，只有"政治儒学"或被重新建制化地立为"国教"的"儒教"才是能够解决当今中国所面临的一切问题的万灵药方或唯一正确的"全能教义"。

不过，也正如马克斯·韦伯所说："'从学术上'为实践方面的立场作鼓吹是不可能的，这有着极为深刻的原因。从原则上说，这样的鼓吹没有意义，是因为世界上不同的价值体系有着相互冲突的立场。"② 价值信念之间的相互冲突也就是"诸神之间无穷尽的斗争……意味着对待生活的各种可能的终极态度，是互不相容的，因此它们之间的争斗，也是不会有结论的。所以必须

① 王国维：《奏定经学科大学文学科大学章程书后》，见姚淦铭、王燕编：《王国维文集》（第三卷），中国文史出版社1997年版，第71页。

② ［德］马克斯·韦伯著，冯克利译：《学术与政治》，生活·读书·新知三联书店1998年版，第39页。

在它们之间做出抉择"①。而且，无论是西方还是中国，不仅我们今天所处的现代世界是一个价值多元化的时代，即使上溯到两千多年以前，人们所处的也同样是一个价值多元的世界。

从历史的层面来讲，"儒"本来是一种致力于相礼和教育的职业，经由孔子的改造发展才逐渐形成了"儒家"这个学术思想流派和"志业"意义上的"以儒学为业"。如果我们承认孔子才是创立了儒家学派的宗师，那么，说"中国人天然是儒家"便是毫无意义的，因为孔子之前的中国人依然是中国人而不一定是儒家，即使是孔子之后的中国人也同样如此。也许主张"重建儒教"的人会说，"儒教"早在孔子之前就被伏羲创立并已经存在延续了几千年，但这一说法不过只是出于其个人的信念抉择而已。在孔子的时代，孔子本人已经明确而深切地意识到"道"是多元而相互冲突的，"道不同，不相为谋"（《论语·卫灵公》），这是孔子对价值多元之现实世界状况的真实描述与切身体会。在孔子之后的诸子百家时代，既有墨子的"非儒"，亦有孟子的"辟杨墨"；既有庄子的"削曾、史之行，钳杨、墨之口，攘弃仁义"（《庄子·胠箧》），亦有荀子的"非十二子"，以及商鞅的"燔诗书而明法令"和韩非将儒、墨两大"显学"鄙视之为"愚诬之学"。秦汉时期，儒家既遭遇过"焚书坑儒"的打击，亦经历了"独尊儒术"的褒崇，在此之后，也仍然难以避免两汉今古文间的经学斗争和后世儒释道三教并行竞争的困扰，宋儒极力"辟佛老"，而宋明理学家内部却无法避免和消除程朱与陆王之间学术思想的歧异与纷争，清代亦存在汉、宋学之争的学术难题。正因为有着极为深刻的原因，所以多元价值的相互冲突与学术思想的是非纷争亦即诸神之争是不可能被根除掉的，它不可避免地构成了人们现实生活领域中根深蒂固的一个有机组成部分。当

---

① [德]马克斯·韦伯著，冯克利译：《学术与政治》，生活·读书·新知三联书店1998年版，第45页。

然，这样讲，并不意味着我们就认为对诸神之间的斗争可以采取完全放任或者刻意激化的立场与态度，从古至今许多有识之士也都一直在努力寻求将这一斗争限定在一个合理的范围之内，使之能够由无序而走向有序①，乃至尽可能使之带来有益而无害的结果。

然而，秉持"复古更化"的"绝对信念"、极力主张全面复兴儒学和立"儒教"为"国教"的"大陆新儒家"的现身与崛起，以其不容置疑的既"崇儒反马"又拒斥西方自由民主的绝对信念以及极富意识形态色彩的高调立场，无疑又在当今中国重新点燃了近代以来一直困扰中国人的古今中西之争的信念之火。故其甫一出场，就接连引发和激起了一次又一次的学术、思想和政治意识形态的论辩、冲突与斗争，诸如儿童读经之争，陈明《原道》派与刘泽华学派之争，立"儒教"为"国教"的意识形态之争，列国学为一级学科之争，儒家宪政主义与中国王权主义之争，为"尊王""忠君"与"三纲"正名之争等。而如所周知，近代以来，西方文明的冲击已从根本上彻底改变了古老中国固有的社会发展道路，任何天真地想要重新走回旧中国之老路的企图和想法注定是要失败的，这并不是说中国自身的思想文化传统就从此变得一文不值或一无是处了，不愿对自身传统进行批判性反省与审视的全盘复古论，就像完全蔑弃自身传统的全盘西化论一样，在我们看来都是行不通的。问题的根源在于，随着古老中国日益走向近代化乃至现代化的道路，以及现代学术日益走向专业化的趋势与特征，仅仅一厢情愿地"'从学术上'为实践方面的

① 许纪霖先生在论及"现代社会的多元文化"时，曾指出"多元有有序与无序的区别"，"'有序的多元'乃是有核心文化的多元，各种文化虽然取向不一，但在最基本的伦理价值和政治观念上，具有重叠的共识，而且这些共识为国家的宪法和制度所建制化，成为国家的公共伦理文化和政治文化。'无序的多元'，则是'价值诸神'在涉及共同体底线伦理和政治理念问题上，无法获得最基本的共识，处于文化的战国时代，面临双重的匮乏：既缺乏合法的制度和法律，也缺乏基本的公共文化"（《家国天下——现代中国的个人、国家与世界认同》，上海人民出版社2017年版，第119页）。

立场作鼓吹"已变得不可能了。

就"以儒学为业"而言，从专业化的职业角度来讲，从事儒学研究者可能是不同专业（哲学、历史学、宗教学、文化学等）的学者，即使同一专业的学者也可能从各自不同的价值信念与理论立场来研究、阐释、论说和评价儒学，其对儒学的态度可能是同情的，也可能是批评的。而从认同、阐释和弘扬儒学的志业意义上来讲，即使是对于抱持同样儒家立场的学者，我们也可以明确观察到一种复杂现象：有许多学者所秉持的明显是与"大陆新儒家"有很大差异的立场和态度，他们不像"大陆新儒家"那样绝对地强调儒家一元独尊或"儒教"信念至上，而是承认价值信念的多元事实，并认为儒家与"儒教"信念只是多元中的一元而已。当然，他们也愿意像熊彼特所说的那样，"理解自己信念的相对正确性而又毫不畏缩地支持它"，而且认为这才是"文明人区别于野蛮人的地方"①。然而，由于"大陆新儒家"的出场，价值信念多元化的诸神之争，以及秉持各种不同学术信念与理论立场的"以儒学为业"者之间，乃至在持有或激进或温和的不同儒家主义信念的儒家学者内部之间的分歧、冲突与斗争，注定是难免的。尽管在各种类型或持不同立场的"以儒学为业"者之间，也不乏愿意和平共处、展开良性学术对话与思想互动者，甚或亦有转变立场而归依到对方的学术思想阵营中者，譬如从自由主义学者转变到"大陆新儒家"阵营。但毋庸讳言的是，正是因为立场、信念和观点根本不同以及对儒学的看法和评价存在实质差异，当代中国儒学界最激烈而富有意义的学术争鸣与思想论辩就常常发生在"大陆新儒家"与马克思主义学者之间，他们在学术上公开对垒、相互批评，"大陆新儒家"公然挑战马克思主义的意识形态主导地位，而马克思主义学者的反诘与批评亦可以说

---

① [美]约瑟夫·熊彼特著，吴良健译：《资本主义、社会主义与民主》，商务印书馆2009年版，第360页。

对"大陆新儒家"构成了真正而具有实质性意义的学术思想挑战。①

　　而更加耐人寻味的是，"大陆新儒家"的这一称谓或说法及其核心思想观点近年来更是遭到了"港台新儒家"和大陆儒家学者的公开质疑。"港台新儒家"的当代传人李明辉先生公开表态既不认同"大陆新儒家"的说法，也不赞同其代表人物蒋庆"对心性儒学和政治儒学的区分"，而大陆儒家学者郭齐勇先生则公开撰文重新界定"大陆新儒学"，并亟欲为"大陆新儒学（家）"正名，而且开列了一个不同于以蒋庆和陈明等人为代表的"大陆新儒家"而理论上"在儒学新话语体系的建构上颇有创见与贡献"②的新的当代"大陆新儒学（家）"的代表人物名单。那么，这究竟意味着什么呢？在我看来，不认同和不赞同或者仅仅通过正名的方式并不能否定掉客观存在的事实，借用韦伯的话说，这是一个"必须在它们之间做出抉择"的问题，因为从孔子创立儒家学派伊始，迄今为止，一直都存在着儒家内部的分化与不同派别，存在着各种各样的儒者角色（或真或伪，或君子或小人），而且他们对待儒学（或真诚信仰或借势利用）的"各种可能的终极态度"也是"互不相容的"，因此，"它们之间的争斗，也是不会有结论的"。不过，这种出于忍无可忍的公开表态确乎向人们明确表达了这样一个发人深思的信号，那就是当代儒家内部的分歧与分化，尤其是其中一派不承认"大陆新儒家"的说法或为"大陆新儒学（家）"重新正名的做法，事实上暗示了他们的这样一种深深的疑问与忧虑，即先前被人称作"大陆新儒家"的"儒家"不是他们心目中真正的"儒家"，而且更加令人愤慨的是，真正的"儒家"被先前所谓的"大陆新儒家"污名化了。

---

① 相关论战与批评可参看张世保编《大陆新儒学评论》（线装书局 2007 年版）和张世保、谢青松编《大陆新儒学评论 2017 卷》（中国社会科学出版社 2018 年版）两书，当然两书所收录的评论文章并不局限于马克思主义学者与所谓"大陆新儒家"之间的思想分歧与学术论争。

② 郭齐勇：《当代新儒学思潮概览》，见任重主编：《2016 中国儒学年度热点》，福建教育出版社 2017 年版，第 362 页。

当然，马克思主义学者与"大陆新儒家"之间的思想分歧与学术论争，不仅仅是理论立场与价值信念之争，而且是由不同的理论立场与价值信念而产生的对于儒学之实质性看法与观点的学术异见之争；儒家学者内部对"大陆新儒家"之说法或名分的不同看法和观点，也不仅仅是一个争名夺分的问题，其实也主要涉及双方对儒学所秉持的实质性看法与观点的不同。但不管怎样，无论是抱持不同立场与信念的学者之间的相互批评与驳难，还是儒家内部持不同儒学信念与立场的学者之间的学术分歧与思想异见之争，还是秉持其他学术立场与思想观念的学者如自由主义学者从自由主义立场对儒学所做的研究、反思和论述等，其实似乎都只是把"儒学"看作"儒家"的私有独享物或专利品而忽略了一个重要问题，即凡是对儒学有着深入系统的研究，并能提出某种实质性的独到观点和见解者，不管是站在什么样的专业化的思想价值信念与学术理论立场上，其实都是"以儒学为业"者。为了区别于党派色彩强烈且已被污名化的"儒家"，我更愿意称这样的"以儒学为业"者为"儒学家"。我个人认为，在目前日趋繁荣而又格外复杂的儒学研究领域，给持各种不同立场和信念的"以儒学为业"者这样一个正式的名分或称谓，不仅是必要的，而且各方面的深远意义将会在未来越发显现。

既然名之为"儒学家"，当然是指那些持之有故、言之成理而能自成一家之言者，更具体地讲，就是指那些长期从事儒学研究并深切地关注儒学的当代发展与未来命运，从不同的理论立场和价值信念出发，本着自己的学术良知而在学术研究的基础上对儒学提出了自己独到而深刻的理解与见解的"以儒学为业"者。由于他们秉持不同的立场和信念，故我们亦可将其分别而具体地称作马克思主义儒学家、自由主义儒学家、社群主义儒学家以及文化保守主义儒学家等等。自孔子以迄今日，作为一种延续传承了两千多年的人文精神传统，儒学绝不是一种我们要么信仰、要么蔑弃的东西，它是我们共同的人文传统与精神遗产。在历史上，儒家的具体身份和角色以及儒学的学术思想类型与社会实践形态从来都不是单一性质的，而是复数性质的存在，正如美国学者包弼德所言，"没有任何一种传统是一种单一的信念或一套统一的实践"①。那么，对生活在一个价值多元、学术专业化时代的我们而言，儒学更不应仅仅是某一个或任何一个"儒家"派别的私有独占物。我个人认为，为儒学的健康发展与未来前景计，不管是对儒学抱持负面批评的态度，还是对儒学采取正面阐扬的立场，持各种不同立场和信念的"儒学家"的多元存在不仅是必要的，而且是绝对有益的。

在我看来，一贯地坚持从马克思主义的立场、观点和方法来研究历史上的传统儒学和现代新儒学思潮并给予其一分为二的分析与评价的方克立先生②，最堪称马克思主义儒学家的代表；一贯地继承"五四"启蒙精神，坚持从王权主义历史观和"阴阳组合结构"思维特点的角度来研究传统儒学和现代儒学并给予其一分为二的分析与评价的刘泽华先生，则堪称启蒙主义儒学家的代表。当然，"儒学家"的称号可能不足以涵盖他们的所有学术成就与思想贡献。但你要问我时下在儒学热潮的激发下涌现出的一种令人叹奇的"儒学"现象，即许许多多"以儒学为业"的学者不再甘于书斋中的寂寞，纷纷现身充当大大小小"儒学先知"的角色，不断推出或制造出各种各样的"某某儒学"的新概念或新说法，这究竟意味着什么？或者，这些新概念或新说

---

① [美]包弼德著，刘宁译：《斯文：唐宋思想的转型》，江苏人民出版社2001年版，第22页。

② 方克立先生曾如是说："我们一贯主张对儒学要一分为二：对于作为封建意识形态的儒学，即直接为维护、巩固经济基础和宗法专制统治秩序服务的那些东西，如'三纲六纪'，等等，绝不可能让它在现时代全面'复兴'，而是需要继续深入批判的封建主义的重要内容；对于作为中华文化载体的儒学，则要把它当作人类知识宝库的重要组成部分和民族文化的瑰宝倍加珍惜，精心保护，深入研究，批判继承，综合创新，使之成为建设中国特色社会主义先进文化的重要思想资源。"（《中国文化的综合创新之路》，中国社会科学出版社2012年版，第440页。）

法究竟体现了儒学创新的繁荣局面还是一种理智迷惘或智力贫乏的象征？其发明者究竟是不是对儒学有着某种实质理解和深刻见解的"儒学家"？我只能说这还有待做深入的考察并进行谨慎的分析与研判。[①]但可以肯定的是，儒学的真正繁荣局面不应是"儒家"一枝独秀的秀场，而应是由持各种不同立场和信念的"儒学家"的多元存在和相互批评而形成的百家争鸣、百花齐放的学术场景与思想格局。尤其是，因价值多元而可能导致人们的思想日益陷于混乱、儒学的热潮易于使人们的信念日益陷于宗派的狂热的时代状况下，"儒学家"的多元存在及其对儒学所持的不同观点和看法的共同在场肯定比持"儒教"信念至上的"大陆新儒家"的独家存在，更能够让我们保持足够"清明的头脑"，乃至能够使我们避免迷失在一元独断论的"儒家"宗派的狂热信念中。而且，我相信，在"价值诸神"日趋多元化的现时代，绝不是只有拥有"儒家"的身份才对儒学有话语权，或者只有推崇儒家主义的"儒学家"才能在儒学的创造性转化和创新性发展方面做出应有的贡献。特别是，在我们这样一个以马克思主义为指导思想的社会主义国家，中国特色社会主义建设事业需要马克思主义儒学家的在场，而在沟通与协调马克思主义与儒学这两种思想信念和理论立场之间的整合与互动，化解与弥合由这两种思想信念和理论立场的差异所可能引发的意识对抗与撕裂，乃至推动与促进儒学的创造性转化和创新性发展等方面，马克思主义儒学家也必定能够发挥其不可或缺的重要作用、做出其积极有益的特殊贡献。

毋庸讳言，凡事有一利即有一弊，凡思有一见即有一蔽。诸神之争既

---

① 这让我想起冯友兰先生说过的一句话："一个时代的哲学的建立，是需要时间的，往往需要几代人的时间，甚至几个世纪的时间。它是一个活的东西，活的东西的发展都是需要时间的。它的内容也是历史的产物，不是哪一个人或哪几个人随意确定的。"（《三松堂全集第一卷》，河南人民出版社2000年版，第314页。）将冯先生所说的"哲学"换成"儒学"，也就是我在这里所想要表达的真实用意。

有其利，亦容易造成国人内部的意识撕裂。有见于西者，可能无见于中；反之，有见于中者，也可能无见于西。有见于马者，可能无见于儒；反之，有见于儒者，也可能无见于马。正所谓"此见隅曲之一指，而不知八极之广大也。故东面而望，不见西墙；南面而视，不睹北方；唯无所向者，则无所不通"（《淮南子·氾论训》）。所谓"唯无所向者，则无所不通"，从"以儒学为业"的意义上讲，唯能超越各种不同立场与信念的"儒学家"，才能会通融合古今中西抑或中、西、马而"无所不通"。因此，为了避免多元价值信念之间的斗争导致国人的意识撕裂，为了使持各种不同立场与信念的"儒学家"能够和而不同、和谐共处，并通过健康互动与良性对话的方式来共谋儒学的未来发展，共同推动儒学在当代的创造性转化与创新性发展，积极寻求多元价值信念的共和之道，不仅是必要的，而且也是绝对有益的。据我个人观察，在这方面，张岱年和方克立等马克思主义"儒学家"事实上比所谓的"儒家"做了更多有益的思考与探索。张岱年先生曾提出一种"兼赅众异而得其平衡"的"兼和"观，正如方克立先生所说："'兼和'范畴可谓深得中国传统重'和'思想之精义。"①继张先生之后，方克立先生亦积极提倡多元文化的"兼和"之道亦即综合创新之道，而且还进一步提出了"马魂、中体、西用"的三元兼和模式，这一模式充分体现了"具有鲜明的中国特色社会主义文化的时代特征"②。事实上，也正如方先生所说，"如何处理多元文化关系是一个普遍问题，在实践中探索适当的'兼和'模式在每一个时代都非常重要"③。在这一意义上，当下中国所最急切需要的也许正是超越各种不同立场和信念而积极探寻"兼和"之道的"儒学家"，而不是一味自我标榜自己"儒家"立场的"儒学家"。

---

① 方克立：《中国文化的综合创新之路》，中国社会科学出版社2012年版，第295页。

② 方克立：《中国文化的综合创新之路》，中国社会科学出版社2012年版，第333页。

③ 方克立：《中国文化的综合创新之路》，中国社会科学出版社2012年版，第333页。

熊十力先生尝言："以为祸乱起于众昏无知。欲专力于学术，导人群以正见，自是不作革命行动，而虚心探中印两方之学。"①值此价值多元、各种各样的"某某儒学"纷然杂出之际，由寻求"兼和"之道的"儒学家"奋然兴起，卓然而立以"导人群以正见"，这样的"儒学家"必定是应新时代的使命召唤而出世的超级"儒学家"！

韦伯亦曾如是说："能够深深打动人心的，是一个成熟的人（无论年龄大小），他意识到了对自己行为后果的责任，真正发自内心地感受着这一责任。然后他遵照责任伦理采取行动，在做到一定的时候，他说：'这就是我的立场，我只能如此。'这才是真正符合人性的、令人感动的表现。我们每一个人，只要精神尚未死亡，就必须明白，我们都有可能在某时某刻走到这样一个位置上。就此而言，信念伦理和责任伦理便不是截然对立的，而是互为补充的，唯有将两者结合在一起，才构成一个真正的人——一个能够担当'政治使命'的人。"②值此价值多元、各种各样的"某某儒学"纷然杂出之际，真正能够深深打动人心的，也一定是这样一个理性成熟的"儒学家"，他意识到了对自己言论、思想与行为后果的责任，真正发自内心地感受着这一责任。然后他遵循责任伦理发表儒学见解、创新发展儒学并进行切身儒学实践，在做到一定的时候，他说："这就是我的立场，我只能如此。"这才是真正符合人性的、令人感动的"儒学家"的表现。时下的每一个"以儒学为业"者，只要精神尚未死亡，就必须明白，我们都有可能在某时某刻走到这样一个位置上。就此而言，信念伦理和责任伦理便不是截然对立的，而是互为补充的，唯有将两者结合在一起，才构成一个真正的"儒学家"——一个能够担当学术、思想与政治使命的"儒学家"！

---

① 熊十力：《十力语要》（二），辽宁教育出版社1997年版，第387页。
② ［德］马克斯·韦伯著，冯克利译：《学术与政治》，生活·读书·新知三联书店1998年版，第116页。

　　总而言之，如果说以蒋庆、陈明等人为代表的"大陆新儒学"只是现代新儒学思潮发展过程中的一个阶段的话，那么，这个"阶段"总是会过去而成为历史的，我们所需要的乃是那种基于真实而合理的儒学信仰与见解而真正合乎新时代需要的"新儒学"。而且，不管怎样，在今天的所有"以儒学为业"者之间，"儒家"是旧的，"儒学家"是新的！"'儒家'是旧的"是说"儒家"之学派及其名称是古已有之或由古人创立的，"'儒学家'是新的"是说"儒学家"是现代中国专业化的学术环境与价值信念多元化的时代状况下产生或出现的一种新事物。由于鄙人孤陋寡闻，不知是否有人曾提出并专门论述过"儒学家"的问题，姑且就将这一名称视为自己的新的杜撰吧，成立与否，就交由读者朋友来评断吧！

林存光

2020 年 5 月 6 日

目 录

第一部分
孔子与儒家的理念

性近习远：孔子的人类习性观

毋庸讳言，孔子很少谈论人类本性的问题，这在一般人看来似乎意味着孔子对人类本性问题缺乏深刻的反省和认识，以致多数论者往往并不深究孔子言"性相近也，习相远也"（《论语·阳货》）这句话的深层意涵，不是在梳理人性论的思想脉络时将其轻易地一言带过，就是从后来儒家学者的人性论特别是孟子的性善论观点来理解和阐释孔子的人性观。然而，孔子何以选择始终不渝地坚守"笃信好学，守死善道"（《论语·泰伯》）乃至明知"道之不行"（《论语·微子》）而仍然"知其不可而为之"（《论语·宪问》）的人生信念？何以能够在立志求道并力行救世的生命历程中，虽屡屡遭受到种种的挫折、打击与不幸，而仍然能够乐观自信，且生死不悔？何以其思想的内部充满着一种行与藏、仕与隐、道德的修养与时遇的穷困之间张力性的悖论特征，一种积极入世而践行仁道的人文情怀和道德理性精神与对"君子固穷"生存处境的自觉意识之间张力性的悖论特征？我认为，所有这些问题的答案都蕴涵在孔子对人类习性的体认、洞察和看法之中。而如果说孔子缺乏对人类习性的深刻认识和洞察的话，那么，所有这些问题也就都将是不可理解和难以回答的。兹就这一问题略陈已见，论述一二。

众所周知，孔子的学生子贡曾经讲过这样一句令人颇为费解的话，他说："夫子之文章，可得而闻也；夫子之言性与天道，不可得而闻也。"（《论语·公冶长》）①对这句话进行直译就是：夫子讲论诗书礼乐（即所谓"文章"），是可以常常听闻到的；夫子讲论性与天道的问题，却是难得听闻的。对这句话的意思，历代注疏家各有不同的理解与诠释，大体而言，这是说夫子平日以诗书礼乐教群弟子，故夫子之文章人人皆可得而闻知，至于性与天道的问题，由于深微难言，夫子罕言之，故一般弟子难得听闻到。故而，《论语》所记夫子言性者仅一见，即子曰："性相近也，习相远也。"（《论语·阳货》）性乃"人所禀以生也"（《皇疏》），意即人之所禀受以生的天性是相近的，而后天的习染却是相远的。孔子的这一看法究竟意味着什么呢？概言之，在我看来，尽管孔子本人极为罕言之或对其含义未加明确阐述，竟至使其弟子不能人人得而闻知，但就是偶一言及的性与习，却凸显出了孔子对人类习性的深刻洞察，体现出了孔子人生信念的独特生命意境和其思想学说的根本特征。

在春秋时期，孔子的同时代人对人性问题已提出明确的看法，如谓"夫人性，陵上者也，不可盖也。求盖人，其抑下滋甚，故圣人贵让。"（《国语·周语中》）这是"把反对欺压看作是人的本性"②。郑子产则曰："夫小人之性，衅于勇，啬于祸，以足其性而求名焉者，非国家之利也。"（《左传·襄公二十六年》）可见，在子产看来，君子小人存在性分上的差别。也有人认为："夫戎、狄，冒没轻儳，贪而不让。其血气不治，若禽兽焉。"（《国语·周语中》）这是说戎狄有着不同于华夏族而近乎禽兽的血气之性。而在孔子之后的战国之世，人性问题更引起了思想家们热切的关注与理论上的激烈论辩，道家持人性自然说，法家主人性好利论，而孔子后学最喜以善恶界

---

① 据《史记·孔子世家》，子贡曰："夫子之文章，可得闻也。夫子言天道与性命，弗可得闻也已。"

② 刘泽华：《中国传统政治思想反思》，生活·读书·新知三联书店1987年版，第36页。

定人性。

比较而言，孔子的"性相近也，习相远也"之说显得不是很具体而明确，或者也可以说孔子所持的是一种相对温和而模糊的中性观点。这便为后人的诠释留下了一定的余地或空间，从而引发了后人种种的猜测推想，并多以后儒的人性说特别是孟子的性善论来说明孔子的人性观点。以善恶（或不善不恶）说性，不仅是一种先验的人性论，而且对人性本身往往采取一种肯定或否定的价值评判立场，乃至衍生出某种具有强烈的本质主义意味的对"人"的同质化看法。道家的人性自然说和法家的人性好利论，亦有同样的弊病，甚至更为严重，如道家的人性自然说引申出了庄子学派希望人类完全回归自然的反人道化的关于社会理想的理论构想，而法家更视人性好利为可资利用的人性弱点，借此促使专制君主运用法、术、势的统治手段或工具将所有臣民置于自己整齐划一的绝对支配与完全控制之下。而孔子只说性相近和习相远，所谓性相近，只是说人性大体相似，这可作两方面的理解：一是指绝大多数人的本性是相近的，而只有少数人的本性存在着较大差异；二是指所有人的本性都是相近的，只是在本性的某些方面存在着较大差异。但不管怎样理解，既然承认存在着少数的例外情况，就说明孔子并不把人的本性看作在本质上完全一致或绝对同一。而所谓习相远，乃是说人与人之间的巨大差异更主要的是由人的生活环境和政教习俗造成的，相对来讲，孔子更为重视这后一方面的问题。

问题在于孔子何以会得出这样一种有关人类习性的看法？所谓的性相近、习相远，显然不是一种抽象的人性判断，在我看来，如果缺乏对人类习性的深刻洞察，是不可能轻易得出这一结论的。如果说孔子所谓的"性"，就是指人的天生的禀赋，即从化生万物而生生不息的根源处——天地那里秉受而来的本性的话，那么，对孔子而言，或者综合孔子的相关言论来讲，人从天地那里秉受而生的本性不可能是某种单一性的因素，因为只有根据某种单一性的因素，我们才能抽象地下判断说人的本性是善是恶，抑或是不善不恶，抑或是自然的或好利的等等，然而，孔子说性相近，而如何相近，便需我们对人性所包含的诸多因素及其人与人之间的差别加以比较分析后才能言之。

大体而言，孔子对人的本性或天赋禀性的具体看法，可以说主要包括如下几方面的内涵：

一是，人是一种禀气而生的动物，如《后汉书·桓谭传》注引郑玄注曰："性谓人受血气以生，有贤愚吉凶。"而《皇疏》曰："性者，人所禀以生也。……人俱禀天地之气以生，虽复厚薄有殊，而同是禀气，故曰相近也。"姑且不论人之贤愚吉凶是否由血气之性所直接决定或造成，或者孔子说性相近只是就人同是禀气以生而言，只就人是一种禀天地之气或受血气以生的动物而言，这无疑是春秋时人的一种通见，如郑子大叔曰："民有好、恶、喜、怒、哀、乐，生于六气。是故审则宜类，以制六志。"（《左传·昭公二十五年》）齐晏婴则曰："凡有血气，皆有争心，故利不可强，思义为愈。"（《左传·昭公十年》）而孔子亦有言曰："君子有三戒：少之时，血气未定，戒之在色；及其壮也，血气方刚，戒之在斗；及其老也，血气既衰，戒之在得。"（《论语·季氏》）由此可见，孔子是接受和认同人禀血气以生这一通见的，他不仅像晏婴和郑子大叔一样，也主张以礼义来节制、引导和约束人生于血气的情志与争心，而且，由于孔子结合人生的不同阶段来谈对于血气的保养与约制的问题，故其看法更为具体而深微。

二是，正因为人禀气而生，所以好恶喜怒哀乐或喜怒哀惧爱恶欲等心志、情感和欲望才构成了人类"弗学而能"的天赋本性的主要内涵[1]，如孔子曰："富与贵，是人之所欲也""贫与贱，人之所恶也"（《论语·里仁》），"吾未见好德如好色者也"（《论语·子罕》），"已矣乎！吾未见好德如好色者也"（《论语·卫灵公》），可见，在孔子看来，人是一种天生就禀赋有好恶之性的动物[2]，譬如欲富贵而恶贫贱，好色甚于好德，这可以说是一般人的天赋本

---

[1]《礼记·礼运》："何谓人情？喜、怒、哀、惧、爱、恶、欲，七者弗学而能。……饮食男女，人之大欲存焉。死亡贫苦，人之大恶存焉。故欲恶者，心之大端也。"

[2] 郭店楚简《性自命出》曰："喜怒哀悲之气，性也。""性自命出，命自天降。道始于情，情生于性。始者近情，终者近义。……好恶，性也。所好所恶，物也。"

性。而与此同时，孔子又言，"君子喻于义，小人喻于利"（《论语·里仁》），"唯女子与小人为难养也，近之则不孙（逊），远之则怨"（《论语·阳货》），这是说君子与小人存在价值偏好上的本质差别，小人之好利可说是出于本性，而君子之尚义则由于后天的"学以致其道"（《论语·子张》），而所谓的"唯女子与小人为难养"（《论语·阳货》）的问题[①]，若从现代人与人平等的理念去理解，则无疑具有歧视妇女和好利之小人的意味，但若从人性的角度来理解，则孔子所言显然是在强调女子和小人在与人交往中往往不能以礼义节制、约束和文饰自己发乎天性的性情和利欲，乃至缺乏成熟人格的理性与教养，不能与人保持适当的距离以维持必要的礼节与彼此之间的相互尊重，故而待之亲近，则狎而不逊，待之疏远，则心怀怨恨。而孔子之所以罕言利者，亦正是针对小人之好利，正所谓"放于利而行，多怨"（《论语·里仁》），故孔子罕言利以防怨原[②]。然而，孔子并没有给人的好恶之性或所好所恶之物简单地贴上一个善恶的标签，即如小人之好利，也并不以人性之"恶"视之，只是主张由尚义之君子来引导、教化好利之小人而使之有所节制而已，而论及"女子与小人"亦仅以"难养"言之。当然，我们并不是说孔子没有善恶的观念，而只是想强调指出，孔子并未对人的本性简单地做一种善恶的本质界定，也就是说，发乎本性者并不必然就是恶的，道德的善恶主要是指由于习染的不同而能够引发某种极端的社会结果的东西。

三是，在人禀气而生的天性中，除了包含人的好恶情感因素之外，还包含着人的智力因素，如《礼记·乐记》所言："夫民有血气心知之性，而无哀乐喜怒之常，应感起物而动，然后心术形焉。"而据前引郑玄注所言，孔子所言的"性"亦内含着这样一种意思，即人由于"受血气以生"而有"贤愚"之别，荀子亦曾强调人与禽兽之别，在于他们虽同属"有血气之属"，但"有血气之属莫知于人"（《荀子·礼论》）。可见，在他们看来，在人禀受血气而

---

① 钱穆先生曰："此章女子小人指家中仆妾言。"（《论语新解》，生活·读书·新知三联书店2002年版，第464页。）

②《史记·孟子荀卿列传》："夫子罕言利者，常防其原也。故曰'放于利而行，多怨'。"

生的天性中，人与人、人与禽兽之间存在着贤愚、智力上的重要分别或根本差异。不愿与鸟兽同群的孔子虽然没有明确地辨析区分人禽之别，但他对人与人之间的智力差别问题却给予了极大关注和明确论述。譬如：

> 子曰："中人以上，可以语上也；中人以下，不可以语上也。"（《论语·雍也》）

> 子曰："我非生而知之者，好古，敏以求之者也。"（《论语·述而》）

> 孔子曰："生而知之者上也，学而知之者次也；困而学之，又其次也；困而不学，民斯为下矣。"（《论语·季氏》）

> 子曰："唯上知与下愚不移。"（《论语·阳货》）

显然，在孔子看来，人的智力水平可分上中下，由于人智力水平或理解能力上的差别，故而只有对中等智力以上的人，才可讲论高深的道理；生而知之者，属于上知之人，而困而不学者，属于下愚之人，绝大多数人都属于"学而知之"或"困而学之"者，孔子本人自认为属于学而知之者。所谓的"困而不学，民斯为下矣"，绝不是说孔子对民智抱有一种鄙视和贬低的态度，因为此处的"民"不是全称判断，而是特指"下愚"之人；而所谓的"唯上知与下愚不移"，根据汉儒孔安国的注解，乃是意指"上知不可使为恶，下愚不可使强贤"[1]。由上所言，孔子显然认为大多数人禀赋的是中人的智力水平，正如后来的荀子所说"材性知能，君子、小人一也"（《荀子·荣辱》），不过，孔子也明确指出人的智力存在着上中下的天赋差别以及"上知与下愚不移"的个别现象，并从中引申出一种教育上区别对待的重要原则。但不管怎样，在人的天赋禀性中，除了情感之外，智力也是一个不可忽视的重要因素，因为对孔子而言，"学而时习之"，即对诗书礼乐的学习乃是成为君子的一个不可缺少的条件，正所谓"不学诗，无以言""不学礼，无以立"（《论语·季氏》），诗礼乃是支持君子言语立身的基本文化素养，亦是造成君子、小人分

---

① 何晏等注，邢昺疏：《论语注疏》，上海古籍出版社1990年版，第153页。

化的一个决定性的因素。

　　四是，与人的智力因素既有联系又有区别的则是人的道德天赋因素。如上所言，孔子虽不以善恶界定人的本性，但并不是一个没有善恶观念的思想家。不仅如此，如果说孔子思想的重心即在于教人"成德"，那么，其"成德之教"就必定植根于一种强烈的善恶观念的基础之上，正如子之所言"笃信好学，守死善道"（《论语·泰伯》）、"见善如不及，见不善如探汤"（《论语·季氏》）等名句之所示，而且，孔子以为仅仅是"尽美"还不够，唯有达到"尽善"（《论语·八佾》）才是乐的最高意境。孔子所谓的"善"，主要是指人的美好德行，或者一种正确的人道化的生活方式。然而，问题是人之善行的来源，或者人能够自我完善以及可以过一种正确的人道化的社会生活的道德能力究竟来自哪里呢？孟子认为来自人的内在的心性本源，而荀子认为来自"生礼义而起法度"（《荀子·性恶》）的圣人的理性[1]，而孔子对这一问题却并没有直接而明确的论述。但是，孔子在遭遇到"伐树于宋"的生存困境之际，却说过一句极耐人寻味的话，即"天生德于予，桓魋其如予何？"（《论语·述而》）对这句话的意思，古人曾囿于孔子乃天纵之圣人和圣人天德的成见而解释说："天生德者，谓授以圣性，德合天地，吉无不利，故曰其如予何。"（《史记·孔子世家》集解引"包氏曰"）不过，这一解释显然不合孔子的本意，因为孔子从不以圣人自居，其意不可能是"天生圣德于予"。依我之见，这虽然是孔子在一种特殊情境下讲的一句表达自己无所畏惧的话，但它除表明了孔子"天命在我"的自信之外，还透露出了孔子的一种特殊的道德信念，即我所具有的一种道德的天赋，是任何人、任何情况都不可能扼杀掉的，而且，孔子的意思不可能是说仅仅他本人具有这种道德的天赋，他表达的是一个普遍的命题，即人人皆具这种道德的天赋，只是孔子在人生的磨难中对它有了一份充分的自觉意识，而其他人包括他的弟子，却未必能够

---

[1] 如德国学者罗哲海所言，荀子所谓的圣人或古圣先贤实"不过是人类特有之普遍理性的化身"。［德］罗哲海著，陈咏明、瞿德瑜译：《轴心时期的儒家伦理》，大象出版社2009年版，第285页。

意识到这一点。当孔子汲汲于教人成德而着力于"有教无类"时，譬如不仅将"无恒之庸人"（《论衡·率性》）的子路循循善诱地引向了闻过则改的上达之路，而且亦激赏"难与言"的互乡之童子的洁己上进之心（《论语·述而》），难道不正说明了孔子的根本用心，就是要唤醒人的道德天赋的自觉意识，并致力于通过启发人天赋的道德能力而引导人走向好学上达的人生之路吗？而孔子之所以强调学习与修德具有一种相互促进的密切关系，也正是由于他认为除了"上知与下愚不移"，即"上知不可使为恶，下愚不可使强贤"之外，凡是具备"学而知之"的中人资质者，都可以通过好学和乐学来激发其人生向上的动力，实现不断自我完善和提升的修身成德的人生目标。也就是说，人的道德天赋只是一种潜在的可能，它需要靠人的学习能力来激发、促进和实现。

如上所言，则孔子所谓的"性相近"，其实是一个具有丰富而复杂的具体内涵的命题，人性是不宜用善恶这样的先验的抽象名词来笼统界定的。而所谓的"习相远"，就更是一个包含着极丰富而复杂的具体内涵的命题了，它可以被用来指称人类个体之间天赋材性与智力方面的差异，以及由其生活环境和政教习俗所造成的种种个人与群体间的差别等所有方面。诸如，个体之间伦常角色的不同，不同群体之间的职业的分殊，君子小人之间的道德分际，乃至夷狄与华夏族群之间在衣服发式、男女交往、婚丧嫁娶、礼尚往来、语言、宗教信仰、道德观念等各个方面历史地形成的生活习俗的巨大差别等。正如汉儒孔安国注所曰："君子慎所习。"[1] 如果没有对人类天赋本性的具体内涵及个体之间在天赋材性与智力方面的差异的深刻洞察，没有对各国的政教习俗作广泛的访求[2]，没有对华夏族群礼俗的历史沿革做系统的梳理与考察，没有对华夷之辨的问题做深入的反省与比较，那么，孔子不可能谨慎看待"习相远"的问题。

以上对孔子性近习远之说的具体内涵所做的不惮其烦的阐释，或许在他

①何晏等注，邢昺疏：《论语注疏》，上海古籍出版社1990年版，第153页。
②《论语·学而》："夫子至于是邦也，必闻其政。"

人看来有过度诠释之嫌，但在我看来，这与其说是一种过度诠释，毋宁说是一种深度诠释，或者说，将其看作一种深度诠释更为恰当。孔子所谓的"性相近也，习相远也"一语，对于我们理解孔子的人生信念及其整个思想的特质来讲，决不是无关宏旨、泛泛而言的一句废话，或者笼统抽象而无实质内涵的一句空话，它实则蕴涵着一种孔子思想上的深远之旨。因为人的天赋禀性是相近的，因此人与人可以相互交流与沟通，并能够达成相互的理解，然而，人的天赋禀性并不是由某一种单一的因素构成的，而是由好恶、情感、心志、欲望、智力以及道德能力等诸多具体而复杂的因素共同构成的，这些因素之间既可能构成一种相互促进和加强的关系，也可能造成不易消除的内在冲突与张力，正因为如此，孔子只说性相近，而没有对人性采取一种先验而抽象的本质主义的单一看法；也正是基于这样一种具体而复杂的人性内涵，再加上不同生活环境和政教习俗等外在因素的影响与作用，"习相远"的人类状况才会不可避免地产生。总而言之，对于孔子而言，人类生活的世界决不是由本性完全一致的同质化的人在数量上的简单叠加，犹如一堆毫无差别的土豆一样，人之为人就在于他在现实性上是一种性近习远的动物，正是人类的性近习远的双重特性构造了人类事务错综复杂的根本特点，我们必须谨慎地看待并妥善处理这一点。基于对人类本性的一种本质一致的简单看法，而呼吁世人过一种回归自然的"天放"生活，或者用法、术、势的手段打造一个囚禁臣民并强制其屈服的政治铁笼，也许会获得一种精神幻想的满足，或者短期内迅速实现国富兵强的目标，但，这不仅不能引领人类走上正确生活之道，而且只会将人类引向一种非人道或非人化的生存境况。

那么，孔子本人究竟是如何谨慎地面对和处理人类的性近习远问题的呢？

如所周知，孔子选择的是一条士人精英"学以致其道"（《论语·子张》）或"躬行君子"（《论语·述而》）之道的人生之路。既然孔子认为鸟兽不可与同群，而只愿与人打交道，他就必须面对性近习远、复杂多样的人类特性，而面对性近习远、复杂多样的人类特性，士人君子，亦即是孔子本人，又究竟能做什么、不能做什么呢？就此，我们可以沿循着孔子本人的人生进境与思想发展历程来略做阶段性阐述。

根据孔子本人的自述，孔子的人生进境具有鲜明的阶段性，而今人在解读孔子的思想发展历程时也常常采取一种阶段性的划分法，如郭沂就将孔子思想的发展过程划分为礼学、仁学和易学三个阶段①，这对于我们理解孔子的人生观无疑是大有裨益的。不过，我想补充强调一点，即孔子的人生进境与思想发展的阶段性，乃是一种随着其人生阅历及其学问学识的日益增加和丰富而不断转进和提升的复杂过程，后一阶段相对于前一阶段而言，决不是一种否定与替换的递进关系，而是不断进一步拓展、丰富、深化与提升的转进关系。

具体而言，当孔子毅然决然地选择了士人精英"学以致其道"的人生道路之后，他最初的努力主要是想以一种历史主义的求知态度，通过对诗书礼乐所承载的上古三代文化传统的深入学习与系统探究，来寻求"被确证为可靠的那些行为规范"和人类合理而正确的生活道路，这就是孔子所谓的"礼"和"道"②，而孔子之所以对周礼推崇备至，也正是因为，在他看来，周礼在经过夏商二代的因革损益之后已趋于完备并被确证为可靠。故孔子终身以诗书礼乐设教授徒，并认为诗书礼乐所代表的文化传统蕴涵着合理、正确而可靠的行为规范、生活道路以及修身为人与治国理民之道等。

而随着孔子对人类习性日益深入而充实的了解与反省，以及对于人类事务参与热情的不断增强，孔子的思想及其人生意境在中年之后开始向内和外两个维度不断深化与拓展。所谓向外，即基于天命的自觉由"退而修诗书礼乐"（《史记·孔子世家》）转而进入仕途参政或以直接而积极的行动如游说、议论与谏言等来干预时政，以担负起行道救世的使命与责任，实际上他亦在现实层面大大拓展了士人政治参与的共同空间。所谓向内，即孔子从对上古

---

① 参见笔者与郭沂合著的《旷世大儒——孔子》（河北人民出版社2000年版）一书。
②［美］赫伯特·芬格莱特著，彭国翔、张华译：《孔子：即凡而圣》，江苏人民出版社2002年版，第94页。

三代文化传统的历史探究转向（不是放弃，只是重点的转换）越来越关注人的内在道德生活，乃至提出一种极富创见的仁道理想。诚如史华兹所言，仁是孔子"处理人的内在性的新术语"，"它指称的是个人的内在道德生活，这种生活中包含有自我反省与自我反思的能力"①。据我的理解，孔子正是在对性近习远、复杂多样的人类特性的深刻洞察与全面了解的基础上来关注人的内在道德生活并提出其仁道理想的，性相近是人与人相互理解的基础，习相远既可能是人类相互冲突的根源，又凸显了人类的可塑性，在无须破坏人类习性的多样性的前提下，希望以仁道化的共同理想来引领人类过上一种人道化的生活，这便是孔子所谓的君子之道。

根据我们上面所阐述的孔子的人类习性观，人的天赋禀性中其实包含着积极和消极两方面的因素，而孔子思考的重心则在于如何发挥人性中的积极面而克制其消极面，如何将人的好恶情志引向正确而合理的轨道，如何充分激发人的天赋材知之性或诱导人的求知好学之欲以促进德性的修养，矫正各种习染之蔽。故孔子曰：

> 富与贵，是人之所欲也；不以其道得之，不处也。贫与贱，是人之所恶也；不以其道得之，不去也。君子去仁，恶乎成名？君子无终食之间违仁，造次必于是，颠沛必于是。（《论语·里仁》）

> 君子食无求饱，居无求安，敏于事而慎于言，就有道而正焉，可谓好学也已。（《论语·学而》）

> 好仁不好学，其蔽也愚；好知不好学，其蔽也荡；好信不好学，其蔽也贼；好直不好学，其蔽也绞；好勇不好学，其蔽也乱；好刚不好学，其蔽也狂。（《论语·阳货》）

---

① ［美］本杰明·史华兹著，程钢译：《古代中国的思想世界》，江苏人民出版社2008年版，第99、98页。

对于孔子来说，由于人禀气以生，具有好恶喜怒哀乐等天赋的气禀之性，如果不用礼义对其加以节制和引导，人不可避免地会背离善道，正所谓人之所以为人者，"食味、别声、被色而生者也"（《礼记·礼运》），而"气为五味，发为五色，章为五声，淫则昏乱，民失其性"（《左传·昭公二十五年》），故而孔子反复强调的是君子应该注意"求诸己"，应该时时注意"内省""自讼""修己""克己复礼"等。另一方面，孔子又强调"为仁由己"（《论语·颜渊》），也就是说，仁德的成就主要是靠个人的努力完成的，既然如此，则仁德或仁道的理想便不可能是纯粹凭空设想出来的，或者是能够外在强加给人的，它必须具有道德天赋的人性根据，正如《中庸》所言："天命之谓性，率性之谓道，修道之谓教。"然而，仁德的成就又决不是轻易能够完成的，正如法家所批评的那样："仁者能仁于人，而不能使人仁。义者能爱于人，而不能使人爱，是以知仁义之不足以治天下也。"（《商君书·画策》）姑且不论法家批评孔子和儒家的仁义之说不足以治天下是否中肯恰当的问题，但就其所持理由来讲，却歪打正着地切中了孔子仁道理想的要害问题，一个人的仁德成就只能靠其自己自觉地修为，仁道之为仁道也只能通过诱导和教化的方式来使人们尽自己的伦常角色所要求的应该尽的职责和义务，因此，孔子的仁道理想是不能简单地通过将人类习性强制性地整齐划一的办法来强加于他人的，否则仁也就不成其为仁了。而由于人类习性之复杂多样性的难以消除，孔子的仁道理想也就天然地只能是一种激励人们不断下学上达而又不易实现的理想了，故而孔子本人既不自许以仁，亦不轻许人以仁。

仁既非悬空而虚设，又非轻易能够实现。悬空而虚设，它就会与人相远；能够轻易地实现，它也就不再是一种理想了。因为仁之为仁必须在人类错综复杂的人际交往的关系网络和具体生活情境中来践行和实现，故而它的践行和实现可以说与性近习远的人类特性有着密不可分的关联。因为性近，所以才会有"人人"相交之际的忠恕待人之道；因为习远，所以仁道的实践与实现又不可避免地会遭遇到"道不同，不相为谋"（《论语·卫灵公》）乃至难以为人所知或理解的道德困境，而如何通过"下学而上达"（《论语·宪问》）的方式和途径来克服和超越这一道德困境，正是孔子的人生信念和思想特质之所在。

（原载《孔子学刊》第一辑，上海古籍出版社2010年12月出版，原题目为《试论孔子的人类习性观》，收入本书时有改动）

和而不同：君子人格与多元文化素养

　　我们生活在一个价值多元和文化多元的时代，这一时代的生活环境无疑具有其特殊的问题性，并需要我们以开放的心灵以及面向未来的勇气和智慧积极地反思和应对它。然而，当我们这样做的时候，并不意味着我们必须漠视乃至完全抛弃掉传统的、富有启示意义的各种各样的资源。在这些资源中，孔子究竟能够给我们带来一种什么样的处理多元文化问题的智慧性的启发呢？必须首先说明的是，当我们这样提出问题时，决不是意在抹杀掉所谓的"历史的间距"，或者无视两千五百多年的历史情境的各种有形和无形的持续而深刻的变迁。不过，回首两千五百多年前，我们也的确不难发现我们的先哲所处的是一种和我们极为类似的生活环境，甚至不得不面对、思考并努力处理和我们类似的生存问题，特别是由社会和政治的急剧变革进程所引发和带来的思想信仰和价值观念的多元对立与冲突也同样深深地困扰着他们，这足可以使我们能够和我们的先哲们跨越时空的阻隔而产生某种心灵的共鸣与思想的对话。

一、"丧家狗"及其隐喻

近年来，孔子又重新成为国人关注和激烈争辩的对象，景仰者有之，诅咒者有之，嘲讽者有之，在如是的当下中国语境中，谈论孔子和《论语》，似乎有必要首先来澄清一下我们的解释学处境。依笔者浅见，当代中国的儒学复兴运动，正处在一种方兴未艾但又模棱暧昧的复杂境况之中，不仅在国内引起了社会各界的高度重视乃至引发了各种各样的争议和疑虑，而且也正在世界范围内引发许多学者的广泛关注，它目前是正在走向良性的发展，还是正处在危险的乱象之中，是一个值得并亟须人们加以冷静反思、不容含混回避的问题。职是之故，我们既不赞同意欲通过全面复兴儒学或将"儒教"重新确立为"国教"来解决中国一切问题的原教旨主义的文化立场，亦反对仅仅出于给"孔子热"和《论语》热"降温的理由，故意歪曲或片面地理解孔子的"真相"，进而制造一些"无谓的纷争"的现象。

不可否认，在孔学诠释史上，人们往往带着各种各样的"成见"或偏见来解读《论语》和孔子，在历史上，人们带着各种各样的"成见"或偏见的解读，在以孔子为至圣的观念的支配之下，不仅不能自觉其"成见"或偏见的存在，反而各自皆打着"真孔子"的名义来阐发己见，并将自己带着某种"成见"或偏见的解读视为唯一正确的读法或确解。当现代学者将阅读经典作为一种哲学解释学的问题来加以处理并将隐蔽的"成见"揭示出来之后，按理说，虽然"成见"依然存在，甚至被接受为一种积极参与阅读的因素，但是，我们在解读经典时，却不能再以"真孔子"的名义兜售自己的"私见"了。换言之，我们必须具备这样一种清醒的意识，经典文本是向所有人敞开的，任何人的解读都是一种"视界的融合"，而在对经典的视角不同的解读中，也许一种读法比另一种读法更好，但很难说存在一种"唯一正确"的读法。

然而，事实上，借"真孔子"之名来抒发一己之"私见"者，在今天依然不乏其人。譬如，有的学者认为孔子"只承认自己是丧家狗"，而所谓的"丧家狗"，"绝非污蔑之辞，只是形容他的无所遇"，也就是说，"任何怀抱理想，在现实世界找不到精神家园的人，都是丧家狗"①。然而，当持有这一看法的学者一再宣称他"宁愿尊重孔子本人的想法"，他是通过"读原典""看原书"而得出结论的，而且，"一切结论"都是"用孔子本人的话来讲话"②，其言下之意亦是"丧家狗"一词隐含的寓意，其实正是要借孔子之名来终结人们对孔子和《论语》的理解和解读，果如是言，则实在有意无意之间有误导世人之嫌疑。

那么，"丧家狗"一词之于孔子，真的仅仅意味着孔子是一位"怀抱理想"而"在现实世界找不到精神家园的人"吗？依笔者之见，如此界定"丧家狗"一词的含义，并试图从孔子身上读出知识分子的"宿命"，似乎犯有时代误置的错误。显然，这是从知识分子在现实世界中的普遍的边缘化的当代地位和命运来解读孔子的个人际遇问题，而"知识分子的宿命"问题显然还未进入孔子的问题意识，孔子所处的恰恰是一个中国的传统士阶层正在形成和崛起而努力走进政治和文化中心的过渡时代，孔子本人对于自己在这样的一个时代实现自己的政治抱负和理想所可能遭遇到的个人际遇与命运也有着非常清醒的自我反省意识，由外在的时势或生活环境所决定的孔子"丧家狗"式的个人际遇，恰恰凸显的是孔子对其所怀抱理想的执着与担当的精神，孔子虽然明知"道之不行"，却并没有因此而放弃他在现实世界的人道责任、个人信念和行动上的努力。当有人说孔子像"丧家狗"时，孔子却欣然承认，说："然哉！然哉！"这是何等的豁达和坦然！我们从中解读出的，与其说是怀抱理想而在现实世界找不到精神家园的"知识分子的宿命"，毋宁说是一种超越个体际遇之上的、意义更为远大的士人君子的精神境界和人生追求。正是这样一种不求在现世求得福报的豁达和坦然，及其为实现其政治理想和抱负而决不轻言放弃，并以行动诠释自己的人生信念、以生命护持自己的道德理想的坚定而自信的精神境界和人生态度，激励和鼓舞着一代又一代的仁人志

---

① 李零：《丧家狗——我读〈论语〉》，山西人民出版社2007年版，自序第2页、正文第15页。

② 李零：《丧家狗——我读〈论语〉》，山西人民出版社2007年版，自序第2页。

士"铁肩担道义"的大无畏的决心和勇气。因此，如果说"丧家狗"一词只是用以形容孔子的"无所遇"，那么，所谓的"怀抱理想"而"在现实世界找不到精神家园"的"知识分子的宿命"，便显然是一种"拟于不伦"的过度诠释，不过是以己之意妄加于孔子之身而已，而其终结式的解读语式和风格，不仅歪曲了孔子本人的人格形象与精神品质，也是对现代读者的悟性的一种蔑视和侮辱。

然而，诚如美国著名汉学家郝大维、安乐哲在《汉哲学思维的文化探源》一书的中文版作者自序《汉人：叙述的理解》中所说："《论语》从来不是一个结束了的故事。这也就是说……读者和注释者的人生阅历总是要贯注到解释之中，使对它的每一次攻读总是有特别的和独特的理解。积聚起来的、关于《论语》的注释，使那些最有悟性的读者，能够使此著作的文本在他们自己的历史时刻复活，并充满生命力。"①

二、君子人格与多元文化素养

是终结还是复活孔子和《论语》的故事，人们当然可以有自己的选择，但不能借孔子之名而将自己的意愿强加给读者。在周游列国途中的个人遭遇，只是孔子整个生命历程的一部分，由各种主客观因素造成的孔子个人生前的"无所遇"，既不代表孔子本人的整个人生及其所思所想的全部意义，更不代表什么古往今来的"知识分子的宿命"。

与把孔子当作一个失败者所做的一种"丧家狗"式的解读不同，更与欲以定"孔教"于一尊或将"儒教"立为"国教"来统合、整齐人心的意识形态臆想妄念相左，我们更乐于从孔子身上及其君子式的人格理想中获得某种心灵相通的启示，来帮助我们积极地思考和应对我们所面临的与孔子相似（相似而非完全等同）的生活环境及其难题。

美国文化人类学家基辛曾经讲过一句非常耐人寻味的话，他说："人类

---

① [美]郝大维、安乐哲著，施忠连译：《汉哲学思维的文化探源》，江苏人民出版社1999年版，自序第6页。

最可观的一样事情，就是忍受不连贯并且互相矛盾的风俗信仰的能力，而且还能在这种情况下生活：世界上充满了为和平而战的军人，好淫的基督教徒，阔气的共产主义者，以及吵架的亲人等等。"① 在我看来，这话实隐含着一种对充满矛盾性的人类生活之本质的深刻洞察，而在政治和社会、思想和文化的急剧变革的时代，人类生活的矛盾本质凸显得尤其强烈而鲜明。我们今日生活在这样的时代，孔子亦生活在这样的时代。生活的环境虽存在古今的不同或有重大的历史变迁，但生活的本质却是别无二致的。套用基辛的说法，在孔子的时代，人们同样具有忍受不连贯并且互相矛盾的风俗信仰的能力，而且还能在这种情况下生活：世界上充满了僭礼逾制而不守传统的贵族，无道的君主，反叛弑上的臣下，执国命的陪臣，相互残杀的父子兄弟，愤世嫉俗而逃避现世的隐者，湛心利禄而无忌惮的小人，怀抱理想而品德高尚的仁人君子等等。

那么，孔子标举仁道的理想，追求成就君子的人格，对于发展和提升我们自身身处矛盾之中却仍然能够坦荡而理性地生活的能力，究竟能带来什么样的启示呢？笔者试就这一问题尝试性地阐述一二，至于是否契合孔子的"真相"或"真精神"，请读者朋友自己推论决断。

孔子所处的时代，是一个"礼崩乐坏"的乱世，基于这样一种充分自觉而深切的时代意识，他在系统追寻、探索和发掘传统的礼乐文化资源的基础上努力重建世界的秩序，然而，孔子并不是一个简单的复古主义者，他坚持把传统资源的激活和世界秩序的重建的必要主体条件——以实现仁的美德为最高目标的君子人格的内在培养，作为他思考问题的中心主题，这不是什么在现实世界中寻找精神家园而又找不到的问题，而是关注人的内在道德生

---

① [美] R. M. 基辛著，甘华鸣、陈芳、甘黎明译：《文化·社会·个人》，辽宁人民出版社1988年版，第433页。

活①，并面向未来而倡导一种新的道德型君子的理想人格，不仅他兴办私学的根本目的是培养君子，而且他整个的政治哲学信念亦同样围绕着并最终落实在如何培养和提升统治者的仁人君子式的主体人格与道德境界的问题之上②，应该说，这是孔子思想中最富独创性或革新性的方面。

关于君子的品格，孔子常常是在与小人相对的含义上来加以阐述和说明的③，其中最为今天关心文化问题的学者所乐而道之的一条就是："君子和而不同，小人同而不和。"（《论语·子路》）按照杨伯峻先生的解释，这句话的意思是："君子用自己的正确意见来纠正别人的错误意见，使一切都做到恰到好处，却不肯盲从附和。小人只是盲从附和，却不肯表示自己的不同意见。"④ 显然，"和而不同"是被孔子作为君子处理人际关系的一项理想原则来看待的。而对于孔子同时代的思想家来讲，"和而不同"更是世界的本来面貌与状况，而在今天，"和而不同"更主要的是被作为一种文化观来看待，如方克立先生对"和而不同"作为一种文化观的意义和价值所做的系统阐发和精到评述那样。依方先生之见，"在中国古代，'和而不同'也是处理不同学术思想派别、不同文化之间关系的重要原则，是学术文化发展的动力、途

① 孔子对人的内在道德生活的关注集中体现在"仁"这一概念上，如美国著名汉学家史华兹所言，仁是孔子"处理人的内在性的新术语"，"它指称的是个人的内在道德生活，这种生活中包含有自我反省与自我反思的能力"。[美]本杰明·史华兹著，程钢译：《古代中国的思想世界》，江苏人民出版社2008年版，第99、98页。

② 如季康子问政于孔子。孔子对曰："政者，正也。子帅以正，孰敢不正？"（《论语·颜渊》）又曰："苟正其身矣，于从政乎何有？不能正其身，如正人何？""其身正，不令而行；其身不正，虽令不从。"（《论语·子路》）另如，子路问君子。子曰："修己以敬。"曰："如斯而已乎？"曰："修己以安人。"曰："如斯而已乎？"曰："修己以安百姓。"（《论语·宪问》）

③ 孔子对君子与小人所做的一系列道德品分，如："君子周而不比，小人比而不周"（《论语·为政》），"君子喻于义，小人喻于利"（《论语·里仁》），"君子坦荡荡，小人长戚戚"（《论语·述而》），"君子成人之美，不成人之恶。小人反是"（《论语·颜渊》），"君子泰而不骄，小人骄而不泰"（《论语·子路》），"君子固穷，小人穷斯滥矣"（《论语·卫灵公》），"君子求诸己，小人求诸人"（《论语·卫灵公》），等等。

④ 杨伯峻：《论语译注》，中华书局2006年版，第159页。

径和基本规律"①，而在今天，"和而不同"更可被用作化解不同文明之间冲突的一种"良方"。

除了其文化观方面的引申含义之外，如果我们回归孔子的本义，即在孔子所说的"和而不同"的本来意义上，或者说，"和而不同"作为一种个体人格的意义和价值，我认为，它同样能够带给我们一些非常重要的启示，启示我们认真思考生活在一个价值多元的生活世界中的现代公民应具备什么样的基本素养。综合概括一下，孔子本人身上所体现出的以及他所明言倡导和追求实现的君子人格的基本涵义、意境与特点，主要包括以下几个方面：

1. 好学。子曰："十室之邑，必有忠信如丘者焉，不如丘之好学也。"（《论语·公冶长》）对于自己的好学品性，孔子是非常自信的，话语中亦透显出一份自豪之感。不仅如此，孔子更是乐在其中，正所谓"其为人也，发愤忘食，乐以忘忧，不知老之将至云尔"（《论语·述而》）。另外，对于弟子颜回的好学，孔子亦赞赏有加，其对哀公"弟子孰为好学"之问，曰："有颜回者好学，不迁怒，不贰过。不幸短命死矣，今也则亡，未闻好学者也。"（《论语·雍也》）那么，孔子何以这样看重"好学"呢？"学"对于孔子又究竟意味着什么，或具有什么样的深刻意蕴呢？这是一个非常值得我们深长思之的问题。"学"不仅仅是一种可以使人博得知识上的博闻多识之声名的求知的活动，更是一个人不断完善和提升自身品格和人生境界的成长过程。而"好学"则意味着一种充分敞开自我的心理状态和精神品格②，对知识的积极探求，对生活世界的全面了解，对生命价值和人生意义的深入反思，无不以"好学"的精神为根基。对孔子来讲，"好学"主要有以下两个方面的意义。一是，现实世界是历史地形成的，必须探本溯源，我们才能获得对生活世界的更好理解，因此，他孜孜不倦地"好古，敏以求之"（《论语·述而》），希望

---

① 方克立：《"和而不同"：作为一种文化观的意义和价值》，见《方克立文集》，上海辞书出版社 2005 年版，第 535 页。

② 所谓的"子绝四——毋意，毋必，毋固，毋我"（《论语·子罕》），指的便是这样一种充分敞开自我的心理状态和精神品格。

通过学习来重建与自身传统之间富有意义的关系。二是，我们所处的社会又是一种人伦关系的网络，我们的个体人格只有在一种人与人之间的良性互动中才能健康地成长，因此，通过向他人学习，学习贤者的优良品质，吸取不贤者的教训，勇于改正自己的过失，我们可以使自我的人格不断得到提升和完善，故曰："三人行，必有我师焉：择其善者而从之，其不善者而改之"（《论语·述而》），"见贤思齐焉，见不贤而内自省也"（《论语·里仁》）。除了上述两个方面的意义之外，对于生活在多元文化并存的世界当中的现代人来讲，"好学"，特别是不同文化之间的人的相互学习尤其重要，并将会变得越来越重要，只有通过相互学习，我们才能增进对彼此的了解，在平等地相互了解的基础上来实现不同文化、不同文明之间的"和而不同"、和平相处，这是人类文化发展的必由之路。因此，在我看来，"好学"应是现代人必须具备的一项至关重要的素养，否则，人们局限于自我封闭的个体的或文化的眼界，只会增大人与人之间、不同文明之间冲突的风险。

2. 修德。注重个人道德的内在修养，是孔子所倡导的仁人君子式的人格理想的一项核心内容。子曰："德之不修，学之不讲，闻义不能徙，不善不能改，是吾忧也。"（《论语·述而》）又曰："君子道者三，我无能焉：仁者不忧，知者不惑，勇者不惧。"（《论语·宪问》）一般浅见无识之人只将孔子看作一位在那里空口宣讲一些"老生常谈"的道德的冬烘先生，从孔子对"德之不修"等的深切忧患以及对自己不能"躬行君子"之道的自我反思，我们却很难得出这样一种印象。诚然，"道德不是讲出来的"[1]，孔子也没有说过道德是讲出来的，他说的是道德是修养出来的，人只有努力通过修养和践行，才能养成自身完整而健全的人格，达到"不忧""不惑""不惧"的人生境界。而且，进行道德的自我修养，求的不是外在际遇的通达或福报，而是"内省不疚""不忧不惧"（《论语·颜渊》）的"一己内心之所安"[2]，由此人才能获

---

① 李零：《丧家狗——我读〈论语〉》，山西人民出版社2007年版，自序第5页。
② 钱穆：《论春秋时代人之道德精神》，见《中国学术思想史论丛》（一），东大图书公司1976年版，第191页。

得一种安身立命的"乐感",如子曰:"知者乐水,仁者乐山。知者动,仁者静。知者乐,仁者寿。"(《论语·雍也》)正因为如此,孔子还特别强调一个人"为仁由己"(《论语·颜渊》)和"我欲仁,斯仁至矣"(《论语·述而》)的道德责任和自主性。孔子强调个人修德(以仁人君子型人格的自我完善或实现为目标)的观念,到《大学》那里有了进一步的重要发展,那就是:"自天子以至于庶人,壹是皆以修身为本。"也就是说,修身或道德人格的自我修养成了对所有人的一种普遍要求。那么,这样一种要求对于现代人是否还仍然有效和正当呢?这主要取决于人们如何看待道德的问题,如果说内在品德的自我修养对于一个人人格的完善仍然是必要的话,如果说道德对于维持一种良好的社会秩序仍然是必需的话,那么,对现代人提出一种修德的要求也就仍然是正当的。也许有人会说:"道德很脆弱,也很实际。……越是没道德,才越讲道德",或者说,"道德是生存策略","四世同堂,孝养父母,是生存策略。小孩独立、老人自尊,也是生存策略"①,而当人们终于理解和明白了道德是一种"生存策略"的时候,所谓的责任和义务大概也就都成了"废话"。这样一种道德的观念和立场,也许自有其道理,然而,当它意在消解掉人的道德责任及其自主性时,所带来的社会后果必然是整个社会秩序和风气被把道德当"废话"的"生存策略"所腐蚀和败坏。而在我看来,生活在一个价值多元化的世界,我们必须坚守的一种道德底线或应具备的一种道德文化素养就是,我们必须承担起自己的道德自主的责任,并修养和完善自己的人格,提升自己的人生境界,不全凭缺乏教养的"个人爱好"来对待他人,而是以"和而不同"的人生态度来应对和化解由价值多元的生活事实所可能引发和造成的社会对立、矛盾和冲突。

3. 责任。对孔子来讲,道德的自主是和对他人的责任和义务密不可分的,而所谓的责任,主要是指由社会人际关系所决定的人伦道德的责任和义务,如所谓的"君君,臣臣,父父,子子"(《论语·颜渊》),"父子有亲,君臣有

---

① 李零:《丧家狗——我读〈论语〉》,山西人民出版社2007年版,自序第5页、正文第386页。

义，夫妇有别，长幼有序，朋友有信"（《孟子·滕文公上》），"父慈、子孝、兄良、弟弟、夫义、妇听、长惠、幼顺、君仁、臣忠"（《礼记·礼运》）。也就是说，所谓的"人"，亦即生活在社会人伦关系网络中的"人"，彼此应该承担相互对应的伦理性的责任和义务。不仅如此，孔子和儒家还从责任的角度发展出了一种审视统治者行为的伦理视角①，也就是说，在他们看来，每个人都应为自己的行为负责，而且对他人负有伦理的责任，而统治者尤其应对自己的行为负责并对人民负有教养的伦理责任，如重视民生、关切民利、敬畏民力、以德化民等。当然，不可否认的是，责任伦理的内涵并不是抽象和超历史的，而是具体的、具有特定的社会历史内容的，是随时代的变化而变化的，汉代以后，先秦儒家注重的人与人之间双向要求的交互性的责任伦理观念便被改造成了单向服从的片面性的责任伦理观念。而且，正如许多学者已指出的，中国传统的伦理观念中权利意识是非常薄弱和欠缺的。学者们也多批评儒家把伦理问题和政治问题、把君臣之间的政治关系与父子之间的伦理关系混同起来，这种批评也无疑是切中要害的。然而，我们却不能因此而简单地否定和漠视先秦儒家的责任伦理及其伦理视角的意义和价值。在今天，传统单向服从的片面性的责任伦理观念无疑应被彻底抛弃，我们也需要认真吸纳西方文明资源中有关个体的权利思想，以修正、弥补中国伦理价值之不足，在政治领域，我们也应适当地将政治和伦理区分开，并努力发展和健全一种对当权者的权力进行民主控制的制度安排。但是，吸取和接纳西方文明的价值资源，并不意味着一定要采取全盘否定我们自身传统中的价值资源的

---

① 如德国学者瓦尔特·施威德在《信念与责任之间的政治家》一文中所言："一位政治家必须认识到伦理视角同政治视角并不是对立的。这就是说，他必须拥有下述根本性认识，即根据'好'与'坏'的标准对行为加以评判这一伦理视角并不是一个仅为道德主义者或者哲学教授所支持的特殊视角。说什么'我很想采取伦理行为，但政治上的约束（或者经济状况、全球化、竞争等等）不允许这样做……'说这种话的人没有理解伦理视角为何物。任何一个人如果为自己的行为做辩解，那么伦理视角就是他采取的最高视角。"（见单继刚、孙晶、容敏德主编：《政治与伦理——应用政治哲学的视角》，人民出版社2006年版，第64页。）

态度，正如杜维明先生所一再申论的那样，今天我们需要通过"文明对话"的方式来化解由"人类文明的多元性"所带来的时代难题，在这种文明间的对话中，我们也许会发现在儒学的核心价值理念（公益、同情、礼教、责任、社群伦理）与西方的启蒙价值理念（自由、理性、法制、人权、个人尊严）之间可能存在着一种"和而不同"的互补性，而且，从伦理视角来审视当权者的行为及其权重责大的问题，也仍然是必要且重要的。总之，勇于承担责任，承担对个人、家庭和社会的责任，既是现代公民，更是现时代的政治家所必须具备的一种伦理素养。

4.包容。孔子最富感召力的人格魅力，不仅在于他能够以温良、平和、坦荡的心态面对人世间的一切，更在于他尊重"差异"而包容他人的博大胸怀。孔子生活在宗法世袭社会体制和秩序日渐走向衰败与解体，而新的体制和秩序还有待创设与建构的过渡时代，人生路向选择的多样化，人的才能志向的个性化发展，价值取向的深刻差异与思想信念的激烈冲突，正是这一过渡时代的基本特征，孔子对此无疑有着深刻的生命体验，并试图就由此所造成的社会内部的分裂危机做出反思，而他所提出的化解社会危机的根本之道，借用马克斯·韦伯的说法，"本质上具有和平主义的性质"[①]，他所追求的是通过君子人格的自我提升和完善来引领整个时代的精神转向，通过对人的道德教养来化解社会的暴戾之气，通过规范性而非强制性的礼义重塑和谐的社会秩序，通过发扬人性中光明善良的方面来消解其阴暗不良的方面。因此，在一个"天下无道"的时代，他所希望见到的是能够修德行善而持之有恒的君子，对充斥于现实世界的怪力乱神采取"不语"（《论语·述而》）的态度；面对隐者的冷嘲热讽，孔子遵循"道不同，不相为谋"（《论语·卫灵公》）的原则，也只是为自己乐于与人相群为伴的入世情怀温和地辩解一下（参考自《论语·微子》），正像他自己所说的那样："人不知，而不愠"（《论语·学而》）；而最令孔子愤慨、忧虑和不能容忍的莫过于贵族阶级对宗法礼制的

---

① [德]马克斯·韦伯著，洪天富译：《儒教与道教》，江苏人民出版社2010年版，第177页。

僭越与破坏的行为，但他也不过气愤地只说一句"是可忍也，孰不可忍也？"（《论语·八佾》）而已。毋庸讳言，这也许正是孔子的局限性所在，如德国著名哲学家雅斯贝尔斯所说："他的局限性在于：面对邪恶和失败，他只是庄严地悲叹和忍受，而没有从痛苦的深渊中得到任何促动力。这一局限性说明了他为什么没能实现自己的理想。"① 然而，如果换一个角度来看孔子的为人，我们也许还能发现"另一个"具有尊重"差异"而包容他人的博大胸怀的孔子，他兴办私学，向所有人开放而"有教无类"（《论语·卫灵公》），他尊重学生的个性、才能和志趣的差异而"因材施教"、循循善诱；他不仅将"无恒之庸人"（《论衡·率性》）子路引向闻过则改的上达之路，而且亦激赏难与言善的互乡之童子的洁己上进之心（参考自《论语·述而》），他更谆谆教导弟子"泛爱众而亲仁"（《论语·学而》）、"尊贤而容众"（《论语·子张》）；他在遵循"差别对待"的原则与人打交道的同时②，对他人亦一视同仁而施以提撕上遂之教。总之，包容他者，而不做无原则的"乡愿"，尊重差异，而又能以自己高尚的品格吸引、感召和引领着他人努力修身正行、积极上进，这正显示了孔子博大的胸怀。子曰："德不孤，必有邻。"（《论语·里仁》）也许我们不能以高尚之德感召他人，但可以并应该像孔子那样尊重人与人之间的差异并相互包容，这也是生活在价值多元的现实世界中的人们为达到和而不同、和平相处而应具备的基本素养之一。

5. 理性。孔子是一位自信而乐观、节制而富有理性的思想家，他所崇尚的理性既是一种自我克制、关爱他人、成人之美的道德理性，亦可说是"一种秩序的理性主义"③，他希望人们能够遵循"忠恕之道"的道德理性原则进

---

① ［德］卡尔·雅斯贝尔斯著，李瑜青、胡学东译：《苏格拉底佛陀孔子和耶稣》，安徽文艺出版社1991年版，第178—179页。

② 如子曰："中人以上，可以语上也；中人以下，不可以语上也。"（《论语·雍也》）又曰："可与共学，未可与适道；可与适道，未可与立；可与立，未可与权。"（《论语·子罕》）

③ ［德］马克斯·韦伯著，洪天富译：《儒教与道教》，江苏人民出版社2001年版，第177页。

行交往互动，并由此而建构一种和谐的社会秩序。所谓的"忠恕之道"，从消极方面讲，就是"己所不欲，勿施于人"（《论语·卫灵公》《论语·颜渊》），而从积极方面讲，就是"己欲立而立人，己欲达而达人"（《论语·雍也》）。诚如刘泽华先生所说，"上述两句话，可以说是孔子整个思想中最富有光彩的地方"①。孔子讲过的另一句名言，就是在回答樊迟问仁时所说的"爱人"（《论语·颜渊》），然而，君子之爱不是姑息养奸的爱，而是以德立人达人的爱，故曾子曰："君子之爱人也以德，细人之爱人也以姑息。"（《礼记·檀弓上》）在孔子和儒家的思想中，上述"忠恕之道"所体现的交往理性，可以说是最具有普世性意义的，如果说你希望别人遵循这样的原则和理性来对待自己的话，那么你也就应该按照这样的原则和理性对待他人，这是再朴素、平正而合理不过的一种要求了。而假如你也像某些人那样把这仅仅看作一种"生存策略"的话，结果可能是你只希望别人按照这样的原则和理性对待你而你却并不遵循同样的原则和理性对待他人。

综上所述，孔子本人身上所透显出的以及他所追求和倡导的君子式的人格理想，也许更多地体现了一种士人君子的精英意识，但如果我们将其引申到我们当下的价值多元的文化生活情境中，并从"和而不同"的视角来审视和反思"现代公民"应具备的一些基本道德修养或文化素养的话，那么我相信我们能够获得一些非常有益的启示。也许我们自以为我们比2500多年前的古人更有头脑和思想，但是，从忠实地践行自己的人生信念和人格理想的角度讲，我们却的确有许多需要向古人学习的地方。就孔子而言，我们既没有必要把这样一位2500多年前的古人捧到"救中国""救世界"的高度，似乎也没有必要让这样一位2500多年前的古人背负着万恶之源的罪名而一定要把他打入十八层地狱。不过，作为合格的现代公民，除了享有基本的权利并应具备守法意识和积极思考或踊跃参与公共事务的美德之外，如果还乐于向孔子学习，学习他的好学精神，学习他的自省修德，学习他的责任意识，学

①刘泽华：《先秦政治思想史》，南开大学出版社1984年版，第339页。

习他的包容情怀，学习他的交往理性，亦即充分地敞开自我，反身以求、内省修德而不惮乎改过迁善，勇于承担对个人、家庭和社会的责任，学会尊重差异和包容他者，在既不违背他人意愿而又成人之美的理性原则的指导下，在与他人进行健康良性的交往互动中，实现自我的价值、完善自我的人格、提升自我的境界，那么，也许我们可以更好地发展和提升我们"忍受不连贯并且互相矛盾的风俗信仰的能力"，而且还能在这种情况下生活：在由"价值的多样性"所带来的丰富多彩而有意义的人类生活中，充满了拥有不同信念的各种类型的公民，虽然不是那么谐调，但人们依然可以共同地生活在一起，甚至还能打成一片，其乐融融。

（原载《艺衡》第 7 辑，中国文联出版社 2012 年出版，原题目为《和而不同与多元文化素养》，收入本书时有改动）

修身以道：作为一种生活理念的古典儒学

　　在有关儒学的种种论说中，人们完全有理由通过不同的视角来审视和反思儒学，如将儒学看作一种研究神圣经典的学问或成就道德生命的学问，一种心性义理之学或外王事功之学，一种移风易俗的礼乐教化之学或下学上达的天人一贯之学；或者也可将儒学划分为不同的形态，区分其不同的特质，如将儒学划分为精神儒学、文化儒学、制度儒学、生活儒学、心性儒学、政治儒学，或者是官方的制度化儒学与民间的大众化儒学；甚至也可将儒学看作历史上特定时代背景下的某种性质的思潮或运动，如将儒学看作一种在汉代致力于确立儒学意识形态霸权地位的政治运动，一种在宋代致力于参与建构地方秩序的社会运动，一种现代的文化保守主义思潮或当下的文化复兴运动，等等。然而，不管采取哪一种视角或怎样看待儒学，儒学的根本宗旨或活水源头在于其古典的教义，这一点大概是毋庸置疑的。而在儒学的古典教义中，对修身问题的关注正是其核心的思想主题之一，故笔者不揣谫陋，试就古典儒家的修身之道尝试论述一二，以就教于学界方家。

一、人及其世界

欲理解和阐述儒家的修身之道，必先明了以孔、孟、荀和《大学》《中庸》为代表的古典儒家之学究竟是一种什么性质的学问。梁漱溟先生尝言："孔子的东西不是一种思想，而是一种生活。"[①]依我的理解，这是说孔子之学（或儒家之道）的性质不在于它是一种玄思冥想的成果，不是一般所谓纸上的学术或书斋里的学问，更不是西方意义上的那种以抽象思辨为根本特征的"哲学思想"，而在于它是源于生活而又归宿于生活的一种实践性的义理信念，是一种"人文教"性质的"生命的学问"（牟宗三先生的说法）或"吃紧为人"的"人生大道"（钱穆先生的说法）！据此而言，则我们只有对儒家之"生命的学问"或"人生大道"意义上的义理信念有了深切的体认和理解，才能了解其所谓的修身之道的实质含义，反之亦然。

然而，我们首先必须明确的是，儒家的义理信念又究竟源自哪里呢？简言之，其义理信念可以说来自他们对人生问题的系统反思，而这一反思事实上又离不开其对人类之产生或世界之起源问题的探索与思考。也就是说，对人生问题的反思与对世界起源的探索密不可分，而这一点在先秦诸子的时代最集中地体现在思想家对天与人、天道与人事的关系问题的探讨之上。大体而言，与老庄道家推求自然天道以反思社会人事和墨子尊天信鬼以使人们一致遵从强制性的天志仪法的思维理路不同，孔孟儒家所采取的则是反求诸己，以人类自身对于道德、义理、性命的反身体验和社会人事的伦理特性来推知天道天命，也即以人知天的思维理路。当然，儒家亦不乏对世界起源问题和形上之天道的独特理解和思考，而且从表述形式上来讲，儒家亦常常采取一种推求天道以反思社会人生问题的话语策略，不过，与老庄道家要人们因循顺应自然之道和墨子要人们遵奉天志仪法不同，儒家的根本意图却在于为人类自身确立一种人之为人（或"人道"）意义上的行为规范、价值准则和伦理信念，即所谓的"立人极"。

---

①梁漱溟：《梁漱溟全集》（第一卷），山东人民出版社1990年版，第540页。

在孔老之前，对世界从何而来的根源性问题主要有两种回答或解释：一种是对世界所做的传统宗教神学的解释，即将世界看作是由昊天上帝主宰的、充满神意的人类和万物居所，人和万物都是天神所生，正所谓"天生烝民，有物有则"（《诗·烝民》），在《诗》《书》两经中占据主导地位的"天命""昊天上帝"观念便是这种解释的代表①；另一种则是对世界所做的自然主义的解释，即将世界看作是天覆地载的、纯自然的人类和万物的居所，人和万物是由天地阴阳氤氲孕育自然化生出来的。

老子对世界根源问题的探究，可以说完全将宗教之天的神秘意味消解和摒除掉了，老子不仅赋予天地一种纯粹自然化的含义，而且将思维的触角扩展至天地之先的形上境域，他认为形上意义上的自然之道才是先天地而生、化生天地万物的真正的根源。比较而言，孔子对世界产生的根源问题的思考和看法，不像老子那样富有创见，而是具有一种常识性或通识性的色彩和意味，譬如：

> 子曰："予欲无言。"子贡曰："子如不言，则小子何述焉？"子曰："天何言哉？四时行焉，百物生焉，天何言哉？"（《论语·阳货》）

> 子曰："大哉尧之为君也！巍巍乎！唯天为大，唯尧则之。荡荡乎，民无能名焉。巍巍乎其有成功也，焕乎其有文章！"（《论语·泰伯》）

在孔子看来，天是无言的，但四时的运行、百物的生成是以不言之天为最终根源或根本依据的，正因为如此，这唯此为大的不言之天才构成了先王圣君据以治理人类生活世界的根本法则的终极依据，以及人类生活世界的价值与意义的终极根源。而且，很明显，在上述引文中孔子所谓的不言之天或唯天为大的天，和老子的天道观一样，也具有突出而鲜明的自然化的含义。所不同的是，自然之道的概念构成了老子解释世界根源的最高范畴，而不言之天或唯天为大的天的概念构成了孔子解释世界根源的最高范畴。

---

① 相关材料可参看梁启超先生所著《先秦政治思想史》一书的前论部分第二章之附录一"天道观念表现于《诗》《书》两经者"和附录二"天道观念之历史的变迁"，吉林人民出版社2013年版，第26—34页。

然而，需要特别指出的是，孔子的天并不像老子的道的自然化的含义那样纯粹，依我之见，在孔子的思想信念中，天的含义充满了歧义，这种歧义对于我们理解和领悟孔子本人与古典儒家的独特的人生观和世界观来讲，具有不容轻忽的特殊意义。在此，我们首先要说的是，只就天的自然化含义来讲，在孔子有关人及其世界的一般图景的意义上，它构成了自然万物生生不息和人类世界治理之道的终极意义根源与根本价值依据。正如《周易大传》所言："天地之大德曰生"①、"生生之谓易"②，而"天地絪缊，万物化醇。男女构精，万物化生"③，或者"有天地，然后万物生焉。……有天地然后有万物，有万物然后有男女。有男女然后有夫妇。有夫妇然后有父子。有父子然后有君臣，有君臣然后有上下。有上下然后礼义有所错"④。《周易大传》对宇宙生成演化过程与人类关系性角色的产生顺序所做的这种阐述，可以说最集中体现了孔子和古典儒家有关人及其世界的一般图景的构想或预设。

天地可以说构成了孔子和古典儒家世界观信仰的终极依据，而其中最值得我们注意的是天地、万物、男女、夫妇、父子、君臣、上下这样一种产生演化的过程及其顺序安排，尽管略显简单，但对于孔子和古典儒家来讲，却具有特别的意味，它清晰地向我们呈现了构成孔子和古典儒家世界观信仰的一系列重要概念和范畴，从产生的先后次序来讲，前者相对于后者，无疑具有更为根源性的本原或基础的意义，而后者相对于前者，则具有结构性的上层或核心位阶的意义；而且，它们最终又构成一种共时性的存在，即它们共同作为一种不可或缺的结构性因素，彼此相互依存，构成了一个完整有序的生存世界。而对于构成这一生存世界的各种关系性因素和结构性秩序，能够发挥一种具有根本意义的规范性的措置作用的便是礼义。在上述生成演化的一般过程中，还需补充的最为重要的一点就是圣王的出现，在孔子和古典儒家

---

① 高亨：《周易大传今注》，齐鲁书社2009年版，第495页。

② 高亨：《周易大传今注》，齐鲁书社2009年版，第461页。

③ 高亨：《周易大传今注》，齐鲁书社2009年版，第512页。

④ 高亨：《周易大传今注》，齐鲁书社2009年版，第568、572页。

看来，古圣先王在整个人类文明的发展史上发挥了一种关键性或决定性的作用，因为古圣先王通过仰观天文、俯察地理而创制了人类文明生活所必需的器物与礼仪等，也就是说，人类是被古圣先王引领着才最终走上了过一种真正文明化的生活方式的道路的。

就先秦诸子世界观信仰的类型而言，相对来讲，墨子的世界观信仰较接近于孔子和古典儒家的上述一般世界观图景，比如墨子像孔子和古典儒家一样强调君臣惠忠、父子慈孝、兄弟友悌、上下调和的人类关系秩序，并推崇古圣先王之治，但不同的是，墨子以天志为仪法的理念及其对民之始生"若禽兽然"的人类原初生存状态的历史构想或理论预设，使他建构了一套特色鲜明而不同于孔子和古典儒家的完全以政长为中心的社会政治学说，在他看来，正是政长的出现及其以天志为仪法的尚同一义之治才为人世间带来了真正的秩序，并强调人与人之间应"兼相爱、交相利"，而不是遵循礼仪的规范。法家更进一步以君臣上下的政治关系为中心而建构了一套君主仅仅借助于权势和法术就能强制性地使臣民完全受其绝对支配和控制的社会政治学说。道家的庄子学派则希望人类能够过一种"同与禽兽居，族与万物并"（《庄子·马蹄》）、无君臣上下之分、无须区别君子小人而彻底回归自然的生活。可见，墨法两家以政长或君臣上下为中心的思维理路所强调的乃是自上而下地、强制性地人为建构一种社会政治关系秩序，而道家的庄子学派则希望彻底放弃这种人类性质的社会政治关系秩序。孔子和古典儒家的世界图景及其人类关系秩序可以说介乎这二者之间。

对孔子和古典儒家而言，男女、夫妇、父子、君臣、上下的人类关系秩序，并不是人为建构的产物，其性质无法被人为强制性地改变，而是自然产生或自然演化的结果，是一种伦常性的社会角色与关系秩序，如荀子曰："君臣、父子、兄弟、夫妇，始则终，终则始，与天地同理，与万世同久，夫是之谓大本。"（《荀子·王制》）而由人类（圣王）人为建构或创制的东西是人类生活所必需的器物和用以规范人类关系秩序的礼仪规矩，而且，孔子和古典儒家最为强调的就是后者，正是礼仪使人类与动物本质性地区别了开来。如《礼记·曲礼上》曰："夫礼者，所以定亲疏，决嫌疑，别同异，明是非也。……道德仁义，非礼不成；教训正俗，非礼不备；分争辨讼，非礼不决；君臣、上下、父子、兄弟，非礼不定；宦学事师，非礼不亲；班朝治军，莅官行法，非礼威严不行；祷祠祭祀，供给鬼神，非礼不诚不庄。是以君子恭敬、撙节、退让以明礼。……夫唯禽兽无礼，故父子聚麀。是以圣人作，为礼以教人，使人以有礼，知自别于禽兽。"可见，礼的作用和意义即在于它对人类的伦常关系秩序及其生活世界构成了一种全方位的普遍规范，它是由圣人制作，靠君子来维护和昌明的，当然，问题的发生亦在于人僭越和破坏礼制的行为，这种行为必然会导致人类关系秩序的失范或生活世界的混乱无序。

质言之，孔子和古典儒家是通过关系性的伦理视角来审视和反省人类的生活世界及其秩序规范问题的，男女、夫妇、父子、兄弟等构成了人类生活世界与人伦关系秩序的最基本的性别与家庭角色，君臣上下是最为重要的政治角色，此外，还有朋友与师生等重要的社会角色。与墨法两家完全以政长和君臣上下为中心的社会政治观念不同，孔子和古典儒家虽然认为君臣上下为人伦之大者，是与父子一样重要的人伦关系角色，但它毕竟不是全部，而只是整个人伦关系秩序中的一伦。而且，在孔子和古典儒家看来，在人类的日常生活世界和整个人伦关系秩序中，性别和家庭性的关系角色事实上占有更为基础性或根本性的地位。正因为如此，孔子和古典儒家常常以家庭的伦理角色及其关系秩序模式为蓝本或理想来构想其他社会政治的关系角色与秩序模式，甚至认为，尽管生活在一个政治上君不君、臣不臣的混乱时代，但只要基本的家庭人伦关系及其伦理情谊还在，人生便自有其意义在，人们便能够从中体会到一种人类所特有的充满亲情的天伦之乐。正如孟子所言，君子有三乐，其一便是"父母俱存，兄弟无故"，而"王天下"（《孟子·尽心上》）却不在其中。当然，统治阶级的所作所为，特别是政治的黑暗和暴君苛政，也不可避免地会对人们正常的生活乃至整个国家的社会关系秩序造成极为严重的破坏和干扰，因此，生活在礼崩乐坏的时代环境中，孔子和古典儒家最为关切的就是人伦关系秩序中的君臣与父子二伦，并希望通过兴复周代的礼乐制度来重建以君臣、父子二伦为中轴的和谐有序的人伦关系秩序。故齐景公问政于孔子时，孔子对曰："君君，臣臣，父父，子子。"(《论语·颜渊》)孔子所期望的就是一国的统治者能够首先从我做起，以身作则，遵循礼仪的规范，并据以治政施教，这样才能重建已经被破坏的君臣父子等人伦关系秩序。

总而言之，对孔子和古典儒家来讲，在日常生活的世界，每个人在特定的人际关系网络中扮演着某一种角色或几种不同的角色，或男或女，或夫或妇，或父或子，或兄或弟，或君或臣，或长或幼，或师或友，并应承担相互的对应的职责与义务，人类的日常生活世界及其伦常秩序就是由这些伦理的、社会的和政治的关系性角色相互交往而形成的。正是基于这样一种对人类生活世界及其伦常秩序的独特理解，孔子与古典儒家在思维方式上的一个极为重要的特点就是，即实然而言应然。诚如谢扶雅先生所言："盖吾族特有之名分思想，夙已发达。有名即有分，分得而名归。名其'实然'，分其'应然'。等'应然'于'实然'，乃中国思想之特色。君王之'王'，名也；王道之'王'，分也。既名为王，必无亏于王道。王道未尽即不足称为君王。此与'君君，臣臣，父父，子子''仁者人也''义者我也'之例，皆属同科。"[1]谢先生对具有中国思想特色之名分思想的精到阐释，可说与孔子和古典儒家的名分思想及其正名主张的基本内涵与精神实质是最相契合的。所谓的"等'应然'于'实然'"，并非说凡实际存在的即是应然而合理的，而是说现实世界中凡属天地化育生成的伦常性的实然存在皆是应然而合理的，譬如男女、夫妇、父子、兄弟、君臣等实然的伦常角色，皆具有其名分上的应然的合理性，反之，如暴君污吏、乱臣贼子、盗窃匪徒之类，虽在现实生活中实际存在，因其与正常的伦常名分及与之相应的伦理道德上的规范要求相悖逆，故而属于一种虽实际存在但并不具有应然合理性的人类世界的异化现象。如果说前者属于"正"的话，后者则属于"乱"，拨乱反正正是身处乱世之中的孔子的

---

[1]谢扶雅：《中国政治思想史纲》，正中书局1954年版，第11—12页。

根本用心所在，而拨乱反正的根本途径就是正名，即端正人的伦常名分，使每一个人既有其名，就应当尽其分，也就是使每一个人的言行都应符合其理想意义上的应然而合理的规范要求，而决不是因有其名便简单地肯定其实际的身份地位及其所拥有权势的正当性。

以上可以说就是儒家关于良善生活的基本理念。

二、古典儒家的修身之道

孔子和古典儒家正是基于上述生活理念来阐发和论述其修身之道的，故我们不能离开儒家的生活理念来论述其修身之道。兹简要分述如下。

由《论语》所见，孔子格外重视和强调德性修养的问题，深以"德之不修"为己忧（《论语·述而》），故其论学、论道、论政，莫不以人之德性修养为重心和根基，学是修德的根本途径，道是修德的终极依据，政是修德的实践目标，反之，修德则是为学的重心，是弘道的前提，是为政的根基。因此，孔子首先提出了"克己"和"修己"的观念，并赋予其道德上的根本重要性。

一般学者多认为孔子（《论语》）和儒家所讲主要是一种做人的道理，这样讲虽然不错，但稍嫌笼统，我们必须进一步明确的问题是，孔子所讲究竟是一种什么样的做人的道理。在我看来，孔子并非泛泛而讲做人的道理，他发言（教育和游说）所指的谈话或劝服的对象是学以致其道的士人和执政当权者，只有明白了这一点，我们才能真正理解孔子何以在讲做人道理的时候始终以君子与小人的辨分为核心！借用德国著名公法学家施米特有关政治的说法——"政治就是划分敌友"①，亦可将孔子针对士人和统治者所讲的做人的道理简洁地概括为："做人就是要区分君子与小人，并立志做君子。"当然，孔子本人并未把君子与小人看作一种善与恶的绝对敌对关系，因为在孔子和古典儒家看来，君子与小人虽然在道德人格的意义上是相互对立的关系，但在生存论的意义上二者又是相互依存的关系，小人是君子教化和治理的对象，反之，小人的存在对于君子的生存亦是不可或缺的，因为正是小人供养

---

① 王邦佐等编写：《政治学辞典》，上海辞书出版社 2009 年版，第 346 页。

着君子而为其提供必要的生活用品，在此生存论意义上，小人事实上是指普通民众或者野人，故孟子曰："无君子，莫治野人；无野人，莫养君子"，"有大人之事，有小人之事。……或劳心，或劳力；劳心者治人，劳力者治于人；治于人者食人，治人者食于人，天下之通义也。"（《孟子·滕文公上》）然而，君子与小人在道德人格意义上的对比，却向我们昭示了这样一个道理：做人不是"扯淡"，不是自贬人格而向小人看齐，既不是做一个"饱食终日，无所用心"（《论语·阳货》）的混混，也不是做一个"群居终日，言不及义，好行小慧"（《论语·卫灵公》）的精明人，既不是做一个"幼而不孙弟，长而无述焉"的"老而不死"（《论语·宪问》）的贼人，也不是做一个"巧言令色"（《论语·阳货》）、乡愿式的老好人，而是要做就做一个有志向、有道德、有理想的士人君子。可以说，孔子所论修身之道皆是为此而发。

对孔子而言，一个人之所以需要克己修身，主要基于这样几点理由：其一，人在言行上是易于犯过失或错误的，若不能及时改正，将会害人误己，遗祸社会；其二，人是有血气、欲恶、情感、好利之偏私倾向的，如不加节制和正确引导，将会引发人际的冲突和争斗，造成社会的不和谐；其三，人生活在社会群体之中，身为人类社群和国家共同体的成员，需要处理好人与己、自我与社群、个人与国家之间的诸种关系，此是做人的义务和责任。也许孔子本人并没有正面而直接地阐述这些观点，但从他对人在上述各方面所表现出的弱点、缺陷和幽暗面的负面批评来看，我们确乎可以深切体会到孔子持有这样一些观点。如孔子曰："巧言令色，鲜矣仁！"（《论语·学而》《论语·阳货》）"已矣乎，吾未见能见其过而内自讼者也。"（《论语·公冶长》）"过而不改，是谓过矣。"（《论语·卫灵公》）"人而无信，不知其可也。"（《论语·为政》）"已矣乎！吾未见好德如好色者也。"（《论语·卫灵公》）"好勇疾贫，乱也。人而不仁，疾之已甚，乱也。"（《论语·泰伯》）"放于利而行，多怨。"（《论语·里仁》）"爱之欲其生，恶之欲其死。既欲其生，又欲其死，是惑也。""一朝之忿，忘其身，以及其亲，非惑与？"（《论语·颜渊》）等等。人之巧言而无信，好文过而饰非，过而不自讼，过而不能改，好色而不好德，欲富贵而恶贫贱，放于利而行，易使爱恶疾忿走向极端而不加节制，如此种种，莫不体现了人性的弱点、缺陷和幽暗面。正是基于这样的认识，孔子才要极力劝导人们克己修身而立志修德以成为君子。

那么，怎样修身才能成为君子呢？概括言之，孔子主要强调这样几点：

一是，内省立志。这是修身的前提，也就是说，修身首先要求一个人必须具备一种自觉的内省意识，并要树立坚定的志向以追求远大的道德理想目标。孔子曰："见贤思齐焉，见不贤而内自省也。"（《论语·里仁》）"君子不忧不惧。""内省不疚，夫何忧何惧？"（《论语·颜渊》）所谓"内省"即是要进行内在的自我反省，反思自己言行上的过失和错误，最重要的是要反省自己的言行是否有违于礼制和仁道，而且要不惮乎改正之（《论语·学而》《论语·子罕》），当内省意识是由他人所引发时，自己须从不贤之人那里吸取教训而努力向贤者看齐。而内省修身的目的在转化自己世俗的各种欲望、好恶和偏私之见，故须以仁为志，成就自己高尚的道德品格，故曰："苟志于仁矣，无恶也。"（《论语·里仁》）"富与贵，是人之所欲也；不以其道得之，不处也。贫与贱，是人之所恶也；不以其道得之，不去也。君子去仁，恶乎成名？君子无终食之间违仁，造次必于是，颠沛必于是。"（《论语·里仁》）。

二是，为仁由己。在孔子看来，一个人要想修身成为君子，就必须以仁为志，成就自己的仁德，然而，成就仁德，既不是靠外在优越的客观环境和物质条件，也不是他人的外力强制和催迫，而必须是靠自我真诚的努力，故曰："士志于道，而耻恶衣恶食者，未足与议也。"（《论语·里仁》）又曰："为仁由己，而由人乎哉？"（《论语·颜渊》）孔子所谓的"为仁由己"，可以说充分凸显了修身为仁的个体自我的主体性的道德自觉意识，诚如牟宗三先生所言，孔子之所以以仁立教，其本质意义即在于"开辟价值之源，挺立道德主体"[1]。

三是，好学修德。依孔子之见，好学乃修身的根本途径，他不仅以好学

---

[1] 牟宗三：《牟宗三集》，群言出版社 1993 年版，第 537 页。

自许，亦激励学生好学，尤其赞赏弟子颜回"不迁怒，不贰过"式的"好学"（《论语·雍也》），并说："君子食无求饱，居无求安，敏于事而慎于言，就有道而正焉，可谓好学也已。"（《论语·学而》）可见，孔子所谓"学"或"好学"，有其特定的意涵，目的在"为己"（《论语·宪问》），即为了修养和成就自己美好的德性。而且，通过"好学"，我们可以培养一个人正确的道德判断力和道德反思的理性，可以防止和纠正各种具体德行的偏狭和流弊，反之，一个人即使拥有某种具体的德行，也会在行为上显出各种流弊，故曰："好仁不好学，其蔽也愚；好知不好学，其蔽也荡；好信不好学，其蔽也贼；好直不好学，其蔽也绞；好勇不好学，其蔽也乱；好刚不好学，其蔽也狂。"（《论语·阳货》）

四是，以礼立身。孔子还将克己修身具体落实在以礼立身上，如子曰："不学礼，无以立。"（《论语·季氏》）"不知礼，无以立也。"（《论语·尧曰》）"君子博学于文，约之以礼，亦可以弗畔矣夫！"（《论语·雍也》）另外，孔子还强调"修己以敬"（《论语·宪问》），钱穆先生释之曰："修己以敬：即修己以礼也。礼在外，敬其内心。"[1]而且，孔子认为修身为仁必须要具体落实在"克己复礼"（《论语·颜渊》）上，或通过"克己复礼"来修身为仁。最后，如果一个人只是恭、慎、勇、直而不能以礼立身的话，则不免会产生"劳"（劳扰）、"葸"（畏惧）、"乱"（犯上）、"绞"（急切）的不良后果或毛病（参考自《论语·泰伯》）。

五是，言行一致。依孔子之见，君子修身成德必须注重言行一致，要"言忠信，行笃敬"（《论语·卫灵公》），宁"讷于言而敏于行"（《论语·里仁》）或者"先行其言而后从之"（《论语·为政》），而决不可言过其行，所谓"君子耻其言而过其行"（《论语·宪问》），更不能"巧言令色"，因为"巧言令色"只会败坏仁德。

六是，三戒九思。除了上述几点，孔子还有三戒九思之说，即认为君子

---

① 钱穆：《论语新解》，生活·读书·新知三联书店2002版，第391页。

应具备三戒九思的德性修养，此亦是孔子所论修身之道的重要内容或题中应有之义。具体而言，即："君子有三戒：少之时，血气未定，戒之在色；及其壮也，血气方刚，戒之在斗；及其老也，血气既衰，戒之在得。"（《论语·季氏》）"君子有九思：视思明，听思聪，色思温，貌思恭，言思忠，事思敬，疑思问，忿思难，见得思义。"（《论语·季氏》）

继孔子之后，孔门弟子及其后学亦格外重视和强调修身之重要性，并进一步阐发儒家的修身之道。如所周知，《大学》有三纲领八条目之说，其中"修身"乃是最为根本的一个条目或环节，因为修身既建立在格物、致知、诚意、正心的基础之上，又构成齐家、治国、平天下的根基，而且，对于所有人来讲，修身被看作一种具有普适性的道德要求，故曰："自天子以至于庶人，壹是皆以修身为本。"具体而言，要实现和贯彻"明明德于天下"的根本目的或最高纲领，必须先把国家治理好，乃至依次要齐家、修身、正心、诚意、致知、格物。然而，我们只有了解事物的本末终始和先后次序，才能真正理解"大学之道"的含义。就事物的本末来讲，修身是本，而其他为末，而就事物的终始先后来讲，则应以格物、致知为始为先以至乎治国、平天下。通过格物致知，我们可以获得对事物的恰当理解和正确认识；在此基础上，通过慎独的工夫培养一种真诚不自欺的意念，乃至排除各种感官情绪如忿懥、恐惧、好乐和忧患等的扰乱以端正自心；在正心诚意的基础上，能够恰当公正地对待自己所关爱亲近、轻贱厌恶、畏服敬重、哀矜怜悯以及傲视慢待之人，喜欢一个人的同时又能够认识到他的缺点，厌恶一个人的同时也能认识到他的优点，如此而修养自身，并以此为根本，便可以进一步实现齐家、治国、平天下的目的。在《大学》的作者看来，能够深刻理解上述事物的先后次序，也就接近于"道"了。

而对《中庸》的作者来讲，所谓的"道"与人类的天赋之性密切相关，即遵循人的天性而行即是"道"，故道之为道，不可须臾而离。正所谓"天命之谓性，率性之谓道，修道之谓教。道也者，不可须臾离也，可离非道也"。正因为如此，君子欲修其身，必须慎其独而心存戒慎、恐惧，深入细心地体察事物的隐微，于喜怒哀乐之情感的未发或已发之际深刻体认和领悟天地得以各正其位、万物得以发育生长之"大本"与"达道"所在，依《中庸》的作者之见，此"大本"与"达道"即为"中和"。将上述天地自然之道的体认贯彻落实在人间，则具体体现为下述儒家的人伦道德理念，即："天下之达道五，所以行之者三。曰君臣也，父子也，夫妇也，昆弟也，朋友之交也：五者天下之达道也。知、仁、勇三者，天下之达德也，所以行之者一也。……子曰：'好学近乎知，力行近乎仁，知耻近乎勇。知斯三者，则知所以修身；知所以修身，则知所以治人；知所以治人，则知所以治天下国家矣。'"在上述人伦道德理念中，修身亦被看作一个关键性的中心环节，而且，是被置于天人关系的问题意识框架下来加以定位的，所谓"君子不可以不修身。思修身，不可以不事亲；思事亲，不可以不知人；思知人，不可以不知天"，意即君子不可不修养自身，要修养自身便不可不敬事双亲，要敬事双亲便不可不了解做人之道，要了解做人之道便不可不体察天地之道及其化育万物之德，正所谓"君子之道，造端乎夫妇，及其至也，察乎天地"。天地生物，"至诚无息"，君子亦当"诚之为贵"，修身以"尽其性"，而"能尽其性，则能尽人之性；能尽人之性，则能尽物之性；能尽物之性，则可以赞天地之化育；可以赞天、地之化育，则可以与天、地参矣"。所谓"尽其性"，亦即"率性之谓道"，而所谓"尽人之性"，亦即"修道之谓教"。孔子儒家以仁立教而意在治平天下，故曰"修身以道，修道以仁"，而"仁者，人也，亲亲为大"，也就是说，修养自身必须以遵循人之天性的道为准则，而遵循天性修道又必须以仁为根本，仁是做人的根本，以亲亲为大原则。由上可知，《中庸》所论修身之道，实以至诚之天道为依据，以遵循人之天性为准则，以亲亲之仁道为根本，概言之，即诚身明善，择善固执，然后顺乎亲而信乎友，乃至通过修养、践行知、仁、勇三达德来维系由君臣、父子、夫妇、昆弟和朋友之交等关系所构成的人伦社群之道，进而实现治人乃至治天下国家的目标。

战国之世，对孔子和古典儒家学说做出最重要的理论阐发贡献的孟子和荀子，则从其各自明确的普遍人性论观点出发来阐述其宗旨和含义不同的修身之道。依孟子之见，人的本性是"无有不善"的，而且他主要是借由天赋的人心之良来阐发他的人性本善的观点的。在孟子看来，人天生皆有"不忍人之心"或"恻隐之心"，这是一种不忍伤害他人或同情他人不幸的天赋良心，除此之外，每个人还天生赋有"羞恶之心""辞让之心"和"是非之心"，而儒家所重视的仁、义、礼、智四大美德善行的根芽或善端就来自这"四心"，故孟子曰："仁义礼智根于心"（《孟子·尽心上》），"仁义礼智，非由外铄我也，我固有之也"（《孟子·告子上》），"人之有是四端也，犹其有四体也"（《孟子·公孙丑上》）。而且，人之有此天赋的本然自足的良心善性，乃是人之所以为人而区别于动物的本质特征所在。另外，孟子还将人的身体区分为大体、贵体和小体、贱体两部分，认为作为小体、贱体的耳目器官是不会思考的，所以易于受到外物的诱引和蒙蔽，而作为大体、贵体的心的器官的重要职能就是"思"（思考或反思），而且，只要思考，一个人就能发现和体悟到自己的、也是人人都具有的那种天生禀赋的或本来固有的良心善性，也只有人的良心善性才是人身上真正最可贵的东西！而一个人究竟是大人或君子，还是小人，就看他是注重保养他的大体还是小体，如孟子曰："体有贵贱，有小大。无以小害大，无以贱害贵。养其小者为小人，养其大者为大人。"又曰："从其大体为大人，从其小体为小人。"（《孟子·告子上》）

据上所言，孟子"道性善"所欲强调的是，每个人天生都有一颗道德的良心、一种向善的本性，只要善加存养和扩充，就能够成为大人和君子，然而，这只是问题的一个方面。问题还有另外一个方面，那就是人的天生的良心和善性其实又是非常"脆弱"和"易失"的。要想使良心善性真正实现出来，从一种可能性变为一种现实性，人就必须付出不懈的努力，持之以恒地存心养性。具体来说，孟子认为，主要有以下几个方面的原因会导致人的良心善性的丧失：第一，由于"弗思"，人的良心善性会丢失或失落；第二，由于受到外在物欲的诱引或蒙蔽，人的良心善性会放失或迷失掉；第三，由于外在不良的生存环境和思想影响，人们陷溺其中不能自拔或者是受到过度的损伤或戕害，人的良心善性同样会隐而不彰或完全被扼杀。相应地，孟子提出了以下几种存养和挽救人的良心善性的应对之方：

第一，应充分发挥人心"思"的功能。只要一个人能够时时反省和追求，就能够求得到和保存住自己的良心善性。

第二，应善于养护自己的身体。而养身有方者，一定要正确处理好大体和小体的关系，也就是应优先注重心性大体的存养与扩充，而不是满足耳目口腹等小体的感官欲望，故曰"养心莫善于寡欲"（《孟子·尽心下》）。

第三，应注意构建和维护一种有利于人的良心善性的保存、养护乃至能够不断扩充的良好的外在生存环境和条件。在孟子看来，人的良心善性就像是一颗颗的谷种，只有在适宜的阳光、水分和土壤的条件下善加养护，它们才能生长、发育乃至最终成熟。人的良心善性需要在适宜的外在生存环境和条件下顺其自然或合乎其天性地被善加保存、养护和扩充，只有这样，它才能真实地存在于自己的身上，它才能充实而美大，发出照耀和温暖他人的人性光辉。反之，面对拔苗助长式的多事，或者一曝十寒式的戕害，天下最易于生长的植物，也是无法成活和生长的，对人的良心善性的存养也是一样。

总而言之，对孟子来讲，人的良心善性既是天生固有的，又是容易放失的，前者体现了人的本质属性，后者则需要人存心养性，重新找回放失掉的良心善性，因此，所谓的修身之道就是对人的本心善性的存养与扩充。

与孟子不同，荀子虽然认为人因其"有义"而在自然万物中处于"最为天下贵"（《荀子·王制》）的地位，但人仍然属于自然，人的天性或自然生就的本性就体现了这一点，或者说，人的本性也就是指的人的自然性，它是一种天然生就的东西，是人与生俱来的一种本来的、原始的和朴素的东西，它是人维持自我的自然生命存在的一种自然的需求和本能，它不是人后天学习获得的东西，它是不可改变的。性的外在的表现形式便是情和欲。正所谓"性者，本始材朴也"（《荀子·礼论》），"凡性者，天之就也，不可学，不可事"（《荀子·性恶》），"性者，天之就也；情者，性之质也；欲者，情之应也"（《荀子·正名》）。再具体来讲，"饥而欲食，寒而欲暖，劳而欲息，好利而恶害"等，这些都是每个人生来就具有的本性本能，是"人之所生而有也"，是一种"无待而然"（《荀子·荣辱》）的自然生就的东西。无论你是君子，还是小人，不论你是大禹式的圣王，还是夏桀式的暴君，人在本性上都是一样的，每个人都生来具有好利之性、疾恶之情、耳目之欲等。

对人的本性，荀子和孟子有着根本的分歧。仁、义、礼、智等美德善行体现了人之所以为人而区别于动物的本质属性，在这一点上，他们在认识上并无实质性的差异。然而，体现人的本质属性的这些美德善行究竟是如何产生的？它们源于哪里？它们与人的本性究竟是一种什么样的关系？对这些问题的回答，荀子和孟子截然相反。孟子认为，人的本质属性与人的本性是一致的，因为体现人的本质属性的美德善行就根源于人的天生的良心善性之中，人需要做的最重要的事情就是保有、存养和扩充人生来固有的良心善性。而荀子则质疑道，既然人的本性生来就是善的，那么，人们为何还需要学习和教育呢？任何后天人为的努力岂不成了多余的？因此，在荀子看来，人所谓的"本性"肯定别有所指，人生来就具有的自然的本能、欲求和好恶之情，事实上才是人的本性，而由于这种自然生就的本能本性具有强烈的排他性，所以它们是人世间各种纷争、悖乱和丑恶现象发生的根源，而不是像孟子所认为的那样，仅仅是由于人们丧失掉其良心善性所造成的。

依荀子之见，自然生就的东西，并不就是自然合理的东西，如果人们一味地顺从自己的欲望，放纵自己的本性，那么，他就注定会走向恶，正所谓："今人之性，生而有好利焉，顺是，故争夺生而辞让亡焉；生而有疾恶焉，顺是，故残贼生而忠信亡焉；生而有耳目之欲，有好声色焉，顺是，故淫乱生而礼义文理亡焉。然则从人之性，顺人之情，必出于争夺，合于犯分乱理，而归于暴。"（《荀子·性恶》）因此，从本性上来讲，"人之生，固小人"（《荀子·荣辱》）。在荀子看来，人的所谓"本性"，与人通过后天积善修德的努力所成就的礼义化或伦理化的本质属性完全是两回事。既然如此，人又怎么能够向善而成就自己的"人之所以为人"（《荀子·非相》）的本质属性呢？荀子曰："凡性者，天之就也，不可学，不可事。礼义者，圣人之所生也，人之所学而能、所事而成者也。不可学、不可事而在人者，谓之性；可学而能、可事而成之在人者，谓之伪；是性、伪之分也。"（《荀子·性恶》）这就是说：人生来就具有的本性，虽然是我们人"所不能为"的，是不能改变和根除掉的，但是，它却是可以矫治、修正和转化的；美德善行的实践、积累与修为，虽然不是我们人的本性中所固有的东西，然而，它却是"可为"的，是我们可以通过后天的努力而成就的。这就是所谓的"性、伪之分"。人的本性是天生的，是恶的，而体现人的本质属性的善是人通过后天的努力与修为所能成就的，也就是所谓的"伪"，故曰"人之性恶，其善者伪也"（《荀子·性恶》）。当然，人之所以能够成就"伪"，能够实现自己的善的伦理道德的本质属性，关键还在于人天生就有一颗具有思虑、认知和抉择功能的心。在荀子看来，除了天生的本性即"人生而有欲"（《荀子·礼论》）之外，人还禀赋着一种天生的"材性知能"（《荀子·荣辱》），具有一种天生的认识、辨别外在事物的能力。不过，这还不足以使人向善修德，因为从人的天生的"材性知能"中发展出的可能只是一种感觉器官的感性认识能力，如"目辨白黑美恶，耳辨音声清浊，口辨酸咸甘苦，鼻辨芬芳腥臊，骨体肤理辨寒暑疾养"（《荀子·荣辱》）等之类。因此，更为重要的是，人之有"心"而可以进行是非善恶的判断与抉择，这才真正决定了人具有一种能够认知"父子之义""君臣之正"（《荀子·性恶》）之类的人伦事理，能够认知并践行"仁义法正"（《荀子·性恶》）或礼义之道而向善的资质和能力。如荀子曰："凡禹之所以为禹者，以其为仁义法正也。然则仁义法正有可知可能之理，然而涂之人也，皆有可以知仁义法正之质，皆有可以能仁义法正之具；然则其可以为禹明矣。""涂之人者，皆内可以知父子之义，外可以知君臣之正，然则其可以知之质，可以能之具，其在涂之人明矣。"（《荀子·性恶》）又曰："性之好、恶、喜、怒、哀、乐谓之情。情然而心为之择谓之虑。心虑而能为之动谓之伪。虑积焉、能习焉而后成谓之伪。"（《荀子·正名》）因此，荀子认为，人"生而有知"，而人之所以能知"道"，则在于人之有"心"，所谓："治之要在于知道。人何以知道？曰：心。"（《荀子·解蔽》）所以说，人之有"心"，才真正决定了人之能够成为自己形体和情欲的主人，乃至人的喜、怒、哀、乐、好、恶、欲等情感和欲求的表达才会因"心"而异并被引向正确的方向。职是之故，荀子才将人之"心"称之为"道之工宰"（《荀子·正名》），或者称之为"形之君也，而神明之主也"（《荀子·解蔽》）。

由上可见，与孟子的道德的善良之"心"不同，荀子所谓的"心"乃是认知的神明之"心"。不过，荀子认为，正因为天生具有这样一种"心"，人才能够具有对道德理性的认识能力和积德行善的实践能力。然而，天生具有这样一种理性认识和向善的资质和能力本身，又并不等于说"善"本身就是先天内在于人心性中的一种东西，"善"仍然是人通过后天人为的努力所成就的东西，所以荀子称之为"伪"。因此，对荀子而言，所谓的修身之道就是要人通过后天的努力，通过向学、积善、修德、正行来矫治、转化人的自然本性，而最为根本的途径和方法就是以礼修身正行，所谓"凡用血气、志意、知虑，由礼则治通，不由礼则勃乱提僈；食饮、衣服、居处、动静，由礼则和节，不由礼则触陷生疾；容貌、态度、进退、趋行，由礼则雅，不由礼则夷固僻违，庸众而野"（《荀子·修身》）。意即人类的生命形态是由形体、血气、志意和知虑等各种因素共同构成的，人的血气、志意和知虑的运行和使用，如果依礼而行，就会调治畅达，否则就会悖乱弛慢；人在日常生活中的饮食、衣服、居处和动静，如果依礼而行，就会和适而有节制，否则就会陷溺而生出疾患；人的容貌、态度、进退和趋行，如果依礼而行，就会高雅而不俗，否则就会倨傲、鄙陋、庸俗而粗野。所以，荀子说："礼者，所以正身也。"（《荀子·修身》）以礼正身，就是要用礼义来克制、端正自己的言行，用心思理智来控制自己的性情欲望。另如荀子曰："治气、养心之术：血气刚强，则柔之以调和；知虑渐深，则一之以易良；勇胆猛戾，则辅之以道顺；齐给便利，则节之以动止；狭隘褊小，则廓之以广大；卑湿重迟贪利，则抗之以高志；庸众驽散，则劫之以师友；怠慢僄弃，则照之以祸灾；愚款端悫，则合之以礼乐，通之以思索。凡治气、养心之术，莫径由礼，莫要得师，莫神一好。夫是之谓治气、养心之术也。"（《荀子·修身》）而且，与孟子强调"养心莫善于寡欲"不同，荀子认为，问题并不在于欲之多寡，而在于能否以"心之所可"矫治"情之所欲"，若"心之所可中理"，则"欲虽多"亦无"伤于治"，反之，若"心之所可失理"，则"欲虽寡"亦难"止于乱"（《荀子·正名》）。另外，荀子还强调以诚养心，故曰："君子养心莫善于诚，致诚，则无它事矣。"（《荀子·不苟》）

三、修身与良善生活

无论是孔子论修身成德，还是《大学》《中庸》论修身率性，无论是孟子论心性存养，还是荀子论修身化性，毫无疑问他们都不是为修身而论修身，也就是说，修身对于他们来说，不仅仅是为了成就个体私人的美德，而且更重要的是为了整个人类社群的共同福祉，如孟子所说，如果人人存养心性而"由仁义行"或践行尧舜孝悌之道，那么就可以实现平治天下的目标，正所谓"道在迩而求诸远，事在易而求诸难：人人亲其亲、长其长，而天下平"（《孟子·离娄上》）。与此同时，儒家的修身之道还具有一层特别的含义，即它特别针对士人君子和执政当权者，即希望儒生士人和执政当权者通过修身而成为仁人君子，乃至成圣成贤，亦即成为人类社群的道德典范和引领共同体追求止于至善之良善生活目标的真正领导者，孔子所谓先正己而后正人和"修己以安人""修己以安百姓"（《论语·宪问》），《大学》《中庸》所谓以修身为本而后齐家、治国、平天下和"知所以修身，则知所以治人；知所以治人，则知所以治天下国家矣"，孟子所谓"先知觉后知""先觉觉后觉"（《孟子·万章上》）和荀子所谓"闻修身，未尝闻为国也"（《荀子·君道》）等，其意莫不是将人类社群良善生活的根基建立在士人君子和执政当权者的修身之上。

孔子和古典儒家何以会极力阐发和倡导上述修身之道的理念呢？说到底，这与他们对于人类良善生活及其伦理特征和良序状态的理解密不可分，在儒家看来，人类既由天地化育而生，人间的生活秩序就理应体现天地之序的特征，人类社群的道德生活、礼乐制度或礼义规范及其伦理特征和良序状态可以说正是天地之和、生生之德和天地之序在人间的具体实现，如《礼记·乐记》所说："乐者，天地之和也；礼者，天地之序也。"正是基于这样一种理解，孔子和古典儒家只是把政治秩序和政治生活看作体现或从天地之序中衍生出的人类社群生活和伦理关系秩序中的一部分，也许是其中重要的一部分，但决不是全部或拥有决定一切的力量，它本身并不具有独立自足的价值和意义，只有为维系人类社群生活的福祉和伦理关系的良序状态做出应有贡献才具有其价值和意义。政治生活如此，个人生活犹然。如果说我们必须将人类社群生活本身置于整个天人关系或整体关联的意义框架下才能获得一种恰当理解，那么我们也必须将个人置于人类社群生活的整个伦理关系网络或道德意义脉络中来加以理解，只有这样，才是恰当和合适的。正因为如此，个人的修身才是必要的，通过修身成就个体的德性乃至为维系整个人类社群的良善生活及其伦理关系与道德特质做出贡献才具有道德上和政治上的根本重要性。

也许有学者会认为，孔子和古典儒家讲修身、讲道德，难免不切实际或"迂远而阔于事情"（《史记·孟子荀卿列传》），或者只限于一种"道德说教"，甚而会导致一种只拿道德要求、指责和批评别人的"道德专政"，然而，值得我们认真反思和对待的是，"道德"是否是一种值得欲求的人类之"善"，人类社群的良善生活能否远离"道德"而具有其真实的意义和现实的可能？而且，就孔子和古典儒家讲修身、讲道德的本义来看，他们强调的是"反求诸己"的道德要求，所谓"君子求诸己"（《论语·卫灵公》），或者是"君子有诸己而后求诸人，无诸己而后非诸人"（《大学》），他们关注的是一个人通过修身而实现自我的道德转化和人格提升，而所谓的"修身"要求一个人必须像"至诚无息"的天道那样真诚地不断克制自己的本能欲望和情感偏私，持守道德的信念并做出恒久的努力。诚如是言，则儒家所谓的"道德"，当然不是用来"说教"的，而是必须在自己的行为中加以贯彻的，它也不是对他人的"道德专政"，而是对自己的道德要求，当然，它也不可避免地涉及如何对待他人的问题，但它意味着"某种与人类恰当地对待他人的方式相关的东西"[1]，如所谓的"以直报怨，以德报德"（《论语·宪问》），所谓的"躬自厚而薄责于人"（《论语·卫灵公》），所谓的"君子成人之美，不成人之恶。

---

[1]［美］迈克尔·桑德尔著，朱慧玲译：《公正：该如何做是好？》，中信出版社2011年版，第37页。

小人反是"（《论语·颜渊》），所谓的"己所不欲，勿施于人"（《论语·颜渊》《论语·卫灵公》）和"己欲立而立人，己欲达而达人"（《论语·雍也》），等等。任何人都不可能通过对他人的道德要求成就自身的德性修养，也不可能仅仅通过什么"诵经"成为君子，而是必须反求诸己，落实在自己的行动上！诚如牟宗三先生所说，道德也不是用来"拘束人"的，而是用来"开放人""成全人"①的，或者说"道德是价值理性直接披露于个人，所谓'德润身'"②，在这一意义上，所谓修身就是基于一种反身而诚的道德良知和社会责任感，通过反求诸己的道德修养，使自己从本能欲望和情感偏私中超拔和提升出来，从而在人类社群的伦理生活及其社会关系秩序中开放和成全自己，成就自己的道德生命，实现自己的人生价值，反过来，亦为他人树立一种值得学习和效仿的道德典范，乃至引领整个人类社群过上一种良善的、富有伦理道德的共同体生活。因此，孔子和古典儒家所谓的修身之道与他们对于人类社群良善生活的理解密不可分，二者在内涵和意义上是可以相互诠释、相互印证的，正因为他们对于人类社群之良善生活有如此的理解，所以他们才会有内省与行动并重、置身于人类社群的伦理关系中培育和完善自身的道德人格乃至不断扩大自己的道德影响力以促进人类社群的良善生活目的之实现的个人修身的观念，反之亦然。而且，如果说他们心目中有关人类社群之理想的良善生活的理念就是他们所谓所求的"道"的话，那么，对他们来讲，修身之为修身，只有在遵循这一生活之道的理念并为了维护这一生活之道的目的付出努力时，才具有其实质性的意义，借用《中庸》的说法，这就叫"修身以道"，而透过这一点，我们也可以更好地体认古典儒学所讲究竟是一种什么样的生活理念，而无须套用西方哲学的思辨话语而将之玄虚化。

（原载《儒学评论》第 8 辑，河北大学出版社 2012 年 11 月出版，收入本书时有改动）

---

① 牟宗三：《中国哲学十九讲》，台湾学生书局 1983 年版，第 78 页。
② 牟宗三：《生命的学问》，广西师范大学出版社 2005 年版，第 45 页。

亲师取友：孔孟儒家论师友之道

——重思孔子"无友不如己者"教诲的实质含义

在孔子的教诲中，有一些因过于简约而令人费解的训言，人们如果不能正确地加以理解和诠释，则极易产生疑惑、引发争议，"无友不如己者"便属其中一例。如何理解这句话的含义，历代注疏家众说纷纭，至今难有定论。在我们看来，仅仅局限于其字面含义或孤立地理解这句话的含义，其实并不能从根本上消除历来人们对这句话的疑问，只有结合孔孟儒家对师友之道的整个论述或其论师友之道的整个思想脉络与义理旨归，才能恰当地理解和诠释这句话的含义，而且不仅如此，通过更深层次的思考，我们还可以进一步揭示和阐明孔孟儒家之汲汲于亲师取友的精神共同体旨趣及其深刻的政治意蕴和伦理意义。

一、"无友不如己者"义解分疏

"无友不如己者"在《论语》中共出现两次。据《论语·学而》，子曰："主忠信。无友不如己者。过，则勿惮改。"《论语·子罕》重出，其中"无"

作"毋"。对这句话的确切含义，历来存有争议，注疏家们提出过多种不同的解释。大体而言，主要有以下四种：

(一) 求胜己者为友

这种观点将"如己"解作"胜己"之义，把这句话理解为不要与不胜己者为友，反之，则当求胜己者为友。东汉末徐幹就如是认为，"君子必求贤友"而"不友不如己者"，并非出于自大，而是因为"不如己者，须己而植者也。然则扶人不暇，将谁相我哉。吾之偾也，亦无日矣"，且"友邪则己僻"；相反，贤者则"言足听、貌足象、行足法，加乎善奖人之美，而好摄人之过"，其毫不隐讳的批评，则能使自己严惮敬畏而不敢"为不善"。[①]梁朝经学家皇侃则直接以"胜己"说解释《论语》此句："凡结交取友，必令胜己，胜己则己有日所益之义；不得友不如己，友不如己，则己有日损。故云'无友不如己者'。"在他看来，只有仰求胜友而思与之同，才能不断"进德修业"；与不如己者同流，则只会使人退步；即便是与"才同德等"者相亲友，也"非夫子劝教之本旨"，因为如此则孔子所说的"益者三友，损者三友"的教诫便无所施为。[②]到宋代，"胜己"说逐渐成为主流观点。如范祖禹认为："'无友不如己者'，所以进德也。夫与贤于己者处，则自以为不足；与不如己者处，则自以为有余。自以为不足，则日益；自以为有余，则日损。"[③]游酢说："'无友不如己者'，尚友之道也。求得贤者尚而友之，则闻其所不闻，见其所不见，而德日起矣。……学之道必以忠信为主，而以胜己者辅之。"[④]张栻也说："'无友不如己'者，取友之道，不但取其如己者，又当友其胜己者。"[⑤]

朱熹亦取"胜己"之义，以为此言乃是圣人意在教人"与胜己者处"，并

---

①徐幹撰，孙启治解诂：《中论解诂》，中华书局2014年版，第88页。

②皇侃义疏，何晏集解：《论语集解义疏》，中华书局1985年版，第8页。

③朱熹：《论语精义》卷一上《学而第一》，见朱熹撰：《朱子全书》(第七册)，上海古籍出版社、安徽教育出版社2002年版，第43页。

④朱熹：《论语精义》卷一上《学而第一》，见朱熹撰：《朱子全书》(第七册)，上海古籍出版社、安徽教育出版社2002年版，第46页。

⑤张栻撰，邓洪波校点：《张栻集》(上)，岳麓书社2017年版，第7页。

说："胜己，便是如己之意。人交朋友，须求有益，若不如我者，岂能有益。仍是朋友才不如我时，便无敬畏之意，而生狎侮之心。如此则无益。"又说："凡人取友，须是求胜己者，始有益。且如人学作文，须是与胜己者商量，然后有所发明。若只与不如己者商量，则好者彼或不知，不是彼或不识。我又只见其不胜己，浑无激励之意，岂不为害！"然而，"如己"作"胜己"之义解，可能会引起这样的疑问，就是如果"无友不如己者"作"不与不胜己友"解，那么，"他人胜己者亦不与之友"，或者说，"今欲择胜己者与之为友，则彼必以我为不及，而不肯与我友矣。虽欲友之，安得而友之？"据此而言，则"无友不如己者"这一教诲实内含着一种无法与人交友的自我悖论，如果人们都按照这一教诲与人交友，即人人都不与不如己者为友而求胜己者为友，结果人人都可能交不到朋友，因为你求胜己者为友，但胜己者却拒绝与你为友。朱熹对此的回答是："不然。人自是要得临深以为高。"又说："无者，禁止之辞。我但不可去寻求不如己者，及其来也，又焉得而却之！推此，则胜己者亦自可见。"朱子的意思是说，"无友不如己者"的教言只是教人"但不可去寻求不如己者"，或者意指"这是我去求胜己者为友"，也就是说，"圣人此言，但教人求友之法耳"，却并不教人绝人于友道，即拒绝结交来求友的不如己者。而且，依他之见，如果将人之德行才能区分为上中下三品的话，那么所谓的"无友不如己者"的交友之道主要是就"中焉者"而言的，即"上焉者，吾师之；下焉者，若是好人，吾教之；中焉者，胜己则友之，不及者亦不拒也，但不亲之耳"，唯有对"不肖者"或"便佞者"，则"当绝之"或"须却之方可"。另外，他还针对时人之病来理解和阐发"无友不如己者"的意思，以为"友不如己者，自是人一个病"，即人之病在乐于与不如己者为友，以求显示自己胜于他人而满足自我的虚荣心，乃至"今人取友，见其胜己者则多远之；而不及己则好亲之"，故而圣人"此言乃所以救学者之病"[1]。

宋代以后，随着朱子学被奉为正统，大多数儒家学者都公认"求胜己者

① 黎靖德编，王星贤点校：《朱子语类》，中华书局1986年版，第505—506页。

为友"是对"无友不如己者"的正确解读。"无友不如己者",不仅体现为德行方面的要求,如朱子《集注》曰:"友所以辅仁,不如己,则无益而有损。"①另如清儒陆陇其说:"与胜己者友,始能严惮切磋,以成其德。然人往往乐友不如己者,一则喜其形己之长,一则喜其掩己之短,其损多矣。虽不如己者,亦欲资吾以成其德,有难尽拒者,然乐与为友之一念,不可不戒也。"②而且,亦可体现为学业才识方面的要求,正所谓"友以辅德,必胜己者方为有益。若友不如己者,虽非便佞善柔,而学业未深,切磋难藉,慎勿与之为友"③。

(二) 不与忠信不如己者为友

这种解读直承前一句"主忠信"而反言之,着重从不如己者的具体道德品质来阐明不能与之为友的道理。忠者不二,信者不欺,忠信乃是人所应具备的基本德行。"无友不如己者",就是指连基本的忠信之德都不具备之人,不可与之交友。如宋儒邢昺说:"'主忠信'者,主犹亲也。言凡所亲狎,皆须有忠信者也。'无友不如己者',言无得以忠信不如己者为友也。"④"二程"也以"毋友不忠信之人"解"毋友不如己者"之义,认为:"人必以忠信为本,'无友不如己者',无忠信者也。'子以四教:文、行、忠、信。'忠信礼之本,人无忠信,则不可以为学。"⑤程门弟子尹焞亦曰:"主于忠信,其忠信不如己者,则勿友也。……君子自修当如是也。"⑥北宋名臣韩琦也持这一观点,他曾作《无友不如己解》,并特别强调"学"乃修身择友即选择忠信循道之人亲而友之的根本前提条件,他说:"'主忠信,无友不如己者'……圣人之教人也,必使知其本,此其择友之本与! 曰:择友何本? 曰:学。学然后能修

①朱熹:《四书章句集注》,中华书局1983年版,第50页。

②陆陇其:《松阳讲义》,商务印书馆1937年版,第91页。

③爱新觉罗·玄烨钦定,库勒纳、叶方蔼等编撰,李孝国等今注:《日讲〈四书〉解义》(上),中国书店2016年版,第96页。

④何晏注,邢昺疏:《论语注疏》,中国致公出版社2016年版,第9页。

⑤程颢、程颐著,王孝鱼点校:《二程集》,中华书局1981年版,第279、352页。

⑥朱熹:《论语精义》卷一上《学而第一》,见朱熹撰:《朱子全书》(第七册),上海古籍出版社、安徽教育出版社2002年版,第46—47页。

身，身修然后能择友。学明矣，身修矣，则知其能忠信而循道者，亲而友之；其不能忠信而违道者，亦知其莫己若而不可与之为友矣。"①

（三）与如己者为友

这种解读是直接针对"胜己"说而提出的，反对把"如"字解作"胜"字义，认为按照字面上的直白意思，"如"字就是如同、相似、均齐、匹敌之义。因此，"如己"即似己、同己之意，"如己者"也就是指与自己志同道合或德业相仿之人，反之，"不如己者"就是与自己志不同道不合或德业不及己之人。历来持这种观点的注家亦不在少数。如宋儒杨时明确说："'无友不如己者'，合志同方，营道同术，所谓如己者也。闻善则相告，见不善则相戒，故能相观而善也。"② 又说："所谓如己者，合志同方而已，不必胜己也。"③ 钱时也说："须得如己者友，乃有益。不如己，是与己不相似，非同志也。友同志矣，又须不惮改过，过而不改，虽友同志无益也。"④ 元儒陈天祥则明确主张友如己者而师胜己者："如己者，与己相似均齐者也；胜己者，上于己者也。……如己者，德同道合，自然相友。孟子曰：'一乡之善士，斯友一乡之善士；一国之善士，斯友一国之善士；天下之善士，斯友天下之善士。'此皆友其如己者也。如己者友之，胜于己者，己当师之，何可望其为友邪？"⑤ 明儒杨慎也认为，人之禀赋有厚薄而学有先后，不应以胜己或不胜己为取友的标准，那些"志浮于禀，学倍其功"的人"可与共适道"，则"虽稍不如己，固益友，当

第一部分 孔子与儒家的理念

---

① 韩琦：《安阳集》卷二十三《无友不如己解》，见《景印文渊阁四库全书》（第1089册），台湾商务印书馆1986年版，第339页。

② 杨时：《龟山集》卷五《经筵讲义》，见《景印文渊阁四库全书》（第1125册），台湾商务印书馆1986年版，第139—140页。

③ 朱熹：《论语精义》卷一上《学而第一》，见朱熹撰：《朱子全书》（第七册），上海古籍出版社、安徽教育出版社2002年版，第46页。

④ 钱时：《融堂四书管见》卷一《论语·学而第一》，见《景印文渊阁四库全书》（第183册），台湾商务印书馆1986年版，第582页。

⑤ 陈天祥：《四书辨疑》卷二《论语·学而第一》，见《景印文渊阁四库全书》（第202册），台湾商务印书馆1986年版，第361页。

近也"；而那些"志不上达，力也中画"的人则"难与并为仁"，故"虽或胜己，固损友，当远也"①。或许是为了调和"胜己"说与"如己"说，清儒陆陇其则认为在考量友之胜己还是不及己之前，须先看其所谋求之道及其人之心术是否相同，他说："'无友不如己者'，须先看道之同不同，若道先不同了，又不必论如不如。又须看心术之同不同，若心术不同矣，亦不必论如不如。"②

(四) 没有朋友不如自己

这种观点把"无"释为"没有"，而不作禁止之辞解，把"友"字理解为名词而非动词。这一解说并不见于传统的注家，而是今人的新解，主要以南怀瑾和李泽厚二先生为代表。南氏认为朱熹及后来儒家对这句话都解错了，"'无友不如己者'……是说不要看不起任何一个人……不要认为你的朋友不如你，没有一个朋友是不如你"，"每个人都有他的长处，我们应该用其长而舍其短"③。李氏也认为："'无友不如己者'，作自己应看到朋友的长处解。即别人总有优于自己的地方，并非真正不去交结不如自己的朋友，或所交朋友都超过自己。如是后者，在现实上不可能，在逻辑上作为普遍原则，任何人将不可能有朋友。"④ 在他们看来，"无友不如己者"并非孔子教人慎于择友的告诫之词，而是鼓励人善于向他人学习的劝勉之词。

二、讲学修德、责善辅仁：孔孟论师友之道

以上四种代表性的观点或诠释，究竟哪一种更符合孔子训言的本义呢？这是一个不易回答或不好轻易下断言的问题。诗无达诂，义无确解，一味穿凿深求，未必有益，因为也许他们都有各自的道理和文本上的依据。在此，我们只能结合孔孟对师友之道的论述稍做评析。

---

① 杨慎：《丹铅续录》卷一《论语·无友不如己者》，见《景印文渊阁四库全书》（第855册），台湾商务印书馆1986年版，第146页。

② 陆陇其：《三鱼堂剩言》，见《景印文渊阁四库全书》（第725册），台湾商务印书馆1986年版，第583页。

③ 南怀瑾：《南怀瑾选集》（第一卷），复旦大学出版社2003年版，第34、35页。

④ 李泽厚：《论语今读》，生活·读书·新知三联书店2008年版，第40—41页。

如所周知，孔子生于晚周，置身于衰乱之世，奋然兴起，创办私学教育事业，汲汲于以教化人、以学劝人，以期有补于世道人心。故自称"学而不厌，诲人不倦"，深以"德之不修，学之不讲，闻义不能徙，不善不能改"（《论语·述而》）为己忧。正唯如此，孔子于师友相交之际谆谆切切，念兹在兹，希望通过师友之益来增进自己的学问才识、加强自身的内省意识、提升自我的道德修养，故而留下许多关于师友之道的教导训言。

子曰："三人行，必有我师焉：择其善者而从之，其不善者而改之。"（《论语·述而》）又曰："见贤思齐焉，见不贤而内自省也。"（《论语·里仁》）可见，孔子之所谓"师"乃体现了一种充分开放的向他人学习的观念，并非意在建立一种固定的身份性的师生关系。孔子本人之所以"学无常师"，正是因为在他看来，无分于贤愚，任何人都可以成为自己的老师，择善而从，不善则改，或见贤思齐，见不贤则内省，而目的皆在增进和提升自身的道德品格修养。钱穆先生认为："《孟子》曰：'舜之居深山之中，与木石居，与鹿豕游，及其闻一善言，见一善行，沛然若决江河。'《中庸》亦言：'舜善与人同，乐取于人以为善。'皆发挥此章义。"[1] 信然。由此而言，孔子之所谓师者，重在强调以他人为师或向他人学习。当然，在与他人建立起一种充分开放的学习关系的同时，孔子本人亦乐于以师道接人而"有教无类"，以至于"诲人不倦"，因此，孔子之施教诲人亦取充分开放的立场和态度，甚至可以来者不拒，去者不留。正是基于上述开放性的学习与师道的观念，孔子对于具体的师生关系并不取单向性的教条式观点和僵固看法，认为唯有师者才是道义或真理的占有者，乃至可以采取居高临下的权威性姿态去教导他人，相反，他认为学生亦可以在学问上启发老师[2]，甚至可以"当仁，不让于师"（《论语·卫灵公》）。

孟子言"圣人，百世之师也"（《孟子·尽心下》），意在倡导以圣人为师。滕文公为世子时尝见孟子，孟子不仅"道性善，言必称尧舜"，而且，又征引

---

① 钱穆：《论语新解》，生活·读书·新知三联书店2002年版，第184页。
② 如孔子曾谓子夏"起予者商也"（《论语·八佾》），而批评颜回说"回也非助我者也，于吾言无所不说"（《论语·先进》）。

颜回和公明仪之言而教之，颜回曰："舜，何人也？予，何人也？有为者亦若是。"公明仪曰："文王，我师也；周公岂欺我哉？"（《孟子·滕文公上》）由此可见，孟子强调以圣人为师，意在教人奋然兴起而思有所作为，孟子本人"乃所愿，则学孔子"（《孟子·公孙丑上》），亦正为此。正唯如此，孟子一方面格外激赏舜之"闻一善言，见一善行，若决江河"的好学、乐学和善学的态度，一方面亦乐于"得天下英才而教育之"（《孟子·尽心上》），可谓深得孔子充分开放的学习和师道观的宗旨，而与"学而不厌，诲人不倦"的孔子精神一脉相承。而且，像孔子一样，孟子也明确反对那种以道义或真理占有者自居，以权威性姿态教导他人的单向的师道观，故言"人之患在好为人师"（《孟子·离娄上》）。尤其重要的是，孟子之"道性善"，阐明人皆禀赋有天生固有的良心善性，此乃人人皆可以以圣人为师或向圣人学习乃至"人皆可以为尧舜"（《孟子·告子下》）的人性根据，可以说将孔子自由开放的师道与学习观发展到了一种崭新的意义境域。荀子虽然力主性恶之说，但其论"求贤师而事之，择良友而友之"（《荀子·性恶》）和"君子隆师而亲友"（《荀子·修身》）之义，与孔孟所论师友之道在精神旨趣上仍然是宗旨一贯和一脉相承的。

要而言之，孔孟之讲学修德，抱持的是一种充分开放的向他人学习或"乐取于人以为善"（《孟子·公孙丑上》）的师道和学习观念，以教化人决非将他人视为消极被动的玩物而将己意强加于他人，向他人学习亦非以丧失自身独立意志和精神品格为代价，恰恰相反，孔孟乐于启发人自身内在的道德情感和理性精神，激发人的自我反省意识，使之在坚持自身的独立意志和精神品格或者不断自觉地存养扩充自己天赋固有的良心善性的前提下，能够与他人建立起一种教与学的良性互动的人际关系，以便拓展自身的学问才识，提升自身的人文素质，促进自身道德人格的成长与完善。

事实上，孔孟不仅论师道与学习的观念是如此，而且其论取友择交、以友辅仁的友道观亦当作如是观。对孔孟而言，朋友乃五伦之一，朋友关系实乃社会人伦关系中不可或缺的重要一伦。① 概括言之，孔孟所论友道之精义要旨约有如下数大端：

一是，朋友相交当以忠信为主，也就是说，同类相求，朋友相交，旨在与他人建立起一种最值得信任和信赖而诚实守信的友谊关系，故如子曰"朋友信之"（《论语·公冶长》），子夏曰"与朋友交，言而有信"（《论语·学而》），另如曾子曰："吾日三省吾身——为人谋而不忠乎？与朋友交而不信乎？传不习乎？"（《论语·学而》）

二是，朋友之交当以责善辅仁、增进德性为目的。如子曰"朋友切切偲偲"（《论语·子路》），即强调朋友之交当以相互切责求善为目的，而曾子曰"君子以文会友，以友辅仁"（《论语·颜渊》），更直言将"辅仁"作为友道的根本要义。孟子亦明确讲"责善，朋友之道也"（《孟子·离娄下》）。正因为朋友之道当以责善辅仁、增进德性为目的，故朋友之交不同于以亲恩为主的父子之交②，而且，值得注意的是，父子之亲恩具有先赋之特性而无可选择，而朋友之相处却须择善而交，故子贡问仁而夫子答曰"居是邦也，事其大夫之贤者，友其士之仁者"（《论语·卫灵公》），因为唯其事贤友仁方能于己德有益而无损，而朋友之交亦不可强求，故朋友责善只能遵循适可而止的原则，故又答子贡问友而曰"忠告而善道之，不可则止，毋自辱焉"（《论语·颜渊》）。而孟子亦强调朋友相交当以"友其德"为目的，而不可倚仗年龄尊长、地位隆贵和兄弟财富而与人交友，正所谓"不挟长，不挟贵，不挟兄弟而友。友也者，友其德也，不可以有挟也"（《孟子·万章下》），此亦可说深刻揭示了儒家友道之根本义。

三是，如果说上述两条讲的是一种理想友道的话，那么在现实层面孔

---

① 如《中庸》曰："天下之达道五……曰君臣也，父子也，夫妇也，昆弟也，朋友之交也：五者，天下之达道也。"《孟子·滕文公上》曰："人之有道也，饱食、暖衣、逸居而无教，则近于禽兽。圣人有忧之，使契为司徒，教以人伦：父子有亲，君臣有义，夫妇有别，长幼有序，朋友有信。"

② 《孟子·离娄下》曰："责善，朋友之道也；父子责善，贼恩之大者。"

子亦深切注意到并扼要申明了交友之损益利害关系。如子曰："益者三友，损者三友。友直，友谅，友多闻，益矣。友便辟，友善柔，友便佞，损矣。"（《论语·季氏》）意即同正直者、诚实者、博闻者为友则有益，与阿谀奉承者、面善背毁者、花言巧语者交友则有害。正唯如此，故交友须慎而又重之，与此同时，这也说明朋友之交具有高度的选择性，故依孔子之见，交友当以"乐多贤友"（《论语·季氏》）为益，而以"匿怨而友其人"（《论语·公冶长》）为耻。

最后，需要特别指出的是，孔孟之论师也好，说友也罢，皆不离乎学而言，或者正如前文引韩琦所言，孔孟皆是本乎学而言师言友。依孔孟之见，师之为师并非仅仅因为"好为人师"而为师，友之为友亦并非仅仅为了交友而交友，师友之益在乎讲学修德，而唯有学明身修才能成就师道，并能慎择贤友而交。说到底，师生群居讲学，朋友相交切责，皆是为了进德修业，迁善改过，乃至谋求、讲明、践习道义并捍卫之。唯有如此，方能得师友相互夹持、彼此辅助之益，乃至师生讲学而不徒讲，朋友相交而不妄交，群居相悦而学问日进、道德日新。子曰："学而时习之，不亦说乎？有朋自远方来，不亦乐乎？人不知，而不愠，不亦君子乎？"（《论语·学而》）正此之谓也。而《周易》曰"君子以朋友讲习"，孔颖达疏曰："'君子以朋友讲习'者，同门曰朋，同志曰友，朋友聚居，讲习道义，相说之盛，莫过于此也。"[1]亦可谓深得儒家师友之道的精神旨趣或本真义谛。

如果以上理解不错的话，那么，我们对于孔子所谓"无友不如己者"的确切含义也许不难获得一种恰当而正确的理解。首先，有一点是确定无疑的，那就是孔子决非教人对不如己者一概加以摈斥拒弃而绝人于师友之道，而是意在教人主动求友相交以辅助增进自身的德性品格修养。至于将"如己"作"胜己"抑或"似己"之义解，从而将整句话的含义理解为求与胜己之贤者抑或似己之志同道合者交友，或不与忠信之人交友，我们认为皆与孔子所论师

①王弼、韩康伯注，孔颖达疏，陆德明音义：《周易注疏》，中央编译出版社2013年版，第309页。

友之道相符而通。孔子以"好学"自许①，终身"学而不厌"，不仅"学无常师"，而且无分于贤愚而乐于向任何人学习；孔子提倡"有教无类"，不仅愿意向任何人学习，亦乐于以师友之道接人，"诲人不倦"而从不摈弃拒斥真心来求教者，正所谓"自行束脩以上，吾未尝无诲焉"（《论语·学而》）。在孔门弟子中，不仅有少量贵族子弟，更有大量平民子弟，甚至还有罪犯、强盗；在周游讲学途中，孔子乐于与之交友或打交道者，不仅有各国贤士大夫，亦有无道之国君、愤世嫉俗之隐者，还有"难与言"的互乡之童子，因为孔子与人相交的基本原则是"与其进也，不与其退也……人洁己以进，与其洁也，不保其往也"（《论语·述而》），并认为"天下无不可有为之人，亦无不可改过之人"②。与胜己之贤者交友，自然可以使自己有益而无损；与如己似己者交友，彼此志同道合、规正切磋，自然容易相契、相得而相悦；反之，"不如己，则无益而有损"，又或者交友不慎，所交之友便辟佞邪或不忠信，亦无益而有损。但，不管怎样，孔子论师友之道，以忠信为主，以责善辅仁为归，以直道而行为要。

　　另外，还有两点值得注意，一是孔子在教人"无友不如己者"的同时，亦明确反对过犹不及，而其弟子或不免有过与不及之病。如孔子尝谓："吾死之后，则商也日益，赐也日损。"曾子问："何谓也？"子曰："商也好与贤己者处，赐也好说不若己者。"（《孔子家语·六本》）子夏好与贤己者处而能日益，固无不可，而子贡好说不若己者而日损则确属有病。另如子夏、子张论交则显然不免有过或不及之病，"好与贤己者处"的子夏主张"可者与之，其不可者拒之"，而子张主张"君子尊贤而容众，嘉善而矜不能"（《论语·子张》），意谓君子于人当无所不容。事实上，对不可者截然而拒之，或于人泛然而容之，皆不尽合乎夫子直道而行，当拒者拒之、当容者容之而又不失讲习切磋、责善辅仁之益的师友之道。这便涉及第二点可注意者，即孔子所谓"无友不如己者"，既非禁人与不如己者交友，是否就意味着可作"没有朋友

────────────

① 子曰："十室之邑，必有忠信如丘者焉，不如丘之好学也。"（《论语·公冶长》）
② 朱熹：《四书章句集注》，中华书局1983年版，第177页。

不如自己"之义解？我们认为，若从鼓励人善于向他人学习的劝勉之词的意义上来讲，如此理解亦未尝不可，不过，依孔子之见，人物之间，性近习远，品类不齐，正唯如此，孔子虽然抱持充分开放的向他人学习的师友观念，但也未必就天真地认为在现实生活中"每个人都有他的长处，我们应该用其长而舍其短"，而是需要针对不同情况加以区别对待，如孔子所谓"见贤思齐焉，见不贤而内自省"，显然强调的是要明辨两种不同的情况，即见到贤者与见到不贤者应采取两种不同的学习态度，一是学其长而思与齐，一是内自省而舍其短。另如，孔子故交原壤放恣无礼，孔子责之曰："幼而不孙弟，长而无述焉，老而不死，是为贼。"并"以杖叩其胫"（《论语·宪问》）。若将"无友不如己者"解作"没有朋友不如自己"的话，孔子之于原壤的斥责态度又当如何解释呢？更为要紧的是，孔子严词斥责乡愿之流曰"德之贼也"（《论语·阳货》），孟子更进一步解释说："非之无举也，刺之无刺也，同乎流俗，合乎污世，居之似忠信，行之似廉洁，众皆悦之，自以为是，而不可与入尧舜之道，故曰'德之贼'也。"（《孟子·尽心下》）显然，在孔孟看来，不能中道而行，若退而求其次，只可有取于狂狷之士，至于乡愿之流，毫无可取之处，只能深恶痛绝之而已。一言以蔽之，孔孟所论师友之道，虽力主激励向他人学习的开放态度，却不取毫无原则的乡愿态度，讲学修德、责善辅仁，皆须借助于师友切磋砥砺之功，人皆可师，以友辅仁，于己有益，何乐不为？但所交非人，无益而有损，故慎择良师贤友、远离不忠信之人、拒斥乡愿不肖之流亦属当然。

综上所言，我们认为钱穆先生的下述精审意见当可作为我们初步的结论：

> 无友不如己者：无，通毋，禁止辞。与不如己者为友，无益有损。
> 或说：人若各求胜己者为友，则胜于我者亦将不与我为友，是不然。师友皆所以辅仁进德，故择友如择师，必择其胜我者。能具此心，自知见贤思齐，择善固执，虚己向学，谦恭自守，贤者亦必乐与我友矣。或说：此如字，当作似字解。胜己者上于己，不如己者下于己，如己者似己，与己相齐。窃谓此章决非教人计量所友之高下优劣，而定择交之条件。孔子之教，多直指人心。苟我心常能见人之胜己而友之，即（应为"既"）

易得友，又能获友道之益。人有喜与不如己者为友之心，此则大可戒。说《论语》者多异解，学者当自知审择，从异解中善求胜义，则见识自可日进。①

三、孔孟师友之道的学派属性、政治意蕴与伦理意义

我们的思考不应仅仅止步于如何正确地理解"无友不如己者"这句话的含义上，还须进一步追问的是，孔孟汲汲于申论师友之道，究竟所为何事？易言之，孔孟论师友之道的根本目的何在？我们认为，对这一问题，可以从以下三个方面加以理解和把握。

首先，孔孟所论师友之道的核心要旨是与其学派属性密不可分的。孔孟一生致力于私学教育事业，讲学立教，并不断传承发展，卓然创立了在后世影响最为深远的儒家学派。孔孟论师说友，皆不仅仅关注个人自我的道德修养问题，更重要的是要建立一种在其中师生、同志和朋友能够相互切磋、彼此激励、共同学习的群居讲习的精神共同体，按照孔孟师友之道的理想，这样一种精神共同体理应建立在志同道合的友谊和共同追求与维护道义的基础上，而不是建立在追求党派利益的基础上，正如孔子所说的君子"群而不党"（《论语·卫灵公》）。在我们看来，在先秦诸子百家之学蜂起争鸣的思想环境中，这一点可以说是最能彰显孔孟儒家的学派属性的。比较而言，墨家学派具有严密的组织性和鲜明的党派性，他们制定了明确的"墨者之法"来强制性地规制墨家首领巨子和一般墨者的行为，以便墨者们能够采取团体性的一致行动。法家学派内部缺乏系统传习授受的师承关系，思想主张又具有单纯的君国主义的政治色彩，故难以形成独立性的学派属性。道家学派重视个体的生命价值以及人生态度的自在自适和个体精神的逍遥自由，虽然具有鲜明而独立的思想特性，但其组织性之学派属性相对较弱（后世的道教组织另当别论）。唯孔孟儒家学派，讲学立教，积极从事对人进行有组织的系统性的学术传授和道德人格培育的教育事业，而且最为重视和强调师生朋友之间共

---

① 钱穆：《论语新解》，生活·读书·新知三联书店 2002 年版，第 12—13 页。

同的志趣和真诚的友谊，易于形成一种持久稳定、薪火相传的学术思想传承的组织系统和学统谱系。孔孟所论师友之道对于维系和强化儒家相对独立而特殊的学派属性①，可以说发挥了决定性的思想影响和规范作用。

其次，孔孟所论师友之道也并非仅仅为了讲学立教、修德明道，而是更希望能够将此师友之道推广实行于公共政治领域，以便实现治国平天下的根本政治目标。要言之，孔孟儒家还希望能够将师友之道的规范引入政治领域，乃至将君臣关系塑造成一种具有道义性的协同合作的政治关系。从历史或现实层面来讲，一般所谓的"五伦"之中，父子关系以天然亲情为纽带，夫妇关系以性别差异为前提，长幼关系以自然年龄为基础，君臣关系以身份地位和权势不同分上下，而朋友相交则以友谊为中介或桥梁。明儒程敏政尝言："诚以彼四伦者，其名称皆出于天而不可易，反之则为逆为悖，无所逃罪焉。惟朋友则视夫交者之何如。交之得其道，斯称其名，否则漠然路人焉耳。"②程氏所说前四伦之名称"皆出于天而不可易"，尤其是君臣一伦，在今天看来已难成立，但其言不可易反，"反之则为逆为悖，无所逃罪焉"却颇有几分道理。尤其是，程氏之言唯朋友相交必须"视夫交者之何如"，乃最能切中朋友一伦的关系实质，易言之，相对于其他四伦，朋友一伦可以说最具选择性，"交之得其道"则为朋友，否则只能是"漠然路人"而已。友道如此，师道亦然。然而，在对现实人伦关系的深切反思的基础上，孔孟还怀抱着一腔救世治世的政治理想，深切地以师友之道责望于君臣之际，而期望君臣相交也能一如朋友那样以道义相结合，而不是一种单方面的命令与服从的支配性的权力关系，因此，在他们看来，朋友相交之道与君臣交往之道在事理上理应是相通的。如朋友之间以道义相交，则臣也应当以道义事君；朋友以责善辅仁为职，忠告善导而友不纳即当止，则臣也应以责难于君，格其非心、引其当道，力谏而

---

① 后世儒家亦发展出了某种党派性，由于其利弊得失与所涉时代境遇问题较为复杂，在此暂且置而不论。

② 程敏政：《篁墩文集》卷六十一《二交颂》，见《景印文渊阁四库全书》（第1253册），台湾商务印书馆1986年版，第380页。

不听亦当止。故孔子曰："大臣者，以道事君，不可则止。"（《论语·先进》）又曰："周任有言曰：'陈力就列，不能者止。'危而不持，颠而不扶，则将焉用彼相矣？"（《论语·季氏》）子游曰："事君数，斯辱矣；朋友数，斯疏矣。"（《论语·里仁》）孟子说："君子之事君也，务引其君以当道，志于仁而已。"（《孟子·告子下》）又说："唯大人为能格君心之非。"（《孟子·离娄上》）又说："君有过则谏，反覆之而不听，则去。"（《孟子·万章下》）所有这些都是比照交友之道来规范事君之道，因而实际上就是把臣摆在君之友的位置，认为君主和普通人一样都需结交贤友以责善辅仁，正所谓"自天子至于庶人，未有不须友以成者"①。《郭店楚简·语丛三》更直截了当地说："友，君臣之道也。"②意即以友相待才是君臣之间的正道。而且，君主之择友应当比普通人更加审慎。如前引孔子所谓"益者三友，损者三友"一章，汉代经师何休早就认为此章专指人君而言，"直者能正言极谏，谅者能忠信不欺，多闻者能识政治之要。人君友此三者，皆有益也"；便辟者"但能为容媚"，善柔者"能为面柔"，便佞者"但能口辩，非有学问"，"人君友此三者，皆有损也"③。姑且不论这一解说是否符合此章之本义，但将友道用于君臣之际却也并不违背孔孟友道的政治义涵。

尤其值得注意的是，孔子虽然没有直接提出贤臣应当与君主为友乃至为君主之师的明确主张，但孟子已开始本着以道抗势的思想宗旨，直接而竭力地在政治领域中阐扬和发挥师友之道的政治含义。首先，他强调"友也者，友其德也，不可以有挟"，有权有势者唯能"不挟贵"而友，方可得友。百乘之家如孟献子有友乐正裘、牧仲等五人，小国之君如费惠公以子思为师、与颜般为友，大国之君如晋平公之礼下亥唐，古之贤王如帝尧馆舜于贰室，与之"迭为宾主"，以"天子而友匹夫"（《孟子·万章下》）。可见，有权势的统治者与无权势的贤士之间，友道建立的前提是前者能"好善而忘势"，后者

第一部分 孔子与儒家的理念

① 毛亨传，郑玄笺，孔颖达疏：《毛诗正义》，北京大学出版社1999年版，第576页。

② 李柏武、石鸣：《郭店楚简》，中国三峡出版社2010年版，第257页。

③ 刘宝楠撰，高流水点校：《论语正义》，中华书局1990年版，第658页。

能"乐其道而忘人之势",所以,当滕文公之弟滕更"挟贵而问"(《孟子·尽心上》),孟子即拒而不答。然后,他还将"无友不如己者"的原则创造性地加以发挥,以提高儒家师道的尊严。他借子思之口表明,道隆德高的贤士对于德行不如自己的君主,不当与之为友,而应以师道自守;或者反过来,位高权重的君主对于权势不如自己但德行胜于自己的贤士,不当友之,而应师事之。据《孟子·万章下》记载,鲁缪公屡次去访见子思,问:"古千乘之国以友士,何如?"颇有以得古贤君之风自诩的味道。子思不悦,曰:"古之人有言曰,事之云乎,岂曰友之云乎?"而孟子认为,子思既然不悦,为了更坚确地表示"千乘之君求与之友而不可得"之意,倒不如这样回答:"以位,则子,君也;我,臣也;何敢与君友也?以德,则子事我者也,奚可以与我友?"所以他极力反对君主对臣下召之即来,认为真正的贤臣可师而不可召,并举例说:"汤之于伊尹,学焉而后臣之,故不劳而王;桓公之于管仲,学焉而后臣之,故不劳而霸。"(《孟子·公孙丑下》)当齐王使人来召,孟子即坚决不肯应召,并批评当时各诸侯国君皆"好臣其所教,而不好臣其所受教"(《孟子·公孙丑下》),即乐与不如己者友,故都未能有突出治绩。可见,在孟子这里,正是"君臣之分未严,而师友之道夙著"[1]。

除孟子之外,荀子也说:"国将兴,必贵师而重傅……国将衰,必贱师而轻傅。"(《荀子·大略》)《礼记·学记》亦云:"君之所不臣于其臣者二,当其为尸则弗臣也,当其为师则弗臣也。"相比于法家之流,将君臣关系视同为买卖、犬马豢养和权术支配的关系,岂能不发人深思乎?尽管有学者批评说"几千年来,儒家在推行王道政治,发挥仁道精神的作为上,虽然秉持着师道的原则,但事实上,始终是走臣道的路线"[2],但是,后世儒者亦有深得孔孟师友之道的政治意蕴的真精神而在理论上加以阐发和行动上加以彰显

---

① 史浩:《尚书讲义》卷九《咸有一德》,见《景印文渊阁四库全书》(第56册),台湾商务印书馆1986年版,第252—253页。
② 南怀瑾:《孟子旁通》,复旦大学出版社2018年版,第158页。

者，如宋儒范处义说："群臣之中，有德可以为君之友，则臣主俱贤矣。"① 明儒何心隐则说："君臣友朋，相为表里者也。……君臣之道，不有友朋设教于下，不明。友朋之道，不有君臣出政于上，不行。"② 黄宗羲在《明夷待访录·原臣》中亦有名言曰："出而仕于君也，不以天下为事，则君之仆妾也；以天下为事，则君之师友也。"③ 另如宋神宗与王安石君臣则可说是践行孔孟师友之道的典范，安石曾言："道隆而德骏者……虽天子北面而问焉，而与之迭为宾主"④；神宗则尝对安石说："卿，朕师臣也"⑤。据记载，安石"论事上前，有所争辩时，辞色皆厉，上辄改容为之欣纳。盖自三代而后，君相相知，义兼师友，言听计从，了无形迹，未有若兹之盛也"⑥。不过，总的来讲，秦汉以后，君臣之际"凛然以势分相临，而师友之道丧"⑦。但也正唯如此，孔孟古典儒家所论师友之道的政治含义才更值得我们深长思之，并从中获得宝贵之启示和无穷之教益。他们的理想虽然未能在后世得以充分实现，但他们力图以师友之道去思考更好地安排和规范君臣之间权力关系以及抬高道义之权威以对抗权势之压力的努力及其精神旨趣，却无疑是具有深刻的政治意义的。

最后，在五伦之中，朋友虽然只是其中的一伦，但其意义并非仅仅局限于朋友相交之际，而是有着更为广泛而深刻的伦理意义。孔孟将师友之道用于君臣之际，后儒得孔孟之遗意而进一步扩大了朋友一伦的伦理意义，如南

---

① 范处义：《诗补传》卷二十三《假乐》，见《景印文渊阁四库全书》（第72册），台湾商务印书馆1986年版，第329页。

② 李教主编：《与艾冷溪书》，见《何心隐集·李贽集》，天津古籍出版社2016年版，第20页。

③ 李教主编：《王安石集　明夷待访录　信及录》，天津古籍出版社2016年版，第816页。

④ 王安石：《虔州学记》，见《临川先生文集》，中华书局1959年版，第858页。

⑤ 李焘：《续资治通鉴长编》（第十七册），中华书局1979年版，第5661页。

⑥ 陆佃：《陶山集》（二），中华书局1985年版，第117页。

⑦ 袁燮：《絜斋家塾书钞》卷十二《君奭》，见《景印文渊阁四库全书》（第57册），台湾商务印书馆1986年版，第914页。

宋大儒朱熹说："人伦有五，而其理则一。朋友者又其所借以维持是理，而不使至于悖焉者"，"必欲君臣、父子、兄弟、夫妇之间交尽其道而无悖焉，非有朋友以责其善，辅其仁，其孰能使之然哉！故朋友之于人伦，其势若轻，而所系为甚重；其分若疏，而所关为至亲；其名若小，而所职为甚大"，若"朋友之道尽废，而责善辅仁之职不举，彼夫四者又安得独力而久存"，因此，古之圣人修道立教"必重乎此，而不敢忽"①。其弟子黄榦也说："君臣、父子、夫妇、长幼一失其序，则天典不立，而人道化为物类矣。朋友道绝，则此四者虽欲各居其分，不可得也。善而莫予告也，过而莫予规也，观感废而怠心生，讲习疏而实理晦，则五常百行颠倒错谬，而不可胜救矣。然则朋友者，列于人伦而又所以纪纲人伦者也。……人伦之所赖以立，虽欲勿重，其可得哉！"②朱黄师徒之意乃在强调朋友一伦的特殊重要性即体现在其他四伦须仰赖朋友之道来确立和维持。近世更有谭嗣同一意冲决纲常名教之网罗，而独于朋友一伦极为看重，认为"五伦中于人生最无弊而有益……其惟朋友乎！顾择交何如耳。所以者何？一曰'平等'；二曰'自由'；三曰'节宣惟意'。……兄弟于朋友之道差近，可为其次。余皆为三纲所蒙蔽，如地狱矣"，因此，若独尊朋友之伦，"四伦咸以朋友之道贯之"，则"四伦可废"③。谭氏之意乃在强调朋友相交最能突出和彰显自由、平等、"节宣惟意"的人际交往的关系理性，故以朋友之道通贯其他四伦，而四伦可废。

综合以上所论，我们当能更全面而深刻地理解和把握孔孟所论师友之道的意义。修养德性，追求道义，维持人伦，乃至治国平天下，皆须师友的夹持和辅助，故孔孟讲学论道才要汲汲于申论亲师取友之道，学必亲师，交友

---

① 朱熹：《跋黄仲本朋友说》，见朱熹撰：《朱子全书》（第二十四册），上海古籍出版社、安徽教育出版社2002年版，第3837—3838页。

② 黄榦：《勉斋集》卷二十一《辅仁录序》，见《景印文渊阁四库全书》（第1168册），台湾商务印书馆1986年版，第227页。

③ 谭嗣同：《仁学下》，见《仁学——谭嗣同集》，辽宁人民出版社1994年版，第86—87页。

有道，而且，"朋友之交，以道义为主，相与有成，始有裨益"①。对孔孟儒家而言，师友之交最能突出和彰显人际关系中自由开放、交互对等的交往理性和生活理想，因此，孔孟在"礼崩乐坏"、传统宗法世袭等级社会秩序解体的时代背景下论师友之道，事实上也就是在阐述一种崭新的人际交往理性和生活理想。放宽或拉长我们问题意识的思维视野，我们才会真正全面地体味到孔孟论师友之道的深刻意蕴。

（本文与杜德荣合写，原载《天府新论》2017年第5期，原题目为《孔孟儒家论师友之道的精神旨趣与深刻意蕴——重思孔子"无友不如己者"教诲的实质含义》；2018年4月12日上午，本人曾以本文为讲演稿，以《孔孟儒家论师友之道》为题在中国孔子研究院"春秋讲坛"上做讲演报告。文章收入本书时有改动）

---

① 周召：《双桥随笔》（卷五），见《景印文渊阁四库全书》（第724册），台湾商务印书馆1986年版，第434页。

学为君子：孔子儒家君子之学的真谛

——君子小人之辨的双重义涵论析

　　孔子并非一个仅仅以空言立说的思想家，孔子自述"十有五而志于学"（《论语·为政》），并以"好学"① 自许，孔子的一生乃是"学而不厌，诲人不倦"（《论语·述而》）的一生。孔子"十有五而志于学"，从此学便成了其终身的志业。进而言之，孔子"十有五而志于学"，实则由此开启了自己一生持续不断、下学上达的为学历程，亦由此而走上了一条通过有意识地努力和自觉为学的方式来实现好古敏求、修己立身、陶冶情操、培养德性和人生向上目标的生命历程。孔子的整个生命历程以学习为根底，以君子为目标，以仁圣为鹄的。② 正是"学而不厌，诲人不倦"的孔子，奠立了此后儒家一以贯之而生生不息的学问根底和精神命脉。正是在"学而不厌，诲人不倦"的孔子

---

① 子曰："十室之邑，必有忠信如丘者焉，不如丘之好学也。"（《论语·公冶长》）
② 子曰："文，莫吾犹人也。躬行君子，则吾未之有得。"又曰，"若圣与仁，则吾岂敢？抑为之不厌，诲人不倦，则可谓云尔已矣。"（《论语·述而》）

所树立的精神路标的指引和感召下，历代真正的儒者始终矢志不渝地坚守儒家为学的这一标的，即学为君子，成就仁德，乃至以成圣成贤、学以至圣人"自期"①。为此，孔子儒家一贯持守这样一种鲜明的立场，对君子小人力加明辨区分，那么，这究竟意味着什么？我们又当如何理解孔子儒家君子之学的真谛？这一问题非常值得我们做一些深入反思，兹尝试论述一二。

一、重思孔子儒家论学的宗旨和本义

可以说，不了解孔子儒家论学的宗旨和本义，便不可能对孔子之道和儒家之学的根本要旨有真切的体悟和理解。《论语》首篇第一章即举孔子论学之言以示人："学而时习之，不亦说（悦）乎？"这不是一句轻描淡写、无关宏旨的闲谈碎语，而是意义深刻、内涵丰富的论学名言，切不可轻轻看过。钱穆先生曾说："孔子一生重在教，孔子之教重在学。"②由此而言，"学"之为"学"实乃孔门或孔子之教的第一要义。斯义不明而妄议儒学之复兴、"儒教"之重建，乃至热衷于将自己在自家书斋中杜撰、臆想和建构的"儒学""儒教"立为"国教"或倡言什么"公民宗教"而强人信仰者，不过是自欺欺人之谈而已。

那么，对孔子儒家而言，学之为学究竟意味着什么？其所指为何，或究竟何谓学呢？《白虎通·辟雍》曰："学之为言觉也。以觉悟所不知也。"朱熹《论语集注·学而》曰："学之为言效也。人性皆善，而觉有先后，后觉者必效先觉之所为，乃可以明善而复其初也。"③无论言觉言效，此皆是就字义本身以言，而不足以尽孔子论学之义。宋儒邢昺疏《学而》篇曰："此篇论君子、孝弟、仁人、忠信、道国之法、主友之规，闻政在乎行德，由礼贵于用和，无求安饱以好学，能自切磋而乐道，皆人行之大者，故为诸篇之先。既以

---

① 程颢、程颐著，王孝鱼点校：《二程集》，中华书局1981年版，第1190页。
② 钱穆：《论语新解》，生活·读书·新知三联书店2002年版，第4页。
③ 朱熹撰：《朱子全书》（第六册），上海古籍出版社、安徽教育出版社2002年版，第67页。

'学'为章首，遂以名篇，言人必须学也。"① 何言乎人必须学也？因为"人不学，不知道"（《礼记·学记》），"人不学不知义"（《白虎通·辟雍》）。邢昺此疏于孔子论学之义可谓庶几得之，然仅限于就《学而》一篇的具体内容而言，似仍不能尽其全部义涵。吾人认为，孔子论学之义实涵盖整部《论语》的内容，吾人须结合整部《论语》的内容进行分析，方始能对孔子论学之义有充分而完整的理解。

钱穆先生尝言，孔子乃是"中国历史上特立新创的第一个以教导为人大道为职业的教育家"②。既然"孔子之教重在学"，而孔子所教又重在"教导为人大道"，合而言之，则孔子之所教及其所谓"学"正是重在教人学所以为人，即学习如何做人，此正是孔子论学的根本宗旨和目的，亦是《论语》一书的核心要义。当然，这不是一个笼统的如何做人的问题，而是在孔子儒家所赋予的人之所以为人的特定意义上如何做人的问题。既然孔子儒家以"教导为人大道"或教人如何做人为职志，故其对于人之所以为人的问题必有全面而深刻的反思。

子曰："性相近也，习相远也。"（《论语·阳货》）孔子弟子子贡亦曾说："夫子之文章，可得而闻也；夫子之言性与天道，不可得而闻也。"（《论语·公冶长》）孔子直接谈论人性问题的话语仅有性近习远一句，如此之少而不可得闻，故现代学者一般认为孔子对于人性问题并没有进行过深入的思考并展开全面的讨论，如韦政通先生所说："孔子并没有为人性论留下什么重要的见解。"③ 然而，孔子未曾直接谈论人性问题，并不意味着他就缺乏对于人性特别是人之所以为人问题的思考和反省，综观孔子所学所教、所思所行，事实上无不围绕着人之为人的问题而展开和进行。"性相近"体现了人之为人的基本共同点，"习相远"则凸现了人之为人所拥有的无限可能性，特别是不同的家庭出身、社会背景、生活环境、文化传统和政教模式对人的全面

---

① 何晏注，邢昺疏：《论语注疏·学而第一》，中国致公出版社2016年版，第1页。
② 钱穆：《孔子传》，生活·读书·新知三联书店2002年版，第12页。
③ 韦政通：《中国思想史·下》，上海书店出版社2003年版，第712页。

塑造和深刻影响。正因为"性相近"，所以我们有着大体一致或基本相同的自然情感、生存欲求和生活需要；正因为"习相远"，所以我们又有着丰富复杂而极为不同的个性特点、才智能力和德性修养。没有天赋相近的共同人性，人与人不可能在彼此了解和沟通的基础上共同生活在一起；没有后天习得的行为差异，人与人也就没有必要为了共同生活在一起而进行持续的沟通和协作。在我看来，孔子论学、论道、论政，无不基于这样一种性近习远的人类特点，并由此而向我们展现了其思想深刻而独特的内在张力和无穷魅力。

正是基于性近习远的人类特点，孔子格外重视人类所拥有的进行学习的共同能力，以及教育对人格养成和人性价值实现的内在而深刻的塑造力和影响力。因此，孔子之教是向所有人开放的，正所谓"有教无类"（《论语·卫灵公》），孔子之学亦是就人人可学、可知、可行者而言的，当然，也有例外，比如，天生的上知和下愚之人不须学、不能学以及自暴自弃者不可教[1]。而且，无论是学还是教，其实都基于人具有天赋的学习能力和可塑的无限可能，但孔子所注重的是启发人自我反省和主动学习的潜在能力，以便能够培养和发展人的自主而健全的理性认知能力和道德人格，决非运用外在强制性的支配力量而意在将人改造或塑造成自己所易于加以操纵和控制的某一种类型的人。

孔子以"文，行，忠，信"（《论语·述而》）教人，其教人所学者内容广泛，层次分明，包括礼、乐、射、御、书、数六艺，德行、言语、政事、文学四科（参考自《论语·先进》），不抹杀人的个性特点，亦不排斥人的智能发展，当然，其教学之重心在"教导为人大道"或教人如何做人，故如孝悌之行，忠信之德，诗书礼乐之文，事君交友之义，内省克己、改过迁善之方，己立立人、己达达人之仁，修己安人、治国理政之道等等，凡涉及家庭伦理美德、个体德

---

① 子曰："唯上知与下愚不移。"（《论语·阳货》）宋儒程颐曰："所谓下愚有二焉：自暴也，自弃也。人苟以善自治，则无不可移者，虽昏愚之至，皆可渐磨而进也。唯自暴者，拒之以不信；自弃者，绝之以不为；虽圣人与居，不能化而入也，仲尼之所谓下愚也。"（程颢、程颐著，王孝鱼点校：《二程集》，中华书局1981年版，第956页。）

性修养、文化能力教养、治国为政方法者，皆为其教学之重点与要义。毋庸讳言，耕稼种圃之类的劳动技能并不在孔子教学的范围之内，孔子教学的目的也不仅仅在于知识见闻的增长，但这并非因为孔子鄙视劳动技能的学习或排斥知识见闻的增长，问题的关键在于孔子教人所学者另有关切所在。孔子明确告诉他的弟子在耕稼种圃的劳动技能方面他不如老农老圃（《论语·子路》），孔子亦不反对通过博学多识的方式来增长知识见闻、发展才智能力，乃至"多识于鸟兽草木之名"（《论语·阳货》），孔子本人即为我们树立了好古敏求、博学多能的典范，然而，孔子所最为关切的却是斯文传统的传习、忠信之德的践行、个体人格的健全、人伦关系的维护、社群生活的和谐，乃至国家的优良治理以及天下的有道治平等。因此，对孔子而言，华夏文明的斯文传统端赖乎好古敏求的学习而得以薪火传承、生生不息地延续下来，他本人即以"述而不作，信而好古"（《论语·述而》）自许自期；个体德性的修持和健全人格的培养端赖乎独立自主、理性自觉的学习来加以调节、维持和成就，故子曰："好仁不好学，其蔽也愚；好知不好学，其蔽也荡；好信不好学，其蔽也贼；好直不好学，其蔽也绞；好勇不好学，其蔽也乱；好刚不好学，其蔽也狂"（《论语·阳货》）；社会人伦关系和共同生活秩序的和谐维持端赖乎人们对于孝悌忠信之德的学习和实践，天下国家的优良治理则端赖乎受过教育、富有人文教养和仁德修养的士人君子"以德致位"来尽其领袖群伦的职责。说到底，学之为学，实具有根本的重要性而关乎着如何做人以及人类共同生活之道的问题，关乎着古今之义的贯通和斯文传统的传承，个体德性的修养和人伦关系的和合，治国理政之道的探求和社会政治领袖人才的培养以及人类共同生活之优良治理秩序的维持问题。唯有透过所有这些方面，我们才能真正理解孔子论学的宗旨和本义。

孔子之后，儒分为八，"天下之为学者众"（《墨子·法仪》），乃至诸子异说蜂起、竞相争鸣，不仅儒家内部出现了多元分化的现象，孔子和儒者之学本身更受到了来自其他众多学派的严重挑战和激烈批评。① 大体而言，先秦儒者仍然坚守孔子论学的宗旨和本义，只是其为学的途径和方法各有侧重而已。其中，最值得我们注意的便是，战国时期两位伟大的儒学思想家孟轲和荀卿奋起而捍卫孔子之道，致力于润色而发扬光大之，进一步拓展和深化了孔子儒家的为学理念。孟子论学的最大贡献便在于发明人的良心善性，因此，对孟子而言，学之为学，就在于反思、寻求乃至存养、扩充以充分地自我实现人之为人而天生内在固有的良心善性的道德本质，故曰："仁，人心也；义，人路也。舍其路而弗由，放其心而不知求，哀哉！人有鸡犬放，则知求之；有放心而不知求。学问之道无他，求其放心而已矣。"（《孟子·告子上》）在孟子看来，人天生内在固有的良心善性其实是极为脆弱而易于放失陷溺的，现实生活中放失陷溺其良心善性而不知思不知求的自暴自弃者并不鲜见，故孟子才极力"道性善"，以便唤醒人对良心善性的内在自觉与道德尊严感，使之能够卓然先"立其大"。孟子人性本善和"仁义礼智根于心"（《孟子·尽心上》）的观念，不仅使人之为人所应遵循的道德准则和伦理规范具有了独立自足的内在本源，而且也使儒家以道德自我实现为目标的为学理念具有了充分明确的内在根据，甚至为人人皆可以成为尧舜那样的圣人奠立了充分可能的本体论基础。

荀子将自然的本能欲求看作人的本性，力主用圣人创制的礼义法度来规范和节制人的性情与欲求。然而，对人性之恶的反思以及对圣人理性和师法之化的推崇，并没有使荀子放弃人可以通过不断努力和自觉学习的方式来修身正行的儒家理念，恰恰相反，正是基于对人性之恶的深刻反思，荀子更加突出和强调人为努力（伪）的决定性作用或根本重要性，并深信人完全可以通过自我的努力和学习的方式而积善成德、积学成圣，故曰："学不可以已。……君子博学而日参省乎己，则知明而行无过矣。……学恶乎始？恶乎

---

① 孔子之后，诸子百家之学的纷杂歧出、著书立说、争鸣论辩，可以说对孔子儒家论学的宗旨和本义构成了最为严重的冲击和挑战，此是最可注意的一件事，但不是本文关注的重点，须另当别论，故不在此展开论述。

终？曰：其数则始乎诵经，终乎读〈礼〉；其义则始乎为士，终乎为圣人。真积力久则入，学至乎没而后止也。故学数有终，若其义则不可须臾舍也。为之，人也；舍之，禽兽也。"（《荀子·劝学》）在此，荀子直接阐明了自己的为学理念，对他而言，学之为学，就是要学所以为人，而且为学之术在"始乎诵经，终乎读〈礼〉"，其义则在修身正行而"始乎为士，终乎为圣人"，并说"故学者，固学为圣人也，非特学为无方之民也"（《荀子·礼论》）。

降至汉世，由于秦朝"焚书""坑儒"事件的毁灭性政治打压及由此所造成的儒家事业与儒学传统严重的时代性断裂，汉代儒家学者不得不选择诉诸汉家帝王的政治权威或借助于国家政权来强制推行"罢黜百家，独尊儒术"的学术文化政策和思想意识形态战略，而其结果，最终使"儒者之学"的经学范式攫取了意识形态话语霸权，占据了儒术的主流地位，儒学经典——"五经"及章句训诂之经学成为儒生士人入仕为官和经世致用的最主要的神圣文本依据。然而，不得不承认的是，当"儒者之学"已然蜕变为一种进入仕途所必须掌握的经学经术性质的制度化儒学时，孔子和古典儒家学所以为人、"君子之学也，以美其身"（《荀子·劝学》）以及"学者非必为仕，而仕者必如学"（《荀子·大略》）乃至"学为圣人"的为学理念，显然已逐渐趋于隐晦而不明，学以为仕、"士病不明经术；经术苟明，其取青紫如俯拾地芥耳"（《汉书·夏侯胜传》），乃至"学积成圣，则富贵尊显至焉"（《说苑·建本》）的工具性和功利性考虑，遂取代孔子和古典儒家学以修己、学所以为人的修身成德之学，支配和主导了研究和掌握有关经典经文及其意义的知识性学问与为学理念。职是之故，在整个"儒者之学"的历史演化脉络中，当"只是以章句训诂为事"[1]性质的"经学"成为"儒者之学"的主流学术形态，而儒生士人亦不得不在通经入仕或科举仕宦的人生道路上成败沉浮时，其结果只能导致学之为学旨在修己成德或学所以为人乃至积学成圣之为学理念的晦暗不明，以至"圣学"不明、师道沦丧竟至于到了这样的地步，即为学者但知有"经

---

① 程颢、程颐著，王孝鱼点校：《二程集》，中华书局1981年版，第232页。

师"，而不知有"人师"，乃至"由魏晋氏以下，人益不事师"，降至大唐之世，犹"不闻有师"，即使有亦"群聚而笑之"或"辄哗笑之，以为狂人"。① 不过，宋明之世，道学思潮兴起，理学家们致力于上接孔孟千载不传之绝学，意图重建师道、复兴圣学，故而重新揭提并大力阐扬孔子儒家学所以为人的为学理念。依宋明儒者之见，一方面，人既然生而为人，便理当"学所以为人"②，正所谓"人生天地间，为人自当尽人道。学者所以为学，学为人而已，非有为也"③；另一方面，既然圣人树立了为人的标准或极则，并且"可学而至"，故"为学必以圣人为之则"④，或"人生只是要做个人。圣人，人之极则也。如圣人，方是成人"⑤。对宋明儒者而言，人之必须学也，不学则不能恢复或实现人自身天赋良善的道德本性或人性价值。

由上可见，除了汉唐经学的歧出之外，就孔子儒家论学的根本宗旨和本义来讲，学之为学实关乎着"为之，人也；舍之，禽兽也""学为圣人也，非特学为无方之民"的问题。本此为学的宗旨与理念，孔子儒家讲学立教，其根本目的乃在使人涵养德性，知道明义，学为君子，践行仁道，故对孔子儒家来讲，学之为学，实乃修身正行之学、成人成德之学，不仅以"学所以为人"为根本宗旨，而且以"人道所当为者"⑥为行动指南。

总而言之，作为教育家，孔子可谓是人类学习能力的伟大发现者。孔子之前，学在官府，学之为学，只不过是世袭贵族阶级所享有的一种特殊权利，是专门为维持贵族阶级独享特有的文化教养、身份地位和利益特权而服务的。孔子之后，私学兴起，学之为学，在孔子"有教无类"的开放式自由教育理念的意义上，实意味着学习乃所有人都可以拥有并能够加以培养和发展的一种

---

① 参见《全唐文》卷五五八韩愈《师说》和卷五七五柳宗元《答韦中立论师道书》。

② 黄宗羲：《黄宗羲全集》（第三册），浙江古籍出版社1999年版，第911页。

③ 陆九渊：《陆象山全集》，中国书店1992年版，第308页。

④ 黄宗羲：《黄宗羲全集》（第四册），浙江古籍出版社1999年版，第171页。

⑤ 黄宗羲：《黄宗羲全集》（第五册），浙江古籍出版社1999年版，第219页。

⑥ 章学诚：《文史通义》，太平书局1964年版，第39页。

能力，而且，通过学习可以使人彻底突破或完全摆脱先赋而固定的血统出身、社会身份、政治地位和国家界限等各种各样的藩篱与束缚，独立自主地发展自身的智识、才能、文化教养和道德人格。对孔子儒家而言，我们可以向历史学习，通过好古敏求的学习，我们可以了解和探究自身的文化传统和文明特性，可以鉴古知今、洞察未来，把握人类社会的历史命运和未来走向；我们可以向古人、向师友、向他人学习，通过尚友古人、向古圣先贤学习，我们可以像大舜那样"乐取于人以为善"（《孟子·公孙丑上》），通过师友的夹持、辅翼、切磋和熏陶，我们可以增进和涵养自身的才智与德性，无论他人是贤是善还是不贤不善，皆可以成为我们取法鉴戒的重要资源①；我们可以向经典学习，通过对"五经""六艺"的学习，我们可以温故知新，我们可以丰富自己的人类视界②，我们可以培养和提升自身的人文教养和文化能力③；我们可以向天地学习，通过"下学而上达"（《论语·宪问》）的学习，我们可以领悟天地之道、生生之德，我们可以穷理尽性以通达于天命天德，我们可以尽心知性以知天（参考自《孟子·尽心上》），我们可以赞天地之化育而与天地参（参考自《中庸》）。唯如斯之学，唯如斯之好学乐学，唯如斯"尊德性

---

① 如子曰："三人行，必有我师焉：择其善者而从之，其不善者而改之"（《论语·述而》），"见贤思齐焉，见不贤而内自省也"（《论语·里仁》），"见善如不及，见不善如探汤"（《论语·季氏》）；另如荀子曰："见善，修然必以自存也；见不善，愀然必以自省也。善在身，介然必以自好也；不善在身，菑然必以自恶也。故非我而当者，吾师也；是我而当者，吾友也；谄谀我者，吾贼也。故君子隆师而亲友，以致恶其贼；好善无厌，受谏而能诚，虽欲无进，得乎哉？"（《荀子·修身》）

② 杜维明先生认为，"五经"分别代表和象征着五种视界，即《诗经》《礼记》《春秋》《书经》和《易经》。"五经"分别代表和象征着诗艺的、社会的、历史的、政治的与形而上学的五种视界，这五种视界体现了孔子由对"人"的全面反思而形成的对人类状况的系统看法。（参见杜维明：《东亚价值与多元现代性》，中国社会科学出版社2001年版，第182—186页。）

③ 如子曰："不学诗，无以言""不学礼，无以立"（《论语·季氏》）；又曰："诵《诗》三百，授之以政，不达；使于四方，不能专对；虽多，亦奚以为？"（《论语·泰伯》）"小子何莫学夫诗？诗，可以兴，可以观，可以群，可以怨。迩之事父，远之事君。"（《论语·阳货》）

而道问学"(《中庸》)之学，我们才能传承斯文于不坠，增进德性于不息，发展人格于不已，开阔视野于不尽，提升境界于不止。正是在上述意义上，作为学习者，人之为人，才真正不再仅仅是一种单纯的本能的自然生物，而是有志向、有理想、有情怀、有胸襟和抱负的具备文化性、道德性和精神性的活生生的人；作为学习者，人之为人，才真正能够以其自由而开放的心灵"致广大而尽精微，极高明而道中庸"(《中庸》)；作为学习者，人之为人，才真正不愧被称为"天地之心""万物之灵"。正是在上述意义上，学之为学，才真正能够为人们在已生活其中的现实世界中开辟出一个具有无限可能性的精神疆域和心灵空间，人们在其中可以发展自己的心智能力、涵养自己的道德品格、培育自己的人文教养、提升自己的精神信仰，乃至学以为士、学以为君子、学以为圣人，从而"无爵而贵，无禄而富，不言而信，不怒而威，穷处而荣，独居而乐"(《荀子·儒效》)。明儒刘宗周说："'学'字是孔门第一义。'时习'一章是二十篇第一义。孔子一生精神，开万古宫墙户牖，实尽于此。"[1]信哉斯言！

二、学为君子：孔子儒家君子小人之辨的双重义涵

让我们回到《论语·学而》第一章，再重新体味一下"学而时习之，不亦说(悦)乎"这句话的含义。在我看来，我们只有从上述学之为学的意义上，才能真正体会和领悟到这句话的深刻含义所在，也就是说，学习之所以能够带给人一种发自内心的愉悦感，就在于我们从学所以为人的过程中拓宽了自己的视野、发展了自己的文化能力、涵养了自己的德性品格、提升了自己的精神境界，所谓为己之学、自得之学、身心之学、成德之教等等，皆是指此而言。而后面的"有朋自远方来，不亦乐乎？人不知，而不愠，不亦君子乎"二句，其实是从第一句话的意义上引申而来，意即有志同道合的朋友自远方而来，相与共学，相互切磋，彼此砥砺，共得师友夹持和辅翼之功，涵养和增

---

[1] 刘宗周：《论语学案》(卷一)，见吴光主编：《刘宗周全集》(第一册)，浙江古籍出版社2012年版，第255页。

进了自己的德性品格等，由此而带给人的亦是一种发自内心的快乐感。内在心灵的愉悦与快乐，内在精神的丰富与充实，内在德性的涵养与提升，内在自我的满足与受用，只有自己才能最真实而切己地有充分的感知和觉解，不见得能为他人所知，亦不必定求他人有所知，即使为人所不知，亦不愠不怨，自得其乐，唯此方为有德之君子。事实上，无论是学而时习，还是有朋而来，乃至不愠而君子，并不是孤立分开说的三件事，而是前后连贯、一体相关的，其中贯穿始终的即是"学"，正如王夫之所说："'学'是一章总领，然'学而时习之''学而'二字只贯本句，下二节俱暗藏'学而'二字在，若曰学而朋来，学而不愠，故不须顶首句学字。"① 其实，在我看来，孔子自述一生由"十有五而志于学"以至于"三十而立，四十而不惑，五十而知天命，六十而耳顺，七十而从心所欲，不逾矩"（《论语·为政》），亦非孤立分开说的一种人生阶段，而是前后连贯、不断成长的一种连续性的生命历程，其中贯穿始终的亦可说是"学"，即"十有五而志于学"以后诸人生阶段或生命历程其实俱暗藏"志于学"三字在，故可说学而立，学而不惑，学而知天命，学而耳顺，学而从心所欲不逾矩。职是之故，孔子的一生乃真为志学、好学、乐学的一生，孔子的一生乃真为"学而不厌，诲人不倦"（《论语·述而》）的一生，孔子的一生乃真为"其为人也，发愤忘食，乐以忘忧，不知老之将至云尔"（《论语·述而》）的一生，孔子由此而为我们树立了一个终身学习的榜样，而学习的目的即在成为君子或躬行君子之道。事实上，培养君子亦正是孔子讲学立教的基本目标，而且，君子之为君子，乃人人可学而至者，亦即人人可通过学习而实现的道德人格理想，故在此值得特别指出的是，孔子之教可说是在"立人道之极"，而"未可以谓立儒道之极也"②。换言之，孔子虽为儒家学派的创立者，但其讲学立教的目的却主要不在将人驯化成儒家或儒教之信徒，而在教诲人学所以为人乃至教导人学为君子，故子谓子夏曰："女为君子儒，无为小人儒！"（《论语·雍也》）

---

① 王夫之：《四书笺解》（卷三），见《船山全书》（第六册），岳麓书社1991年版，第160页。
② 章学诚：《文史通义》，太平书局1964年版，第39页。

孔子既教人学为君子，亦时时将君子与小人相对并称而言，那么，孔子为何要汲汲于辨别区分君子与小人？换言之，对孔子来讲，君子小人之辨究竟意味着什么？兹将孔子的相关言论先征引如下：

子曰："君子周而不比，小人比而不周。"（《论语·为政》）

子曰："君子怀德，小人怀土；君子怀刑，小人怀惠。"（《论语·里仁》）

子曰："君子喻于义，小人喻于利。"（《论语·里仁》）

子曰："君子坦荡荡，小人长戚戚。"（《论语·述而》）

子曰："君子成人之美，不成人之恶。小人反是。"（《论语·颜渊》）

子曰："君子和而不同，小人同而不和。"（《论语·子路》）

子曰："君子泰而不骄，小人骄而不泰。"（《论语·子路》）

子曰："君子上达，小人下达。"（《论语·宪问》）

子曰："君子求诸己，小人求诸人。"（《论语·卫灵公》）

孔子曰："君子有三畏：畏天命，畏大人，畏圣人之言。小人不知天命而不畏也，狎大人，侮圣人之言。"（《论语·季氏》）

子曰："君子义以为上，君子有勇而无义为乱，小人有勇而无义为盗。"（《论语·阳货》）

如所周知，君子小人之分，并非始自孔子，如《国语·鲁语》曰："君子劳心，小人劳力，先王之训也"，除了劳心、劳力的区分，还有"君子务治而小人务力"（《国语·鲁语》），以及"君子勤礼，小人尽力"（《左传·成公十三年》）的说法。可见，在孔子之前，小人是劳力、务力和尽力的劳动者，君子是劳心、务治、勤礼的统治者，这是一种对两类人身份地位之差别性的明确表述方式。在孔子的思想脉络及其对"君子""小人"的用法中，无疑仍然延续了这一表述方式，也仍然具有指称两类人身份地位之差别的含义，如孔子斥责请学稼和学为圃的樊迟："小人哉，樊须也！"（《论语·子路》）其中"小人"的说法就仍然含有指称劳力者的意思，但并非像一般理解的那样具有鄙视劳动者的意味，正如后来孟子仍然明确坚持这一点时所说："或劳心，或劳力；劳心者治人，劳力者治于人；治于人者食人，治人者食于人，天下之通义也。"（《孟子·滕文公上》）这只是从一种社会分工的含义上来讲的。然而，自孔子始，君子小人之分却被赋予了另一种全新的、更富深刻意义的道德人格的含义，而且，从语用学的意义上讲，这一区分不再仅仅是对劳心者和劳力者两类人之身份地位差别所做的简单区分，而更主要的是被用于对同一类人尤其是对士人学者、劳心者和治人者所做的一种道德品格区分，在这一意义上对君子小人所做的辨别区分，才是最值得我们认真思考和特别关注的。

在上引孔子有关君子与小人道德品格的一系列辨别区分中，无疑君子是指具有种种美好德行和品格的"一类人"，而小人正是在道德品格上恰恰与君子相反的"一类人"，仅从字面含义来讲，这样讲似乎并没有错，因为人在德性修养上的差别必然会导致人与人之间在道德品格、精神境界和文化教养上的分野与不同，然而，如果据此便认为孔子对君子小人所做的辨别区分仅仅体现了一种"简单的二元思维"，或仅仅意味着是把人简单地区分为两类人，则大谬不然。如有人批评说，"孔子眼里，人只有两类，非君子即小人"，乃至"如此简单的二元思维，导致国人在面对多元社会，多元问题时的无能为力和不知所措"，而事实上，"人性之复杂，根本就不是君子和小人所能涵盖的"，而孔子却"认为一分为二足矣"①。这样一种片面的理解，显然只是批评者自己根据一种"简单的二元思维"而对孔子辨分君子小人之宗旨和本义所做的简单化理解。就君子小人之分的实际影响来讲，我们并不否认可能会产生批评者所说的这种情况，其至在历史上也曾发生过这样的情况，即在最乐于严辨君子小人的宋代士大夫的新旧党争和明末的东林党争中，君子小人之分便被用于在政治上党同伐异、排斥异己的口实，即自居为"君子"而指斥对方为"小人"，然而，这种情况的发生也正是由对君子小人之分所做简单化理解而导致的一种非其本来意图的不良后果。为了消除这样的不良后果在现

---

① 参考自网络文章《孔子的十大糟粕思想》（作者不详）。

实生活中的继续发生，我们所应做的不是简单地斥责，而是正确地理解君子小人之分的宗旨和本真含义。

孔子生活在一个"礼崩乐坏"的乱世，他怀抱着经世济民的政治理想而努力追寻治理国家的良方，君子之为君子，可以说正是对寄托了他那经世济民之理想和优良治理之良方的道德主体和政治领袖的称谓。然而，君子并不是孔子新创之词，而是一种旧词新用，在旧词新用中，孔子赋予它一种全新的道德和政治含义。那么，君子小人之分，就其宗旨和本义来讲，究竟具有什么样的意义呢？我认为，最值得我们予以深思而富有深刻意义的是它所包含的两个方面的含义。

其一，有关君子小人的辨分，实关乎着一个人如何学为君子而实现道德品格的自我转化的问题，这可以说是贯穿于《论语》中的一个至关重要的思想主题。

正如我们上文所着重强调的，孔子论学的宗旨和本义即在"教导为人大道"，其中最要者便是教人学为君子。不仅是教人学为君子，而且，从《论语》一书可知，孔子本人不仅为我们树立了一个"好学""乐学"乃至"学无常师"的学习者的典范，更为我们展现了一个动人的道德君子的形象。正如美国著名汉学家狄百瑞所说："《论语》的魅力之所以经久不衰，并不在于它阐释了一套哲学或者思想体系，而是在于它通过孔子展现了一个动人的君子形象。"① 无论是教人学为君子，还是其本人所展现的动人的君子形象，对孔子而言，君子之为君子，其实都与一个人的血统、出身和先赋的社会背景与身份地位无关，而是一个人通过自身修身正行、努力好学的方式而在道德品格上实现自我转化的结果和成就。孔子之所以教人学为君子或汲汲于君子小人之辨分，正是要教导和激励人实现向君子人格的自我的道德转化，要努力地学为君子，而不是自甘于为小人。另如宋儒程颐所说："今人不会读书。……如读《论语》，旧时未读是这个人，及读了后又只是这个人，便是不曾读也。"②

---

① ［美］狄百瑞著，黄水婴译：《儒家的困境》，北京大学出版社2009年版，第34页。
② 程颢、程颐著，王孝鱼点校：《二程集》，中华书局1981年版，第261页。

这其实也在告诉我们真正会读《论语》的意义所在，说到底也就是会读《论语》者会像孔子那样通过学为君子而实现自我的道德转化。因此，《论语》中孔子对于君子小人所做的辨分，可以说正是孔子提出的有关一个人在道德上如何实现自我转化的重要思想命题，而并非将现实生活中的人简单地区分为君子和小人两类人的问题。

　　由于人性之复杂，现实生活中的人既无纯粹的君子，也无完全的小人，君子须"好学"以"就有道而正"①，小人亦可教而化②。即使孔子本人以"躬行君子"自期，但他也并不认为自己就能够完全践行君子之道，故曰："文，莫吾犹人也。躬行君子，则吾未之有得。"（《论语·述而》）又说："君子道者三，我无能焉：仁者不忧，知者不惑，勇者不惧。"（《论语·宪问》）可见，学为君子并非一种完成态，而是一种进行式，应学而时时践行之，此之谓"学而时习之"，此之谓"学而不厌"，此之谓学乃一个人终身的志业，总之，学为君子实是一个人应终身努力追求实现的人生目标或道德人格理想。若再进而言之，君子小人与其说是对两类人的区分，毋宁说是对人之一体两面性的辨别区分，人人体内皆有此两面性，人要么为君子，要么为小人，就看一个人的修为如何了。此义虽然在孔子那里还未曾直白地道明，但在孟荀人性论的思想脉络和意义架构中却成了一个最突出而鲜明的思想命题，如公都子问曰："钧是人也，或为大人，或为小人，何也？"孟子曰："从其大体为大人，从其小体为小人。"（《孟子·告子上》）而荀子则曰"人之生，固小人，无师、无法，则唯利之见耳"（《荀子·荣辱》），然而，人可以通过师法之化而学为士君子，故《荀子》之首篇开宗明义即劝人为学曰："学不可以已"（《荀子·劝学》），因为唯有自觉努力地为学才能使一个人在道德品格上实现从小人向君子的自我转化。冯骥才先生《体内的小人》一文可谓深得此旨，如冯先生所说，小人之为小人，乃是"指人格卑下者"，但此所谓"小人"，并非"那些在

---

① 如子曰："君子食无求饱，居无求安，敏于事而慎于言，就有道而正焉，可谓好学也已。"（《论语·学而》）

② 如子曰："君子之德风，小人之德草。草上之风，必偃。"（《论语·颜渊》）

生活中时不时会碰到的小人"，而是指就存在于我们自己身上或体内的小人，对于我们体内的小人，"我们必须在自己的心里划一条自我的防线，将体内的小人视作自己的敌人，因为战胜这种体内小人的力量，不在别处，与他人无关，全都在自己身上"，而且，"我知道，我不可能全部消灭自己身上的小人，但我会对它警惕，以战胜它作为自己为人的快乐"①。这才是真正的学所以为人，或所谓的"学者为己"（《论语·宪问》），正是"学而时习之"的快乐所在，亦正是孔子汲汲于教人内省自讼乃至辨分君子小人的本义所在。不首先明乎此，而欣欣然自视为君子、诬人为小人，斯为不学之人格卑下者矣。

其二，有关君子小人的辨分，还关乎着人之道德品格和生活境界具有等差、层级之不同的问题，实蕴涵着孔子对人类文明生活之运行原则的基本看法。

毫无疑问，君子小人之分是对人的人格修养和生活境界之道德层级不同的品分，当然，这种品分并不仅仅局限于君子小人之分，孔子儒家所谓的士、君子、仁人、圣贤皆可被安排进一种等差品级的复杂序列之中，人可由学而为士、为君子、为圣人②，而即使同为士，亦有等差流品之分（参考自《论语·子路》），同为圣人，亦有圣之清、任、和、时之别（参考自《孟子·万章下》），在此不展开分析和论述。我们所关切的问题是，孔子儒家何以要汲汲于辨分君子小人两种道德品格与生活境界之等差层级的流品之不同？

如上文所言，我们虽然不能简单地将这一辨分理解为是对两类人的简单区分，但人的道德品格毕竟有高尚、卑下之不同，并在具体的人的实际言行表现上可以真实地体现出来，乃至"钧是人也"，或为大人君子，或为斗筲小人，我们不可能完全漠视这一差别而将人视同一律。换言之，人在事实上亦是有道德品格和生活境界之等差分别的，如果结合上文所言，亦可以说，人都有两面性，性相近也；或为君子，或为小人，习相远也。这并非"简单的二元思维"的问题，而是人类实际生活中的一种人际分化现象或人性事实。譬如，你不能因为反对"简单的二元思维"，甚至连现实生活中存在着真、善、

① 冯骥才：《体内的小人》，《中文自修》2014年第Z1期，第75页。
② 如荀子曰："彼学者：行之，曰士也；敦慕焉，君子也；知之，圣人也。"（《荀子·儒效》）

美和假、恶、丑的现象都不承认，对真假之异、善恶之分、美丑之别的感觉迟钝只会让人们认识不到人类文明生活的这样一种本质，借用美国学者克莱·G.瑞恩的话说就是，文明是通过"对生活境界高级与低级的分辨"，"通过对品性等级高下的区分和排序"而运行的，或者"由真正的贤人为其他人树立标准""让贤人有这么做的机会"乃是"文明追求的一个核心目标"①。尽管如法国汉学家谢和耐所说，中西文化和思想具有实质性的差别，甚至可以说"中国的思想正是希腊思想的反证"②，但是，如果说古希腊的教育是"要塑造整个的人"，"其宗旨是通过培养体魄、心智和美学辨别力以及最重要的道德品质，使个人能够参与追求善、真、美的生活。主导社会的精英们无论其扮演什么角色，必须首先是有教养与胸怀宽广的人"，或者说，"古代希腊的理想，即应当由有能力参与善、真、美生活的人来决定社会取向"③，那么，尽管在具体的教育理念、方法和道德观念上存在着这样那样的差异，但在一定意义上，我们也完全可以说，孔子和儒家的教育和理想也正是要塑造整个的人，其宗旨是通过诗书礼乐的学习和克己修身的实践来发展人的心智能力、培育人的健全人格、涵养人的诗艺化和礼乐化的人生态度④以及最重要的贵仁尚义的道德品质，使个人能够参与追求真、善、美的生活，尤其是将人培养成富有礼乐文化教养、道德品格高尚和胸怀宽广的士君子，孔子儒家亦深切希望受过教育、有着良好教养的士君子之人能够"以德致位"而担当起引领道德风尚、决定社会取向和捍卫文明标准的社会政治职责，这一点在《论语》中有着充分的体现，诚如美国汉学家狄百瑞所说，《论语》可以说是一部"以君子及其领袖责任作为要义"⑤的经典著作。果如上言，则君子

①［美］克莱·G.瑞恩著，程农译：《道德自负的美国：民主的危机与霸权的图谋》，上海人民出版社2008年版，第148、149页。

②［法］谢和耐著，何高济译：《中国人的智慧》，上海古籍出版社2013年版，第136页。

③［美］克莱·G.瑞恩著，程农译：《道德自负的美国：民主的危机与霸权的图谋》，上海人民出版社2008年版，第148、150页。

④如子曰："兴于《诗》，立于礼，成于乐。"（《论语·泰伯》）

⑤［美］狄百瑞著，黄水婴译：《儒家的困境》，北京大学出版社2009年版，第23页。

小人之分的实质性意义，正在于其对人之道德品格与生活境界高尚与卑下的分辨，通过对人之品性等级高下的区别和辨分，而期望由遵循礼乐之道而内外双修、真正德能贤良的士君子在乱世中为他人树立行为标准、引领社会价值取向，并重建人类礼乐文明的生活秩序①。孔子所谓"政者，正也。子帅以正，孰敢不正"（《论语·颜渊》），所谓"其身正，不令而行；其身不正，虽令不从"（《论语·子路》），其意均在于此。

最后，非常值得强调的一点是，孔子儒家的上述理想和信念并非仅仅表达了一种精英主义的观点，也就是说，他们所谓的士君子，并非仅仅指一些少数的道德—政治精英分子。事实上，从孔子"有教无类"的开放式自由教育理念的意义上讲，孔子儒家的教育宗旨和终极理想乃是希望人人都能够受教育而学以为士君子，对此宋儒程颐曾有明确的阐述，据《河南程氏遗书》卷第二十一上载：

> 程子之盍屋，时枢密赵公瞻持丧居邑中，杜门谢客，使侯鷺语子以释氏之学。子曰："祸莫大于无类。释氏使人无类，可乎？"鷺以告赵公。公曰："天下知道者少，不知道者众，自相生养，何患乎无类也？若天下尽为君子，则君子将谁使？"侯子以告。程子曰："岂不欲人人尽为君子哉？病不能耳，非利其为使也。若然，则人类之存，不赖于圣贤，而赖于下愚也。"②

程子曰："岂不欲人人尽为君子哉？"真乃一语破的，极为精当地道明了儒家最真切而笃实的崇高远大理想，当然，这一理想不能只是一种架空虚

---

① 如《礼记·乐记》曰："礼乐皆得，谓之有德。德者，得也。""君子曰：礼乐不可斯须去身。致乐以治心，则易直子谅之心油然生矣。易直子谅之心生则乐，乐则安，安则久，久则天，天则神。天则不言而信，神则不怒而威，致乐以治心者也。致礼以治躬则庄敬，庄敬则严威。心中斯须不和不乐，而鄙诈之心入之矣。外貌斯须不庄不敬，而易慢之心入之矣。故乐也者，动于内者也。礼也者，动于外者也。乐极和，礼极顺，内和而外顺，则民瞻其颜色而弗与争也，望其容貌而民不生易慢焉。故德辉动于内而民莫不承听，理发诸外而民莫不承顺。故曰：致礼乐之道，举而错之，天下无难矣。"
② 程颢、程颐著，王孝鱼点校：《二程集》，中华书局1981年版，第272页。

说，必须踏实去做，同时，这一理想也并非一种欺人之谈，亦须面对现实而承认有所不能，但，"不能"归"不能"，却决不是要"利其为使"，这是何等高尚的品格和宽广的胸襟！赵公笑谓"程子未知佛道弘大耳"①，吾人似亦可以笑谓"赵公未知儒道高明耳"。然而，不管怎样，儒家总是希望应由圣贤之君子而非下愚之小人来引领人类礼乐文明的生活秩序和社会价值取向，像孔子一样，此亦正是宋儒之汲汲于严辨君子小人的宗旨和本义所在，而且，如程子所言："自古治乱相承，亦常事。君子多而小人少，则治；小人多而君子少，则乱。"②"天地之间皆有对，有阴则有阳，有善则有恶。君子小人之气常停，不可都生君子，但六分君子则治，六分小人则乱，七分君子则大治，七分小人则大乱。"③可见，依程子之见，真正优良的治理秩序和文明生活乃是由多数的君子所决定的，而即使是对小人，程子亦主张圣王之治应以"含洪之道""化奸恶为善良，绥仇敌为臣子"④，而不必尽行诛绝之。

三、小结

如上所言，孔子儒家的君子小人之辨并非意在将现实中的人简单地区分为两种类型，实则关乎着如何学为君子的问题而具有两个方面的重要含义。对孔子儒家而言，没有人天生即为君子，君子之为君子乃是任何人都可以通过努力为学并实现自我转化所能成就的一种道德人格理想，换言之，成为君子与一个人的血统、出身和先赋的社会背景与身份地位无关，而是与"学"不"学"密切相关，每个人都有两面性，而或为君子，或为小人，原因就在于一个人是否努力为学并能实现自我的道德转化；只有那些能够努力为学、致力于自身的修养和完善而不断实现自我的道德转化的君子，才有其正当的道德—政治资格成为共同体的领路人，担负起守卫标准、领袖群伦、维护和引

---

① 程颢、程颐著，王孝鱼点校：《二程集》，中华书局1981年版，第272页。

② 程颢、程颐著，王孝鱼点校：《二程集》，中华书局1981年版，第51页。

③ 程颢、程颐著，王孝鱼点校：《二程集》，中华书局1981年版，第161—162页。

④ 程颢、程颐著，王孝鱼点校：《二程集》，中华书局1981年版，第1210页。

领人类文明之生活秩序与社会价值取向的社会政治职责，一个卓越的、负责任的道德—政治领袖"凭的不应该是自诩道德高尚，而是实际展示出来的优良品质"①。只有结合上述两个方面的含义，我们才能更好地理解孔子儒家君子小人之辨的真正深刻义涵。

一个人必须尽可能地通过努力学习来自觉地致力于道德人格的自我完善，并以增进他人、社群、国家和天下人之福祉为职志，这样一种学为君子、"以德致位"的理念无疑具有道德精英主义的色彩。然而，与那种认为只有少数人才能享有统治权的强调世袭身份的精英主义观念不同，孔子儒家"有教无类"和人人可学可教而力主给予所有人学习和受教育之平等机会的普遍主义理念，却向人们展现了一种让每个人或尽可能多的人都能够学为士君子或提升自身道德教养的文明生活愿景，尽管这一理想信念在现实中难以完全实现，但他们从未丧失掉这样一种理想信念。在我看来，儒家之所以为儒家，正在于他们致力于在理想与现实之间开辟和拓展自身思想与行动的疆域。子曰："笃信好学，守死善道。"（《论语·泰伯》）这是因为孔子虽然生活在一个"礼崩乐坏"的乱世，但仍然抱持和追寻新的信仰和希望！生活在混乱之世的孟子和荀子也仍然抱持这样一种坚定的理想和信念："人皆可以为尧舜"（《孟子·告子下》）或"涂之人可以为禹"（《荀子·性恶》），因为他们深信每个人都可以通过"求其放心"的学问之道或"伏术为学，专心一志"（《荀子·性恶》）的为学工夫学为君子、成圣成贤。对孔子儒家而言，"学"之为"学"乃是一个人修身做人、不断成长的根本途径和必由之路，是实现潜能、发展心智、完善自我、涵养德性、健全人格、提升境界的根本途径和必由之路，是传承斯文、丰富人类视野、拓展生命意义、和谐人伦关系、维持人类共同生活之优良治理秩序的根本途径和必由之路。学是立人之根本、人生向上的阶梯，学是一个人终身的志业，理应贯穿人生的始终，而贯穿学之始终的则是对人之为人的最为深切的道德关怀。

---

① [美]克莱·G.瑞恩著，程农译：《道德自负的美国：民主的危机与霸权的图谋》，上海人民出版社2008年版，第58—59页。

希望人人尽为君子乃至学以至圣人，甚至乐见于"满街都是圣人"，这样一种理想和信念最充分而深切地表达和凸显了孔子儒家对于人类学习能力并通过学习来实现自我转化和道德成长目标的乐观与自信，正是基于这样一种乐观与自信，不管是身处乱世之中，还是生活在安平之际，他们不是跻身庙堂而汲汲于得君行道，就是走向民间而致力于以道觉民。而当他们在理想与现实之间努力开辟和拓展自身思想和行动的空间和疆域时，他们首先要做的事情不是控制他人，而是完善自我，不是驯化他人，而是修养自身，也许有时他们不得不以降低圣贤的道德标准为代价而引君以当道，但他们却以普遍提升人民的道德水准和文明教养为职志和愿景，为此，他们愿意投身于一项伟大而神圣的人类事业，那就是讲学立教，并希望通过学为君子而为人们树立一种文明的标杆、道德的典范。正唯如此，讲学立教、学为君子也正可说是孔子之教的真精神、儒家之学的真血脉所在！

（本文是笔者 2017 年 3 月 16 日上午在中国孔子研究院"春秋讲坛"上所做学术报告的讲演稿，原讲演题目为《学为君子：孔子儒家君子小人之辨的双重义涵》；2017 年 3 月 30 日晚，本人参加曲阜师范大学第十届"孔子文化月"开幕式并主讲"洙泗讲堂"第一讲，讲演题目亦为《学为君子：孔子儒家君子小人之辨的双重义涵》；2017 年 11 月 5 日上午，本人改题目为《孔子儒家君子之学的真谛》在贵阳孔学堂公益文化讲座上做讲演报告。文章收入本书时有改动）

文明以止：中华民族的人文精神与文明特性

近年来，我一直在思考这样一个问题，即以儒学为主流的中华文化感动人心的力量，它深刻影响我们心灵的生命力，究竟体现在什么地方？我认为，这种文化的力量或生命力主要就体现在它蕴涵着的一系列人文价值理念上，我们有必要将这些人文价值理念提炼概括出来，进行一些系统的阐发。今天，我想和大家交流的一个重要理念就是《周易大传》中所说的"文明以止"。

一、中华民族的人文精神及其文明理念

要想很好地理解"文明以止"这一说法的内涵，我们必须把它放到整个中华民族的文明发展路径和人文精神脉络中来加以认识和体会。

我们都知道，中华民族是在一种特殊的自然地理环境和生存条件下生息繁衍和不断奋斗进取的，她在历史上发展出了一条比较独特的文明生成与演进的路径，英国哲学家罗素曾说："与其把中国视为政治实体还不如把它视为文明实体——唯一从古代存留至今的文明。"[1] 而在我看来，中华文明之所

---

① [英]罗素著，秦悦译：《中国问题》，学林出版社 1996 年版，第 164 页。

以能够成为人类历史上唯一绵延至今、从未中断湮没的一种文明形态，主要得益于中华民族有其独具特色且持久一贯的文明发展理念，而中国人的文明理念用"文明以止"一语来概括可以说是再恰当不过的了。

具体来说，如果对中华民族的文明发展道路和人文精神脉络做一种整体的观照与反思，我们认为以下六个方面是最为突出和鲜明的：

1. "旧邦新命"的"中国"意识、"与时偕行"的通变思想和自强不息的进取精神。

2. "和而不同"的和谐观念、多元一体的综合智慧和"有容乃大"的包容精神。

3. "以人为本"的价值理念、贵仁尚义的道德取向和学行一致的教育思想。

4. "民为邦本"、以德治国的政治思想和经世济民、天下己任的担当精神。

5. "天下为公"的大同理想和"协和万邦"的天下情怀。

6. "天人合一"的精神境界和天人协调的生态智慧。

以上六个方面可以说最集中而鲜明地体现了中华文化在意识特性和思想内涵方面的精华，也可以说体现了中华人文传统最具特色的精神特性。对于这六个方面的具体内涵，我和方克立先生曾在一篇文章中做过系统的阐述。我们认为，这六个方面彼此之间密切关联，相互支撑、强化和促进，共同造就了"文明中国"可大可久的伟业！造就了中华民族的多元与统一、中华文化的博大与包容，以及中华文明的悠久与日新！

不过，如果再进一步对中华人文精神的根本特性和本质内涵进行更为简洁明快的提炼和准确生动的概括的话，我们认为，"文明以止"是最为适当的一个说法。尤其是在今天，我们正"生活在文明的火山上"①，由于人类心智和理性的过度傲慢与自负，导致人类正面临着像泰坦尼克号撞上冰山一样的巨大风险，而且，正如一位西方学者所说：

等在我们前面的，不是一座冰山，而是有很多，且一座比一座险恶、

---

① [德]乌尔里希·贝克著，何博闻译：《风险社会》，译林出版社2004年版，第13页。

危险。有金融的冰山：不受限制的货币投机，股票飙升到天价、高到让人不忍目睹时大量抛售以获利；有核武器的冰山：大约30个核国家，每一个都卷入了彼此之间的争吵与仇视，都预期在未来20年中能够发动一场核攻击；有生态的冰山：大气中大量二氧化碳，全球气温上升无法阻止，专家一致公认，数十个原子能反应堆迟早会发生爆炸，届时将造成全球范围的巨大灾难；最后，但并非最不重要的，社会的冰山：目前人口中预计有30亿人将成为冗余，他们在经济上完全不起作用。……与导致"泰坦尼克号"沉没的冰山相比，上述那些冰山的不同之处在于：轮到它们与船相撞时，不再会有人幸免于难以将事件拍成电影，也不再会有人幸免于难，将这些接踵而至的灾害谱写成史诗或挽歌。①

正因为我们当下面临着的是这样一种最真实而危险的人类生存境况——不会再有人在毁灭性的文明灾难中幸免于难并为我们谱写史诗或挽歌，我们发现"文明以止"这一文明理念更加值得我们珍惜，也更加值得我们付出不懈的努力去将它发扬光大。

二、何谓"文明以止"？

那么，究竟什么叫作"文明以止"？它究竟意味着什么，或者体现了一种什么样的文明发展理念？

"文明以止"一词出自《周易大传》中的一句名言："刚柔交错，天文也。文明以止，人文也。观乎天文，以察时变。观乎人文，以化成天下。"②所谓"天文"是指阴阳迭运、刚柔交错的自然变化过程与法则，而"人文"是指人类制作的礼乐典章制度及其对人的行为的规范教化作用。由"人文"与"天文"并举对称可知，"人文"并不与"天文"相隔相离而形成对立，这一点最能彰显中华民族"人文"意识与精神的特异处。也就是说，对于天下的治理

---

① ［英］齐格蒙·鲍曼著，洪涛、周顺、郭台辉译：《寻找政治》，上海人民出版社2006年版，第160页。

② 高亨：《周易大传今注》，齐鲁书社2009年版，第189页。

化成而言，治国平天下者既须"观乎天文，以察时序之变化"，又须"观乎人文，以化成天下之人"①。两者须相资为用，而不可偏废。可以说，中华民族虽然重视和强调以"人文"化成天下，但其"人文"意识却并不以逆天而行或支配自然为前提，相反，天文或天道自然法则乃是人类所当取象效法的对象，而取象效法天文或天道自然法则却又以人文化成为目的。

"文明"一词在《周易大传》中凡六见，揭示和阐发了一种极富"中国"特色的"文明"观念，而其中"文明以止"的说法尤其值得我们注意。所谓的"文明以止"，其本意是说如果一个人（特别是统治者）的德行能够像天地日月一样正大而光明，并用礼乐来教化世人，那么，天下的人民就会被他的光明之德所感召和指引而遵从礼义，以至行其所当行、止其所当止。

因此，在中华民族的这一"人文"观念与"文明"意识中，重要的不是通过强权霸道的治理方式来追求实现国家富强的目标或强制人民屈服，而是通过充分发挥礼乐对人的文明化的教化作用来引导人民过一种道德化的伦理文明生活，从而实现社会治理的目标；不是通过武力扩张或威服的方式来胁迫异族人民认同和接受自己的文化，而是通过中国式文明典范的内在文化特性的吸引力或修文德以来远的方式来引导对方实现文化上的自我转化与提升，从而实现"协和万邦"、天下一家的目标；不是通过征服自然或无止境地掠取和耗竭自然资源的方式来满足自身不断膨胀的欲望需求，而是通过节制自身欲望、协调天人的方式来追求实现物与欲"两者相持而长"（《荀子·礼论》）乃至人与自然万物可持续和谐共生的目标。

正因为如此，霸道之强权、武力之滥用、自然之征服、文明之扩张皆不为中华民族所称道，反之，中华民族所心仪向往的是敬德保民的治道理念、"以德行仁"的王道理想、天人合一的生命学问、人文化成的道德化境。② 相对于强权霸道的文明扩张理念，中华民族"文明以止"的文化特性与人文意识具

---

① 高亨：《周易大传今注》，齐鲁书社2009年版，第189页。

② 如汉儒刘向曰："圣人之治天下也，先文德而后武力。"（《说苑·指武》）"礼乐者，行化之大者也。孔子曰：'移风易俗，莫善于乐；安上治民，莫善于礼。'是故圣王修礼文，设庠序，陈钟鼓。天子辟雍，诸侯泮宫，所以行德化。"（《说苑·修文》）

有一种"止其身有所不为"的道德主义、和平主义的性质。

三、对"文明以止"的进一步阐释

为了更好地理解"文明以止"的上述义涵，还有必要搞清楚两个词语或概念的含义，一是"文明"，一是"止"。

先说"止"。按其字面含义来讲，"止"有"停止"的意思，可以引申为"居住、栖息"之义；从人类文明生活的意义上来讲，"止"则有"依止"或"止归"的意思，不仅个体的人的行为当行其所当行、止其所当止，而且整个人类的文明生活也当有所依止或止归，人类应知道当止于什么或止于何处，在此意义上，所谓"止"也就是归宿、目的和方向的意思。

老子曰："知足不辱，知止不殆，可以长久。"（《老子》第四十四章）人唯有知足而不是贪得无厌，唯有知止而不是一味求前进，才能更好地长久地维持自身的生存。人只有知足才能不遭受困辱，只有知止才能不遭遇危殆。

庄子说："无知无能者，固人之所不免也。"（《庄子·知北游》）"知天之所为，知人之所为者，至矣！"（《庄子·大宗师》）"知止其所不知，至矣。"（《庄子·齐物论》）"吾生也有涯，而知也无涯。以有涯随无涯，殆已！已而为知者，殆而已矣！"（《庄子·养生主》）庄子反对人用有限的生命去向外追逐无限的知识，我们必须明白自身生命的有限和知识的无限，人必须将自己的精力用于更好地实现生命自身的价值与意义，而不是去向外追逐无限的知识，人必须知道应止于何处，应止于自己有所不知有所不能即认识能力的有限处。

而儒家则相信人只有有所不为，才能更好地有所为，正如孟子所说："人皆有所不为，达之于其所为，义也。"（《孟子·尽心下》）不仅如此，更为重要的是，人当知有所止，故《大学》曰："大学之道，在明明德，在亲民，在止于至善。"又说，"为人君，止于仁；为人臣，止于敬；为人子，止于孝；为人父，止于慈；与国人交，止于信。"

钱穆先生曾经在论述"人生之两面"时讲到"止与进"的问题，他说："今天我们一切都要讲进步，不进步就是落伍，这是对的。但我要问，进步到那（哪）里为止？有没有一个归宿？今天我们人类最大问题是只求进步，不求归宿。没有归宿却最痛苦。……中国人认为，至善便是人生归宿处。……中国人讲一个'止'字，并不妨碍了进步，进步也要不妨碍随时有一个歇脚，这歇脚就是人生一大归宿。"①

按照钱穆先生的说法，所谓的"止"便是"归宿"的意思，人生当有所归宿，而至善便是人生归宿处，同样，文明也当有所归宿，而使人类生活得更加安乐、富足、和谐，更加富有尊严和意义，便是文明归宿处。

然而，所谓"文明"，却是一个意涵极为错综复杂的概念。在西方，学者们根据其各自对文明发展的一般理论反思而提出了各种不同类型的文明观或文明史观，其中影响最大的是一种过程论的文明观或文明史观，即把文明看作一种人类不断脱离野蛮生存状态而持续发展和演变的历史过程。其次，是一种衰落论的文明史观或文明衰落论，把文明看作一个发生、成长、衰落和解体的过程。再次，是一种单位论的文明史观，把文明看作一个分析和研究的"单位"，每一种文明也就是一个文明的"单位"，据此我们可以将从古至今在世界上出现过的文明区分为各种不同的文明单位。最后，是一种价值论的文明观，在这一意义上，所谓"文明"乃是指"一个人类共同体所表现出的特定生活方式和信仰形态"②，或者所谓文明"只存在于一种生活态度之中，存在于某些思想和感受方式之中，因而只能用散播种子的办法达到目的。准备让别人也文明起来的人必须允许人家自己去发现他得到的是较好的生活方式"③，因此，"文明的主要特征"在于其"价值观念和理性思维"④。

① 钱穆：《钱宾四先生全集》第46册《灵魂与心》，联经出版事业公司1998年版，第206—207页。
② 阮炜：《文明的表现》，北京大学出版社2001年版，第41页。
③ [英]克莱夫·贝尔著，张静清、姚晓玲译：《文明》，商务印书馆1990年版，第151页。
④ [英]克莱夫·贝尔著，张静清、姚晓玲译：《文明》，商务印书馆1990年版，出版说明。

四、中、西两种不同的文明类型及其精神特性

不过，就其实际的表现形态和影响来讲，尤其是随着十七、十八世纪近代科学技术的发展和工业文明的兴起，在西方一直以来占据着主导地位的乃是与"直线发展"的"进步"信念密切相关的第一种类型的文明观和文明史观，这使西方文明具有一种极为强烈而鲜明的以"动力衡决天下"的外向扩张性的特征与倾向。在西方，"文明"的概念形成之后，特别是十八世纪以来，"文明"的概念成了一个响彻全球的口号，而且，西方人据以判断其他社会"文明化"的标准本身具有一种普世主义的扩张性倾向，并常常是依靠军事实力或通过武力殖民的方式来实现的。

相对于立基于自身文明标准的普世主义、扩张性的西方文明及其文明史观来讲，没有什么比"文明以止"一词更适合于来概括中华文明的根本精神特性的了。在我看来，只要你愿意真诚地敞开自己的心扉，认真聆听和体会它内含着的深刻的人文价值意涵与理性智慧，那么，它向我们昭示的便是这样一种不同于西方"文明"的另一种"文明"的根本理念：文明不是无限度地开发、利用自然资源和对外扩张，而是要有所节制或依止，"止"其所当止，内修文德以化成天下。

"文明以止"与无限制的文明扩张是两种根本不同的文明观，二者的区别恰恰是中西两种文明的分水岭，是它们的本质区别所在。中西文明各自植根于性质迥异的两种人文精神，一种是天人合一、物我交融、仁民爱物的人文精神，一种是人类中心主义的征服自然、以"动力衡决天下"的人文精神。以"动力衡决天下"的文明扩张，必然导致文化殖民主义和文明间的冲突；而富有反求诸己的道德理性、"己所不欲，勿施于人"的恕道美德与"和而不同"的和谐理念的"文明以止"，则会努力寻求一种不同国家和民族和平相处的"全球伦理"，通过"文明的对话"来化解"文明的冲突"，并乐于把宇宙万物都看成人类的伙伴和朋友，乃至愿意善待自然万物而与之和谐相处。

五、"文明以止"的当代启示与现实意义

今天，当全球化的浪潮从西方席卷全世界而将地球变成一个紧密相连的"村落"，当多元文明的地方化文化认同意识普遍高涨，当文明的冲突与对话成为当下最受人关注的问题，当生态危机和核战争的威胁将带来毁灭性的灾难后果，我们认为，所有这些问题所引发的关于人类文明问题的严肃思考，都将最终把我们的目光引向中华民族"文明以止"的文明理念或文明发展观。可以说，在面临着许多威胁人类生存和发展的全球性难题的当今世界，"文明以止"的文明理念尤其显得富有启示性价值，具有很强的现实意义，因为这些全球性难题在很大程度上都是与不恰当的文明理念联系在一起的。那么，为了回应当今世界人类共同面对的威胁着全人类可持续地生存和发展的严峻问题，充分彰显中华民族"文明以止"的理念，不仅有助于深刻认识自己的文明特性，提高本民族的文化自觉，而且更能对人类文明未来的健康发展做出积极而独特的重要贡献。

可以毫不夸张地说，今天人类文明的发展已经到了一个生死抉择的大关头，而为了人类文明可持续发展的未来前景，也为了人类自身可持续生存的可能机会，我们不能不暂时停下文明的脚步，认真想一想人类的文明何以竟会发展到了危及人类自身存在的这一危险地步。对危险的自觉反思，让我们重新发现了"文明以止"这样一种文明理念。作为中华民族理性的文明发展观，"文明以止"就是这样一种文明的理念：人类文明的发展和进步不是无节制、无限度的，也不是漫无方向的，而是应该有所依止或归宿，应行其所当行，止其所当止。换言之，人类文明的发展是有"止"境的，而"止"之为"止"，体现的乃是一种自我节制的文明美德，是一种与人为善的人道理想，是一种与自然友好相处的理性精神。在我看来，不仅这一"文明"理念能带给我们许多的启示，反之，我们也可以赋予它许多的新义。

如果说现代文明正经受着考验，而现代文明的弊病正是由文明发展本身即对自然资源的无限制开发、利用和掠夺以及不断追求经济增长和文明扩张

的目标所造成的话，那么，"文明以止"的理念便可以纠正这一文明发展的弊病；如果说文明发展的根本目标应该是使人的生命更加有尊严，人的生活更加美好幸福，人的生存更加可持续的话，那么，"文明以止"的理念便可以引领人们实现这样的目标；如果说文明的价值和意义"只存在于一种生活态度之中，存在于某些思想和感受方式之中"的话，那么，"文明以止"便可以教给人们这样一种生活态度以及思想和感受方式：为人止于真诚而不虚伪，待人止于礼貌而不谄媚，与人相交止于友善而不恶意中伤，治国理政止于关爱弱者、尊重民意、保障人权而不恣意妄为，不同国家和民族的关系止于和平共处而不以武力要挟，人与自然的关系止于协调友好、相互依存、可持续地和谐共生而不以经济的发展破坏生态环境。"文明以止"并不是反对人类社会朝着更加"文明化"的方向发展，但它期望那种破坏自然、霸权扩张的西方式的"文明进程"或文明发展方式能够发生一种"文明转化"，从根本上转向"止于至善"的人道目标，止于人与人的友爱相处，止于人与自然的和谐共生，止于有益于人类自身可持续地生存和发展的生存之道。唯有这样的"文明以止"，才能使人类的生活变得更加美好，也唯有这样的"文明以止"，才能使人类的文明变得更加文明。

总之，"文明以止"是最能体现我们中华民族崇德向善、贵文尚和之独特人文精神特性的文明理念，它绝不是抱残守缺的文明停止论，而是祈望世人能够以自强不息、厚德载物的精神矢志不渝地去追求"止于至善"、向往"天下文明"。诚如方克立先生所说，在全球性生态危机和文明冲突问题十分严峻的当今世界，深刻理解、阐扬和大力宣传、提倡"文明以止"的文明发展观，对于人类和文明的可持续发展来说无疑是一个福音。

（本文是笔者2016年8月11日上午在中国孔子研究院"春秋讲坛"上所做学术报告的讲演稿，收入本书时有改动）

第二部分

儒家政治哲学与政治智慧

用行舍藏与孔颜之乐

——孔子儒家视域中的"政治"与以孔颜师徒为典范的儒家"士人传统"

春秋战国之世，是中国历史上一个大变革的时代，在政治秩序与社会结构的激变过程中新兴的文士阶层逐渐形成并奋然崛起，文士阶层的"精神觉醒"及其"思想自由，学无拘禁"[1]的时代状况最终孕育和催生了诸子异说蜂起与百家争鸣的多元化思想发展趋势。在此历史进程与发展趋势中，孔子卓然创立私学而"以师儒立教"[2]，可谓充当了引领时代风气的精神领袖。孔子及其弟子后学在当时堪称新兴士人阶层的杰出代表，在诸子百家中，他们不仅代表着中国上古三代以来的文化大传统，而且在塑造对后世影响深远的"士人传统"方面发挥了关键性的主导作用。其中，以孔子和颜回（名回，字子渊）师徒为代表或由他们所引领和塑造的"士人传统"，不仅拥有一种天然

---

① 萧公权：《中国政治思想史》，新星出版社2005年版，第2页。

② 萧公权：《中国政治思想史》，新星出版社2005年版，第1页。

的关切和参与政治的乐政情结与家国情怀，而且坚定地秉持一种具有典范意义的特殊态度取向，即他们既怀抱着一种崇高的人文理想和笃定的道德操守，坚守着一种道义担当和经世济民的深沉信念与政治立场，又能够在仕与隐、穷与达之间矢志不渝地追求修齐治平的伟大目标，而且生死无悔地乐在其中。毫无疑问，这一"士人传统"至今仍对我们有着重要而深刻的启示和教育意义。兹就此略论一二，以求教于方家。

一、孔子儒家视域中的"政治"

在中国历史上，士人阶层无疑是中国社会文化的特有产物，尤其是以孔子儒家为代表的士人之理想类型，既立身扎根于现实世界而又志在以道德理想转化现实世界，在中国历史上，他们作为中国学术、思想、文化的领导阶级的同时，亦扮演了一种至关重要的社会治理与政治领袖的特殊角色。那么，他们究竟扮演的是一种具有什么特殊性质的社会政治角色呢？这个问题事实上并不像初看上去那样易于回答，需要我们首先做出解释。因为不了解孔子儒家所谓"政治"之真义，也就不可能理解他们的社会行为以及他们扮演的是何种具有特殊意义的政治角色，更不可能真正领会和懂得由他们所引领和塑造的"士人传统"的真实内涵及其历史意义。

在我们看来，孔子儒家对"政治"的理解自有其深厚的历史渊源与传统根基，而且，其政治思考实蕴含着一种最深层次的人类共同体意识，并与其相关世界图景的宏阔背景观念密不可分。就此，《尚书》可说为我们提供了具有典范意义的观念线索，孔子编纂《尚书》一书并非仅仅为了保存行将流散佚失的上古三代历史文献，其中确乎寄寓了孔子对于上古三代圣王之治的优良政教传统的根本看法，孔子将这些承载着古圣先王之道的历史文献编纂成经典文本，不仅意在研习传承的方便，更是为了将其贯彻、推行到现世的政治实践活动中去，从而使之在现实政治生活领域中得到具体而切实的发扬。不仅编《尚书》之意图如此，孔子结集编修其他各经之目的和宗旨亦是如此，正所谓"以备王道，成六艺"（《史记·孔子世家》），而且孔子欲昌明而行之，故遍历列国、游说诸侯，而终无所遇。成败姑且不论，我们且看孔子所继承和秉持的究竟是一种什么样的王道政治理念。据《尚书》载：

（帝尧）克明俊德，以亲九族。九族既睦，平章百姓。百姓昭明，协和万邦。（《尚书·尧典》）

德惟善政，政在养民。（《尚书·大禹谟》）

可爱非君？可畏非民？众非元后何戴？后非众罔与守邦。钦哉！慎乃有位，敬修其可愿。四海困穷，天禄永终。（《尚书·大禹谟》）

天聪明，自我民聪明。天明畏，自我民明威。（《尚书·皋陶谟》）

皇祖有训：民可近，不可下。民惟邦本，本固邦宁。（《尚书·五子之歌》）

民非后，罔克胥匡以生；后非民，罔以辟四方。（《尚书·太甲中》）

惟天地万物父母，惟人万物之灵。亶聪明作元后，元后作民父母。……天佑下民，作之君，作之师，惟其克相上帝，宠绥四方。……天矜于民，民之所欲，天必从之。（《尚书·泰誓上》）

天视自我民视，天听自我民听。百姓有过，在予一人。（《尚书·泰誓中》）

古人有言曰："抚我则后，虐我则仇。"（《尚书·泰誓下》）

上引材料同出《尚书》，虽有今古文之分，且迄今仍然存在真伪之疑问，但在我们看来，上述引文的确表达了孔子儒家对于政治生活中君民关系即统治者与被统治者之间关系的看法。而帝尧之由"克明俊德"进而亲睦九族，由亲睦九族再进而"平章百姓"，由"平章百姓"而终以"协和万邦"的治理层级与次序理念，亦正是后来由《大学》明确加以系统阐扬和论述的以修身为本的家国天下秩序与修齐治平观念的雏形。

由上述引文可知，古来中国人很早就具有一种源远流长、深厚古老的政治共同体理念，在其中，君民相互依存，一体共生，人民是天下国家的根本，卫护与满足民生之需要乃善政之核心要旨与根本目的，而君之为君，唯其能担负起推行善政、切实履行其教养生民之职责，才真正具备为民父母、作民君师的正当的"元后"资格，否则，人民自有充分而正当的理由视元后为寇仇，皇天上帝亦将降下天罚，甚至转移天命，更命有德。尽管这一政治共同体理念被赋予了一种鲜明而浓厚的天命信仰的意义色彩，但剥去其天命信仰的古老宗教外衣，我们并不难体察这一政治共同体理念的人间性特质及其实质性、世俗性的本真含义。尽管在孔、孟、荀等经典儒家和后世汉唐经学家与宋明新儒家那里，天、天命、天理的含义并非完全一致，而是不断变化和充满歧义的，而且，如果我们将先秦与后世儒家伦理纲常观念的异质变化问题姑且置而不论的话①，那么，我们便不难发现，继承和秉持上述政治共同体的理想含义其实乃是他们一脉相承和持久一贯的看法。尤其是，孔孟古典儒家和宋明理学家不仅继承了上古三代优良政教传统中的这一合理观念内核，更在思想义理层面自觉地将其发扬光大而使之具有了前所未有的理论性的深度、广度和高度。

　　孔子"设为以德致位之教，传弟子以治平之术"②，他所关切和理解的"政治"，显然决非一般意义上所谓纯粹的"权力政治"，即"那种不顾理想，只以权势、欺诈和无情地运用权力为基础的政治"③。正唯如此，孔子儒家常常被现代学者批评为不谙"以处理权力问题为中心"的所谓"政治"之道，比较而言，"只有法家，尤其是韩非，能直捣政治问题的核心，发现了政治的独特领域"，亦即"把政治当做(作)政治看，划道德于政治领域之外"，从而"奠定了中国政治哲学的基础"④。那么，果真如此否？如果我们能够同意英国著名思想史家伯林对于政治哲学的下述看法，那么我们便十分需要重新认识和评价孔子儒家对于中国政治哲学的奠基定向所做出的重要贡献。伯林说，"政治哲学在本质上是道德哲学"，它的任务就是"审视生活的目的"而不是

① 详论参阅林存光：《如何认识和理解三纲五常的历史含义》，《政治思想史》2016年第4期。

② 萧公权：《中国政治思想史》，新星出版社2005年版，第48页。

③ [美]乔万尼·萨托利著，冯克利、阎克文译：《民主新论》，上海人民出版社2015年版，第71页。

④ 韦政通：《中国思想史》（上），上海书店出版社2003年版，第247页。

"研究权力的","政治哲学是要审视生活目的,人(社会的和集体的)的目标。政治哲学要做的事就是审查为实现各种社会目标而提出的种种主张的合理性,检查为确定和实现这些目标而采取的种种方法的正当性。跟其它(他)所有哲学研究一样,政治哲学要力图澄清构成有关观点的词和概念,使人们能理解自己相信的是什么,自己的行动表示什么"①。在这一意义上,孔子无疑既是一个终其一生都孜孜以求地审慎思考和系统审视生活之目标的政治哲学家,同时亦是一个"试图弄清楚人类应该追求什么"②的伦理思想家。孟子和荀子乃至程朱与陆王亦莫不如是。

对孔子儒家而言,真正的政治乃是修己以安人、正己以正人的政治,是通过道德教化和礼义引导的方式来化导、引领人民过一种富有道德文明教养之共同伦理生活的政治,是运用王道仁政之养教方法致力于保障民生、提升人民美善之品行与人格的政治,是以德服人和以善养人、以民为本和与民同乐的政治,是以民胞物与之仁道情怀践行明德亲民、万物一体之信念的政治;而不是争权夺利、玩弄阴谋权术而工于心计的政治,不是使用强力、权势和刑罚的手段迫使人民屈服顺从的政治。对他们而言,人生的目标与使命即是为学修身、成圣成贤,生活的目的即为亲亲敬长、仁民爱物以使人人共享群居和一、天下一家和太平大同的共同体生活,政治思考的重心在探求如何才能取得"道洽政治,泽润生民"(《尚书·毕命》)的善政良治或怎样才能使人们更好地共同生活在一起的优良治道。因此,在其政治思考之中,实则蕴含着一种最深层次的人类共同体意识,而其政治思考的背景乃是一种由家、国、天下多层级共同体所构成的宏阔的世界图景,故而他们深切希望通过"自天子以至于庶人,壹是皆以修身为本"(《大学》)的人生价值追求,通过"人人亲其亲、长其长"(《孟子·离娄上》)和"老吾老,以及人之老;幼吾幼,

①[伊朗]拉明·贾汉贝格鲁著,杨祯钦译:《伯林谈话录》,译林出版社2002年版,第42—43页。

②[伊朗]拉明·贾汉贝格鲁著,杨祯钦译:《伯林谈话录》,译林出版社2002年版,第55页。

以及人之幼"(《孟子·梁惠王上》)的伦理生活实践，通过推己及人、爱亲及疏、由近及远的行为影响方式，最终实现由小康而大同、由修齐而治平的政治目标。

在上述意义上，我们似可将孔子儒家视域中的"政治"名之为"共同体政治"。显然，这样一种极富道德理想含义的"政治"，决非有权有势者意在维护其特权统治而独自占有和享用的私有物，而是一项志道乐学者为了实现构建人类美好生活的目的而采取协力合作之行动的公共事业。[①] 这一"政治"所要求的治民为政之道，是应依据人民的普遍性情与基本欲求[②]，以养教为基本方法，来努力增进民生之安乐福祉与共同体的公共利益，或者以人人修身为根本，以人人践行孝悌、仁爱、忠恕、礼义之道为途径，通过不断扩展、化行以渐的方式，以期实现或构建一种人人参与其中、人人为学修德、人人竭心尽力于其"职分之所当为"、分工协作而各得其所宜的优良治理秩序或一体协作共生的良序社会[③]。

---

① 如朱子曰："今世文人才士，开口便说国家利害，把笔便述时政得失，终济得甚事！只是讲明义理以淑人心，使世间识义理之人多，则何患政治之不举耶！"（《朱子语类》卷第十三）

② 如《孔子家语·入官》曰："君子莅民，不可以不知民之性而达诸民之情。既知其性，又习其情，然后民乃从命矣。故世举则民亲之，政均则民无怨。故君子莅民，不临以高，不导以远，不责民之所不为，不强民之所不能。"

③ 如《荀子·荣辱》曰："先王案为之制礼义以分之，使有贵贱之等，长幼之差，知愚、能不能之分，皆使人载其事而各得其宜，然后使谷禄多少厚薄之称，是夫群居和一之道也。故仁人在上，则农以力尽田，贾以察尽财，百工以巧尽械器，士大夫以上至于公侯莫不以仁厚知能尽官职，夫是之谓至平。"《朱子全书·大学章句序》曰：上古三代之隆，"夫以学校之设，其广如此……是以当世之人无不学。其学焉者，无不有以知其性分之所固有，职分之所当为，而各俛焉以尽其力。"阳明亦向我们描绘了一幅同样的以尧舜三代之世为典范的有关人类共同体生活的理想蓝图和美好愿景，即人人为学修德，各尽其职，协力合作而相生相养地共同生活在一起，乃至"譬之一人之身，目视、耳听、手持、足行，以济一身之用"（《传习录中·答顾东桥书》）。

二、"用行舍藏"与"孔颜之乐"：孔颜师徒超然独立的人生信念与心灵境界

正是本着上述政治共同体的美好愿景与共同体政治的理想信念，生活在晚周衰乱之世的孔子师徒企图以讲学、游说、谏议的方式参与政治、干预时政，以期变"天下无道"为"天下有道"。然而，德与位、道与势、义与利之间的错位、紧张与矛盾却为讲学修德的孔子师徒制造了难以化解和摆脱的精神困境，而且他们不得不面对现实中一时难以驯服和彻底改变的贵族统治阶级的世袭特权，以及诸侯力政、列国纷争的时局和暴力盛行、苛政虐民的状况，而无奈地在"道之不行"（《论语·微子》）的现实际遇中艰难地求生存，并在自身所追求的道德理想信念的激励和指引下努力逆行。

孔子师徒关心政治，并试图参与和干预时政，然而，他们不同于那些单纯地热衷于功名富贵而"湛心利禄"的仕进之徒，同时，他们也不像周游列国途中所遇到的那些愤世嫉俗的隐士，唯求避世以全身。他们乐于与人同群①，并积极思索和探求人之所以为人、群之所以为群的道理，借用梁漱溟先生的说法，其讲学立教的核心关切可以说正是人与人如何而能够"成社会而共生活"②的问题，而这恰恰是人类社会之群居性的根本问题所在。依孔子儒家之见，唯有人人为学修身，崇德向善，忠信守礼，孝悌亲亲，相敬仁爱，人与人才能够同群共居、休戚与共、和谐安乐乃至天下一家而融为一体，正所谓"人所以群居不乱异于禽兽者，以有仁爱礼义，知相敬事也"③。历史上已有先知先觉之古圣先贤明乎此理、践行此道，并用之于治世化民，孔子儒家汲汲于讲学立教者正是为了"继往圣，开来学"（《朱子全书·中庸章句序》），不惮乎以"先知觉后知""先觉觉后觉"（《孟子·万章上》）为职志与

---

① 如孔子曰："鸟兽不可与同群，吾非斯人之徒与而谁与？天下有道，丘不与易也。"（《论语·微子》）

② 梁漱溟：《中国文化要义》，见《梁漱溟全集》（第三卷），山东人民出版社1990年版，第302页。

③ 王夫之：《读通鉴论》，见《船山全书》（第十册），岳麓书社1996年版，第220页。

使命,力图将此理、此道、此学发扬蹈厉而推行于乱世之中,以期经世济民而造福人群。为此,他们亦是乐于入仕从政的,因为入仕从政,可以使之能够拥有更多的权力资本或运用具体而强有力的政策措施来实现其经世济民和造福人群的理想与抱负,但是,我们必须强调指出的是,孔子儒家视域中真正意义上的从政或为政却决非仅仅指入仕做官而已。对他们而言,恪守学与仕、讲学修德与入仕为官之间的恰当分际是十分必要,亦是至关重要的。

钱穆先生尝言:"中国的读书人,无有不乐于从政的。做官便譬如他底宗教。因为做官可以造福人群,可以发展他的抱负与理想。"[1]这从后世读书人人生的主要出路在入仕做官的意义上讲,可以说是一种相当准确的概括。但在孔子儒家士人君子之学的本来意义和共同体政治的理想含义上,这样讲却可能导致很大的误解。如所周知,孔子讲学立教的根本目的和宗旨在培养道德人格健全、富有人文教养的从政人才,即致力于修己化人、经世济民的士人君子。就此而言,我们只可说好学修德、修己化人、经世济民而非"做官便譬如他底宗教",准确地说,乃是他的理想信念或政治信仰,正唯如此,对真正的士人君子来讲,讲学修德相对于入仕做官来讲具有根本的价值优先性[2]。而且,在孔子看来,践行孝悌亲亲之道而其影响所及能够"施于有政"本身即是"为政"(《论语·为政》)或具有重要的政治意义。甚至可以说,对于孔子儒家而言,为学、从政与志道事实上是密不可分或一体相关的关系,为学即从政,从政即须道义担当,道义担当即意味着应造福人民大众。尽管孔子弟子子夏尝有言曰"仕而优则学,学而优则仕"(《论语·子张》),孟子亦曾讲"士之仕也,犹农夫之耕也"(《孟子·滕文公下》),但学与仕毕竟是不容混同的,故荀子曰:"学者非必为仕,而仕者必如学。"(《荀子·大略》)相对于"仕"而言,"学"不仅具有根本的价值优先性,而且,"仕者"应遵循

---

① 钱穆:《钱宾四先生全集》第29册《中国文化史导论》,联经出版事业公司1998年版,第135页。
② 如子曰:"德之不修,学之不讲,闻义不能徙,不善不能改,是吾忧也。"(《论语·述而》)

君子之"学"或"道"的指引和范导。故孟子又言："古之人未尝不欲仕也，又恶不由其道。不由其道而往者，与钻穴隙之类也。"（《孟子·滕文公下》）荀子亦因此而对污漫、贼乱、贪利、无礼义而唯权势之嗜的"今之所谓士仕者"（《荀子·非十二子》）提出了最严厉的批评。

综合来讲，对于权力势位，孔子儒家所采取的基本立场和态度是既不鄙薄和拒斥，亦不贪求和迷恋，他们坚持"以德致位"的道德信念和政治原则，认为权力势位的获得和运用应服从德性和能力的原则[1]，即权力势位应由富于仁德修养和治理能力的士人君子掌握并加以正当而合理地运用。正唯如此，故他们深切希望并极力主张统治者治国理政应遵循"贵德而尊士，贤者在位，能者在职""尊贤使能，俊杰在位"（《孟子·公孙丑上》）或"论德而定次，量能而授官"（《荀子·君道》）的基本原则，以便能够使具有仁德和才能的士人君子居于高位以推行和实施德教仁政。而当面对"道之不行"的困厄和"君子之难仕"（《孟子·滕文公下》）的遭遇时，他们却并不怨天尤人（参考自《论语·宪问》），而是或者笃定地坚守"君子固穷"（《论语·卫灵公》）的人生态度，或者直言不讳地严厉批评当世之无道和"斗筲之人，何足算也"（《论语·子路》）的状况，甚至高调采取以德抗位、"格君心之非"（《孟子·离娄上》）和"务引其君以当道，志于仁而已"（《孟子·告子下》）的抗议谏争式政治立场。因为他们深知穷达有时或贤有不遇[2]，知道什么是自己义所当为不当为者，什么是自己能力所无法掌控的，他们对于自己矢志不渝地努力为之奋斗的人生目标和什么才是人类共同体生活的美好愿景充满坚定的信心，并深信应以正当的政治行为方式来实现其追求的共同体政治的理想目标。他们讲学立教、修道立德，笃定地坚守并乐于遵循仁爱礼义的原则而采取救世的行动，既不会因得志而背离道义，亦不会因穷困而丧失志

---

① 如孟子曰："有天爵者，有人爵者。仁义忠信，乐善不倦，此天爵也；公卿大夫，此人爵也。古之人修其天爵，而人爵从之。今之人修其天爵，以要人爵；既得人爵，而弃其天爵，则惑之甚者也，终亦必亡而已矣。"（《孟子·告子上》）

② 如《郭店楚简·穷达以时》曰："有其人，无其世，虽贤弗行矣。"

节，故孔子曰："君子修道立德，不为穷困而败节。"（《孔子家语·在厄》）又曰："富与贵，是人之所欲也；不以其道得之，不处也。贫与贱，是人之所恶也；不以其道得之，不去也。君子去仁，恶乎成名？君子无终食之间违仁，造次必于是，颠沛必于是。"（《论语·里仁》）《郭店楚简·穷达以时》曰："遇不遇，天也。动非为达也，故穷而不［怨。隐非］为名也，故莫之知而不吝。……穷达以时，德行一也。"孟子曰："尊德乐义，则可以嚣嚣矣。故士穷不失义，达不离道。穷不失义，故士得己焉；达不离道，故民不失望焉。古之人，得志，泽加于民；不得志，修身见于世。穷则独善其身，达则兼善天下。"（《孟子·尽心上》）

在我们看来，只有对以上所述孔子儒家的真实用心深有体会和领悟之后，我们才会真正理解孔子何以谓弟子颜渊说："用之则行，舍之则藏，惟我与尔有是夫！"（《论语·述而》）据《孔子家语·六本》载："回有君子之道四焉：强于行义，弱于受谏，怵于待禄，慎于治身。"意即"颜回具备君子的四种品德：实行道义时很坚强，接受劝谏时很虚心，得到官禄时戒惧而警惕，立身行事时很谨慎"[1]。另据《孔子家语·致思》，颜回曾自述其志曰："回愿得明王圣主辅相之，敷其五教，导之以礼乐，使民城郭不修，沟池不越，铸剑戟以为农器，放牛马于原薮，室家无离旷之思，千岁无战斗之患。"[2] 在孔门弟子中，颜回品德高尚，为孔门四科中德行科之首徒，其志向之高远殊非其他弟子所能比。而且，颜回既怀抱着治平天下、造福人群的远大理想与政治抱负，又能够深明穷达有时，无怨无悔地依乎仁道而行，故当孔子师徒困于陈蔡之际时，弟子中亦唯颜渊能够深切理解孔子当时的处境与内心的想法，其言道："夫子之道至大，故天下莫能容。虽然，夫子推而行之，不容何病，不容然后见君子！夫道之不修也，是吾丑也。夫道既已大修而不用，是有国者之丑也。不容何病，不容然后见君子！"（《史记·孔子世家》）正唯如此，亦唯有颜回之仁德与好学深得其师孔子的赞赏与好评（参考自《论语·先进》

---

① 杨朝明、宋立林主编：《孔子家语通解》，齐鲁书社2009年版，第186页。

② 杨朝明、宋立林主编：《孔子家语通解》，齐鲁书社2009年版，第74页。

《论语·雍也》）。

在孔门弟子中，唯颜回能够与其师孔子最为灵犀相通而志同道合，而且，亦唯有孔颜师徒在得到任用时"行此道于世"，在不被任用时"藏此道在身"①，亦即得志时能够本着自己的初心而推行其远大的政治理想与抱负，不得志时亦能守其初心、藏道在身以待时。对此，孟子亦最能心领神会，故有震古烁今之名言曰："居天下之广居，立天下之正位，行天下之大道；得志，与民由之；不得志，独行其道。富贵不能淫，贫贱不能移，威武不能屈，此之谓大丈夫。"（《孟子·滕文公下》）现代学者萧公权先生说："盖'君子'以爱人之心，行仁者之政。此为要君取位之真正目的。合于此而不仕，则为废'君臣之义'。不合于此而躁进，则为'干禄'，为'志于谷'。二者皆孔子所不取。故孔子讥荷蓧丈人为洁身乱伦，而复叹仕为家臣者之无耻。孔子自谓其'无可无不可'，正足见孔子不拘执于必仕必隐，而一以能'行道'与否为出处之标准。"②此精到之评论可谓深得孔颜师徒之真实用心，即在用行舍藏之间，既不屑屑于躁进求仕以干禄，亦不愤愤然避世退隐以废伦，而唯以能"行道"与否为行止出处之标准，其中透显出的正是一种坚忍不拔的人生信念与超然独立的大丈夫气概。

孔颜师徒身处无道之乱世，他们当然知道自己面临着什么样的政治际遇，对于"道之不行""君子固穷"与"君子之难仕"的生存困境更有着自觉而明确的认识，但他们能够坦然地面对、看待和接受自己所处的客观情势与遭际命运，并愿意为改变整个时代的处境尽自己最大的努力，乃至不论处于什么样的遭遇和境况之中，他们亦都能够始终保持一种旷达而乐观的平静心灵，诚如美国汉学家顾立雅所言：

---

① 钱穆先生释"用之则行，舍之则藏，唯我与尔有是夫"曰："有用我者，则行此道于世。不能有用我者，则藏此道在身。""身无道，则用之无可行，舍之无可藏。用舍在外，行藏在我。孔子之许颜渊，正许其有此可行可藏之道在身。有是夫是字，即指此道。有此道，始有所谓行藏。"（《论语新解》，生活·读书·新知三联书店 2002 年版，第 173—174 页。）
② 萧公权：《中国政治思想史》，新星出版社 2005 年版，第 48—49 页。

在孔子看来，人的追求应该是：修养道德和实践德行，以及热爱大道并倾其全力在现实世界中实现之。只有这样去做了，才可以说是完成了人的全部义务。……因此，孔子提供了最无价的财富：心灵的平静。……孔子把心灵的平静放在了每个人的力所能及的范围之内，使它与外部世界的变幻莫测毫不相干。①

如所周知，孔子一生只有短短数年的入仕为官的机会和经历，入仕为官的挫折并没有使孔子丧失信心，反而激发了他周游列国、以道救世的激情和热忱。尽管孔子有时也曾表露过归隐的念头并无奈地感叹说："道不行，乘桴浮于海。"（《论语·公冶长》）而且，他对那些天下有道则仕、无道则隐的士人表达过自己的嘉许赞赏看法，如谓："天下有道则见，无道则隐。"（《论语·泰伯》）"古之士者，国有道则尽忠以辅之，国无道则退身以避之。"（《孔子家语·正论解》）但身处无道之乱世的他事实上却从未放弃过以道救世的努力。当然，这一努力主要是通过讲学立教、游说谏议的方式来实施的，而且，孔颜师徒乐在其中。故孔子自述其为人曰：

学而时习之，不亦说乎？有朋自远方来，不亦乐乎？人不知，而不愠，不亦君子乎？（《论语·学而》）

饭疏食饮水，曲肱而枕之，乐亦在其中矣。不义而富且贵，于我如浮云。（《论语·述而》）

德之不修，学之不讲，闻义不能徙，不善不能改，是吾忧也。（《论语·述而》）

其为人也，发愤忘食，乐以忘忧，不知老之将至云尔。（《论语·述而》）

而在众弟子中，孔子亦最为嘉许和赞赏颜回之好学与仁贤，如子曰：

有颜回者好学，不迁怒，不贰过。不幸短命死矣，今也则亡，未闻好学者也。（《论语·雍也》）

---

① [美]顾立雅著，高专诚译：《孔子与中国之道》，大象出版社2000年版，第157页。

回也，其心三月不违仁，其余则日月至焉而已矣。(《论语·雍也》)

贤哉，回也！一箪食，一瓢饮，在陋巷，人不堪其忧，回也不改其乐。贤哉，回也！(《论语·雍也》)

回之为人也，择乎中庸，得一善，则拳拳服膺而弗失之矣。(《中庸》)

颜氏之子，其殆庶几乎。有不善未尝不知，知之未尝复行也。(《周易大传·系辞下》)

面对仕途的挫折和富贵利禄不可求的现实际遇或者箪食瓢饮的陋巷生活状况，孔颜师徒又何以为"乐"、何以能"乐"呢？世俗之人以富贵利达或仕途得意为乐，反之，富贵利禄之不可求或仕途失意乃是其最"不堪其忧"者，故在这一方面孔颜师徒无疑是相当失败的，然而，殊不知孔颜师徒却别有其忧与乐所在，他们对这方面的失败毫不在意，乃至即使身处最艰危的生存困境之中却仍然能够"弦歌不辍"或"不改其乐"，因为其忧在"德之不修，学之不讲"，而其乐却在其志道修德而好学不厌的人生价值追求与自我实现过程。换言之，孔颜师徒之"乐"，可以说是他们在通过好学修德、改过迁善的方式，在不断提升和完善自我德性人格、实现自我人生价值与意义的不懈努力中，所达致的一种心灵的平静与安宁、喜悦与快乐，体现了一种"素富贵，行乎富贵；素贫贱，行乎贫贱；素夷狄，行乎夷狄；素患难，行乎患难。君子无入而不自得焉"(《中庸》)的人生境界，或超然独立于穷与达、贫与富、贱与贵、仕与隐之间中道而行、圆融无碍的心灵境界。故"孔颜之乐"，亦即君子之乐，好学之乐，师友相得之乐，群居讲学、修道立德之乐，内省不疚、俯仰无愧之乐，藏道在身、无入而不自得之乐。

三、以孔颜师徒为典范的儒家"士人传统"

在中国历史上，士人乃是一个内部构成最为复杂的特殊群体，他们性情各异、志趣相左、品类不齐、或仕或隐、或穷或达，可谓千差万别，即使是孔门弟子亦是如此。而就其基本的政治立场和态度而言，如果我们可以把他们放到同一个光谱上来加以定位和分析的话，那么，躁进以干禄或唯权势之嗜而不顾道义的醉心功名利禄之徒便属于这一政治光谱的一极，蔑视权势而拒绝入仕的隐者则属于另一极，在这两极之间还有各种各样的政治立场和态度，其中，孔颜师徒所代表的应该是政治立场和态度最为特殊的一个士人类别。对此，我们唯有从其所秉持的道德理想信念及其政治哲学视域之理想含义的角度，才能获得一种更好的理解和体认。

如果说孔子儒家"以教为政"而"其目的在兼善天下，使人人皆有'成人'之机会"或"以个人道德之发展为政治之最高理想"①，又或者孔子儒家之言"政治"，"其唯一目的与唯一手段，不外将国民人格提高"，故"以目的言，则政治即道德，道德即政治"，"以手段言，则政治即教育，教育即政治"②，那么，孔子终身所从事的讲学立教或"以教导为人大道为职业"③的私学教育活动，在孔子儒家之"政治"的意义上，事实上也就是一项具有根本重要性的政治活动。易言之，孔子虽未入仕为官，却是在从事一项真正意义上的政治事业。因此，孔子虽然并不简单地蔑视权力势位而拒绝入仕为官，但亦决非屑屑于躁进干禄或单纯地热衷于入仕为官之徒，故子曰："富而可求也，虽执鞭之士，吾亦为之。如不可求，从吾所好。"（《论语·述而》）我们切不可误解了孔子此言的意思，富贵利禄不可求而"从吾所好"者，非今人所谓业余爱好也，乃是指孔子所意欲从事的讲学立教、"以教为政"的真正政治事业。据此而言，我们亦可以说，孔子在世俗的利禄仕途或纯粹的权力政治领域之外或之上，实则开辟出了一个士人君子从事真正的道义性政治事业的公共空间与理想世界，而且，用行舍藏而并"不拘执于必仕必隐"的孔颜师徒以其坚忍不拔的高尚品格和超然独立的大丈夫气概自觉担当起了这一道义性政治事业的卫道士和领路人角色。尽管他们仅凭自己一时的努力无法从根本上阻止乃至彻底扭转现实权力政治日趋于暴力化和功利化的发展趋势，但从长远来看，他们却奠立了这样一种极富深远意义的儒家"士人传统"，诚如韦政通先生所

---

① 萧公权：《中国政治思想史》，新星出版社 2005 年版，第 140 页。
② 梁启超：《先秦政治思想史》，东方出版社 2012 年版，第 112 页。
③ 钱穆：《孔子传》，生活·读书·新知三联书店 2002 年版，第 12 页。

言，"根据《论语》，我们知道孔子的确热衷于仕途，总希望有人用他，以实现他德治与文治的理想，而这方面却是最失败的"，这往往被认为是孔子"无成就可言"，然而，"事实上恰恰相反，孔子是因坚持以道自任和'士志于道'的理想，才使他无法被时君所用，才使他四处碰壁，甚至有时候连生活都过得很凄惨，但他并未因此而丧失热情与自信。正因为他对自己理想的坚持，才为中国文化建立起一个用世不用世并不能决定人格价值及其历史地位的新标准，因而开启了一个人可以不用世，仍然可以有人生奋斗的目标，仍然可以有伟大的理想，仍然可以赋予人生以丰富的意义，仍然可以享有历史崇高地位的士人传统"[1]。

在上述引文中，"热衷于仕途"的说法最易于让人产生误解，乃至世俗之人常常将仕途与政治混为一谈并据此认为孔子一生在政治上是最失败的，其实，与其说孔子热衷于仕途，不如说它热衷于关切和参与政治，而其目的在行道以救世，在乱世中难以"实现他德治与文治的理想"固然是一种"失败"，但这与仕途的挫折与失意却是两回事，前一种"失败"在一定意义上事实上更加突出和彰显了孔颜师徒在乱世中"笃信好学，守死善道"（《论语·泰伯》）和矢志不渝、努力为理想而奋斗的可贵精神和独立志节，这是一份最可宝贵的精神遗产。他们由此而树立了一种新标准，让人们明白这样一种人生的道理，即一个人的生命价值和人生意义并不在于其用世不用世即仕途遭遇的穷达顺逆，不取决于其生活条件和身份地位的贫富贵贱，亦与一个人的寿命长短无关，而在于其志向之远大抑或短浅、人格之高尚抑或卑下，亦即取决于一个人的德性修为如何；他们由此而开启了一种具有独特含义的政治哲学视域，在历史上一再启示和引导人们重新审视和评价人类生活目的以及世俗权力政治的善恶与是非、有道与无道，审查和评估现世的统治者为实现各种社会目标所提出的种种主张，采取和实施的种种方法、措施、手段与政策的合理性与正当性，乃至重新审视和思考人类如何才能更好地共同生活在一

第二部分　儒家政治哲学与政治智慧

---

① 韦政通：《如何研读〈论语〉》，见《中国思想传统的创造转化——韦政通自选集》，云南人民出版社 2002 年版，第 53 页。

起以及何为真正之"政治"的问题；他们由此而形塑了一种影响深远的"士人传统"，一种"一个人可以不用世，仍然可以有人生奋斗的目标，仍然可以有伟大的理想，仍然可以赋予人生以丰富的意义，仍然可以享有历史崇高地位的士人传统"。正唯如此，孔颜师徒生前的"失败"亦可以说恰恰成就了他们在后世的历史崇高地位，至于仕途的穷达顺逆却是无关宏旨的，亦不是孔颜师徒所根本在意的，孔颜之为孔颜就在其用行舍藏而"弦歌不辍""不改其乐"。当然，除了孔颜之外，孔门七十子及其后学之徒特别是曾子、子思和孟子等人亦对上述"新标准"、政治哲学视域和"士人传统"的奠立和形成做出了重要贡献。

由孔、颜、曾、思、孟等古典儒家所树立、开启和形塑的"新标准"与"士人传统"在后世究竟产生了什么样的影响呢？在此，我们不展开充分的讨论和详尽的论述，仅从"用行舍藏"和"孔颜之乐"两个方面略论一二。

就"用行舍藏"一方面讲，在经历了秦始皇的焚书坑儒和汉武帝的表章尊崇之后，儒生士人似乎在"用"的方面最终赢得了永久的胜利，通经入仕和科举取士制度的实行也为此提供了政治上的可靠保障，然而，问题却并不像表面看上去那样简单，事实上他们却不得不面对"儒之途通，而其道亡"[①]或者欲"得君行道"而不能的困境，而且，在现实而世俗的仕途势利场中，从来或唯一不缺少的就是那些曲学阿世、面谀以得亲幸与富贵的权力顺从者和功名利禄之徒[②]。比较而言，只有那些身处无道之乱世或身在仕途势利场中而仍然能够恪守和坚持"笃信好学，守死善道"之人生态度和立场的儒生士人，其身上才真正体现出了孔颜师徒"舍之则藏"的真精神、真血脉，也只有他们能够薪火相传而将此真精神、真血脉维系于不坠而赓续不绝。正如王夫之在评论"管宁习诗书俎豆以存道"时所说："天下不可一日废者，道也；天下废

---

① 方苞：《又书儒林传后》，见《方苞集》，上海古籍出版社1983年版，第54页。
② 如班固《汉书·儒林传》所言："自武帝立'五经'博士，开弟子员，设科射策，劝以官禄，讫于元始，百有余年，传业者浸盛，支叶蕃滋，一经说至百余万言，大师众至千余人，盖禄利之路然也。"

之，而存之者在我。故君子一日不可废者，学也；舜、禹不以三苗为忧，而急于传精一；周公不以商、奄为忧，而慎于践笾豆。见之功业者，虽广而短；存之人心风俗者，虽狭而长。一日行之习之，而天地之心，昭垂于一日；一人闻之信之，而人禽之辨，立达于一人。其用之也隐，而抟捝清刚粹美之气于两间，阴以为功于造化。君子自竭其才以尽人道之极致者，唯此为务焉。有明王起，而因之敷其大用。即其不然，而天下分崩、人心晦否之日，独握天枢以争剥复，功亦大矣。"[1] 所谓"独握天枢以争剥复"，事实上也就是一种振衰续绝而"以人存道"的努力，故船山又曰："儒者之统，与帝王之统并行于天下，而互为兴替。其合也，天下以道而治，道以天子而明；及其衰，而帝王之统绝，儒者犹保其道以孤行而无所待，以人存道，而道可不亡。"[2] 在此意义上，儒者之"藏"绝不同于纯消极意义上的避世以存身的"隐"，而是藏道在身且自觉地担负起"独握天枢以争剥复"或"保其道以孤行而无所待，以人存道，而道可不亡"的人生使命，其功之卓绝实属难能可贵。

而就"孔颜之乐"一方面讲，可以说至宋代理学思潮兴起而得到了真正的发扬光大。如果说"理学本质的核心是一种信仰——自觉地献身于某种信念，而不是哲学的陈述或不经明确表述的假设"[3] 的话，那么，理学思潮就是一种自觉地献身于"学为圣人"这一人生信念与使命的思想运动，因为理学家将儒学看作一种圣贤学问，而且，他们普遍相信士人君子可以通过"学"实现自我的转化以成圣成贤。正如程伊川在《颜子所好何学论》一文中所言，"圣人可学而至与？曰：然。"而"圣人之门，其徒三千，独称颜子为好学。夫《诗》《书》六艺，三千子非不习而通也。然则颜子所独好者，何学也？学以至圣人之道也"[4]。尽管程朱和陆王的理学思想存在诸多歧义，比如他们对

第二部分 儒家政治哲学与政治智慧

① 王夫之：《读通鉴论》，见《船山全书》（第十册），岳麓书社 1996 年版，第 345—346 页。

② 王夫之：《读通鉴论》，见《船山全书》（第十册），岳麓书社 1996 年版，第 568 页。

③［美］包弼德著，［新加坡］王昌伟译：《历史上的理学》，浙江大学出版社 2010 年版，第 171 页。

④ 程颢、程颐著，王孝鱼点校：《二程集》，中华书局 1981 版，第 577 页。

心与理是一是二、《大学》所谓"格物致知"的含义乃至圣人之所以为圣者，皆有不同的理解和诠释，特别是朱子以圣人为无所不知、无所不能的德才全备之人，或"以德行、聪明、才能、事业四者并重而称之为圣人"①，而阳明则强调其心纯乎天理者即是圣人而无关乎知识才能，故曰"圣人之所以为圣，只是其心纯乎天理，而无人欲之杂。……所以为圣者，在纯乎天理而不在才力也"②。但不管怎样，"学为圣人"或"圣人可学而至"作为一种人生信仰，却构成了他们学术思想共同的核心议题或中心主题。那么，究竟应如何才能具体而切实地学以至圣人呢？他们的共同看法即是以颜子为榜样或准的。如"二程"曰：

> 孟子才高，学之无可依据。学者当学颜子入圣人为近，有用力处。
>
> 只学颜子不贰过。
>
> 人须学颜子。有颜子之德，则孟子之事功自有。孟子者，禹、稷之事功也。
>
> 人当学颜子之学。
>
> 学者欲得正，必以颜子为准的。③

阳明亦如是说：

> 见圣道之全者惟颜子。……颜子没，而圣学之正派遂不尽传矣。
>
> 孔子无不知而作；颜子有不善，未尝不知：此是圣学真血脉路。④

显然，宋明理学家以颜子为榜样或准的主要是学习颜子的"不贰过"，目的是以颜子式改过迁善的笃实工夫作为最切近有用的入圣门径，并将此视为"圣学之正派"或"圣学真血脉路"。

① 钱穆：《钱宾四先生全集》第 11 册《朱子学提纲》，联经出版事业公司 1998 年版，第 80 页。

② 王守仁撰，吴光、钱明等编校：《王阳明全集》，上海古籍出版社 1992 年版，第 27—28 页。

③ 上引诸条分别见程颢、程颐著，王孝鱼点校：《二程集》，中华书局 1981 版，第 19、97、130、136、1184 页。

④ 上引两条分别见王守仁撰，吴光、钱明等编校：《王阳明全集》，上海古籍出版社 1992 年版，第 24、104 页。

而如所周知，更加饶富意味的是，宋明理学家还特别提出了一个具有深刻而神秘之人生体验意味的"孔颜之乐"命题，最初提出这一命题的是理学开山祖师周敦颐。相传，"二程"兄弟曾受学于周敦颐，而周氏"每令寻颜子、仲尼乐处，所乐何事"，程子亦曾以此教门弟子曰："昔吾受《易》于周子，使吾求仲尼、颜子之所乐。要哉此言！二三子志之！"① 因为周子未曾说破个中的用意和道理，遂致后来出现了各种各样的说法。程子以为："仁者在己，何忧之有？凡不在己，逐物在外，皆忧也。'乐天知命故不忧'，此之谓也。若颜子箪瓢，在他人则忧，而颜子独乐者，仁而已。"② 此以仁者之忧乐说之，谓颜子不以箪瓢陋居为忧而所乐在仁，后来理学家论"孔颜之乐"既有认为"孔、颜之乐仁也，孔子安仁而乐在其中，颜渊不违仁而不改其乐"③ 者，亦有认为孔颜师徒"所乐在道，以道为乐"④ 者，更有秘其事而谓不可言传说破者，故宋儒陈植评之曰：

> 孔、颜之心，如光风霁月，渣滓浑化，从生至死，都是道理，顺理而行，触处是乐。行乎富贵，则乐在富贵，行乎贫贱，则乐在贫贱，夷狄患难，触处而然。盖行处即是道，道处即是乐，初非以道为可乐而乐之也。故濂溪必欲学者寻孔、颜所乐何事，岂以其乐不可名，使学者耽空嗜寂，而后为乐邪？濂溪以此点化二程，二程因此省悟，后却一向不肯说破与学者。至今晦翁亦不敢说破，岂秘其事谓不可言传邪？盖学者才说此事，动口便要说道，谓道不是，固不可，但才说所乐在道，以道为乐，则又非孔、颜气象。惟知孔、颜乐处便是道，则德盛仁熟之事也。要知颜子之与诸子，但有生熟之分耳。工夫生则乐与道为二，不妨以此而乐彼，及工夫纯熟之后，则乐与道为一，自不可分彼此矣。前贤不肯说破此事，

---

① 程颢、程颐著，王孝鱼点校：《二程集》，中华书局1981版，第16、1203页。
② 程颢、程颐著，王孝鱼点校：《二程集》，中华书局1981版，第352页。
③ 张廷玉等撰：《明史》，中华书局1974年版，第7239页。
④ 黄宗羲：《黄宗羲全集》（第五册），浙江古籍出版社1986年版，第515页。

正要看人语下气味生熟耳。①

周子不曾说破乃至后人秘其事而谓不可言传，无疑使"孔颜之乐"蒙上了一层神秘体验的意味，至于孔颜所乐者究竟在仁在道，在我们看来并无实质性的差别，因为对孔颜师徒而言，仁即是道，道即是仁，仁与道是一非二。然而，如陈植所言，就孔颜师徒由"乐"而体现出的圣贤气象而言，所谓的"孔颜之乐"，与其说其所乐在仁或在道，即以仁或道为乐的具体对象，毋宁说体现了其为学成圣过程中的一种精神上的所得，即在立志于求仁行道或在追寻和践行仁道的人生追求与生命历程中彰显出的一种圣贤人格的精神气象。换言之，如果理解不错的话，我们大可不必将此圣贤人格的精神气象"秘其事"而视作一种神秘的人生体验，事实上它体现的是一种以志于仁或志于道为精神动力，以"学以至圣人"为人生使命与目标，发自内心、真实而深刻的安宁、平和、喜悦的生命体验与心灵状态。阳明师徒亦曾讨论"孔颜之乐"的问题，阳明将"乐"视为"虽不同于七情之乐，而亦不外于七情之乐"的"心之本体"，乃至认为是"虽则圣贤别有真乐，而亦常人之所同有"②者，无疑将孔颜之"乐"本体化了，这固然是一种别具意味的创见新解，但不管阳明这一见解的用意为何以及其良知学究竟具有什么样的思想意义，在我们看来，这其实亦将作为一种圣贤之"真乐"的"孔颜之乐"常人化了，即从本体论的意义上将圣贤与常人之间在人格品行与精神境界上的分际与差别轻易地拉平或消解掉了。事实上，我们仍然无法回避的一个问题就是，究竟何为圣贤别有之"真乐"？我们还能否对此有一种真实而深切的理解与体认，乃至在圣贤之"乐天知命"或"安贫乐道"与常人之消极地顺从命运安排、无奈地过一种贫苦生活的际遇之间做出一种有意义的明辨区分？③我们的回答当然是肯定

---

① 黄宗羲：《黄宗羲全集》（第五册），浙江古籍出版社1986年版，第515—516页。

② 王守仁撰，吴光、钱明等编校：《王阳明全集》，上海古籍出版社1992年版，第70页。

③ 如张载曰："人多言安于贫贱，其实只是计穷力屈，才短不能营画耳，若稍动得，恐未肯安之。须是诚知义理之乐于利欲也乃能。"（章锡琛点校：《张载集》，中华书局1978年版，第271页。）

的，而且认为二者的本质区别就在于圣贤有着不同于常人的远大志向、高尚品格、德性修养与人生目标追求。正是基于这样的区别，我们认为韦政通先生对"孔颜之乐"的下述解说可以说深刻揭示了"孔颜之乐"作为圣贤之"真乐"的真实含义，即：

> 宋代理学家有教人寻求孔颜乐处的，照"喜悦是美德"的话来了解，孔颜之乐，不必如程伊川所说是在所乐的对象上，而是因为对生命的热爱所产生的喜悦，喜悦本身就代表一种道德的光辉。这种喜悦，不假借于名位，不托附于财富，它来自于健康的心灵，所以孔子可以"饭疏食、饮水、曲肱而枕之，乐亦在其中"，颜子虽居陋巷，过着极端贫困的生活，依然能不失其内心的悦乐。[①]

依韦政通先生之见，只有从"因为对生命的热爱所产生的喜悦"或"不假借于名位，不托附于财富"而纯粹"来自于健康的心灵"的"内心的悦乐"的意义上，我们才能真正理解和领会"孔颜之乐"的真实含义。而在我们看来，我们只有对此有了真实而深切的理解和体会，才能更好地来认识和看待孔颜师徒用行舍藏的人生信念对于宋明理学家究竟产生了什么样的广泛而深刻的影响，因为他们生活在一个专制君权日益加强和科举取士制度全面实行的时代，同样面临着道与势、义与利、用与藏、学与仕、做官与从政的紧张与抉择。为了化解由此而带来的精神压力，使自己能够像孔颜师徒那样笃定地恪守和坚持用行舍藏的立场，用则"致君尧舜""得君行道"，舍则讲学立教、"立言明道"，"不假借于名位，不托附于财富"，而且尤其能够不畏不惧于至尊君权的威势而坚信道义的力量和天理的信仰终将战胜一切、永恒不灭，并始终怀着一颗真挚乐观的心孜孜追寻"孔颜之乐"，这是宋明理学家最值得我们同情和赞许的地方。没有对"孔颜之乐"真实而深切的精神修为与人生体验，他们不可能像孔颜师徒那样笃定地持守用行舍藏的立场，反之，没有对用行舍藏立场的笃定持守，他们也不可能乐于追寻和体验"孔颜之乐"的真

---

① 韦政通：《人文主义的力量》，中华书局 2011 年版，第 179 页。

义。正是他们通过"笃志圣学"的思想努力和"学为圣人"的人生实践，使孔颜师徒成为士人学者普遍学习和效法的人生楷模，乃至使以孔颜师徒为人格典范、精神标杆和入圣准的的"士人传统"在宋明时代得以真正的发扬，对士人学者产生了最广泛、深刻而持久的影响。

四、余论：反思与展望

今日，我们再来重新审视和反思孔颜师徒用行舍藏的人生信念、内在心灵之"乐"的圣贤气象以及由其精神人格所范型和塑造的"士人传统"，究竟还能带给我们一种什么样的启示和教益？

钱穆先生曾格外阐扬中国社会文化特有之士与士统的价值与意义，以为"自战国以来，中国社会特有士，乃中国传统文化一大特征"；政治虽为"人类社会重要不可缺之一大业务"，但孔子谓"用之则行，舍之则藏"，"重道而轻仕"，在政治人物之上树立了一种更高的人生标准而"务使为人更上于为政"，"此诚中国传统文化一大特征"，"此中国社会之有士，所以为中国文化所特具之一最有意义与价值之所在"；"理学家乃中国文化传统中之新士，大体退在野，不竞在朝。尊道统，以做政统之领导。政事败于上，而士风则正于下"；中国之"士统即道统"，修身、齐家、治国、平天下一以贯之而"无有为一士而不志于人群之治平大道者"；"辛亥革命，民国创建，政统变于上，而道统亦变于下"，而"中国此后是否仍须有士之存在，又如何使士统之复兴，此则我国家民族大生命之特有精神之所在，所尤当深切考虑讨论者"[1]。

梁漱溟先生亦曾论及在中国历史上士人所承担的教化之职在维持中国旧日社会秩序方面的重要功用，即"启发理性，培植礼俗"，"不假强制而宁依自力"，而且，"在传统思想中，是要以统治者所握有之权力依从于士人所代

---

① 钱穆：《宋代理学三书随劄》，生活·读书·新知三联书店2002年版，序第1页，正文第186、188、191、190、192页。

表之理性的"①。不过，梁先生对于中国文化传统中劳心劳力的职业划分所造成的经济上的弊端亦有深刻反省，譬如中国"数千年知识学问之累积，皆在人事一方面，而缺乏自然之研究"，乃至"殖产营利，尤为读书人所不道"；"劳心者务明人事，劳力者责在生产，安与养乃通功易事，各有其所专"，在历史上本属合理之分工，但两千多年来亦因此而"就在这一直不变的划分之下，把生产之事（养的问题）划出劳心者注意圈外"，"把生产之事划出他们的注意圈外，就等于划出这伟大优秀民族的意识圈外"，"当其把劳心劳力作为职业划分之时，亦即是学术思想与社会经济彼此隔绝之时，心思聪明乃只用于修己安人，而不用于物质生产"，这是造成中国"二千年经济上停滞不进"②的最直接原因。

贺麟先生亦曾指出，随着时代的变革，现时代的学问、"士"或"学者"以及教育的观念均已发生根本的改变，这些改变势必引起一系列的变化，比如，"从前以为劳力的人大都很愚昧下贱，现在才知道更有高贵且需学识技艺的劳力"；从前的教育，专门教读书人做官，做官不成就做隐君子，今后的教育应"趋向于专业教育，要造就专业人才或各种专家"（包括农工商和从政等的各种专家），而"不再专门教育一班这种似乎无所不通而其实空洞的特殊的'士'"；"从前因为凡读书的就想做官，这样不仅书读不好，甚至连政治亦办不好。使得各方面亦都缺乏真正的人才。以后受教育的人不必都向政治一条路上钻，而向各方面去发展，把政治让给对政治有特殊的能力和兴趣的人去办。这样政治可望上轨道，各方面都有专门人才去努力，而教育的出路亦就大大地开展。……这种新的看法，或许可以多少将麇集在仕途或官场的人才尽量向各项学术和专业方面疏散，免得奔竞钻营，使得政治不清明"③。另

① 梁漱溟：《中国文化要义》，见《梁漱溟全集》（第三卷），山东人民出版社1990年版，第206—207页。

② 梁漱溟：《中国文化要义》，见《梁漱溟全集》（第三卷），山东人民出版社1990年版，第228、237、284、292页。

③ 贺麟：《树木与树人》，见《文化与人生》，商务印书馆2015年版，第258—259页。

外，贺麟先生还格外强调现在中国最需要的就是要将一切新思想新学术宣传普及于群众，"一切新事业也需要社会化、大规模化"，因此，必须彻底改变过去士大夫阶级之旧习气，提倡和鼓励"在学府里受过高深教育的人，回到民间去工作与服务"，而决不能再像"一般旧时士大夫"那样，"只知由学而仕，由学府进朝廷去做官，脑子里只有在上的皇帝与上司，而忘记了在下的大众。只知到朝廷去做官，而不知到民间去宣传，只知做游说国君与诸侯的策士，而不知做教导民众、感化民众的宣传家"，正唯如此，所以，"旧式士大夫既没有到民间去的理想与怀抱，当然不会有向民众宣传服务的热忱与伟绩"①。

以上三位先生应该说将历史上中国社会文化所特有之士与士统的优长与特殊贡献、缺点与特有弊端做了具体而精到的阐述和分析。而综合上述三位先生的观点和看法，如果说在今天"士统之复兴"实关乎着"我国家民族大生命之特有精神"之复兴问题的话，那么，我们仍然需要在时代变革的大背景下来审慎地思考这一问题，毕竟时代的变革已不容许我们再以简单恢复的方式来固守、延续和复兴任何一种传统，儒家"士人传统"亦不例外。对于儒家传统士人之优良传统和旧时代士大夫习气之劣根性，我们必须加以明辨区分并在此清醒认识的基础上进行创造性的转化和创新性的重建。以历史的眼光来看，儒家士大夫致力于"得君行道"的自觉努力无疑是值得我们肯定和赞许的，然而，经过近百年的时代变革和政体改造，对于已生活在人民民主时代的中国现代知识分子来讲，他们当然不必再怀抱着这样一种过时的理想去从事职业化和专业化的政治事业，而且，现代知识分子越来越多样化的职业选择与人生道路，使他们也不必再像传统士人那样必须也只能在仕与隐的两条人生道路之间做无奈的选择。尽管如此，如果说在现实的社会政治环境中依然还存在着难以消解的德与位、道与势、义与利、学与仕、穷与达之间的张力性生存困境并需要人们做出正确抉择的话，那么，在我们看来，孔颜师徒

---

① 贺麟：《宣传与教育》，见《文化与人生》，商务印书馆2015年版，第232、234页。

用行舍藏、身处困境而"弦歌不辍""不改其乐"的人生态度和由此而彰显出的那种崇高的人文精神与道德政治理想，以及由他们所形塑、以他们为典范的儒家"士人传统"，在今天就仍然是富有教益的。

人生"第一等事"，究竟是"读书登第"入仕做官，还是"读书学圣贤"或立志"做圣贤"①，这是古代读书人当扪心自问的一个人生大问题，亦同样是现代读书人当扪心自问的一个人生大问题。颜子曰："舜，何人也？予，何人也？有为者亦若是。"（《孟子·滕文公上》）做人就要做舜那样的圣人，这不仅对古代读书人有激励作用，对现代读书人亦同样有激励作用。

面对贫富贵贱的人生际遇，究竟是如小人之无所忌惮而恣意妄逞势利之情态，正所谓"一贫一富，乃知交态。一贵一贱，交情乃见"（《史记·汲郑列传》），还是如君子之无愧无畏而挺立自我仁义之德性以与世俗之权势富贵相抗争衡，如曾子曰："晋楚之富，不可及也；彼以其富，我以吾仁；彼以其爵，我以吾义，吾何慊乎哉？"（《孟子·公孙丑下》）人情世态古今不异，故古之人有君子小人之辨分，今之人亦有君子小人之分野。

在学与仕的人生选择中，究竟是学而优则仕，仕而优则学，还是学而劣则仕，仕而劣则奔竞钻营；在仕途之沉浮、官场之势利的现实遭遇中，究竟是用则以身行道，舍则藏道在身，还是用则嗜权贪利，舍则怨天尤人。宋儒程颢有诗曰："富贵不淫贫贱乐，男儿到此是豪雄。"②古代士人在学与仕、穷与达、用与藏之间能做出正确选择，难道现代知识分子在学与仕、穷与达、用与藏之间做选择时反倒不如古代士人吗？依我们之见，唯有对此做深切反思而能度越前人，彻底摈弃旧时一般士大夫阶级之劣根性与旧习气，充分发扬以孔颜师徒为典范之优良"士人传统"，协力同心而致力于政治清明与民生安乐，吾人斯乃可充满信心地展望现代知识分子未来之光明前景。

---

① 王守仁撰，吴光、钱明等编校：《王阳明全集》，上海古籍出版社1992年版，第1221页。
② 程颢、程颐著，王孝鱼点校：《二程集》，中华书局1981版，第482页。

古典儒家政治哲学与治国理政的中国智慧

古今中外的政治哲人始终困惑并致力于思考和探索国家生活的性质或政治事务的本性，并由此而发展和形成了政治哲学的各不相同的思维理路，其不同，既有古今时代的分别，亦有中西文化的差异。但总的来讲，对政治哲学的探索意在引领人们特别是政治家去热爱政治智慧、追求公平和正义、实现社会的良序或善治。那么，儒家的政治哲学又究竟能够给我们带来一种什么样的思考和启示呢？换言之，它为我们留下了一种什么样的治国理政的中国式政治智慧呢？兹就笔者研读孔子、孟子和荀子等古典儒家的经典著作而对其政治哲学的理解和体会略做阐述，以资引发读者的进一步思考和讨论。

一、作为一种智慧传统的儒学

如所周知，孔子所创立的儒家学派及其思想学说，不仅在诸子百家的时代就饱受攻击和争议，而且自晚清以来，面对西方强势文明和各种外来文化思潮的冲击和挑战，作为汉代以后一直占据着统治思想或主流意识形态地位的传统儒学及其伦理政治观念，更是受到日趋激烈的学术和思想的批判与蔑弃。然而，面对各种各样的批评、质疑和非难，现代的一些学者也一直试图重新发现并激活这一思想传统及其所蕴涵的合理的文化价值与意义，以使其重新受到人们的重视，并期望它能够对现实生活带来良性的影响。

不过，笔者认为，我们今天依然面临着这样一个主要问题，即在厘清各种误解或曲说的前提下，如何来更好地理解和阐释儒学，如何理解和认识儒家思想学说的合理价值与意义。关于这个问题，笔者在此不想展开论说，但有必要首先明确一下笔者所持的看待儒家和儒学的基本立场与态度。依笔者之见，美国学者孟德卫的下述说法对我们是富有启示意义的，可作为我们理解儒学并进一步思考和论述的恰切认识基点。孟德卫说，作为一种哲学思想的儒学，"最初是作为一门尊崇远古传统和圣贤教诲的学问"，事实上"代表了从古代传承下来的一种智慧传统"，如"孔子就自称只是在传递前人的智慧，并非创造智慧"，因此，"将那些与儒家传统有关的真理视为孔子的个人创造，会将这些真理沦为个人识见"①。信如斯言，则我们可以将儒学看作圣贤相传的一种智慧传统，而不仅仅是体现或表达了个别思想家思想的一种个人识见。

因此，就作为一种智慧传统的儒学而言，我们要想对它做一种更好的理解和阐释，就必须深入其中，透彻地领悟它所深深地植根于其中的文化传统和圣贤教诲的整体脉络和意义语境，而不是仅仅主观随意地表达自己的一种个人识见或看法。当然，包括孔子本人以至于今天的我们在内，每一代的学者在阐述这一智慧传统的时候，也都会不可避免地赋予其各种不同的时代内涵和意义，乃至为丰富和发展这一智慧传统做出各自不同的贡献，其中也导致了这一智慧传统的各种各样的变迁乃至腐化败坏，这也是毋庸讳言的。另外，需要说明的是，我们并不认为儒家是唯一能够代表中国智慧传统的一个学派，无论是在诸子百家的时代作为其中一家的儒家，还是后来占据了统治思想地位的儒家，都是如此，而在今天，生活在一个思想和文化日趋多元化

①［美］孟德卫著，江文君、姚霏等译：《1500—1800：中西方的伟大相遇》，新星出版社2007年版，第137、68、69页。

·129·

第二部分 儒家政治哲学与政治智慧

的时代，我们必须在多元文化的生存环境下为儒家思想以及儒学这一智慧传统的合理价值与意义做辩护，而不能自欺欺人或一厢情愿地认为它理所当然就是一种唯一合理的完备的"全能教义"，复兴它就可以应对和化解我们今天所面临的各种各样的生存难题。

在上述限定的意义上阐明了我们的基本立场和态度之后，再来讨论儒学的智慧传统，也许可以避免许多的误解。那么，作为一种智慧传统，儒学之为儒学，究竟是一种什么性质的思想学问呢？扼要而言，儒学可以说是一种既关注个人修身而又强调善待他人的群己人我一体相关的人生学问或生活伦理，也是一种既强调血缘亲情和家庭伦理又主张治国安邦和修己安人的家国内外一脉相通的社会政治学说。

二、儒家政治哲学的核心理念与治国理政的中国智慧

一般认为，国家是掌握在统治阶级手中的压迫工具和暴力机关，是在一定疆域内合法地垄断了正当使用暴力手段的一种人类团体，这一主要从对外防御外敌入侵和对内维持人与人之间支配和统治关系的角度来理解国家制度和政权组织问题的说法，无疑是迄今为止我们理解和解释以往阶级社会的历史所依据的一个主导性的理论视角。不过，这一理论视角并未涵盖人与人之间的关系以及国家制度与政治生活的全部性质或所有内容，与之不同，历史上的许多政治哲学家也常常从另外一种视角来观察和思考问题，那就是从调节和化解社会矛盾与人际冲突，亦即维系人与人之间和谐与团结的角度，来看待和理解国家政权或政治共同体的性质与作用问题，来理解和看待政治领导与治国理政的问题。综合上述两种视角，我们能够更加全面地理解和把握问题的实质，当然，上述两种理论视角也各有其价值和意义，各有各的问题适用范围，并能给我们带来意义不同的启示。在我们看来，儒家政治哲学的核心和实质便属于后一种理论视角，不可否认，它在历史上的具体运用和影响常常带有掩盖和虚饰阶级压迫和政治支配的性质，但就其本义来讲，不是不顾他人的反抗而通过强制施行惩罚制裁或剥夺威胁的方式来实现自己意志

或实行强权统治，而是从维系人类团结和实现社会和谐目标的角度来理解和看待政治领导与治国理政的问题，这不仅体现了儒家自身的政治核心理念，同时亦向我们展现了一种具有跨时代意义的"共同体智慧"，颇值得我们认真汲取和借鉴，对这一治国理政的"共同体智慧"善加运用，实不无裨益。在此，我将儒家的政治核心理念和治国理政的"共同体智慧"初步归纳为以下几个方面：

1. 天地为大

中国人的哲学思维或政治思考具有一种至关重要的宇宙论背景，这是一种强调天人相关与一致的有机整体论的关联宇宙论。不过，这一关联宇宙论主要凸显的是天地为大和人类应遵循、效法天地之道而行的意识。德国大哲学家康德讲过一句名言，大意是说：有两样东西，人们越是经常反复地对之凝神思索，就越是会引起人们内心的惊奇和敬畏，它们是我们头上的星空和内心的道德法则。而对于我们的先哲来讲，人们越是经常反复地仰望上天、思索内心的道德法则，就越是会发现和坚信二者之间一致与协调的关系，正如《管子·五行》篇所言："人与天调，然后天地之美生。"对于儒家来讲，我们人类正是天地化生和自然演化过程中最为卓异灵秀的生物，足可被称为"天地之心""万物之灵"，尽管如此，我们亦不过是万物当中的一物而已，人类只有以其卓越的灵秀意识或心智能力领悟和体认天地之道，才能洞悉和探求到适于人类自身及其社会生活的合理的价值原则与正确的行为之道。古代的圣人正是通过仰观天文、俯察地理并积极地取象效法天地之道的方式，创造性地制作了各种器具以备人类生活之用，同时更进一步制定和确立了各种礼义法度、典章制度、道德准则和行为规范以维系人类和谐有序的社会关系秩序与伦理生活。这也就是所谓的参赞天地之化育，将天地之道创造性地运用于人类自身的文明化的生活规划。正是基于这样一种对天、地、人之间关系的理解和认识，我们才能更好地来理解和认识人与人之间的关系，天地与包括人类在内的万物之间的关系是生成与化育的关系，而不是一种外在强加的支配与主宰的关系，因此，作为人类关系中的一种特殊的政治形式，统治者与被统治者之间也不应是那种强制性的命令与服从、支配与被支配的关系，重要的是统治者要通过道德感化和礼义引导的方式引领人们过一种富有道德意义和伦理价值的社会生活。正因为人类生活的优良秩序及其价值准则和道德规范来自上天，因此，统治者的根本职责便是"则天"而治，故孔子说："唯天为大，唯尧则之。"（《论语·泰伯》）可见，孔子和儒家最推崇的便是尧、舜、禹那样的真正懂得天地生成万物之大德及其生生不息之道的圣君。具体言之，孔子和儒家之所以推崇历史上三代圣王之治，正因为他们能够遵循天地博大、包容、公正、无私的精神品格来治理天下、国家和人民，能够德参天地、遵奉"天无私覆，地无私载，日月无私照"（《礼记·孔子闲居》）的精神原则以服劳天下、造福群生。他们的伟大就在于他们能够以德"参于天地"，他们赞天地化育之功，而不自以为功；以天地为大，而不自以为大；位天地，育万物，而不是宰制天下万物。他们心系天下苍生，尽心竭力以平治天下，犹如天地之道的博厚、高明和悠久，既刚健有为，而又能厚德载物，既博大仁爱，而又能公正无私。他们与天下人民的关系，与其说是一种权力支配性的统治—服从的关系，毋宁说是一种责任道义性的保障民生—协作依存的关系。反之，人类的自大只会败坏天地生生之大德而造成一种"致命的自负"，而统治者的自大也只会腐化自身而导致那种自认为对人民"恩同天地，威侔鬼神"（《后汉书·仲长统传》）式的虚骄与僭妄，乃至激起人民对于独夫民贼的仇视与反抗。

2. 仁义为本

通常认为，儒家的学问讲的是一种做人的道理，不过，孔子和儒家所讲的做人道理自有其特定的含义。在他们看来，人生的价值和意义绝不在于人只是一种私利与欲望的自然载体，人之所以为人的本质属性在于人的伦理道德性，人必须在社会伦理的关系网络中以其得体合礼的行为成就自己的道德品格、实现自己的人生价值，这些道德品格包括孝、悌、忠、恕、仁、爱、礼、义、诚、信、智、勇等等，其中最为重要的便是仁、义二德，尤其仁德，是最能体现人之所以为人的本质特性的，故孔子说："仁者，人也。"（《中庸》）

孟子则说："仁，人心也。"（《孟子·告子上》）正因为如此，所以孔孟儒家讲学论政，皆以仁义为根本。论学以仁义为本，旨在使人的道德主体挺立，故孔子希望士人君子应"志于仁"（《论语·里仁》），应见义勇为，乃至于"无终食之间违仁，造次必于是，颠沛必于是"（《论语·里仁》），孟子也主张士人君子应志尚仁义（参考自《孟子·尽心上》），而且更将仁和义视作"人之安宅""人之正路"（《孟子·离娄上》），认为大人之为大人就在于他能够"居仁由义"（《孟子·尽心上》），反之，"言非礼义"并认为"吾身不能居仁由义"（《孟子·离娄上》）者不过是自暴自弃的小人而已。故当个体生命与仁义的价值原则发生矛盾和冲突时，孔子主张杀身成仁，孟子主张舍生取义。论政以仁义为本，旨在彰显和突出政治的功能和作用，统治者的职责，在于保障人民的利益需求，致力于使人民过上富足的生活，然后再以孝悌之德、忠恕之道教育、化导人民过一种伦理文明的社群生活。其中，最值得我们注意的就是孟子的王道仁政之说，基于人性本善的观点，将政治的保障功能和统治者的道德责任做了最淋漓尽致的阐发和论述。孟子认为，行"王道之始"即须保障人民的生活，使之"养生丧死无憾"，而发政施仁尤须首先照顾和保证鳏、寡、孤、独者的基本生活需要，这不仅仅是发发善心而已，而是必须落实在"省刑罚，薄税敛"等具体的政策措施上，或者是通过分配制度来确保人民拥有一定的赖以生活生存的恒久产业，即要"制民之产，必使仰足以事父母，俯足以畜妻子，乐岁终身饱，凶年免于死亡"，然后才能"驱而之善"（《孟子·梁惠王上》），以德化民。不仅如此，孟子还极力尊尚和推崇"以德行仁"或"以德服人"的王道，反对和斥责"以力假仁"或"以力服人"的霸道，并认为真正的王者既不在权大，亦不在国大，而在于能够奉行王道仁政而使天下人"中心悦而诚服"，反之，单纯地依靠国家实力的强大而追求"以力服人"的霸权，只会使"民之憔悴于虐政"（《孟子·公孙丑上》）而已。继孔孟之后，荀子议兵，亦"常以仁义为本"，认为用兵之道在于"禁暴除害"，而绝不是务求"争夺"（《荀子·议兵》），正所谓"止戈"为"武"。

3. 正己为政

孔子尝论为政之道说："政者，正也。子帅以正，孰敢不正？"(《论语·颜渊》)又说，"其身正，不令而行；其身不正，虽令不从。""苟正其身矣，于从政乎何有？不能正其身，如正人何？"(《论语·子路》)这都是在强调，为政者首先必须要端正自身，只有首先端正了自己的言行，然后才能去正人，去端正和引导他人。因此，在孔子和儒家看来，修己的问题应优先于治人的考虑，修身的问题应优先于治国的考虑，唯有首先修养好自己的品德，才能去安人和安百姓，唯有首先修饰好自身的言行，才能正本清源而去治国平天下。为此，一个人必须要好学而知礼、隆师而亲友，并不断地内省自讼，勇于改过迁善。那么，孔子和儒家何以如此重视和强调修身正己的问题呢？这与他们对政治事务之性质的理解密不可分，如果说儒家的根本目标就是以天下有道易天下无道，而政之为政亦在于执政当权者应通过自己的道德人格或行为示范来感召和引领人们走上正确的行为道路或生活轨道的话，那么，首先提出修身正己的问题，而不是强调以行政命令和刑罚惩治的方式实现自己的权力意志，无疑是儒家政治哲学再顺理成章不过的题中应有之义。毋庸讳言，对修身正己的优先考虑和过分强调，使儒家留给后人一种轻忽对权力采取客观性的制度制约的强烈印象，但这并不意味着儒家天然地就排斥、拒绝甚或完全放弃了对权力的制度制约，只不过由于时代性的局限，他们更强调对君主权力的谏议或道义制约而已，如孟子讲"格君心之非"(《孟子·离娄上》)，并说："君子之事君也，务引其君以当道，志于仁而已。"(《孟子·告子下》)不仅如此，由于孔子和儒家主要是从人与人之间道义性的互动关系来看待君臣之间、君民之间的政治关系的，因此，他们认为这种关系就像其他的伦理关系一样，理应受到严格的道德礼义规范的制约，正如荀子所说："为人上者，必将慎礼义，务忠信，然后可。此君人者之大本也。"(《荀子·强国》)孟子更强调君主怎样对待臣民，臣民也就可以怎样对待君主的制约原则，正所谓："君之视臣如手足，则臣视君如腹心；君之视臣如犬马，则臣视君如国人；君之视臣如土芥，则臣视君如寇仇。"(《孟子·离娄下》）并说："暴其民甚，则身弒国亡；不甚，则身危国削。"（《孟子·离娄上》）在他们看来，人民对于暴君污吏或独夫民贼的暴力反抗无疑是对统治者权力最有效的制约。总之，所谓的修身正己，意味着一个人的首要目标并不是致力于与他人或世界建立某种统治的关系，而是应首先反省自己的过失，克制和端正自己的言行，修养自己的品格，即与自己建立一种自我反思、自我克制并追求自我生命和谐的关系，唯有如此，一个人才具备从政的正当资格，才能去端正、化导和引领他人，否则，一个连自己都端正不了，或克制不住的人，一旦手握大权、占据高位，怎么可能期望他能好好正人和治国呢？孟子说："惟仁者宜在高位。不仁而在高位，是播其恶于众也。"（《孟子·离娄上》）信哉斯言！

4. 亲贤为急

孔子倡导仁爱的原则，将这一原则落实到治国理政上，便是希望由贤德之人来居位、理政和施教，只有这样才能确保民生利益、社群福祉的真正获得。故孔子汲汲于兴办教育，培养治国理政的人才，希望受过教育的士人君子能够"以德致位"，更希望为政者能够"举贤才"（《论语·子路》），以便通过美政善治而使人民过上物质富足且有道德教养的伦理文明生活。正所谓"为政在人""义者，宜也，尊贤为大"（《中庸》）。继孔子之后，孟子和荀子更进一步倡导应以尊贤亲贤或任贤使能为急务的治国理政理念，认为"贵德而尊士"，使"贤者在位，能者在职"（《孟子·公孙丑上》），或者"论德而定次，量能而授官，皆使其人载其事而各得其所宜"（《荀子·君道》），乃是统治者的主要职责所在。故孟子说："知者无不知也，当务之为急；仁者无不爱也，急亲贤之为务。尧舜之知而不遍物，急先务也；尧舜之仁不遍爱人，急亲贤也。"（《孟子·尽心上》）主张国家政权应向士人精英或贤人君子充分开放，或者应广泛吸收和任用士人、君子和贤人参与国家的治理，正所谓"天下为公，选贤与能"（《礼记·礼运》），这可以说是孔子和儒家一贯坚持的政治理念。而他们之所以一贯坚持这一理念和主张，是因为在他们看来，士人君子或贤能之士有志于维护道义、弘扬仁道和传播礼义文明，他们"受天职召唤", 可以担当"社会的良心", 能够代生民立言请命而造福人群, 反之, 他们对于为追逐个人的利益、满足个人的私欲而入仕为官甚至结党相争的自私卑劣行为不感兴趣。

5. 民心为贵

最后, 儒家治国理政的核心理念、共同体智慧与政治理想信念中还蕴涵着一种最为深切的民本情怀, 他们强调统治者应该以有利于民生或人民生活改善(包括物质利益和道德教养水平的提升)的方式来赢得其执政当权的正当资格与政治合法性的民心民意基础。譬如: 孔子讲为政之道在"因民之所利而利之"(《论语·尧曰》),《大学》讲"民之所好好之, 民之所恶恶之, 此之谓民之父母", 孟子讲"民为贵, 社稷次之, 君为轻"(《孟子·尽心下》), 而统治者赢得民心之道应是"与民同乐"(《孟子·梁惠王下》)和"所欲与之聚之, 所恶勿施"(《孟子·离娄上》), 并说: "乐民之乐者, 民亦乐其乐; 忧民之忧者, 民亦忧其忧。乐以天下, 忧以天下, 然而不王者, 未之有也。"(《孟子·梁惠王下》)而《大戴礼记·子张问入官》则有言曰: "上者尊严而绝, 百姓者卑贱而神, 民而爱之则存, 恶之则亡也。"所有这些都生动而形象地集中表达了这样一种充满着政治共同体之休戚与共精神的民本情怀与政治信念, 即政治的真正目的与执政当权者的根本职责是为人民、为人民的福祉而服务, 反过来, 人民才会真心支持执政当权者, 认同执政当权者的政治合法性。换言之, 民利、民意、民心乃是考量与评判政治之好坏得失的终极依据和根本标准, 民利之所在、民意民心之所向决定着政治权力的正当和合法与否。也许有人会说, 民本与民主有着性质的不同, 的确, 民本只是一种关乎政治合法性的信念, 而民主制是与君主制、贵族制不同的一种政体制度安排, 但是, 就民本信念所强调的民心为贵或人民的支持决定着一个政权的兴衰成败来讲, 其意义正在于将统治者的政治合法性置于民心民意的基础之上, 或者说它表达了这样一个原则性的政治信念, 即"政府的正当权力来自被统治者的同意"①，正如美国学者萨拜因所说："虽然同意（consent）的含义相当含混，但是我们很难想象这样一个理想本身将会消失。"②亦如美国政治哲学家汉娜·阿伦特所言："所有政治制度都是权力的表现和具体化；一旦不再拥有人民的支持就会变成化石和臭肉。这正是麦迪逊所谓'一切政府都建立在意见（opinion）之上'的意思，这话对于各种形式的君主制来说和对于民主制来说一样真实。"③

三、结语

无论是在西方还是在中国，事实上最流行而影响深远的可能都是那种视权力为暴力、视政治为充满阴谋诡计的权力斗争的说法和观点，或者如美国学者詹姆斯·伯恩斯所说："十足的邪恶和残忍的权术，看起来总是比复杂的人际关系更吸引人。至少在西方文化里，恶棍总是比圣徒更出名，无情的权力斗争在某种程度上看起来更现实，而道德影响则显得更天真。这是因为强大的集权似乎对历史有更大的影响。"④这话在中国文化里也同样适用，然而，在中西文化里，将政治看作"人类试图改善生活并创造美好社会的活动"⑤的政治哲人也总是不乏其人，古希腊政治哲人亚里士多德如此，儒家的先哲亦如此。不过，与古希腊政治哲人更关注各种政体的制度安排及其优劣的政治科学问题不同，儒家所关注的核心问题是执政当权者的个人道德修养与政治道德根基以及与之相关的治国理政之道的问题，他们希望那些真正具有君子品格的人来做政治共同体的领袖，做共同体的领路人，这样的领袖理应仁

---

① [美]托马斯·杰斐逊著，朱曾汶译：《杰斐逊选集》，商务印书馆2017年版，第49页。
② [美]乔治·萨拜因著，[美]托马斯·索尔森修订，邓正来译：《政治学说史：城邦与世界社会》，上海人民出版社2015年版，第129页。
③ [美]汉娜·阿伦特：《权力与暴力》，见贺照田主编：《西方现代性的曲折与展开》，吉林人民出版社2002年版，第429页。
④ [美]詹姆斯·伯恩斯：《领袖的权力有哪些特点？》，见丁一凡编：《权力二十讲》，天津人民出版社2008年版，第276页。
⑤ [英]安德鲁·海伍德著，张立鹏译：《政治学》（第二版），中国人民大学出版社2006年版，第3页。

知、诚明兼备，既具备博大宽厚的仁德，又拥有公正无私的智慧，这样的领袖对普通民众进行道德教化与礼义引导，以其道德人格的正确典范发挥政治引领的作用，感召并潜移默化地影响他人，并在这一过程中，既成就自己的人生价值与政治抱负，同时也实现人类社群共同的道德理想与和谐社会的生活目标。美国学者欧文·白璧德尝言："中国人的文明存在着诸多严重的外围的失误，然而，只要中国人不'自弃'，换言之，只要他们面对西方的压力，坚持儒家传统中最好的东西，就会获得一种内在的力量。"① 同样，我们也可以说，儒家政治哲学的核心理念及其有关道德政治的主张和信念并非十全十美，甚至存在着严重的制度方面的思维缺陷，然而，只要我们不"自暴自弃"，仍然坚信对政治的正确理解不应是那种阴谋权术、法术控制和强权即真理的观点，那么，我们就会重新发现儒家关于道德政治的理想信念中确乎蕴涵着一种"将人向上提升的巨大力量"，而且我们可以从他们的政治哲学理念中借鉴和汲取到诸多治国理政的中国式智慧。

---

① ［美］欧文·白璧德著，张源、张沛译：《民主与领袖》，北京大学出版社2011年版，第27页。

古典儒家政治哲学论纲

　　在古希腊有一个关于巨吉斯戒指的神话，"这个戒指可以让戴上它的人隐身，结果就是所有人在能逃避惩罚的条件下都会行不义之事"，对此，美国学者詹姆斯·罗德之评论道，"这个神话要比想象的更为现实。政治权力就好比巨吉斯的戒指，因为它经常使其拥有者不可见和免于惩罚，而拥有政治权力的人不会都保持自己的手脚干净的。……见好就偷，见爱就抢，随意杀人。这一道德上无可救药的政治邪恶已经深植其灵魂之中"①。这让我们不禁想起了《孟子·梁惠王下》中记载的发生在孟子和齐宣王之间的著名对话，较之上述神话故事更加精彩和耐人寻味：

　　　　齐宣王问曰："交邻国有道乎？"

　　　　孟子对曰："有。惟仁者为能以大事小……惟智者为能以小事大……以大事小者，乐天者也；以小事大者，畏天者也。乐天者保天下，畏天者保其国。……"

①［美］詹姆斯·罗德之著，张新刚译：《柏拉图的政治理论，以及施特劳斯与沃格林的阐释：北大讲稿》，上海三联书店2012年版，第25页。

王曰："大哉言矣！寡人有疾，寡人好勇。"

对曰："王请无好小勇。夫抚剑疾视曰：'彼恶敢当我哉！'此匹夫之勇，敌一人者也。王请大之！……此文王之勇也。文王一怒而安天下之民。……一人衡行于天下，武王耻之。此武王之勇也。而武王亦一怒而安天下之民。今王亦一怒而安天下之民，民惟恐王之不好勇也！"

齐宣王问曰："人皆谓我毁明堂，毁诸？已乎？"

孟子对曰："夫明堂者，王者之堂也。王欲行王政，则勿毁之矣。"

王曰："王政可得闻与？"

对曰："昔者文王之治岐也，耕者九一，仕者世禄，关市讥而不征，泽梁无禁，罪人不孥。老而无妻曰鳏，老而无夫曰寡，老而无子曰独，幼而无父曰孤。此四者，天下之穷民而无告者。文王发政施仁，必先斯四者。……"

王曰："善哉言乎！"

曰："王如善之，则何为不行？"

王曰："寡人有疾，寡人好货。"

对曰："……王如好货，与百姓同之，于王何有？"

王曰："寡人有疾，寡人好色。"

对曰："昔者太王好色，爱厥妃。……当是时也，内无怨女，外无旷夫。王如好色，与百姓同之，于王何有？"

众所周知，孟子是中国性善论的最早倡言者，也是性善论最重要、影响深远的思想代言人。自古中外言人性者众说纷纭，有人认为，主性善论者对于人性的幽暗面或邪恶缺乏深刻的理解，反之我们似乎也可以说主性恶论者对于人性的光明面或善良缺乏应有的同情。不过，尽管人性的善恶令古今哲人纠结不已，但公共政治领域的核心问题古今中外皆然，不会因主性善还是主性恶便会自动消除，这是肯定无疑的，所以问题的关键也许不在主性善抑或主性恶，而在于能否寻找到一种可靠的办法以化解公共政治领域的核心问题，亦即古今中外哲人共同面对的千古难题——拥有政治权力的人的政治邪恶问题。

政治权力犹如巨吉斯拥有魔力的戒指，可以让人隐身不可见和免于惩罚，乃至让拥有政治权力的人不会保持自己的手脚干净，从而见好就偷，见爱就抢，随意杀人。我们并不认为这一神话暗示了每个人天生就是邪恶的，问题出在政治权力上。同样，主张人性本善也并不意味着就认为每个人注定就是生来善良的，问题同样出在政治权力上。我们的先哲、主张性善论的孟子不可能不明白自己面对着什么样的现实政治世界，有权有势者的自我中心、自私自利，或者普遍的急功近利和阴谋斗争，充满暴力、色情和贪婪等种种政治邪恶，即使我们肤浅地误解孟子性善论具有无视人性幽暗面和政治邪恶的倾向，但他的对话者齐宣王如此坦诚、公开和直白地宣告他内心的想法说"寡人有疾，寡人好勇""寡人有疾，寡人好货""寡人有疾，寡人好色"，孟子不可能不知道齐宣王在讲什么。好勇斗狠者残忍，好货趋利者贪婪，好色痴情者陷溺，好势弄权者谋诈，像这样的拥有政治权力的人岂能不"见好就偷，见爱就抢，随意杀人"呢？一般认为，相对于西方人，中国人更加内敛含蓄，看来孟子所处的时代并非如此，而且，当时的统治者丝毫没有意识到还需要戴一下什么巨吉斯魔戒以便隐身一下，他们更加坦诚而无所顾忌，他们似乎认为既然他们拥有统治国家和人民的政治权力，放纵一下自己好勇、好货、好色的贪婪和欲望，滥用手中的统治权让自己恣睢妄为一下，是再理所当然不过的了。肯定不仅仅是齐宣王个人有如此的想法，只是齐宣王足够坦诚地讲明了出来而已。无独有偶，后来的更加无知无畏的秦二世将自己内心的想法讲得像齐宣王一样坦诚和直白，他曾经如此向丞相李斯告白道："彼贤人之有天下也，专用天下适己而已矣，此所以贵于有天下也。……故吾愿赐志广欲，长享天下而无害，为之奈何？"后又与赵高谋划说："夫人生居世间也，譬犹骋六骥过决隙也。吾既已临天下矣，欲悉耳目之所好，穷心志之所乐，以安宗庙而乐万姓，长有天下，终吾年寿，其道可乎？"（《史记·李斯列传》）据此，我们也许同样可以说："这一道德上无可救药的政治邪恶已经深植其灵魂之中。"

面对如此的政治邪恶，先秦诸子时代的思想家特别是以孔、孟、荀为代表的古典儒家的思想家们究竟是如何思考和应对的？他们的思考和应对之方有何价值和意义？有何得与失？我们认为，这是我们理当认真对待和值得重新反思的问题。概括而言，在古典儒家看来，作为公共行动领域的政治生活之必要就在于它应该遵循公共道义或仁义礼教的价值理念与行为规范的指引，拥有政治权力的人也理应引领人们去恶而向善，并致力于实现符合人民真正意愿的善治目标，这要求从事和参与政治者理应注重自身的道德修养，通过心性的修养提升自己的人生境界，努力成为"吉凶与民同患"①的圣贤人物，做一个将自己的能力和智慧贡献于对人民大众福祉的保障与增进，而不是屈从自身卑劣的贪婪自私的权力欲而一味地追名逐利的统治者。比较而言，我们认为，这正显示了中西古典政治哲学思维理路的不同所在，即在思考和应对政治邪恶的问题上，古希腊政治哲人更注重探讨城邦政体、正义、宪政和法治等客观的制度架构和安排问题，而中国的古典政治哲人尤其是古典儒家则倾向于探讨关乎统治者即政治主体之个人的德行修养与精神境界之提升以及合理的统治方式等治国之道的问题。②因此，与西方古典政治哲学的思维理路不同，古典儒家的政治哲学思维理路可以说是围绕着政治境界、政治主体、政治道义以及与之相关的对政治本体或政治本质问题的看法等问题而展开的，故笔者兹围绕这些方面的问题进行思考，对古典儒家的政治哲学略做纲要式、尝试性的阐述，以求教于方家。

一、政治境界论

所谓政治境界，是指人们（尤其是政治哲学家）对于未来理想政治的各种构思与设计所呈现出来的道德性的、境界性的层级或序列。围绕政治境界所展开的论述，我们称之为"政治境界论"。

关于未来理想政治的构思与设计，大家耳熟能详的，在西方，柏拉图有"理想国"，奥古斯丁有"上帝之城"，莫尔有"乌托邦"，培根有"新大西岛"，

---

① 高亨：《周易大传今注》，齐鲁书社2009年版，第478页。
② 详论参见林存光：《重读中国古典政治哲学——兼论中国政治思想史研究诸范式》，《政治思想史》，2011年第1期。

康帕内拉有"太阳城"，哈林顿有"大洋国"。在中国，先秦诸子中，老子有"小国寡民"，庄子有"无何有之乡""至德之世""建德之国"，墨子有"一同天下"；而在古典儒家，《礼记·礼运》提出了"大同"社会的政治理想，在这个理想政治社会中，大道盛行，天下为公，贤能在位，天下国家在政治上相互信任，和睦共处，人民安居乐业，风俗淳美，社会秩序优良安定。《中庸》提出了"致中和，天地位焉，万物育焉"的政治理想；孟子在与齐宣王的对话中陈述了"文王之治岐"（《孟子·梁惠王下》）的王道政治理想；荀子在《荀子·王制》中提出了施行"天德"的"王者之政"的政治理想。

综括现存古典儒家文献中涉及的政治理想，我们不难看出，古典儒家并不因为社会的动乱而欲逃避人类社会，亦不曾从宗教的角度来虚构或承诺一个死后的天国世界，而是立足现实，向往尧、舜、禹、汤、文、武等圣王统治的太平盛世，希望仁君贤主在位，以存心养性以"事天"或"上下与天地同流"（《孟子·尽心上》）、"赞天地之化育"（《中庸》）的胸怀与心量，以"不忍人之心"行"不忍人之政"（《孟子·公孙丑上》），并且有方法、有制度、有步骤地建立一个"庶富教"[1]的人类社会与政治国家，乃至依据"亲亲而仁民，仁民而爱物"（《孟子·尽心上》）的忠恕之道，致力于使天地万物各尽其性、各得其生，"并育而不相害"（《中庸》）。

在古典儒家的理想政治之构思与设计中，圣王治理天下国家，便要实行

---

① 关于古典儒家的"庶富教"思想及其方法、步骤和相关制度安排，参见：(1)《论语·子路》载："子适卫，冉有仆。子曰：'庶矣哉！'冉有曰：'既庶矣，又何加焉？'曰：'富之。'曰：'既富矣，又何加焉？'曰：'教之。'"关于如何实行仁治善政，如子张问仁于孔子，孔子曰："能行五者于天下为仁矣。"请问之。曰："恭、宽、信、敏、惠。恭则不侮，宽则得众，信则人任焉，敏则有功，惠则足以使人。"（《论语·阳货》）另如子张问"何如斯可以从政矣？"孔子答曰："尊五美，屏四恶，斯可以从政矣。"（《论语·尧曰》）(2)《孟子·梁惠王上》载："明君制民之产，必使仰足以事父母，俯足以畜妻子，乐岁终身饱，凶年免于死亡；然后驱而之善，故民之从之也轻。"(3)《荀子·大略》载荀子曰："不富无以养民情，不教无以理民性。故家五亩宅，百亩田，务其业而勿夺其时，所以富之也。立大学，设庠序，修六礼，明七教，所以导之也。《诗》曰：'饮之食之，教之诲之。'王事具矣。"

王道政治，这是因为他负有"后以财成天地之道，辅相天地之宜，以左右民"①和"赞天地之化育"的道德义务。古典儒家心目中的这种理想政治所呈现出来的政治境界，依后儒的说法讲就是，宋儒程子所谓"四心量说"中的"天地之量"②，现代新儒家代表人物冯友兰先生所谓"人生四境界说"中的"天地境界"③以及唐君毅先生所谓"心灵九境说"中的"天地流行境"④。古典儒家的这种政治境界，在政治主体层面上，不单强调"修己以敬"、"修己以安人"与"修己以安百姓"（《论语·宪问》），还强调"博施于民而能济众"（《论语·雍也》），而且常"思天下之民匹夫匹妇有不被尧舜之泽者，若己推而内之沟中"（《孟子·万章上》），常怀此"尧舜其犹病诸"（《论语·雍也》）之"不忍人之心"；在政治国家层面上，不单主张"远人不服，则修文德以来之。既来之，则安之"（《论语·季氏》），还主张"兴灭国，继绝世"（《论语·尧曰》）乃至"平章百姓""协和万邦"（《尚书·尧典》）；最后，在天人合一的层面上，圣王之德应如天地之博大无私，所谓"三王之德参于天地"，而"天无私覆，地无私载，日月无私照"（《礼记·孔子闲居》）。《中

---

① 高亨：《周易大传今注》，齐鲁书社 2009 年版，第 118 页。

② 程子"四心量说"，即："人有斗筲之量者，有钟鼎之量者，有江河之量者，有天地之量者。斗筲之量者，固不足算；若钟鼎江河者，亦已大矣，然满则溢也；唯天地之量，无得而损益，苟非圣人，孰能当之！"（程颢、程颐著，王孝鱼点校：《二程集》，中华书局1981 年版，第 108 页。）

③ 冯友兰先生提出"人生四境界说"，并认为："天地境界，需要最多底觉解，所以天地境界，是最高底境界。至此种境界，人的觉解已发展至最高底程度。至此种程度人已尽其性。在此种境界中底人，谓之圣人。"（冯友兰：《新原人》，见《三松堂全集》第 4 卷，河南人民出版社 2001 年版，第 501 页。）

④ 唐君毅先生于其《生命存在与心灵境界》一书中，"对人之心灵所感通之境，依其种类、层位之高低、远近、浅深，而开之为九境"，即"心灵九境说"，并认为，"天德流行境，又名尽性立命境，于其中观性命界。此要在论儒教之尽主观之性，以立客观之天命，而通主客，以成此性命之用之流行之大序，而使此性德之流行为天德之流行，而通主客、天人、物我，以超主客之分者。故此境称为尽性立命境，亦称天德流行境。此为通于前所述之一般道德实践境，而亦可称为至极之道德实践境或立人极之境也"。（唐君毅：《生命存在与心灵境界》，中国社会科学出版社 2006 年版，第 17、25 页。）

庸》对此论之尤为深切著明，其言曰："天地之道：博也，厚也，高也，明也，悠也，久也"，"博厚，所以载物也；高明，所以覆物也；悠久，所以成物也"，"天地之所以为大也"正在于"天地之无不持载，无不覆帱"，而"大哉圣人之道！洋洋乎！发育万物，峻极于天"。

依我们之见，中国古典政治哲学家探讨政治问题，并不像古希腊哲人那样局限于城邦，他们政治思考所关切的根本对象乃是天下。中国先哲所谓的"天下"，仅就其字面的含义来讲，指的就是"天之下"。据东汉许慎《说文解字》所释，"天，颠也"，意即"至高无上"者为"天"；另如孔子所言，"唯天为大"（《论语·泰伯》）。可见，在我们先哲的心目中，所谓的"天"，乃是指那最崇高和博大者，而由天所覆盖（与之相应的是由地所承载）的"天下"也就具有了最广大普遍和涵盖一切（人类全体和自然万物）的意味了。如梁启超先生所说："'天下'云者，即人类全体之谓。"[①] 其实，古人所谓"天下"，不仅是指"人类全体"，更是涵盖宇宙万物。因此，对中国古典政治哲人来讲，政治的根本问题乃在于对天下的治理，而合理的治理之道必须源自对天地博大无私精神的体认和领悟，这可以说是诸子各家的一种政治共识，对古典儒家来讲尤其如此，他们正是据此来思考政治境界之修养与提升问题，并阐发其治国理政或君主统治的政治理念的。廓然大公、生生不已的天地精神（天命、天德、天道）不仅为圣王明君树立了一种法天合德或天人合一的最高精神境界与终极人生目标，同时也为圣王明君确立了一种治国理政、平治天下的根本治道依据。

二、政治主体论

所谓"政治主体"，主要指古典儒家政治哲人在其政治理论构想中所标榜和推崇的理想意义上的政治行为主体，即所谓的仁人君子、圣贤人物或明君

---

① 梁启超：《先秦政治思想史》，东方出版社 2012 年版，第 212 页。

圣王，它是一种个体性的、道德性的、层级性的、境界性的存在。① 而就其理想意义上的最高政治主体来讲，就是圣人（从最高人格而言，谓之圣人；从与最高权力结合而言，谓之圣王）。《虞诗》云："圣者不在上，天下必坏。"② 围绕政治主体所展开的论述，我们称之为"政治主体论"。

政治主体之所以能够居处其政治职位，乃是由于他们修养其心性，成就其德行。因此，古典儒家尤其强调修身的重要性。因为，他们认为："知所以修身，则知所以治人；知所以治人，则知所以治天下国家矣。"（《中庸》）所以，孟子说："人有恒言，皆曰：'天下国家。'天下之本在国，国之本在家，家之本在身。"（《孟子·离娄上》）《荀子·君道》亦云："请问为国？曰：闻修身，未尝闻为国也。"而《大学》更是直接指出："自天子以至于庶人，壹是皆以修身为本。"古典儒家不止于此，还切实地为政治主体提供了一些修身方法或入手处。比如，孔子认为人是易于犯过失的，故而强调内省、自讼、"克己复礼"（《论语·颜渊》）、"修己以敬"（《论语·宪问》）和"过，则勿惮改"（《论语·学而》）等；对孟子来讲，人的本心本性虽然是生来善良的，却又是脆弱而易失的，因此孟子强调应存心养性亦即努力"求其放心"（《孟子·告子上》）而致力于人的本心善性的存养与扩充；而荀子认为，人生来就具有好利之性、疾恶之情、耳目之欲等，人的本性是趋向于恶的，故需圣人起伪（礼义法度）以化性，人们只有学习和践行圣人制作的礼义法度，通过坚持不懈的对美德善行的实践、积累与修为，才能矫治、修正和转化人的本性，故而荀子特别强调以礼正身和"治气、养心之术"（《荀子·修身》）等；此外，《大学》提供了"格物致知""正心诚意"，而《中庸》提供了"明善诚身"的修身工夫论。需要特别强调指出的是，古典儒家所谓的"修身"，并非仅仅止于独善其身，而是一个公共性或群体性的观念，因为它并不是仅仅为了开拓自

---

① 详论参见林存光：《重读中国古典政治哲学——兼论中国政治思想史研究诸范式》，《政治思想史》，2011年第1期。

② 李零：《郭店楚简校读记》（增订本），中国人民大学出版社2007年版，第124页。

我的精神资源，而首先是为了如何去建立并实践安人、立人、达人以至安百姓、博施济众等等超个人的理想。反之，也唯有修身才能为齐家、治国、平天下奠定一种政治统治之道德主体的正当性根基。

除了修身，关乎政治主体之统治正当性的还有正名。在政治上，政治事务（尤其是政治决策）之轻重缓急与得失成败乃至国家政权之生死存亡常常决定于君臣，君臣是具体的政治行为主体，君主又是政治主体中的核心，所以君臣名分当然地成为古典儒家乃至中国传统政治正名思想的核心。这种正名思想的产生，既有形而上学的依据，也是现实政治的需要。其形而上学的依据，是从"天尊地卑，乾坤定矣。卑高以陈，贵贱位矣"①与"有君臣然后有上下"②之宇宙本体论和发生论的角度以及天地乾健坤顺之本性来强调君臣之位分与名分具有其自然正当性与合理性，是不可逾越的。其现实政治的需要，如萨孟武先生所言，是因为"春秋之世，诸侯僭于天子，大夫僭于诸侯，到了后来，家臣又僭于大夫。上失其势，不能坚守其分，下便逆乱，而敢侵犯其上之分。周郑由交质而交战；周天子称王，楚子亦称王；天子八佾，季氏亦舞八佾于庭。名、实、分三者纷乱极了。于是臣弑其君者有之，子弑其父者有之"③，正是这种现实政治状况，使得正名思想为孔子以来的古典儒家所重视④。

何谓正名？其含义有二：一是名实一致，即循名求实，有君之名，须有君之实质，有臣之名，须有臣之实质；二是名分相符，即依名守分，有君之名，

---

① 高亨：《周易大传今注》，齐鲁书社 2009 年版，第 450—451 页。

② 高亨：《周易大传今注》，齐鲁书社 2009 年版，第 572 页。

③ 萨孟武：《儒家政论衍义——先秦儒家政治思想的体系及其演变》，东大图书公司 1982 年版，第 38 页。

④ 孔子主张正名之说，为学者所公认。例如，萨孟武先生说，孔子"主张为政之道须先正名"（萨孟武：《儒家政论衍义——先秦儒家政治思想的体系及其演变》，东大图书公司 1982 年版，第 38 页）；萧公权先生说："孔子政治思想之出发点为从周，其实行之具体主张则为'正名'。"（萧公权：《中国政治思想史》，新星出版社 2005 年版，第 40 页。）

须守君之本分，有臣之名，须守臣之本分。① 因此，齐景公问政于孔子，孔子告之以"君君，臣臣，父父，子子"（《论语·颜渊》）；子路问孔子治理卫国政事的当务之急是什么，孔子说"必也正名乎"（《论语·子路》）；鲁定公问孔子"君使臣，臣事君"当如何做才合适，孔子说"君使臣以礼，臣事君以忠"（《论语·八佾》）；季氏"八佾舞于庭"，孔子愤然曰："是可忍也，孰不可忍也？"（《论语·八佾》）而陈成子弑齐简公，孔子更是"沐浴而朝"（《论语·宪问》），郑重其事地向鲁哀公请求征讨之。

孔子的正名思想，为后世儒家所宗奉。但就古典儒家的正名思想而言，实蕴涵着两方面的实质性内容。其一，在政治关系上，是正君臣之名分；其二，在政治权力上，是规范国家政治权力之行使，防止政治权力的滥用。由于君臣是国家政治权力的行使主体，因此，正君臣之名分和规范权力之行使，又是一个问题的两个方面。在君臣之政治关系上，孔子强调"君使臣以礼，臣事君以忠"，孟子强调"欲为君，尽君道；欲为臣，尽臣道。二者皆法尧舜而已矣"（《孟子·离娄上》），这是正常或理想的君臣关系。但是，古典儒家同时也强调："汤武革命，顺乎天而应乎人。"② 例如，孟子说，贵戚之卿可以更易有大过而不改之君（参考自《孟子·万章下》）；"汤放桀，武王伐纣"并非"臣弑其君"（《孟子·梁惠王下》），而是诛杀残贼之一夫；"殷受夏，周受殷，所不辞也"（《孟子·万章下》）。这也就是荀子所说的"从道不从君"与"夺，然后义；杀，然后仁；上下易位，然后贞；功参天地，泽被生民：夫是之谓权险之平"（《荀子·臣道》）。也就是说，在古典儒家那里，君臣关系是相对的，而且道义是高于权力的。因此，古典儒家一方面强调，正君臣之名分以有利于君主秉持政治权力，防止臣下对政治权力的觊觎，保持政

---

① 萨孟武：《儒家政论衍义——先秦儒家政治思想的体系及其演变》，东大图书公司1982年版，第38页。另外，萧公权先生认为，所谓正名，"以今语释之，正名者按盛周封建天下之制度，而调整君臣上下之权利与义务之谓"（萧公权：《中国政治思想史》，新星出版社2005年版，第40页）。

② 高亨：《周易大传今注》，齐鲁书社2009年版，第358页。

治秩序的正常运转与稳定；另一方面又强调，如果君主滥用权力，依据正名思想中隐含的革命正当性原则，臣民是有权利起来进行革命的。换言之，古典儒家的正名思想，其本意乃是警示作为政治权力主体的统治者应时刻注意其政治行为，根本目的在规范其政治权力的行使，防止其政治权力的滥用。

三、政治道义论

自西方政治学和伦理学传入中国，学者言政治学和伦理学则必称西方，他们对政治学中的正当性理论和伦理学中的道义理论的探讨，尤其如此。然而，从语源学的角度和意义上讲，"政治"与"道义"并非舶来品，早在先秦时期，它们就已经在中国经典文献中得到正式使用，并且沿用至今，当然它们在传统文本语境中亦有其特定的含义。"政治"一词，见于《墨子》《管子》《晏子春秋》等先秦典籍之中，如《墨子·公孟》曰："古圣王皆以鬼神为神明，而为祸福，执有祥不祥，是以政治而国安也。"《管子·重令》曰："众寡同力则战可以必胜，而守可以必固，非以并兼攘夺也，以为天下政治也。"《晏子春秋·外篇第七》曰："君顺怀之，政治归之。""政治"一词，在古典儒家所使用的文本语境中，是指"政事治理"，它包含行为与效果两个方面的含义。从行为方面讲，指治理（或管理）政事，即"治政"，此时"治理"作为动词使用；从效果方面讲，指政事得到有效治理，此时"治理"作为动名词使用。兼含此行为和效果两方面含义之"政治"，又可以简称和总括为孔子所说的"政者，正也"（《论语·颜渊》）。"道义"一词，出现于《周易》《管子》《荀子》等先秦典籍之中，如《周易大传》曰："天地设位，而《易》行乎其中矣。成性存存，道义之门。"《管子·法禁》曰："圣王之身，治世之时，德行必有所是，道义必有所明。"《荀子·修身》曰："志意修则骄富贵，道义重则轻王公。"在古典儒家看来，道，路也，乃人之所行与人之所当行；义，宜也，正当也。专就其政治含义而言，便是指政治主体所应遵循或奉行的政治行为。正如道路有坦途与歧途而人当行走于坦途之上那样，政治主体的政治行为也有正当与不正当而政治主体应当使其政治行为正当。唯有政治主体的政治行为合乎道义，才是正当而各得其宜的，反之，违背道义的统治者也就丧失了其政治统治的正当资格。以单字来说，"道"本身便隐含有"义"，故"道义"可以简称为"道"；以合成词来说，便是以"道"统"义"，以"义"显"道"。"道义"，在孔子处，便是"仁"；在孟子处，便是"仁义"或"良心"；在荀子处，"道义"与"礼义"并用。由上，古典儒家含摄政治学与伦理学两方面意义的"政治道义"，又可以简称为"政道"①，它是指政治主体政治行为的正当性，尤其是指政治主体得天下国家与治天下国家的政治行为之目的与手段、过程与结果的正当性。围绕政治道义所展开的论述，我们称之为"政治道义论"。

熊十力先生尝言："凡政治哲学上大思想家，其立论足开学派者，必其思想于形而上学有根据。"②古典儒家的政治道义论之形而上学根据，乃其天道论，即政治道义的终极依据源于天、天道、天命、天德。此即《周易大传》所言："天地设位，而《易》行乎其中矣。成性存存，道义之门。"中国儒家之形而上学，主要在其天人合德理论，认为人心、人性、人道、人德通过修养实践可以通于天心、天命、天道、天德。《周易大传》所表现之形而上学，注重说明宇宙之生化历程，其中心观念在"生生之谓易"③与"天地之大德曰生"④；《中庸》所表现之形而上学，注重尽性与化成，其中心观念在诚，以诚统天人之道；《孟子》所表现之形而上学，注重扩充四端，尽心知性以知天，与以诚统天人之道的《中庸》形而上学，及以人之仁通"乾元""坤元"的《周易大

① 牟宗三先生认为，"政道是相应政权而言，治道是相应治权而言"，"政道者，简单言之，即是关于政权的道理"，"治道就字面讲，就是治理天下之道，或处理人间共同事务之道"。详见牟宗三：《政道与治道》，吉林出版集团有限责任公司2015年版，第3、27页。本文此处将"政治道义"简称为"政道"，虽与牟先生定义不尽相同，但其含义可以涵盖牟先生之"政道"与"治道"。

② 熊十力：《韩非子评论》，参见萧萐父主编：《熊十力全集》（第五卷），湖北教育出版社2001年版，第306页。

③ 高亨：《周易大传今注》，齐鲁书社2009年版，第461页。

④ 高亨：《周易大传今注》，齐鲁书社2009年版，第495页。

传》形而上学在根本上是相通的。① 尤其是，《周易大传》中所展示的宇宙图式即"有天地然后有万物，有万物然后有男女。有男女然后有夫妇。有夫妇然后有父子。有父子然后有君臣，有君臣然后有上下。有上下然后礼义有所错"②，以宇宙发生（生成）论的方式提出并确认了天地是构成古典儒家的世界观信仰和社会生活理念的自然正当的终极依据，同时也是由男女夫妇父子之人伦社会进入君臣上下之政治社会所衍生出来的政治道义的自然正当的终极依据。

正是由于以形而上学意义的天道论作为其政治哲学的坚强后盾和终极依据，当古典儒家返回到现实政治中思考天下国家的治理问题时，他们才将道义确立为公共政治领域的价值规范和行为指南，并以此来构筑其政治信仰的基石或支柱。因此，古典儒家以"笃信好学，守死善道"（《论语·泰伯》）或弘道崇德、践仁尚义为己任，如孔子曰："君子之于天下也，无适也，无莫也，义之与比"（《论语·里仁》），"君子义以为上"（《论语·阳货》），曾子曰："士不可以不弘毅，任重而道远。仁以为己任，不亦重乎？死而后已，不亦远乎？"（《论语·泰伯》）孟子亦曰：士之所尚，志于仁义而已，而且，"居仁由义，大人之事备矣"（《孟子·尽心上》）。将其道义信念推及公共政治领域，即面对政治上的名利、富贵、穷通等各方面的诱惑和考验，古典儒家所主张的便是士人君子的进退、出处和行止应以政治道义为依据或标准。如孔子曰："富与贵，是人之所欲也；不以其道得之，不处也。贫与贱，是人之所恶也；不以其道得之，不去也。君子去仁，恶乎成名？君子无终食之间违仁，造次必于是，颠沛必于是。"（《论语·里仁》）"志士仁人，无求生以害仁，有杀身以成仁。"（《论语·卫灵公》）而《荀子·修身》有言："志意修则骄富贵，道义重则轻王公；内省而外物轻矣。"

① 详论参见唐君毅先生《哲学概论》（中国社会科学出版社 2005 年版）上卷第一部第六章第六节"中国先秦之形上学思想"、下卷第三部第五章第一节"儒家之形上学观点"与第十九章"中国之伦理心性论之形上学之涵义"。
② 高亨：《周易大传今注》，齐鲁书社 2009 年版，第 572 页。

不仅如此，古典儒家还进一步将政治道义作为政治评判的标准，尤其是在对君王统治与其之所以得失天下所做的政治评判中，古典儒家常常援引尧舜以至于周公等圣王及其反面之桀纣幽厉等暴君的先例以警示当世的统治者。例如，孔子说："大哉尧之为君也！""舜禹之有天下也而不与焉！"（《论语·泰伯》）；孟子说："三代之得天下也以仁，其失天下也以不仁。国之所以废兴存亡者亦然"，"孔子曰：'道二：仁与不仁而已矣。'暴其民甚，则身弑国亡；不甚，则身危国削，名之曰'幽''厉'，虽孝子慈孙，百世不能改也。《诗》云：'殷鉴不远，在夏后之世'，此之谓也"（《孟子·离娄上》）。古典儒家的这种政治评判，可以说触及了政治哲学的核心问题——统治与服从的政治正当性的问题。美国现代著名政治理论家邓宁先生曾说："政治学说的基本问题就是去找权力与服从的关系有什么根据与解释。"[1] 亦如笔者所言："一般而言，现实政治是一种强者的政治……政治哲学家们基于对现实政治这一本性的批评性反思，试图通过倡导某种理想的政治价值追求，以期提升统治者的政治理性或者修正、转化现实政治，所以，他们一般会格外关注统治的合法性来源与基础，或合法统治与正确使用权力的根据及正当理由的问题。"[2] 古典儒家尤其如此，他们对于政治正当性问题的思考，更看重的是权力以外或以上的道德与仁义、智慧与修养。尤其是，孟子以"闻诛一夫纣矣，未闻弑君也"来回答齐宣王"汤放桀，武王伐纣，有诸"（《孟子·梁惠王下》）之问，荀子以"汤、武非取天下也，修其道，行其义，兴天下之同利，除天下之同害，而天下归之也。桀、纣非去天下也，反禹、汤之德，乱礼义之分，禽兽之行，积其凶，全其恶，而天下去之也。天下归之之谓王，天下去之之谓亡"为说，来驳斥"世俗之为说者"的"桀、纣有天下，汤、武篡而夺之"（《荀子·正论》）之论，古典儒家这种依据政治道义所进行的政治评

---

①［美］威廉·邓宁著，谢义伟译：《政治学说史》（下卷），吉林出版集团有限责任公司2015年版，第246页。

②林存光：《中国古典政治哲学论纲——一项基于中西比较视角的审视与分析》，《天津社会科学》2006年第2期，第139页。

判，使他们获得了一种审视现实政治之有道与无道的理想视阈和评判标准，从而可以对实际的统治者具有一种强烈的政治批判意识，如子思说的"恒称其君之恶者，可谓忠臣矣"①。他们的观点甚至对当时实际统治者的世袭权力及其暴政统治在理论上具有某种革命性、颠覆性的批判意义，如孟子将暴君污吏称为独夫民贼。另外，古典儒家还对春秋五霸、殷之三仁、管仲、子产等人进行了政治评判，尽管他们之间在认识上有所不同，但其评判皆是以政治道义作为标准。

更难能可贵的是，古典儒家并不局限于以上两个方面，即仅仅从政治价值观念层面上去思考和论述政治道义问题，而是敏锐地针对春秋战国时代士人阶层兴起的政治现实，从士人政治参与的实践层面上，旗帜鲜明地率先提出，以践行、卫护政治道义作为士人政治参与（即出仕从政）的正当理据。如所周知，降至春秋战国，王官之学分裂为百家道术使得知识广为传授和文化精英辈出，加之国君礼贤下士和私门养士之政治风气的形成，以及诸侯国家间频繁的政治、外交、战争等活动打破了世卿世禄的用人制度，从而使得"或劳心，或劳力"（《孟子·滕文公上》）的社会分工和政治分工成为可能和必要，由此而使始于春秋、战国之交的孔子时代之古代知识阶层（即士人阶层），到孟子之时，已然壮大到"后车数十乘，从者数百人，以传食于诸侯"（《孟子·滕文公下》）这种试图以集团形式参与和影响政治的盛况。所以，如何针对春秋战国变动秩序中的政治社会，培养弘毅任道的政治参与主体（即士人精英群体），来改善变化社会中的政治秩序，是摆在古典儒家面前的一个当务之急的时代课题和历史使命。正是由于古典儒家具备如此敏锐的政治眼光和高明的政治智慧，所以他们通过其学派的不懈努力和集体的力量，高举政治道义的大旗，提出并阐发了一系列士人君子修身以从政的政治参与理念，如孔子曰："天下有道则见，无道则隐。邦有道，贫且贱焉，耻也；邦无道，富且贵焉，耻也。"（《论语·泰伯》）子夏曰："仕而优则学，学而优则

---

① 李零：《郭店楚简校读记》（增订本），中国人民大学出版社2007年版，第109页。

仕。"(《论语·子张》)孟子曰:"尊德乐义,则可以嚣嚣矣。故士穷不失义,达不离道。穷不失义,故士得己焉;达不离道,故民不失望焉。古之人,得志,泽加于民;不得志,修身见于世。穷则独善其身,达则兼善天下。"(《孟子·尽心上》)荀子曰:"士君子不为贫穷怠乎道"(《荀子·修身》),"学者非必为仕,而仕者必如学"(《荀子·大略》),以及"儒者在本朝则美政,在下位则美俗"(《荀子·儒效》)等。古典儒家的尊道尚志以立身成德的士人从政理论,及其"不患无位,患所以立"(《论语·里仁》),士当"尊德乐义"而志尚仁义,"志意修则骄富贵,道义重则轻王公"(《荀子·修身》)之道义高于权势的政治权位观,对人禽、义利、王霸、夷夏之严辨,对士人流品之谨分[①],可以说为士人参与政治提供和夯实了从政正当性的理论基础。正是在此基础上,降至汉代,一个由士人组成并掌权的崇尚文治的政府——"读书人的政府"或称"士人政府"[②]——才有可能成为现实,或者一种所谓的"士大夫政治"才能演生成型[③]。

四、政治本体论

所谓本体,在中国哲学语境中有两种意思,一是指本然的状况或性质,一是指宇宙万物的最终本原或存在根据。"西方哲学传入中国后,人们多借用西方哲学概念来称探讨万物本原和根据的哲学学说为'本体论',以区别于探讨天地起源和宇宙演化过程问题的'生成论'。"[④]将本体与政治连用,即所谓政治本体,是指政治的根本或本质。透过政治主体的政治行为来审视政治生活中之变动不居的政治现象,探讨政治的根本或本质的思维过程和思想理论,我们称之为"政治本体论"。

探讨政治的根本或本质,至少需要弄清楚政治为什么会产生、政治的目的是什么与政治在社会中的定位等问题。

---

① 如荀子将士人分为通士、公士、直士、悫士和小人等流品(《荀子·不苟》),并区分古今之仕士和处士(《荀子·非十二子》)以及仰禄之士和正身之士(《荀子·尧问》)等。

② 钱穆:《中国历代政治得失》,九州出版社2012年版,第21页。

③ 详见阎步克:《士大夫政治演生史稿》,北京大学出版社1996年版。

④ 方克立主编:《中国哲学大辞典》,中国社会科学出版社1994年版,第186页。

政治为何产生？对于这个问题，古典儒家往往是将它与"君"的产生合并为一来思考的。大体有两种思路，一是从宇宙发生论的角度来说，认为政治是遵循《周易大传》"有天地然后有万物，有万物然后有男女。有男女然后有夫妇。有夫妇然后有父子。有父子然后有君臣，有君臣然后有上下。有上下然后礼义有所错"这样一种先后次序，自然而然地产生于一种具有内生性的伦常性的社会角色与关系秩序之中；二是从人类的本性来说，认为人是群居的动物，"人之生，不能无群，群而无分则争，争则乱，乱则穷矣。故无分者，人之大害也；有分者，天下之本利也；而人君者，所以管分之枢要也"（《荀子·富国》），也就是说，人类要想生活在一种群居无争的和谐社会秩序之中，脱离不了政治生活，作为"管分之枢要"的君主的产生自有其历史的必要性和合理的正当性。因为，如果没有政治来平息人类社会的争乱，保障人类生活的秩序，则人类社会便会因为人类的种种欲望之不能满足而产生争端，由争端而产生动乱，由动乱而产生离散，由离散而产生衰弱，衰弱则不能对抗外敌，乃至一日不得安居（参考自《荀子·王制》）。换言之，从宇宙发生论的角度来说，政治的产生是自然而然的，因此不可以目的之有无来论；而从人类本性上来说，政治产生的目的便是要克服人类欲望导致的纷争以维持人类社会的秩序，进而实现某种崇高的政治理想与社会目标。

中国古代政治，是一种君主政治。君主的产生，古人多从"天"与"民"来立论。例如，"惟天生民有欲，无主乃乱，惟天生聪明时乂"（《尚书·仲虺之诰》），"惟天地万物父母，惟人万物之灵。亶聪明作元后，元后作民父母"（《尚书·泰誓上》），"德惟善政，政在养民"（《尚书·大禹谟》），"民惟邦本，本固邦宁"（《尚书·五子之歌》），"天之生民，非为君也；天之立君，以为民也"（《荀子·大略》）[1]，也就是说，实行圣王统治的君主政治，

---

[1] 另如，《左传·文公十三年》记载："邾文公卜迁于绎。史曰：'利于民而不利于君。'邾子曰：'苟利于民，孤之利也。天生民而树之君，以利之也。'"《左传·襄公十四年》记载，师旷说："天生民而立之君，使司牧之，勿使失性。……天之爱民甚矣，岂其使一人肆于民上，以从其淫，而弃天地之性？必不然矣。"可见，"天之立君，以为民也"的思想源远流长，且是先秦时期贤明君臣的政治共识。

其本质乃是一种为民、养民与保民的政治。这种远溯自唐虞三代的传统政治理念为古典儒家所继承和发挥，尤其体现在他们对社会理想愿景和政治目标归宿的思考和阐述中。他们认为，既要保养人民，自然应"节用而爱人，使民以时"（《论语·学而》），重"民、食、丧、祭"（《论语·尧曰》），"取于民有制"（《孟子·滕文公上》），以及制民恒产（参考自《孟子·梁惠王上》），"以政裕民"①，乃至"使民养生丧死无憾"（《孟子·梁惠王上》）、"矜寡孤独废疾者皆有所养"（《礼记·礼运》）；自然应"尚贤使能"，"制礼义以分之，使有贫、富、贵、贱之等，足以相兼临"（《荀子·王制》）；也自然要在富民、裕民、保障民生的基础上进一步"教以人伦"（《孟子·滕文公上》），以"理民性"（《荀子·大略》），即不单要在物质、财富、制度、能力等各方面上来保养人民，还要从教化、德性、人格等层面上来养教人民。诚如梁启超先生所言，古典儒家以"化民成俗"、使民"自得"为"最终之目的"，"实欲将政治植基于'全民'之上"，而"绝非仅恃一二圣贤在位以为治"②。而且，对古典儒家而言，政治之所以为政治，既不是如杰里米·边沁所说，仅仅考虑最大多数人的最大幸福，也不是像戴维·伊斯顿所言，仅仅将政治视为对社会价值所进行的权威性分配，而是实现社会理想之基本手段或全面安排社会秩序之根本途径，这可以说是古典儒家对政治之本质的社会定位。

而古典儒家之所以要通过政治主体将政治事务全面铺展开来，以实现社会理想目标或全面安排社会秩序，乃是基于"君心民体"③（即君民一体）关系（或宽泛地说，政治与社会一体关系）的考虑。也正是基于这一考虑，所以

---

①《荀子·富国》曰："轻田野之税，平关市之征，省商贾之数，罕兴力役，无夺农时，如是，则国富矣。夫是之谓以政裕民。"

② 梁启超：《先秦政治思想史》，东方出版社2012年版，第110、112页。

③《礼记·缁衣》记载，孔子曰："民以君为心，君以民为体。心庄则体舒，心肃则容敬。心好之，身必安之；君好之，民必欲之。心以体全，亦以体伤；君以民存，亦以民亡。"郭店楚简《缁衣》亦记载，孔子曰："民以君为心，君以民为体。心好则体安之，君好则民欲之。故心以体废，君以民亡。"（参见李零：《郭店楚简校读记》，中国人民大学出版社2007年版，第78页。）

古典儒家极力主张仁君圣主应"吉凶与民同患"①，"民之所好好之，民之所恶恶之"（《大学》），或者"所欲与之聚之，所恶勿施，尔也"（《孟子·离娄上》），乃至与民同乐共忧②，因为在他们看来，统治者唯有赢得民心、赢得人民的支持，才具有其政治统治的合法性与正当资格，也才能保有其天下国家，因此，政治的根本之道就在于得民心，或者"保民而王"（《孟子·梁惠王上》）。

以上，我们分别从政治境界论、政治主体论、政治道义论与政治本体论四个方面对古典儒家政治哲学进行了初步论述。古典儒家系统地探讨了政治的目标、主体、途径与方法问题，回答了谁统治、为什么统治，以及如何统治等问题。于他们而言，政治理想与政治境界之达成，取决于政治主体能否克己修身和尽忠职守；而政治主体能否克己修身和尽忠职守，取决于其政治行为能否始终自觉地遵守与践行政治道义；而政治主体能否始终自觉地遵守与践行政治道义，取决于政治主体能否洞察政治本体。在我们看来，这四方面的内容互证互诠，彼此关联，相互发明，这样才能使我们更好地理解古典儒家政治哲学的全体大用之所在——"内圣外王之道"。总的来说，古典儒家的"内圣外王之道"蕴涵着丰富的政治哲学思想，不仅如此，古典儒家更以其人才众多、道统意识浓烈、思想体系完备、历时长远、影响广大等特点，而在中国古典时期的诸子百家学说中当仁不让地占据着重要的一席之地。

没有人愿意生活在好勇斗狠、贪婪好货、纵情声色、傲慢无礼的统治者的治下，古典儒家亦不例外，他们深切希望统治者能够通过修身、正名而具备自我克制的美德，希望统治者能够由其正确的道德行为所引导而建立一

① 高亨：《周易大传今注》，齐鲁书社2009年版，第478页。

② 据《孟子·梁惠王下》记载，齐宣王见孟子于雪宫，王曰："贤者亦有此乐乎？"孟子对曰："有。人不得，则非其上矣。不得而非其上者，非也；为民上而不与民同乐者，亦非也。乐民之乐者，民亦乐其乐；忧民之忧者，民亦忧其忧。乐以天下，忧以天下，然而不王者，未之有也。"

种良序社会，所以季康子问政，孔子对曰："政者，正也。子帅以正，孰敢不正？""子为政，焉用杀？子欲善而民善矣。君子之德风，小人之德草。草上之风，必偃。"（《论语·颜渊》）并说："苛政猛于虎也。"（《礼记·檀弓》）"善人为邦百年，亦可以胜残去杀矣。"（《论语·子路》）孟子曰："无罪而杀士，则大夫可以去；无罪而戮民，则士可以徙。"（《孟子·离娄下》）荀子曰："行一不义，杀一无罪，而得天下，不为也。"（《荀子·儒效》）"为人上者，必将慎礼义、务忠信，然后可。此君人者之大本也。"（《荀子·强国》）《礼记·曲礼上》曰："敖不可长，欲不可从，志不可满，乐不可极"（意即傲慢不可滋长，欲望不可放纵，心志不可满足，享乐不可穷极）。希望统治者能够通过修身、正名而具备自我克制的美德，并认为，唯有如此，统治者才具备政治上的正当资格来担当共同体的领路人，这可以说是再朴素平正不过的一种想法了，实无可厚非。不过，从中西政治哲学比较的视角来看，这一政治思维理路又确乎有其致命的缺陷，因为它期望主要通过统治者个人的德行修养与精神境界之提升而不是客观的制度制约来克服统治阶级的贪婪、腐败、权力欲和政治邪恶，过度信任统治阶级的自我道德修养，故而不免常常陷于失望甚至绝望当中。吕思勉先生曾经就墨子政治思维的缺陷如此精到地评述道："以墨子之道来救时，是无可非议的，所难的，是他这道理，如何得以实行？希望治者实行么？天下只有天良发现的个人，没有天良发现的阶级；只有自行觉悟的个人，没有自行觉悟的阶级；所以这种希望只是绝路，这固然是诸家的通病。"[1] 这是诸家的通病，古典儒家也不例外，因此，这话同样适用于来评价古典儒家。

（本文与肖俏波合写，原载《儒家文化研究·第七辑》，生活·读书·新知三联书店 2016 年 8 月出版，收入本书时有改动）

---

①吕思勉：《吕思勉讲中国政治思想史》，团结出版社 2019 年版，第 31 页。

中国人的政治智慧与民本理念

一、中国人的政治智慧

在人类的各种智慧当中，有关政治方面的智慧尤其弥足珍贵，因为我们是有组织的、生活在政治共同体中的群居性社会动物。正如美国著名学者乔治·萨拜因所言，"群居的生活和组织乃是生物生存的基本手段"，而人类尤其如此，因为"人类不像海龟那样有着坚韧的甲壳，也不像豪猪那样有一身刺毛"，为了维持自身的生存，人类必须过群居生活，并有效地组织自身的群居生活，而政治智慧就蕴涵和体现在"人类为了有意识地理解和解决其群体生活和组织中的各种问题而做出的种种努力"①当中。

早在先秦时期，中国的圣哲先贤们就充分自觉地认识到了这一点，认识到了我们人类在所有生物中虽然是心智最为灵秀的智慧生物，但并不像生活在自然环境中的其他动物那样，有着天生的坚牙利爪、鳞甲羽毛以及快速奔

---

① [美]乔治·萨拜因著，[美]托马斯·索尔森修订，邓正来译：《政治学说史》（第四版）上卷，上海人民出版社2008年版，第11—12页。

跑的能力，以便守卫自身的安全、防御寒暑的侵袭、逃避可能的伤害。那么，人类究竟靠什么来维持自身的生存呢？面对各种生存的难题，人类除了事先预防和准备外，最主要的还是依靠群聚合作的力量。而人类要组织和协调自身的行为，过一种不单纯依靠自身体力以求生存的协作性的群体生活，又必须依靠自身仁爱的德性和理性的智慧。因此，说到底，人类必须靠自身的德性和理性而生存。①

比较来讲，中国古代的哲人一般较为重视人的德性，常常将人的德性置于优先考虑的首要地位，而西方古希腊的哲人一般较为重视人的理性，总是将人的理性置于优先考虑的核心地位。当然，他们也都希望在德性的培养与理性的发展之间最好能够实现一种协调与平衡，只是侧重点有所不同而已。大体而言，自古希腊以来，西方哲人便致力于探求知识性的真理，对最佳政制的知识探究构成了西方古典政治哲学的核心问题意识，②而自先秦以来，中国哲人就从事于追寻智慧性的道，对最佳治道的智慧追寻构成了中国古典政治哲学的核心问题意识。对西方哲人来说，真理就是知识，而对中国哲人来说，道就是智慧。西方古典的政治哲学围绕着不同性质的政府类型或政体制度展开，中国古典的政治哲学则围绕着统治者的道德修养和不同性质的治国理政的方式方法展开。

在古希腊有一个关于巨吉斯戒指的神话，"这个戒指可以让戴上它的人

---

① 如《吕氏春秋·恃君》曰："凡人之性，爪牙不足以自守卫，肌肤不足以捍寒暑，筋骨不足以从利辟害，勇敢不足以却猛禁悍，然且犹裁万物，制禽兽，服狡虫，寒暑燥湿弗能害，不唯先有其备，而以群聚邪？群之可聚也，相与利之也。利之出于群也，君道立也。故君道立则利出于群，而人备可完矣。"《汉书·刑法志》曰："夫人宵天地之貌，怀五常之性，聪明精粹，有生之最灵者也。爪牙不足以供耆欲，趋走不足以避利害，无毛羽以御寒暑，必将役物以为养，任智而不恃力，此其所以为贵也。故不仁爱则不能群，不能群则不胜物，不胜物则养不足。群而不足，争心将作，上圣卓然先行敬让博爱之德者，众心说而从之。从之成群，是为君矣；归而往之，是为王矣。"

② 参考自〔美〕施特劳斯著，李世祥等译：《什么是政治哲学》，华夏出版社2011年版，第25页。

隐身，结果就是所有人在能逃避惩罚的条件下都会行不义之事"，对此，美国学者詹姆斯·罗德之评论道，"这个神话要比想象的更为现实。政治权力就好比巨吉斯的戒指，因为它经常使其拥有者不可见和免于惩罚，而拥有政治权力的人不会都保持自己的手脚干净的。……见好就偷，见爱就抢，随意杀人。这一道德上无可救药的政治邪恶已经深植其灵魂之中"①。

其实，中国的思想家同样面临着上述由政治权力所带来的"无可救药的政治邪恶"问题。在我看来，《孟子·梁惠王下》中所记载的发生在孟子和齐宣王之间的著名对话，甚至比上述古希腊神话故事更加精彩有趣和耐人寻味：

一次，齐宣王问孟子："和邻国交往有需要遵循的原则和方法吗？"

孟子回答说："当然有。只有有仁德的人才能够以大国的身份来服事小国，只有有智慧的人才能够以小国的身份服事大国。能以大国身份服事小国的，是乐天知命者；能以小国身份服事大国的，是敬畏天命者。乐天知命的人可以安定天下，敬畏天命的人可以保全自己的国家。"

宣王说："您讲的话很有道理呀！不过，我有个毛病，我喜好勇武，恐怕不能够服事别的国家。"

孟子答道："希望大王不要喜好小勇。那种手抚刀剑、瞪着眼睛说：'他怎么敢抵挡我呢！'这只是匹夫之勇，只能抵得住一个人。希望大王能把勇扩大！像周文王、武王的勇那样，周文王一发怒就平息侵略他国的战乱而使天下的百姓都得到安定，周武王也是一发怒就推翻了暴君的统治而使天下的人民都得到安定。现在，如果大王也一发怒就使天下的人民都得到安定的话，天下的人民唯恐大王不喜好勇武呢！"

还有一次，孟子与齐宣王谈论实行王政的问题。

孟子说："年老而没有妻子的人叫作鳏夫，年老而没有丈夫的叫作寡妇，年老而没有子嗣的人叫作孤独者，年幼而没有父亲的人叫作孤儿。这四种人，是天下穷苦百姓中没有依靠的人。文王实行仁政，一定最先考虑照顾他们。"

① [美] 詹姆斯·罗德之著，张新刚译：《柏拉图的政治理论，以及施特劳斯与沃格林的阐释：北大讲稿》，上海三联书店 2012 年版，第 25 页。

宣王说："您讲得真好呀！"

孟子说："大王如果认为好，为什么不去实行呢？"

宣王说："我有个毛病，我喜好钱财。"

孟子答道："大王如果喜好钱财，能与百姓共同享有充裕富足的物质生活，实行王政又有什么困难的呢？"

宣王又说："我还有个毛病，我喜好女色。"

孟子答道："大王如果喜好女色，能与百姓共同享有幸福美满的家庭生活，实行王政又有什么困难的呢"

上面齐宣王与孟子之间的对话，其实就像古希腊巨吉斯戒指的神话所告诉人们的一样，掌握了政治权力的统治者常常好勇黩武，而随意杀人；常常好货贪婪，而见好就偷；常常好色纵淫，而见爱就抢。

那么，如何才能防止和化解这种政治邪恶呢？西方政治哲人希望通过外在客观的制度制约来限制统治者对政治权力的滥用，而中国政治哲人如孟子则希望转化和提升统治者的人生境界，以便使统治者通过加强自身的道德修养而为政以德，乃至与人民共享安乐与福祉。也许我们可以说，这属于两种不同类型的政治智慧，但不管怎样，他们似乎都将政治看作"人类试图改善生活并创造美好社会的活动"[1]，而用中国古人的说法讲就是"道洽政治，泽润生民"（《尚书·毕命》）。

扼要而言之，中国人传统的政治智慧主要具有这样一些基本特点：既富有包容而博大的政治情怀，追求协和万邦、天下和平和世界大同的高远社会理想目标，又不乏注重现实的务实精神和实用理性；既持久一贯地奉行以仁义为本、崇尚道德教化的道德政治信念，又富有贵中尚和、与时偕进、因应时变的灵活性；既强调以士人君子和圣贤人物为政治的主体，又重视统治者的责任并倡导以民为本的政治理念；既在天人关系的观念框架下思考和探究代天理民之政治事务的代理性质和公共功能，又在通古今之变的思维方式下

---

① [英] 安德鲁·海伍德著，张立鹏译：《政治学》（第二版），中国人民大学出版社2006年版，第3页。

涵养和培育以史为鉴的深厚历史认知和居安思危的政治忧患意识。但在我看来,在孔子所谓性近习远的人类生存境况下寻求共同生活之道,乃是中国人最高政治智慧的集中体现,或者说展现了中国人最高明的政治智慧与公共理性,而其中,民本主义的政治理念尤其值得我们给予高度的关注和重视,迄今对我们仍具有不可抹杀或不容轻忽的重要启示意义。

二、民惟邦本,本固邦宁——中国人的民本政治理念

中国民本思想的传统源远流长。"民惟邦本,本固邦宁"(《尚书·五子之歌》)一语,最集中而鲜明地表达了古来中国人的这一思想传统与政治信念,是中国民本政治信念的经典表达与源头活水。它的意思是,人民才是国家的根本,只有根本稳固了国家才能安宁。正是基于这样一种思想传统与政治信念,中国历代的思想家和政治家大多把政治看作固本安邦的神圣事业,把国家看作为了增进和保护人民的福祉和民生利益这一根本目的而存在的政治共同体。在中国历史上,这一思想传统与政治信念不仅有着久远深厚的历史根基与文化渊源,更有着极为广大深远的持久传衍与政治影响,乃至在中国历史上形成了一股"不时涌现的民本思想之巨流"①。

1. 民本思想的先声

相说,夏禹曾经留给子孙一条训诫,就是:"民可近,不可下。民惟邦本,本固邦宁。"(《尚书·五子之歌》)意思是说,对人民,只可亲近,而不可疏远。人民是国家的根本,只有根本稳固,国家才能安宁。这也就是说,统治者能否亲民、安民、惠民决定了民心的向背,而民心的向背反过来也决定了国家的安危以及君主的统治是否正当。在当时人的心目中,人民之为人民,成了一个考量和评判君主统治好坏的最根本和最重要的政治标尺。如果说统治者肩负着上天赋予他的神圣政治使命(天命)的话,那么天命所在,也就意味着民心所向,反之亦然。因此,统治者能否赢得天命以及天命的丧失与否,其实最终都取决于民心的向背。这可以说是一条千古不变的政治真理。

---

① 金耀基:《中国民本思想史》,法律出版社 2008 年版,第 7 页。

后来，周武王推翻暴君商纣的统治，建立了周朝之后，曾经向辅佐他灭商的最重要的一位谋士姜太公咨询"治国之道"的问题。太公非常简洁明了地回答道："治国之道，爱民而已。"这说明在古来中国人的政治信念中，爱民为治国之大道、为政之要务，是治国理政的根本原则和永恒追求。接下来，太公还向武王具体建议道：维护人民的利益而不使之受到损害，成就人民的事业而不使之遭受失败，生养而不杀戮，给予而不剥夺，使人民安乐而不受痛苦，使人民喜悦而不生怨怒，这就是治国爱民的根本方法和原则。反之，使人民失其所务而无以为业，丧其农时而无以为生，对有罪者只知加重惩罚，乃至繁兴徭役、无节制地增加人民的赋税负担，所有这些都是对人民的损伤、祸害、刑杀、掠夺，只会使人民痛苦不堪、心生怨恨愤怒。因此，太公最后说道："真正善于治国理政的人，对待人民应如父母爱护子女、兄长爱护弟弟一样，听说他们遭受饥寒就为之哀戚伤心，看到他们劳作辛苦就为之悲痛不已。"（参考自《说苑·政理》）

很可惜，武王后来不幸病逝。不过，武王的弟弟周公旦继承了武王的事业，他辅佐年幼即位的成王治理天下，经过多年艰苦卓绝的努力，最终稳固地奠定了周王朝数百年的政治基业。其中，最值得我们重视的是，周公是一位非常善于总结历史经验教训的卓越政治家，他从小邦周取代大邦商的历史沧桑巨变中吸取经验教训，提出了敬天、保民、明德、慎罚等一系列非常深刻而有见地的政治理念。

周公认为，统治者必须以敬畏和谨慎的态度来对待天命、修养和彰明自己光明的德性，必须小心勤勉地治国理政，要体察民情，重视民生，了解人民的疾苦和稼穑的艰难，把人民的苦痛看成自己的苦痛，切记不要贪图享乐，更不要恣意妄为，要谨慎地使用刑罚。这就是所谓的敬天保民、明德慎罚。另外，周公还明确提出："人，无于水监，当于民监。"（《尚书·酒诰》）这一至理名言意在告诫那些担负着治国理政之责的统治者，一定要把人民当作自己的一面镜子，时不时地照察一下自己的形象、自己的所作所为。只有这样，才能真正了解自己治国理政的得失成效，并知道怎样去改正过失，赢得民心。

上述古圣先贤在政治上传给后人的训诰警语，以及其深刻而卓越的政治见识、道德信念和民本情怀，在中国的政治思想史上产生了历久而弥新的深远影响。尤其是，作为民本思想的先声和范例，其在中国历史上激励和引导着那些富有政治理想和抱负的政治家与思想家不断去追求和探寻一切为了人民的治国理政之道。

2. 先秦儒家的民本思想

春秋战国时期，儒、墨、道、法等各家思想家纷纷提出了他们各自的政治纲领和治国主张，他们有的站在维护君主权力和国家利益的立场上来探究刑法、权术和统治者如何维持自己权势地位的问题，有的站在顺应人民意愿和维护人民利益的立场上来论述重民、贵民和统治者如何赢得民心的问题。法家是前一种政治立场和思想观点的主要代表，儒家和墨家则是后一种政治立场和思想观点的主要代表。法家将君主专制主义的思想推向了顶峰，相反，儒家和墨家则将民本主义的思想发挥到了极致。

（1）以民为本与重民爱民

相传，"以民为本"的说法出自齐国著名政治家晏婴之口。所谓的"以民为本"，意即应将人民看作国家的根本，这是治国的根本大道所在，也是政治上正确行为的指南针。那么，如何以民为本呢？说到底，也就是勤政爱民，努力使人民过上安乐幸福的生活。在政治上，没有什么比这更高尚的用心和更博厚的德行了。相反，那些苛刻掠夺人民的统治者，其毒害万倍于蛇蝎，其罪恶万倍于虎狼，品行卑下贱劣而令人不齿。（参考自《晏子春秋》卷四《内篇问下第四》）

在孔子看来，政治的根本目的就是要富民和教民，使人民过上富足而有教养的生活。据说，孔子最为关心和重视的便是人民、粮食、丧礼和祭祀这四件事。首先，孔子特别关切人民的利益需求、重视民生问题，在当时，人民面临的最大难题便是物质生活条件方面的民生保障与改善问题，因此，治国理政的第一要务便是解决人民的衣食问题，使人民有粮食吃、有衣服穿，所以孔子主张统治者应"因民之所利而利之"（《论语·尧曰》）而实行爱民惠民之政。当然，解决民生问题，不仅要解决穿衣吃饭的问题，而且还要解决人生意义的归属问题，要引导人民过一种合乎礼义的生活，其中最重要的就是能够使人们从生到死都可以得到他人的礼遇和尊重，或者使人们能够礼貌地尊重和对待他人，而丧礼和祭祀便具有使人尊重死者或事死如事生的重要文化功能，乃至可以培养人民淳厚的德性，因此，孔子还格外重视丧礼和祭祀以及对人民进行道德教化和礼义引导的问题。另外，孔子还特别强调治国理政应取信于民的问题，反对用杀戮和刑政强制的办法来对付人民，反对单纯地使用军事武力来维持国家的安全和生存。

总的来讲，孔子是一位特别重视民生，关切人民的安乐、福祉和疾苦的思想家，他重视民生，力主为政爱民，为了变天下无道为天下有道而四处奔走呼告，他希望消除人世间的混乱与纷争，希望人与人、国与国能够彼此友善、相互关爱、守望相助、和平共处，努力构建一个和平、安乐、富足、文明的和谐社会与和谐世界。孔子的思想犹如精神的灯塔或路标，永远照耀和指引着后来者。

（2）制民恒产与民心为贵

继孔子之后，孟子对于人民在政治上的重要性进行了更为精彩的论述，他将中国古老的"民为邦本"政治观念和重民爱民保民思想发展到了一个全新的理论高度，人民的重要性被提升到了一个不同寻常的历史高度。我们甚至可以说，"民"始终处于孟子政治思考的中心地位，孟子的政治学即是民本学，孟子的王道仁政思想也就是他的民本思想。

所谓的"王道仁政"，具体讲就是，要"以德服人"，而不是"以力服人"，要"以德行仁"，而不是"以力假仁"。（参考自《孟子·公孙丑上》）意即要以道德的力量使人心悦诚服，而不是依仗强力使人屈服，要以道德的力量施行仁政，而不是依仗强力假借仁的名义推行霸道；而实行仁政，就是要"制民之产"，使人民拥有一定数量的赖以为生的固定产业（恒产）如百亩之田、五亩之宅等，以保障人民的物质生活需求，尤其要使鳏、寡、孤、独这些属于社会中"弱势群体"的穷苦无依之人优先得到政府的照顾和抚恤，最终使所有人都能够过上不饥不寒、养生丧死而无憾的安乐生活，然后还要教导人民孝悌礼义之道。

也许有学者会认为孟子所向往、憧憬和描述的社会理想，即"五亩之宅，树之以桑，五十者可以衣帛矣。鸡豚狗彘之畜，无失其时，七十者可以食肉矣。百亩之田，勿夺其时，数口之家可以无饥矣"（《孟子·梁惠王上》）是一种水平并不高的社会理想。然而，如果我们认真对待孟子主张中所隐含着的深刻意涵的话，那么，我们就会明白这样一个道理的重要性，如霍布豪斯在《自由主义》一书中所说的那样："国家的义务不是为公民提供食物，给他们房子住或者衣服穿。国家的义务是创造这样一些经济条件，使身心没有缺陷的正常人能通过有用的劳动使他自己和他的家庭有食物吃，有房子住和有衣服穿。"[①] 孟子所谓的"制民之产"所要表达的根本用意，正是强调统治者（或国家）有责任和义务保障民生，即为人民创造这样一些经济条件，从而"使身心没有缺陷的正常人能通过有用的劳动使他自己和他的家庭有食物吃，有房子住和有衣服穿"，用孟子自己的话讲就是"必使仰足以事父母，俯足以畜妻子，乐岁终身饱，凶年免于死亡"（《孟子·梁惠王上》）。孟子的理想也许在水平上的确并不算高，但他对统治者（或国家）责任和义务的强调却绝对值得我们认真对待。

另外，孟子还提出了"民为贵，社稷次之，君为轻"（《孟子·尽心下》）、"与民同乐"、"乐民之乐者，民亦乐其乐；忧民之忧者，民亦忧其忧"（《孟子·梁惠王下》）等一系列著名政治主张，而且，在孟子看来，最直接而有效的赢得民心的办法，就是："所欲与之聚之，所恶勿施，尔也。"（《孟子·离娄上》）意即"人民所喜好和欲求的，就给予他们或替他们聚集起来；人民所讨厌和憎恶的，就不要强加给他们"。这也就是《大学》所说的"民之所好好之，民之所恶恶之"。

---

① ［英］霍布豪斯著，朱曾汶译：《自由主义》，商务印书馆1996年版，第80页。

总之，在孟子的心目中，人民或民心在政治生活中的位置是最重要的，民心向背决定着天下的兴亡、国家的治乱。因此，最大的政治问题或政治的根本问题便是如何赢得民心的问题。统治者必须尊重民意，顺应民心，实行王道仁政，乃至与人民同忧共乐，好人民之所好，恶人民之所恶。统治者只有做到了这一点，他才配做"民之父母"而为人君上；统治者只有做到了这一点，民心所归才能像水向下处流和兽向旷野处奔走一样不可遏止，正所谓"仁者无敌"（《孟子·梁惠王上》）、"国君好仁，天下无敌"（《孟子·离娄上》）。统治者只有让人民生活安定和富足、满意和幸福，他们自己的身家性命才会安全而有保障，乃至统一天下的目标才能得以达成，平治天下的愿望才能得以实现。在孟子整个的政治论说和谈话艺术中，始终贯穿着一种激发人的道德良知而催人上进的道义的力量。

（3）立君为民与君舟民水

荀子对儒家的民本思想做了进一步的理论阐发和深刻论述。

众所周知，在中国人古老而悠久的政治思想传统中，一直流传着这样一种政治神学的观念，那就是人类都是上天所生，上天有好生之德，有爱民之意，而由于人民需要治理，所以上天便为他们确立了一位君主来统治他们，以保障人民过上一种富足而有教养的生活，这体现了上天爱民之意。所以，上天立君绝不是要使君主一人骑在人民头上作威作福而肆意妄为，反之，君主之作为君主，应担负起代天牧民的重大政治责任，而君主尽其对人民的责任实际上也就意味着是在尽他对上天的责任。荀子就持有这样一种观点和看法，所以他说："天之生民，非为君也；天之立君，以为民也。"（《荀子·大略》）

在荀子看来，如果君民之间的关系用一个最生动形象而富有深刻寓意的说法来表达的话，那就是君和民之间就像舟和水的关系一样，水既可以承载舟，也可以打翻舟，所以，荀子说："君者，舟也；庶人者，水也。水则载舟，水则覆舟。"（《荀子·王制》《荀子·哀公》）这一君舟民水论，是与其立君为民的观念相一致的，而且更为深刻而富有创见，它一方面指出了人民是君主统治赖以存在的基础，另一方面又承认人民的力量能够推翻君主的统治。

特别是后一方面的认识，其意义更为深远，影响也更为深刻，常常能够激发统治者居安思危的政治忧患意识。

3. 民本思想的传承与延续

自秦、汉以后，直至清朝末年，在两千多年的历史中，中国在政治上一直实行的是官僚君主制，而且，君主专制制度不断得到加强和巩固。然而，人民的安乐、福祉和苦难，始终是压在富有道德良知和政治理想的思想家与政治家肩膀和心灵上的重担，他们矢志不渝地坚守着自己的道德良知和政治责任，持久一贯地认同和坚持着中国民本思想的传统，从而使中国民本思想的传统得以顽强地传承和延续了下来。

（1）民力可畏与察吏于民

汉初儒家学者贾谊可以说是极力坚持和倡导民本思想的一位杰出思想家，他说："人民是一切政治事务的根本，国家应以民为本，君主应以民为本，官吏应以民为本，这是因为国家的安危取决于人民，君主的荣辱取决于人民，官吏的贵贱取决于人民。人民是一切政治事务的命脉，国家应以人民为命脉，君主应以人民为命脉，官吏应以人民为命脉，这是因为国家的存亡取决于人民，君主的明暗取决于人民，官吏的贤不肖取决于人民。人民是一切政治事务的功业所在，国家应以人民为功业，君主应以人民为功业，官吏应以人民为功业，这是因为国家的兴衰取决于人民，君主的强弱取决于人民，官吏的能不能取决于人民。人民是一切政治事务的力量所在，国家应以人民为力量，君主应以人民为力量，官吏应以人民为力量。"（参考自《新书·大政上》）

贾谊的这段话，可以说已经将民的重要性强调到了无以复加的地位，对于国家、君主和官吏来讲，民是根本，是命脉，是功业，是力量，是"万世之本"，因为民决定着国家的安危、君主的荣辱和官吏的贵贱，决定着国家的存亡、君主的昏明和官吏的贤不肖，决定着国家的兴衰、君主的强弱和官吏的能不能，而且，还是国家、君主和官吏的力量后盾之所在。总而言之，国家、君主和官吏的灾祸与福祉，并非纯粹取决于天时，也取决于民的志愿。不仅如此，更为重要的是，民众是一种不可战胜的集体力量，凡是与人民为敌为仇者，或迟或速，人民最终都会战胜他。

不可与民为敌，这是贾谊向统治者发出的劝诫和警告，劝诫与警告的目的便是要统治者能够以民为本，而说到底，所谓的以民为本，不外是要求统治者应该以爱民、富民、安民为其根本政治关怀与职责所在，正所谓"牧民之道，务在安之而已"（《新书·过秦中》）。所以，贾谊特别重申孟子的民本理念，即"忧民之忧者，民必忧其忧；乐民之乐者，民亦乐其乐"（《新书·礼》）。然而，在官僚君主制的政治架构之下，民本思想的实现事实上有赖于君仁臣贤以及官僚制度的良性运作，因此，在这种情形之下，除了君主本人应加强自身道德修养之外，最重要的就是要尊贤使能，使俊杰在位，能够让富有道德修养的仁人君子参政治国。关于如何选拔任用治国理政人才的问题，孟子曾经提出应向国人（居住在国都中的居民）咨询的观点，而贾谊更明确主张要"察吏于民"，他说："民众虽然愚昧和卑贱，但明智的君上选拔官吏，必须使民众参与其事。如果一个人受到士人和民众的称誉，明智的君上考察之后，发现他确实受到民众爱戴和拥护的就加以任用；如果一个人使士人和民众感到痛苦，明智的君上考察之后，发现他确实受到民众指责和抱怨的就将其废黜。这样，君王选拔任用官吏，务必要倾听和顺应民众的呼声与意愿，这样才不会任意妄为而犯错误。因此，民众，是考察、评价和衡量官吏好坏的标准和尺度。"（参考自《新书·大政下》）

总之，在贾谊看来，人民虽然"至贱""至愚"，却是不可怠慢、欺侮的，人民是最值得统治者敬畏的一种伟大力量；人民之为人民，乃是评价和衡量君主及其官吏智愚、功罪、忠明的最为重要的一把政治价值标尺。

（2）民本思想的正统化与官学化

自汉武帝"罢黜百家，独尊儒术"之后，中国历史迈入了尊崇圣人孔子和儒家学说的"儒教"中国时代，儒家的民本思想也因此而被正统化和官学化，即成了一种正统思想和官方学术性质的政治思想观念。汉代以后，像贾谊一样，历朝历代的政治家、思想家和学者不断重申以民为本或民为国本的思想传统。综合他们的相关言论，可以将其观点扼要概述如下：

第一，人民是国家和君主的根基或根本，正所谓"国主之有民也，犹城之有基，木之有根，根深则本固，基美则上宁"（《淮南子·泰族训》）。意思是说，国君之有人民，犹如城墙之有基、树木之有根，根基越深厚国本就越牢固，基础越美善君上就越安宁。正因为如此，所以治国为政之道，当以民为本、"以民为务"（《吕氏春秋·爱类》）而为之兴利除害。

第二，上天生养人民，不是为了君王，而上天确立君王，是为了人民。因此，君王之德行足以使人民生活安乐的，上天就授予其天命；君王之恶行足以使人民遭受戕贼祸害的，上天就夺去其天命。不仅上天生民而为之立君如此，君主张官置吏也是为了人民，这是因为民贵君轻、民为邦本乃古今政治上的大义正理。因此，无论是君主，还是官吏，都理应是人民的仆役，应该以实行仁政、为人民服务为天职。

第三，统治者应把人民看作自己的同胞手足，视人民之困苦荼毒，犹如疾痛之切于己身，所以治国为政务须固本安民，而"安民之本，在于足用"（《淮南子·诠言训》），或者"安民之道，在于足衣食"[1]。换言之，统治者必须上承天命以养民，正所谓"为民立君，所以养之也"[2]，而养民之道，则在于爱惜民力。不管怎样，只有人民过上富足安乐的生活，国家和君主才能稳定安宁。

第四，在现实政治生活中，虽然君主拥有至尊无上的地位和权力，但是从天下为公或民为邦本的政治立场、信念和理想来讲，天下应为人民所共有共享，人民利益和福祉高于一切，而君主不过是代天理民的过客而已，因此，整个天下的治乱问题，并不在于一家一姓王朝政权的兴亡，而在于天下万民的忧乐。

毋庸讳言，在君主专制的时代，上述思想观念无疑是很难在现实政治生活中得到彻底贯彻和全面落实的，而只能部分地得到实现。但我们却不能因此而否认这些思想观念的价值和意义。事实上，翻开历史，我们也会发现在

---

[1] 程颢、程颐著，王孝鱼点校：《二程集》，中华书局1981年版，第511页。

[2] 程颢、程颐著，王孝鱼点校：《二程集》，中华书局1981年版，第1095页。

不同历史时期特别是政治清明之际，确曾出现过一些杰出的政治家和地方官吏，甚至个别开明的君主，他们之所以能够勤政爱民，关切民生疾苦，实施了一些有利于改善国计民生的政策和措施，正是因为受到了上述思想观念的深刻影响。尤其是在地方治理上，一些秉持儒家仁爱观念和民本思想的循良之吏（奉职循理的好官吏），特别注重发展地方经济和兴办教育事业，致力于实施一些为民兴利、富而教之的良政善举，乃至于"凡有利于民者，为之无不力"[1]，意即凡是对人民有利的，无不尽心尽力地去做，正因为如此，所以他们在生前死后都能够赢得地方人民的普遍尊敬和爱戴。这样的循良之吏，可以说是儒家文化教养下的"独特产品"，在中国历史上，正是他们树立了一种品德和政绩均属优良的官员典范和榜样，树立了一种用以评判官员好坏、善恶、功过和是非的理想标准。清代大诗人郑板桥在其职任山东省潍县（今山东省潍坊市寒亭区）县令时曾经写过这样一首诗："衙斋卧听萧萧竹，疑是民间疾苦声；些小吾曹州县吏，一枝一叶总关情。"[2] 这首诗正是对地方循良之吏情系民生之心声的最真切鲜明和生动形象的写照。

4. 民本思想的实质与启示

作为一种起源久远古老的思想传统，民本思想一直在不同历史时期、不同的社会形态和政治制度下得以持续传衍和流行，这本身便是一件非常值得我们深思的问题。它既然发端于上古原始氏族民主制时代，而且逐渐发展成熟并能够长期流传于君权神授的王权时代、宗法封建制的贵族分权时代、郡县官僚制和中央集权的君主专制时代，那么，作为一种具有普适性的流动理想，它也一定能够在政治民主的当今时代得到更好的实现和发扬。问题的关键在于，我们必须正确地理解和认清民本思想的内涵实质及其政治价值意义。

不可否认，在民本思想中，人民虽然被承认在无法容忍的最终意义上拥有集体反抗暴君统治或政府苛政的正当权利，但总的来讲，人民在政治上只是一种缺乏参政权、处于消极被动地位的政治角色，因此，在历史上，尤其是

---

① 赵尔巽等撰：《清史稿》，中华书局 1977 年版，第 13090 页。

② 吴泽顺编注：《郑板桥集》，岳麓书社 2002 年版，第 107 页。

君主专制的时代，民本思想其实很容易被专制君主工具性地利用来维护其政治统治。正因为如此，所以民本思想自有其思维方式上的特定缺陷或历史局限性，正如梁启超先生所指出的那样："我先民极知民意之当尊重，惟民意如何而始能实现，则始终未尝当作一问题以从事研究。故执政若违反民意，除却到恶贯满盈群起革命外，在平时更无相当的制裁之法。此吾国政治思想中之最大缺点也。"[①]

尽管如此，同样难以否认的是，民本思想中其实又确乎包含着极为丰富的政治智慧和政治理性、极为有益的政治理想和政治信念。要而言之，它主要能够给我们带来如下重要启示：

天和民可以说代表着中国传统政治思维的两大最为重要的政治价值维度。如果说对天的信仰和对天命的敬畏，催迫着古来中国人立足于从超越人类的视界来审视和思考人间秩序的合理安排和公正治理的问题的话，那么，对民的重视和对民心民意的尊重，则促使着古来中国人必须从民为邦本的立场来审视和思考政治共同体的正确治理之道和权力行使的正当性问题。民本思想中蕴涵着一种深刻的共同体理念和政治智慧，民为邦本的命题意味着统治者和人民共同构成了一个休戚与共、痛痒相关、血脉命运密切相连的政治共同体，二者一损俱损、一荣共荣，因此，正确的治国理政之道便必须是本着民为邦本的信念而致力于保障和改善民生，统治者必须担负起"执政为民"的政治职责和应尽义务，必须将人民的利益和福祉置于个人和统治集团的利益考虑之上。说到底，从民为邦本的意义上讲，政治的真正目的不是别的，而是实现和增进人民大众的安乐和福祉，国家存在的正当理由在于它理应是"一项协作性的事业"[②]，而不是单纯依靠刑法政令的强制手段来控制人民的统治机器或暴力机关，政治事务的根本性质就在于做人民的仆役而为人民服务，而不是为个人和统治集团谋取不为人民所享有的特权私利。

① 梁启超：《先秦政治思想史》，东方出版社 2012 年版，第 45 页。

②［美］顾立雅著，高专诚译：《孔子与中国之道》（修订版），大象出版社 2014 年版，第 154 页。

正是基于上述对政治事务性质和政治正当性问题的思考和理解，所以古来中国人论政，主要强调的便是统治者的职责，正如钱穆先生所说："西方人讲政治，一定先要讲'主权'。他们的政治思想，很多是建立在主权观念上。所以西方有神权、王权、民权的分法。到现在便是国家主权在民众。中国讲政治，一向不讨论主权在那（哪）里。……中国人讲政治，一向看重在'职责'。只论政府该做些什么事？它的责任该是些什么？它尽了职没有？而并不讲主权在那（哪）里。……这是双方政治思想上一绝大的歧异。"① 不过，为了人民的安乐和福祉，为了更好地践行和实现民为邦本的政治价值信念，中国人民是乐于将"人民主权"或"治权在民"的政治价值原则和理想信念借鉴、吸收进自己的思想观念和政治智慧当中去的。因为，无论民为邦本，还是治权在民，它们所强调和遵循的政治共同体的根本价值信念都是合作而不是冲突，是相互协作而不是相互对立，是人民本位而不是特权至上。

按照孔子性近习远的理念，因为我们有着相近的本性，所以我们彼此可以就人的基本需求进行相互交流与沟通，并能够达成相互的理解与共识，但人与人又是习相远的，地域的限制、交通的阻隔、文化的不同、政教的差别等种种因素所造成的"习相远"，既是人类多样性存在的原因，也是人类相互冲突的根源，如何在无须破坏人类习性的多样性的前提下，化解人类可能的冲突，乃至以一种道德政治的理想来引领人类过上一种合乎人道的共同生活，这才是最高政治智慧的体现。民本之为民本，也正集中体现了这样一种寻求共同生活之道的政治智慧！

有学者总是纠结于民本不是民主的问题，不过，我更赞同金耀基先生的下述观点，即"阐扬中国之民本思想，涵摄西方之民治观念，俾中国的民本思想得新精神而寻出一条出路，使民主制度在中国大地生根结实，正中国现代学人所当努力之大方向，大题目"②，而反对这样一种观点，如有人主张"主

---

① 钱穆：《中国历代政治得失》（新校本），九州出版社 2012 年版，第 139 页。
② 金耀基：《中国民本思想史》，法律出版社 2008 年版，第 199 页。

权在民，治权在贤"，认为"孟子式民主的关键一点是对民众的教化，让民众知道尊重能力，接受有能力的人的统治，且在自认为无能时放弃参政权"①。如此说来，所谓的"主权在民，治权在贤"，实意味着人民的有限参与和贤能者的无限权能。我更赞同托马斯·杰斐逊的下述观点，即"我知道，除了由民众自己来保管社会最基本的权力之外，没有任何其他方法是安全的，如果我们认为他们不具有足够的智慧和健全的判断力来进行管理的话，那么我们的补救办法不是去剥夺他们的权力，而是告诉他们如何进行自由的行动"②。因此，正如萧公权先生所说，"孔子言仁，实已冶道德、人伦、政治于一炉，致人、己、家、国于一贯"③，我相信今日的儒家应该能够更好地冶民本、民主于一炉，致贤能、民众、君子、公民于一贯。努力探索、构建、发展和实践一种以民为本、符合仁道、富有君子美德的公民文化和共治共享的新型参与式民主，这才真正符合孔孟儒家的民本政治之学。

总之，人民是国家的根本，对古来中国人来讲，这可以说是一条政治上的不朽信条。"民为邦本，本固邦宁"，这也是一条被历史经验所反复证实了的千古真理。民本思想无疑为我们留下了一份值得我们加以珍视的强调"负责制政府"的重要精神遗产，它内含着极为丰富的政治智慧和高度成熟的政治理性精神，它强调实现和增进人民大众的安乐和福祉是政治的真正目的，要求统治者必须承担起理应担当的政治职责，必须对人民的真正意愿和民生需求做出积极而负责任的回应，并承认人民拥有评判政府好坏和反抗暴政的最终的正当权利。民为邦本，让人民富足、安乐和幸福，懂得文明礼义，富有道德教养，这一民本思想的政治价值信念和目的理想，在历史上不断激励

---

① 白彤东：《一个儒家版本的有限民主》，见杨永明主编：《当代儒学》（第九辑），广西师范大学出版社 2016 年版，第 38 页。

②［美］本杰明·巴伯著，彭斌、吴润洲译：《强势民主》，吉林人民出版社 2011 年版，第一部分前的"引语"。

③ 萧公权：《中国政治思想史》，新星出版社 2005 年版，第 41 页。

和鼓舞着人们追求实现由人民共有、共享的公共性、协作性的事业目标的政治热忱，它在今天同样可以激励和鼓舞我们追求实现中国梦的政治热忱。

（本文是笔者 2016 年 8 月 18 日在中国孔子研究院"春秋讲坛"上所做学术报告的讲演稿，收入本书时有改动）

义理、权势与政治
——二程兄弟的政治哲学论纲

程颢、程颐（简称"二程"）兄弟对儒学第二期发展做出了杰出的思想贡献，这大概是没有疑义的，但他们与周敦颐、张载、邵雍等一起创发的理学思潮究竟在政治思想上具有什么样的贡献和意义，却未必是确定无疑的。一般认为，他们偏于儒家内圣心性之学的阐发，而在儒家外王事业及其理论思考方面并无特殊的贡献和创见。此说虽大体不错，然就二程的政治哲学来讲，却仍有重新审视、反思和检讨的必要。依笔者之见，如果我们能够认真对待并深入领会二程政治思考及其相关论说的理论内涵，也许不难发现他们不仅在儒家性理之学上做出了创造性的贡献，而且对人类政治生活和政治事务本身之性质的理解亦富有独到而深刻的理论创见，非常值得我们认真对待和深入探究。就核心要义或根本宗旨而言，其政治哲学可被称为道义政治论或政治义理学。兹论述一二。

一、天理体认与政治思考的融贯一体之学

如所周知，二程兄弟的思想根基在于对天理的体认。程颢尝言："吾学虽有所受，天理二字却是自家体贴出来。"① 二程汲汲于去体贴、体认天道义理，为的是探索如何从世界生生之本源的意义上来解释天地万物之存在和人类社会生活的自然合理性，并证成其根本的一致性。因此，对他们而言，"最大的问题是人与天地的结合以及人性与天命的统一问题"②，那么，二程兄弟所体贴出的"天理"究竟意蕴如何呢？他们所论的天道义理，主要包含两个意义维度：一是生命流行之生生不息的过程性或创造性的生道本源，"天只是以生为道"；二是天地万物之整体关联的秩序性或存在性的自然原理，"万物皆只是一个天理"，"在天为命，在人为性，论其所主为心，其实只是一个道"。③ 此天道义理，自然而然，独立自主，不以人的意志为转移，贯通天地万物和性命人伦，赋予一切事物以价值和意义，亦同样构成了人类生活世界的价值根基和意义源泉；人之能穷理尽性而使其行为合乎天道义理才是自然而正当的。换言之，它既是事物生成和存在的根本道理，亦是人类道德心性的形上本原，并最终奠立和构成了人类生活和社会秩序的规范、准则和根基。

二程的政治思考，无疑正是基于或围绕着他们对于天道义理或天人融贯相通之理的上述深切体认而展开的。对他们而言，深切地体认天道义理不仅决定了"儒者之学"的根本关切和本质内涵，而且同时也决定了"王者之道"的根本关切和本质内涵，正所谓"王道与儒道同，皆通贯天地，学纯则纯王纯儒也"④。具体而言，儒者为学，当以义理为师，"学者必求其师。……所谓师者何也？曰理也，义也"⑤，即通过穷理尽性、为学修身以复其天德本性而成圣成贤；王者为治，当体天之道，所谓"天道生万物，各正其性命而不

---

① 程颢、程颐著，王孝鱼点校：《二程集》，中华书局1981年版，第424页。
② ［法］谢和耐著，耿昇译：《中国社会史》，中国藏学出版社2006年版，第182页。
③ 程颢、程颐著，王孝鱼点校：《二程集》，中华书局1981年版，第29、30、204页。
④ 程颢、程颐著，王孝鱼点校：《二程集》，中华书局1981年版，第411页。
⑤ 程颢、程颐著，王孝鱼点校：《二程集》，中华书局1981年版，第323页。

妄；王者体天之道，养育人民，以致昆虫草木，使各得其宜，乃对时育物之道也"①，所以说，"万物无一物失所，便是天理"②，真正的王道政治在于使万物各得其所，"圣人所以能使天下顺治，非能为物作则也，惟止之各于其所而已。止之不得其所，则无可止之理"③。

由此可见，二程的天道义理之学与其政治思考可以说是一体之两面的关系，在此意义上，其政治哲学亦可说是道、学、政融贯相通为一的道义政治论或政治义理学。如果说二程所谓的天道义理有上述两个意义维度的话，那么其政治思考或政治哲学亦有两个意义维度。一是从事物整体关联的秩序性或存在性的自然原理的意义上讲，人类社会的人伦政治秩序无疑具有一种无可逃避的必然性及其自然而然的合理性与正当性，如二程认为："父子君臣，天下之定理，无所逃于天地之间。"④毋庸讳言，这一理念在今天常常受到批评和指责，以为其最大的问题是将君臣一伦永恒化和完全自然合理化了，但二程的政治思考并不止于此，甚至可以说其思考之重心远不在此。他们对天道义理的体认和信仰所强调的是，人人当遵循天道义理以行，或者说人人应各尽其职分、职责，而整个人伦政治秩序的维持端赖乎此，如"为君尽君道，为臣尽臣道，过此则无理"⑤。二是从天地生生之道的意义上来讲，二程特别强调人君为政不可违背天道生生之义，而尤当以养民遂生为其神圣职责所在，如程颢说："天生蒸民，立之君使司牧之，必制其恒产，使之厚生，则经界不可不正，井地不可不均，此为治之大本也。"⑥程颐说："为民立君，所以养之也。养民之道，在爱其力。民力足则生养遂，生养遂则教化行而风俗美，故为政以民力为重也。"⑦说到底，他们论政之重心乃落在治国理政之君长所当

---

① 程颢、程颐著，王孝鱼点校：《二程集》，中华书局1981年版，第824页。
② 程颢、程颐著，王孝鱼点校：《二程集》，中华书局1981年版，第77页。
③ 程颢、程颐著，王孝鱼点校：《二程集》，中华书局1981年版，第1211页。
④ 程颢、程颐著，王孝鱼点校：《二程集》，中华书局1981年版，第77页。
⑤ 程颢、程颐著，王孝鱼点校：《二程集》，中华书局1981年版，第77页。
⑥ 程颢、程颐著，王孝鱼点校：《二程集》，中华书局1981年版，第453页。
⑦ 程颢、程颐著，王孝鱼点校：《二程集》，中华书局1981年版，第1095页。

尽之职分上。

钱穆先生曾指出："西方人讲政治，一定先要讲'主权'。……中国人讲政治，一向看重在'职责'。只论政府该做些什么事？它的责任该是些什么？它尽了职没有？而并不讲主权在那（哪）里。"[1]中国人政治思想的这个特征，在二程的政治义理学中有着极鲜明而充分的体现，这是我们首先应明确的一点。就此而言，二程的政治论说似乎也只是体现了中国思想家的一般通见共识而并无特别之处，而就君长所应尽之职分责任的具体内容来讲，亦不外遵循先儒王道仁政之旧说而责人君"以王道为心，以生民为念"[2]，其特别之处即在于赋予了其政治职责以一种天道义理的信仰背景，增强了其必须"以道自任"而不可逃避和推卸的精神性力量。不过，这仅仅只是其整个政治义理学的基础性理念。

二、在理想与现实之间：政治义理学的思维向度

二程的政治义理学并未止步于上述基础性的理念，而是在此基础上进一步拓展其论域，把政治思维的触角一面伸向理想、一面又伸向现实，从而极富思想的内在张力，此亦正是其政治哲学的创新价值和独特魅力所在。兹从以下几方面论之。

（一）置身于道义和权势之间的政治义理信念

与宋代其他儒家士大夫一样，二程也深怀致君尧舜、追复三代之治的政治理想和抱负，然而，他们也不得不面对拥有至尊之权力势位的皇权来思考天下国家治乱的问题，寻求解决政治问题的根本之道。二程清楚地认识到皇权是政治行动的最终权源和国家治乱的根本所系，故汲汲于从君主的角度来探求治国平天下之道。如程颐在给宋英宗的上书中说，诸如宽赋役、劝农桑、实仓廪、备灾害、修武备、明教化等诚然都是当世之要务，但根本地须以"立志""责任""求贤"三者为先；而三者之中，又须"以立志为本"，君

---

① 钱穆：《中国历代政治得失》（新校本），九州出版社 2012 年版，第 139 页。
② 程颢、程颐著，王孝鱼点校：《二程集》，中华书局 1981 年版，第 515 页。

志立则天下治。所谓"立志"，即"至诚一心，以道自任，以圣人之训为可必信，先王之治为可必行，不狃滞于近规，不迁惑于众口，必期致天下如三代之世"，自古人君莫不欲天下大治，其所以皆终于衰乱的根本原因就在于"上志不立"①。这其实就是要君主树立追求远大政治理想和遵循义理、以道自任的政治信仰。所谓"责任"，即"求任辅相为先"，因为"以海宇之广，亿兆之众，一人不可以独治，必赖辅弼之贤，然后能成天下之务"②。所谓"求贤"，就是要人君征选贤能之士，使"贤者在位，能者在职"③。在上书的末尾，他重申道："臣前所陈三者，治天下之本也。臣非不知有兴利除害之方，安国养民之术，边境备御之策，教化根本之论，可以为陛下陈之。顾三者不先，徒虚言尔。三者既行，不患为之无术也。"④其意思很明确，国家建设的一切具体事务要想真正获得成效，必须先从权力世界的根本和源头处入手，即君主须首先做到立志、责任和求贤，这才是治天下之大本所在。此三者不先行讲求，则其他一切治术策论皆是"虚言"。

　　人君居至尊之势位，握无上之权力，则既可以立志、责任、求贤而致天下于太平，亦可以肆欲、专权、自任而陷天下于危亡。对此，程子已有明确的认识，他说："人君因亿兆以为尊"，其抚治万民之道，"当尽其至诚恻怛之心，视之如伤"，战战兢兢，唯恐"一政之不顺于天，一事之不合于理"，如此方是"王者之公心"；若"居至尊之位"，"恃所据之势"，而"自任刚决，不复畏惧"，放肆地"以天下徇其私欲"，则是自取乱亡的"危道"⑤。基于此认识，他在《论经筵札子》中遂极论尊礼经筵师傅以尽其涵养、辅成人君德性之责的重要性，要求人君能够"知道畏义""尊贤畏相"或"尊儒重道"，乃至节制权力而不骄肆自圣，他指出："以人主居崇高之位，持威福之柄，百官畏惧，

① 程颢、程颐著，王孝鱼点校：《二程集》，中华书局1981年版，第521页。
② 程颢、程颐著，王孝鱼点校：《二程集》，中华书局1981年版，第522页。
③ 程颢、程颐著，王孝鱼点校：《二程集》，中华书局1981年版，第524页。
④ 程颢、程颐著，王孝鱼点校：《二程集》，中华书局1981年版，第527页。
⑤ 程颢、程颐著，王孝鱼点校：《二程集》，中华书局1981年版，第530、753页。

莫敢仰视，万方承奉，所欲随得。苟非知道畏义，所养如此，其惑可知。中常之君，无不骄肆；英明之主，自然满假。此自古同患，治乱所系也。"①

人君既为治乱所系，但若将无限政治希望寄托在人君一身，则有其难以摆脱的政治困境。因为人君"权力一元化"必然导致要求其修德"始终是有希望而又没有把握的事"，结果政治上"常常在打圈子"②而永无进步。二程将儒家王道仁政理想的实现寄托在人君之立志和德性之涵养上，希望培养和促成其自警反省之心，无疑并不能对至尊皇权形成一种根本性的制度制约。不过，其政治思考也并非毫无意义，尤其是他们面对皇权至尊的政治压力，敢于公然宣称"人主不当自圣"③，明确反对以顺从为尊君的政治立场和态度，就足以显示出他们在理论上和政治上的非凡勇气。如程颐在为经筵讲官争坐讲之礼的上书中说：

> 自古国家所患，无大于在位者不知学。在位者不知学，则人主不得闻大道，朝廷不能致善治。……诣谋致治之道，当使圣德日跻，善治日新。进德在于求道，图治莫如稽古。……大率浅俗之人，以顺从为爱君，以卑折为尊主，以随俗为知变，以习非为守常，此今日之大患也。……人君唯道德益高则益尊，若位势则崇高极矣，尊严至矣，不可复加也。过礼则非礼，强尊则不尊。④

程颐的这番大胆而畅快的言说，以超乎常人的道德勇气揭橥了一种道尊于势、圣学与王权相对二分而欲以圣学引领和范导王权的政治思维路向。另如宋儒周敦颐所言："天地间至尊者道。"⑤宋孝宗时，大臣留正等更直接对孝宗说："天下惟道理最大，故有以万乘之尊而屈于匹夫之一言，以四海之富

---

① 程颢、程颐著，王孝鱼点校：《二程集》，中华书局1981年版，第539页。
② 梁漱溟：《中国文化要义》，见《梁漱溟全集》（第三卷），山东人民出版社1990年版，第184—185页。
③ 程颢、程颐著，王孝鱼点校：《二程集》，中华书局1981年版，第458页。
④ 程颢、程颐著，王孝鱼点校：《二程集》，中华书局1981年版，第550—551页。
⑤ 周敦颐著，谭松林、尹红整理：《周敦颐集》，岳麓书社2002年版，第43页。

而不得以私于其亲与故者。"① 明儒吕坤进而说:"天地间,惟理与势为最尊。虽然,理又尊之尊也。庙堂之上言理,则天子不得以势相夺。即相夺焉,而理则常伸于天下万世。故势者,帝王之权也;理者,圣人之权也。帝王无圣人之理,则其权有时而屈。然则理也者,又势之所恃以为存亡者也。以莫大之权,无僭窃之禁,此儒者之所不辞而敢于任斯道之南面也。"② 可见,二程和宋明儒者对天道义理的信仰和坚守,或其置身于道义和权势之间的政治义理信念,具有极其重要的限制王权以及政治抗争的意义,这是决不容轻忽的。

(二) 治道与治法相辅互济、体用兼备的儒家"善治"之道

依程颐之见,"圣人治天下之道"实有"二端",即"治之道"和"治之法",具体言之,即"治身齐家以至平天下者,治之道也;建立治纲,分正百职,顺天时以制事,至于创制立度,尽天下之事者,治之法也",而"法者,道之用"③。治道与治法相辅互济,是为儒家体用兼备的"善治"之道。

关于"治之道",二程重在从人君之立志修德上确立治天下之大本,因为"治天下国家,必本诸身,其身不正而能治天下国家者无之"④。而在释"家人"卦义时,他更对《大学》所谓修齐治平之道做了进一步的具体阐发:"人有诸身者则能施于家,行于家者则能施于国,至于天下治。治天下之道,盖治家之道也,推而行之于外耳","家者国之则也","父子兄弟夫妇各得其道,则家道正矣。推一家之道,可以及天下,故家正则天下定矣"⑤。显然,他是在重申儒家的根本治道观:治天下国家须本诸身而以正身齐家为根本,而"治天下之道"亦不过是"治家之道"的推扩而已。

仅就以上所言,二程之论治道盖与先儒一脉相承,似无太多创见和新意,但这只是其论政之一端,为了真正展现其别具匠心的独到创见,还须结合其

---

① 佚名撰,李之亮校点:《宋史全文》(下册),黑龙江人民出版社 2005 年版,第 1710 页。
② 吕坤著,温大勇译评:《呻吟语》,吉林文史出版社 2001 年版,第 43 页。
③ 程颢、程颐著,王孝鱼点校:《二程集》,中华书局 1981 年版,第 1036、1219 页。
④ 程颢、程颐著,王孝鱼点校:《二程集》,中华书局 1981 年版,第 316 页。
⑤ 程颢、程颐著,王孝鱼点校:《二程集》,中华书局 1981 年版,第 884—885 页。

对"治之法"的论述。如在释"家人"卦义时，程颐又特别强调家道之始以法度防闲的首要性，"治其有家之始，能以法度为之防闲，则不至于悔矣。治家者，治乎众人也，苟不闲之以法度，则人情流放，必至于有悔，失长幼之序，乱男女之别，伤恩义，害伦理，无所不至"，初九与九三、上九都以刚立为善，而不"以情胜礼，以恩夺义……以私爱失其正理"①，所以无悔厉而终吉。儒家历来重视亲亲之伦理情谊，但程子所论治家之道，却重在强调"治乎众人"当"闲之以法度"而使人情不至"流放"为准的，推此道以治天下国家，适足以致太平，因为治天下国家亦不外"治乎众人"而已。在此意义上，我们也许能更好地认识"修齐治平"这一治道理念之逻辑开展的深层意蕴。借用杜维明先生的话说，它并非如一般所误解的那样只是一种"顺着一条线形的思维"，而是"植根于错综复杂的运思模式"②。这一"运思模式"所欲告诉人们的是，正身齐家内含着一种普遍有效的治理天下国家亦即"治乎众人"或处理公共事务的政治艺术，而并非说一身之正、一家之齐即等同于天下国家之治平。对此，杜先生做了强有力的辨析和回应，他指出采用道德与政治截然二分视角的批评者对儒家的理解是片面的、具有误导性的，有些批评者认为"儒家天真地以为，家庭仅仅是培养人成长的温暖、慈爱的有利环境"而"没有考虑到现实中有些家庭的冷酷、堕落的一面"，从而以为儒家只是想当然地把齐家当作"有效治国平天下的必要条件"，实际上，儒家非常重视家庭是因为家庭乃是"一个复杂的系统"，"它赋予每个人一种不可改变的义务，也有望从中导出某种权利"，而"对这种义务进行转换"则需要每个家庭成员都愿意合作，小家庭如此，大的家族更是如此，因此，"齐家与其说是私事，不如说它与公众事务更为接近"③。

杜先生的以上论述，最足以阐明程子之意。不过，在程子看来，齐家还不只是"与公众事务更为接近"，而是与公众事务在性质上完全是相通一致

---

① 程颢、程颐著，王孝鱼点校：《二程集》，中华书局1981年版，第885、886页。
② 杜维明：《二十一世纪的儒学》，中华书局2014年版，第12页。
③ 杜维明：《二十一世纪的儒学》，中华书局2014年版，第194—195页。

的，故曰：“治家者，治乎众人也”，“家者国之则也”。正唯如此，必须以法度防闲人情之流放，而不能因私爱而感情用事。他重视法度防闲之意，在论合族宗会和防止骨肉之间仇怨忿争之礼法的重要性上更加显豁而明朗，其言曰：“凡人家法，须令每有族人远来，则为一会以合族，虽无事，亦当每月一为之。……族人每有吉凶嫁娶之类，更须相与为礼，使骨肉之意常相通”；“后世骨肉之间，多至仇怨忿争，其实为争财。使之均布，立之宗法，官为法则无所争”①。他认识到，单纯地依靠天然固有之亲情难以维系家族骨肉之间的关系，还须依靠宗会相与之礼法，并以均布之宗法来防止其为争财而起仇怨忿争。

可见，二程在倡明“治道”的同时，决不轻忽“治法”问题。不仅不轻忽，而且特别强调为政必须首先立善法，如谓：“凡为政，须立善法，后人有所变易，则无可奈何。虽周公，亦知立法而已，后人变之，则无可奈何也。”②准此而论，讲“治之法”的问题又须首先明确分辨法之善恶，唯有善法才能致善治。于是，二程强调先王三代之治与后世之治之不同：“先王之世，以道治天下；后世只是以法把持天下”，“三代之治，顺理者也。两汉以下，皆把持天下者也”，“王者奉若天道……尽此道者，王道也。后世以智力把持天下者，霸道也”③。这就是将后世之“治法”归属于“恶法”的范畴，因为其意不过只是欲以智力或“霸道”之法“把持天下”而已。反过来，在他们看来，所谓的“善法”须是以上古三代圣王之法为标准且因现实民情而损益的。如程颢在《论十事札子》中说：

> 圣人创法，皆本诸人情，极乎物理，虽二帝、三王不无随时因革，踵事增损之制；然至乎为治之大原，牧民之要道，则前圣后圣，岂不同条而共贯哉？盖无古今，无治乱，如生民之理有穷，则圣王之法可改。……苟或徒知泥古，而不能施之于今，姑欲循名而遂废其实，此则陋儒之见，

① 程颢、程颐著，王孝鱼点校：《二程集》，中华书局1981年版，第7、177页。
② 程颢、程颐著，王孝鱼点校：《二程集》，中华书局1981年版，第179页。
③ 程颢、程颐著，王孝鱼点校：《二程集》，中华书局1981年版，第4、127、1087—1088页。

何足以论治道哉！①

二程的政治理想在追复三代圣王之治，但圣王之法既有须随时因革损益者，亦有"天理之不可易，人所赖以生，非有古今之异，圣人之所必为"而当讲求者，后者的具体内容，包括修师傅之职、著友臣之义以成"尊德乐善之风"于天下，王者奉天建官以修百度而理万化，制民恒产以厚其生，为政教于乡党"以相联属统治"而使民相安亲睦，兴"庠序之教"以明人伦而化成天下等十事，皆古今不异的"善法"②之本。就前者而言，程颐明确反对泥古以为治："必井田，必封建，必肉刑，非圣人之道也。善治者，放井田而行之而民不病，放封建而使之而民不劳，放肉刑而用之而民不怨。故善学者，得圣人之意而不取其迹也。"③换言之，为政当师圣人之意而立善法，若一味于"迹"上模仿圣人一时之治而无视时代民情的具体变化，则其所立之法亦是"恶法"。

总之，二程所论"善治"乃是以治道为体、治法为用而相辅互济的政治均衡之道。其治道思想，一方面格外强调人作为政治主体的决定性作用，正所谓"善言治天下者，不患法度之不立，而患人材之不成。……人材不成，虽有良法美意，孰与行之"④？法须靠人来实行，故为治与致乱之因皆"在人而已矣"⑤；另一方面亦决不轻忽治法的问题，单纯强调人的因素，必然会发生"其人存则其政举，其人亡则其政息"之流弊，故他们又特别强调为政须立善法而后人不得轻易改变的根本重要性。由"人材"行良法善制，适足以致天下之善治，若其人无德不才，徒恃所据之势而肆求欲之心，则虽勤身劳力，亦足以招致负败衰亡。相对于那种单纯强调治道或治法而各偏执一端的片面观点，如是之治道与治法相辅互济、体用兼备的政论，最足以体现二程兄弟在

① 程颢、程颐著，王孝鱼点校：《二程集》，中华书局 1981 年版，第 452 页。

② 程颢、程颐著，王孝鱼点校：《二程集》，中华书局 1981 年版，第 452—454 页。

③ 程颢、程颐著，王孝鱼点校：《二程集》，中华书局 1981 年版，第 326 页。

④ 程颢、程颐著，王孝鱼点校：《二程集》，中华书局 1981 年版，第 69 页。

⑤ 程颢、程颐著，王孝鱼点校：《二程集》，中华书局 1981 年版，第 1214 页。

政治上清醒、理性而均衡的远见卓识。

(三) 以教化为本而又寓教于刑的治理理念

儒家历来就重视对人民的教化，主张先教后刑、德主刑辅，并以保障人民生活安定为教化之先。二程论政亦不例外，故反复强调人君之职责在养民、安民、教民和保民："为政之道，以顺民心为本，以厚民生为本，以安而不扰为本"；"先王以仁义得天下而教化之，后世以智力取天下而纠持之"；"不能保其土地人民，是不君也"①。儒家认为"政治之最高目的，为实现人类之道德生活"②，故在强调保民、养民为治国者的最基本职责之外，又极力主张以教化为安民之本。这种治理理念，视教化为实现此最高政治目的的根本途径或必由之路。如果说治国理民还不能完全舍弃刑法政令之强制性手段的话，那么它们也只能作为辅助教化的工具。

那么，二程又是如何看待教化与刑法的问题的呢？

首先，关于民是否可教的问题。孔子曾讲过一句极易被歪曲误解为主张愚民统治的话："民可使由之，不可使知之。"（《论语·泰伯》）当有人质疑孔子此言究竟是"圣人不使之知"还是"民自不可知"时，程颐的回答是："圣人非不欲民知之也。盖圣人设教，非不欲家喻户晓……圣人但能使天下由之耳，安能使人人尽知之？此是圣人不能，故曰：'不可使知之。'若曰圣人不使民知，岂圣人之心？是后世朝三暮四之术也。"③在他看来，所谓"不可使知之"，只是表达圣人自己之"不能"的无奈，并非意在"不使民知"。程子的这一说法称得上是一种通人雅见。而且，他在为孔子辩诬正名的同时，更毫不含糊地宣示："民可明也，不可愚也；民可教也，不可威也；民可顺也，不可强也；民可使也，不可欺也。"④

由此，二程进一步发展了孔子"有教无类"的教育思想而极力阐扬一种

① 程颢、程颐著，王孝鱼点校：《二程集》，中华书局 1981 年版，第 531、1217、1124 页。

② 萧公权：《中国政治思想史》，新星出版社 2005 年版，第 332 页。

③ 程颢、程颐著，王孝鱼点校：《二程集》，中华书局 1981 年版，第 220 页。

④ 程颢、程颐著，王孝鱼点校：《二程集》，中华书局 1981 年版，第 319 页。

不仅人人可教而且人人可学以至圣人的以教化为本的政教理念。如程颢尝上札子请求朝廷修学校尊师儒，即礼聘"高蹈之士"以立师道，使"群儒朝夕相与讲明正学"，"其教自小学洒扫应对以往，修其孝悌忠信，周旋礼乐；其所以诱掖激厉渐摩成就之道，皆有节序……至于化成天下，自乡人而可至于圣人之道"①。程颐亦曰："生民之道，以教为本"，"三代盛治由教而致"，是时"天下无不教之民"，"贤能群聚于朝，良善成风于下，礼义大行，习俗粹美，刑罚虽设而不犯"；而后世之所以不能"美风俗而成善治"，就因为"不知为治之本，不善其心而驱之以力，法令严于上，而教不明于下，民放僻而入于罪，然后从而刑之"②。

显然，二程兄弟是在极力倡导普及教育的文教理想，但他们并非空想主义者，而是极为清醒地认识到了以教化人、移风易俗的政教理想并非朝夕可成，而须通过循序渐进的方式来逐步实现，所谓"人之进于贤德，必有其渐，习而后能安，非可陵节而遽至也。……移风易俗，非一朝一夕所能成，故善俗必以渐也"③。因此，在倡明教化之道的同时，程颐也非常重视治民蒙之初须先"立法制刑"的问题，强调寓教于刑或明刑弼教的重要作用。他说：

> 发下民之蒙，当明刑禁以示之，使之知畏，然后从而教导之。……刑罚立而后教化行，虽圣人尚德而不尚刑，未尝偏废也。故为政之始，立法居先。治蒙之初，威之以刑者……不去其昏蒙之桎梏，则善教无由而入。……苟专用刑以为治，则蒙虽畏而终不能发，苟免而无耻，治化不可得而成矣。④

表面上看，程子似乎在主张先刑而后教，但其意与专以严刑峻法为控制和支配人民之统治工具的法家观点有着本质的不同，因他强调"立法制刑，乃所以教"，即立法制刑只是为了利用刑罚的威慑力，使民"不敢肆其昏蒙之

---

① 程颢、程颐著，王孝鱼点校：《二程集》，中华书局1981年版，第448页。

② 程颢、程颐著，王孝鱼点校：《二程集》，中华书局1981年版，第593页。

③ 程颢、程颐著，王孝鱼点校：《二程集》，中华书局1981年版，第974页。

④ 程颢、程颐著，王孝鱼点校：《二程集》，中华书局1981年版，第720页。

欲"而"渐能知善道而革其非心"①，由此而入于教化，方能移风易俗。所以，他表达的仍是以教为本、以刑为辅的主张，与儒家一贯的德主刑辅之说并不相悖。正唯如此，他在论述止盗止恶的问题时，所强调的根本方法或要道仍在修政教而非尚威刑，如他说：若亿兆民众皆"发其邪欲之心"，则人君虽用密法严刑亦不能以力制胜之，君子"知天下之恶，不可以力制"，能把握关键要领以塞绝罪恶之本原，故不用严刑峻法而邪恶自止，譬如，民若因饥寒所迫而欲为盗，则虽日施刑杀亦不能止盗，圣人"知所以止之之道"，故"不尚威刑，而修政教，使之有农桑之业，知廉耻之道"，此根本要道既修，则民"虽赏之不窃"②。此外，他释"泰"卦之义时，又从另一个角度精到地阐发了"为政之始，立法居先"的主张：天地交泰则万物茂遂，"人君当体天地通泰之象"，"而为法制"，来"财成天地之道，辅相天地之宜，以左右生民"，"使民用天时，因地利"，"成其丰美之利"，所以，"民之生，必赖君上为之法制以教率辅翼之，乃得遂其生养，是左右之也"③。

可见，程子所谓立法建制的根本用心，绝不在于操控人民以满足人君的权力意志和自私欲望，而在于用好手中的公共权力以客观法制的形式，来确保人民能顺应自然而获得丰美之利，以使民"得遂其生养"并永续发展。故所谓"左右之"，并非支配和统治，而是护持、保护和辅翼之义，而立"法制以教率辅翼之"，也正是寓教于法或以法辅教的意思。在这个意义上，法制之为法制，决非控制、支配和统治人民的工具，而是护持生态、保护环境、辅翼生民的绝对必要的制度性手段。这种法制的理念，不仅在当时体现了一种富有远见卓识的深刻见解，而且至今仍然闪耀着智慧的光辉而值得我们充分肯定和发扬。

---

① 程颢、程颐著，王孝鱼点校：《二程集》，中华书局1981年版，第721、720页。

② 程颢、程颐著，王孝鱼点校：《二程集》，中华书局1981年版，第831页。

③ 程颢、程颐著，王孝鱼点校：《二程集》，中华书局1981年版，第754页。

三、人性本善与民本政治：以人民为目的的协作性事业

程颢在《论王霸札子》中说道："得天理之正，极人伦之至者"便是尧、舜王者之道，而"用其私心，依仁义之偏者"即是"霸者之事"，两者之不同，"在审其初而已"，"诚心而王则王"，"假之而霸则霸"，所以，"治天下者，必先立其志，正志先立，则邪说不能移，异端不能惑，故力进于道而莫之御"①。他对王霸的辨析，旨在劝君主审其初而先立诚心正志以行王道。然而，王道之根本意旨和内涵，则因先儒论辩王霸的立场各自不同而有别。如孟子之王道仁政论与其"民贵君轻"的民本政治立场密切相关，荀子之兼综王霸观与其"立君为民"的尊君政治立场一体相关，而董仲舒之王道三纲说与其王者"承天意，以成民之性为任者"②的神权政治立场密不可分。至二程兄弟辨析王霸，则意在宗尚、弘扬孟学，虽不言"轻君"，但坚持孟子"人性本善"、民皆可教可化的人性观点，极力张扬民本政治的立场和理念。

更重要的是，二程的性理之学充分扩展和深化了儒家下学而上达的精神生活维度，发展出了一种可以将人类的整个生存提升到一个更高水平的天理化的信仰之维，不仅使人类的现实生活世界获得了一种终极本源性的深刻价值根基和存在意义，而且使人类的政治生活具有了更加鲜明的超越了各自为私的功利性算计的公共理性精神，正所谓"公天下事"不可"用私意为之"，"有分毫私，便不是王者事"③。王道之为王道，正在于它是一种"得天理之正，极人伦之至"性质的理想政治，故二程切切于人君能首先立志而心存王道、顾念生民，并指出"王道之本，仁也"，"有仁心而无仁政"④亦不能使天下真正得到治理。为了将王道仁心落到实处以实现儒家的"善治"目标，说到底，首先必须在正确理解政治生活本质的基础上采取有效的政治行动。

二程的政治思考虽未摆脱由来已久的"天下王有"政治观念、"圣君贤

---

① 程颢、程颐著，王孝鱼点校：《二程集》，中华书局1981年版，第450—451页。

② 董仲舒：《春秋繁露》，上海古籍出版社1989年版，第61页。

③ 程颢、程颐著，王孝鱼点校：《二程集》，中华书局1981年版，第77页。

④ 程颢、程颐著，王孝鱼点校：《二程集》，中华书局1981年版，第513页。

相"或"圣贤政治"思维定式的影响和局限,如谓:"凡土地之富,人民之众,皆王者之有也,此理之正"①,天下得贤则治,失贤则不治,但他们对于圣贤政治的目的、根据和性质的理论思考却具有深刻而独到之处。就其目的而言,天生蒸民而为民立君,人君择任贤俊的根本目的在安养和教化人民,这是儒家一贯的政治理念,但"为民"并非只是自上而下地贯彻一种单向的权力意志,还必须做到尊重民意、同民好恶,如《大学》所谓"民之所好好之,民之所恶恶之"。故程颐反复申言"民惟邦本,本固邦宁"之旨曰:"固本之道,在于安民;安民之道,在于足衣食";"下者,上之本,未有基本固而能剥者",而"上之剥必自下,下剥则上危矣",为人上者知此理,故"安养人民,以厚其本"②。

显然,二程是富有浓厚民本情怀的思想家和政治家,他们继承和发扬儒家传统的民本理念和仁政理想,期望统治者能够体认此理而担负起安养和教化人民的职责。对此,前文已有详述。不过,仍有必要申论的是二程对于教民之义的看法。他们指出,与上古盛世相比,"后世未尝教民,任其自生自育,只治其斗而已"③,这是说,后世统治者既没有承担起养民的职责,又没有尽到教民的责任,只是治其斗而维持一种基本的治安秩序而已。当然,教民并非只是统治者的职责,它还是贤人君子所应担负的责任,君子"振济于民,养育其德也。在己则养德,于天下则济民,君子之所事,无大于此二者"④。

尤为根本的是,二程相信人性本善之说,认为教民者是作为"天生此民中尽得民道而先觉者"来觉此民中之"未觉者",民之终觉,"非分我之所有以予之",而是民皆"自有此义理","我但能觉之而已"⑤。所以,人若能"以

① 程颢、程颐著,王孝鱼点校:《二程集》,中华书局1981年版,第770、513页。
② 程颢、程颐著,王孝鱼点校:《二程集》,中华书局1981年版,第511、814页。
③ 程颢、程颐著,王孝鱼点校:《二程集》,中华书局1981年版,第280页。
④ 程颢、程颐著,王孝鱼点校:《二程集》,中华书局1981年版,第790页。
⑤ 程颢、程颐著,王孝鱼点校:《二程集》,中华书局1981年版,第5页。

善自治"，则"虽昏愚之至，皆可渐磨而进"；若自暴自弃而自甘为"下愚"者，则即使是圣人也无法助其变化气质，因为他们"自绝于善"①。可见，二程认为"君上之教令"乃至"立法制刑"对于人之变化气质、民之移风易俗而言虽然是绝对必要的，却并非如当下一些人所言，"政府犹如父母"、应把人民当作"不懂事的孩子"在精神上加以管教，②而是重在范导和启发人性之本善和自有义理之自觉。即相信除自暴自弃者外，人人皆可学可教、皆须以善自治乃至学以至于圣人，这凸显和强调的乃是每个人的道德自觉和人格尊严，以及在认为人民与圣贤皆属同类的前提下而讲觉民向善、化民成俗的问题，而决非那种单纯强调民众皆是昏愚之人而有待于王权教化的精英政治观。正唯如此，二程在强调养民教民的同时，还极力主张为政之道当"以顺民心为本"，或者不惮乎"清问下民，取人为善"③。程颐认为，王之所以为王，乃"天下之义主也"，"民以为王，则谓之天王天子；民不以为王，则独夫而已矣"④。因此，维系王权统治之政治合法性的关键，不是由谁（某个人或某个机构）来"代表"民意，而是统治者必须充分尊重民意，真正的民意也就是公义之所在。所以他强调为政之道须综合地倾听人民的呼声，而非分散地倾听"各任私意"的意见："民，合而听之则圣，散而听之则愚。合而听之，则大同之中，有个秉彝在前，是是非非，无不当理，故圣。散而听之，则各任私意，是非颠倒，故愚。盖公义在，私欲必不能胜也。"⑤

那么，如何才能将"为民"之心真正落于实处而实现安养和教化百姓的根本目的呢？政治之为政治，又究竟是一种什么性质的活动或事务呢？二程主张，为政之道在乎任贤，在乎君臣至诚协力以同治天下。如程颐说：天地之正道在养育万物，"圣人则养贤才，与之共天位，使之食天禄，俾施泽于天

① 程颢、程颐著，王孝鱼点校：《二程集》，中华书局1981年版，第956页。

② 参见曾亦等："回到康有为"专题，《天府新论》2016年第6期，第47页。

③ 程颢、程颐著，王孝鱼点校：《二程集》，中华书局1981年版，第531、721页。

④ 程颢、程颐著，王孝鱼点校：《二程集》，中华书局1981年版，第273页。

⑤ 程颢、程颐著，王孝鱼点校：《二程集》，中华书局1981年版，第310页。

下，养贤以及万民也，养贤所以养万民也"①。又说："天下之事，岂一人所能独任？必当求天下之贤智，与之协力。"②是故，帝王之道，"以择任贤俊为本，得人而后与之同治天下"③。在我们看来，程子所谓"协心""协力"或"同治"，最足彰明政治活动或政治事务之根本性质，这意味着政治之为政治乃是一项协作性的事业，而结合"民惟邦本"和"立君为民"的理念来讲，则更可进而说，政治之为政治乃是一项以人民为目的的协作性事业。

而且，尤其值得注意的是，程子的这一政治理念不仅关涉君相、君臣之间的至诚协力问题，还广泛涉及作为政治主体之贤者君子之间以及君民之间的协力合作以及听取顺从"公论"的问题。他深刻地认识到，物以类聚，人以群分，这一点对于置身于政治公共生活领域中的人们来讲显得尤其真实而必要，国家之治乱、天下之否泰常常取决于什么样的人能够得位掌权来共同治理天下国家。无论是君子，还是小人，都"未有能独立不赖朋类之助者"，君子得位，则天下之贤者萃聚于朝廷，"同志协力"④，相济为善，终能成国家之治、天下之泰；反之，小人在位，则不肖者结党并进，争胜谋私，终必致国家之乱、天下之否。他还指出，自古治乱循环乃常事，因为天地之间有善有恶，不可能"都生君子"，"但六分君子则治，六分小人则乱，七分君子则大治，七分小人则大乱"⑤。所以，当君子道消之时，更应至诚相交，同心同德，相辅互济，"待其朋类渐盛"⑥，方能协力以胜小人，实现自己政治上的志愿、理想和抱负。

天下之治乱，不仅取决于君子小人之数量多少及各自内部协力与否的较量，而且取决于君民关系之协调与否的平衡。对此，程颐亦颇有洞见，他说：

---

① 程颢、程颐著，王孝鱼点校：《二程集》，中华书局1981年版，第833页。

② 程颢、程颐著，王孝鱼点校：《二程集》，中华书局1981年版，第960页。

③ 程颢、程颐著，王孝鱼点校：《二程集》，中华书局1981年版，第1035页。

④ 程颢、程颐著，王孝鱼点校：《二程集》，中华书局1981年版，第755页。

⑤ 程颢、程颐著，王孝鱼点校：《二程集》，中华书局1981年版，第161—162页。

⑥ 程颢、程颐著，王孝鱼点校：《二程集》，中华书局1981年版，第818页。

"民不能自保，故戴君以求宁；君不能独立，故保民以为安。"① 又说："建邦国所以为治也。上施政以治民，民戴君而从命，上下相交，所以治安也。"② 显然，他强调君民之间并非只是一种单向或片面的支配与服从的关系，而说到底更应是一种上下相交、相互依存而彼此协作的政治关系，唯有如此，才能维持天下治安的局面。于是，他借释"履""损"两卦第五爻之义，进一步阐发了君民协和之道。他说："古之圣人，居天下之尊，明足以照，刚足以决，势足以专"，但"未尝不尽天下之议，虽刍荛之微必取"，故履帝位而德光明；若居尊恃势而自任刚明、独断专行而无所顾忌，则即使处事正确，亦是危亡之道；又强调"众人之公论，必合正理"，若"能尽众人之见，合天地之理"，则"自上天降之福祐"而得"大善之吉"③。可见，在他看来，政治之为政治，既然关乎着人类生活之公共事务或整个天下的公共利益与福祉，就必须格外强调不可用私意处理天下之公事的问题，尤其是为政治国者决不可自恃位尊势大而不顾众人意见、天下公论。此论发人深思而颇具警世意义，亦足可证二程政治见解上的开明通达与远见卓识。

最后，仍需要强调的是，贯穿于二程政治论说之始终而发挥纲领指引之作用、具有提撕上达之意义的乃是其推崇圣人王者之治的最高政治理想，因为在他们心目中，所谓的圣人王者，乃是量同天地、以大公无私治天下者，④ 圣人王者之治世，不仅"如天地之无私心焉"，故能"行一不义而得天下不为"⑤，而且极具"含洪之道"，包容异己而不摈弃诛绝之，故能"化奸恶为善良，绥仇敌为臣子"⑥。

① 程颢、程颐著，王孝鱼点校：《二程集》，中华书局 1981 年版，第 739 页。

② 程颢、程颐著，王孝鱼点校：《二程集》，中华书局 1981 年版，第 759 页。

③ 程颢、程颐著，王孝鱼点校：《二程集》，中华书局 1981 年版，第 752、911 页。

④ 参考自程颢、程颐著，王孝鱼点校：《二程集》，中华书局 1981 年版，第 192、742 页。

⑤ 程颢、程颐著，王孝鱼点校：《二程集》，中华书局 1981 年版，第 313 页。

⑥ 程颢、程颐著，王孝鱼点校：《二程集》，中华书局 1981 年版，第 1210 页。

四、结语

综上所述，二程之政治哲学可以说以追求实现儒家"善治"之目标为鹄的，而从政治作为一项协作性事业，或者政治关乎着通过相互协力合作来共同实现政治目标的能力意义上来讲，二程政治思考和论说的重心可以说均是意在提升和扩展统治者治理天下国家的能力。为此，统治者不仅需要择任贤俊而与之共天位、协力同治天下，而且还必须能够听取顺从公论和含容异己。这样一种政治思维取向，虽不像有的学者所认为的那样，即所谓"同治"具有儒家宪政之意味，故而不能说它已妥善地解决了从制度上制约和限制王权的问题，但另一方面，它也决不具有顺应维护和加强君主权势与王权统治之现实要求的含义，它所寻求的乃是超越这一现实要求而期望人君、贤者君子和人民能够共同努力通过协力合作性的政治行动来提升、扩展治理能力，从而实现开创政治新格局或儒家"善治"的政治目标。所有这些，都与二程对于天理的体认、信仰和坚守密不可分。

依胡适先生之见，"宋儒之学，以天理为根本观念"，由此而在历史上形成的"理学的运动"实产生了两个方面的影响——好的影响便是使智识阶级能够以理抗势即凭借义理或理性来向政府的权威做抗争和奋斗；坏的影响便是"理学家把他们冥想出来的臆说认为天理而强人服从"，乃至使义理又常常成为"势力的护身符"[1]，从而造成一种以理压迫人甚至是杀人的恶劣后果。不过，"天理"在二程兄弟那里尚不具有以自己"冥想出来的臆说"为天理而"强人服从"的意味，因为他们不仅重视和推崇"众人之公论"，反对任"私意"而为，而且还开诚布公地说："明言吾理，使学者晓然审其是非，始得。"[2]然而，对他们而言，天理也是不可违逆的。那么，究竟何谓天理呢？天理便是那些人们不能按照自己的私意随心所欲地加以人为安排、做出改变或可以违

---

[1] 胡适：《戴东原的哲学》，见《胡适文集》（第七册），北京大学出版社1998年版，第266—268页。

[2] 程颢、程颐著，王孝鱼点校：《二程集》，中华书局1981年版，第408页。

逆的人伦物理，正所谓"天理如此，岂可逆哉"①，天理昭昭，无须安排，不可违逆，不能改变，即使是拥有至尊之势位和权力的统治者也必须敬畏天理或"知道畏义"，这也正是整个人类政治行动的边界和共同生活的希望所在！

（本文与王法强合写，原载《政治思想史》2018年第3期；本文为修改稿，原文可参阅拙著《道义、权力与政治》，学习出版社2017年8月出版，第147—186页）

---

① 程颢、程颐著，王孝鱼点校：《二程集》，中华书局1981年版，第125页。

第三部分

儒家信仰与宋明理学

浅论儒家的信仰

如果一个民族缺乏信仰的正确指引，却能够永久生存而巍然屹立于世界，这无疑是不可想象的。如果一个思想流派缺乏信仰的根本支撑，却能够长期支配人的精神世界而影响深远，这同样是不可想象的。如果一个人缺乏信仰的终极承诺，却能够获得生命意义的心灵安顿，这也肯定是不可想象的。然而，信仰之为信仰，究竟所为何物？儒家有无信仰？若有，其信仰又究竟是一种什么性质和含义的信仰？本人才疏学陋，只能浅说一二，以求正于贤达。

1. 信与信仰

如所周知，"信"为儒家"仁、义、礼、智、信"五常德之一，具有极为重要的个体性、社会性和政治性的含义。首先，它是指一个人应言而有信、诚实不欺，这关乎着个体之德性，一个人不诚不信则必诈伪欺妄，无所不为，故子曰："人而无信，不知其可也。"（《论语·为政》）其次，它是维系人际交往、社群生活和政治正当性的重要道德基石，正所谓"民无信不立"（《论语·颜渊》）。另如《吕氏春秋·贵信》所说："天地之大，四时之化，而犹不能以不信成物，又况乎人事？君臣不信，则百姓诽谤，社稷不宁；处官不信，则少不畏长，贵贱相轻；赏罚不信，则民易犯法，不可使令；交友不信，则离散郁怨，不能相亲；百工不信，则器械苦伪，丹漆染色不贞。夫可与为始，可与为终，可与尊通，可与卑穷者，其唯信乎！"

由上所言，则人无信则不能立，事无信则不能成，群无信则不能成其为群，君臣无信则无以治其国。当然，无论是个人之立身处世，还是人与人之交际往来，乃至群类之和谐相处、国家之优良治理，信之为信都应合乎义而当于理，否则，信之为信反而有害无益。故孟子曰："大人者，言不必信，行不必果，惟义所在。"（《孟子·离娄下》）《吕氏春秋·当务》亦曰："辩而不当论，信而不当理，勇而不当义，法而不当务，惑而乘骥也，狂而操吴干将也，大乱天下者，必此四者也。所贵辩者，为其由所论也；所贵信者，为其遵所理也；所贵勇者，为其行义也；所贵法者，为其当务也。"

然而，信之为信，其含义尚不止于以上所说。在上述含义中，它可以与忠、诚、义等其他道德词汇关联并用，如忠信、诚信和信义等。不过，它还有一种更为重要的精神性的含义维度，那就是可与"仰"字相连并用的"信仰"一词所蕴含的含义维度。如果说在个体、社会和政治生活的意义上，信之为德，乃是一种人类生活的必需品的话，那么，在精神生活的意义上，如果说人生在世总有某种东西值得我们相信而景仰之的话，那么，信仰之为信仰，亦同样是一种人类生活的必需品。而作为一种人类精神生活的必需品，所谓"信仰"究竟意味着什么，人们所信仰的对象又究竟会是何物呢？

美国学者詹姆斯·克里斯蒂安尝言："我们所有人都是信徒；都会依赖某种想法而活，忠诚于它。承诺／忠诚有许多形式。最深的也是最严格的信念是，我们愿为一种想法上刀山下火海；哪怕这一想法在现实生活中可能早已失去其效力，我们仍然忠信于它。"[1]然而，作为信徒，我们对于某种想法的忠诚有两种方式，一种是不假思索地接受，另一种是"在对一种想法进行

①［美］詹姆斯·克里斯蒂安著，赫忠慧译：《像哲学家一样思考》，北京大学出版社2015年版，第34页。

过'加工处理'（即提出疑问，分析它，应用它）后忠于这一想法"，他把前者称为"信念"或"盲信"，而把后者称为"信仰"，并指出：

> 真正的信仰始终是基于疑问。信仰是一种在对一种想法进行过"加工处理"（即提出疑问，分析它，应用它）后忠于这一想法的行为。这一想法经过多种测试继续保持活力，一个人才会对其抱有信心。它可能不会被"证明"，它可能只是暂时有用——谁知道呢？可能需要有更多证据来确定其真理地位。尽管存在所有这些犹豫之处，你仍愿在这一想法上花费时间，并将其用于日常生活中。这就是信仰。

> 此外，"信仰"指的是一种勇气，可以使一个人基于能够得到的最好的事实和想法（尽管它们是不完整的，也没有签署保证满意的结果）去采取行动。因此，在一般意义上，信仰就是一种在考虑到可能性和概率而非绝对性和必然的情况下继续活下去的勇气。

> 蒂利希写道，每种信仰行为都含有风险，所有的风险都伴随着疑问。真正的疑问"是信仰结构中始终存在的一个元素……没有一种信仰会没有内在的'可是'，会没有在终极关怀状态中肯定自身的勇气……如果出现疑问，不应视其为对信仰的否定，而应视为信仰行为中总是存在并将永远存在的一个元素。"[1]

> 有信仰的人，就像任何盲目的信徒一样，也会完全忠于自己的想法，但他们会作出决定，为自己选择这一将会以之为生的想法而负责。因此，这就是哲学冒险的内容：批判思考，既不多也不少，而就是好好审查我们正在思考的想法，然后作出承诺，遵循我们能够得出的最好的想法去生活。[2]

显然，詹姆斯·克里斯蒂安所说的"信仰"乃是指一种哲学的信仰，或

---

①［美］詹姆斯·克里斯蒂安著，赫忠慧译：《像哲学家一样思考》，北京大学出版社2015年版，第35—36页。
②［美］詹姆斯·克里斯蒂安著，赫忠慧译：《像哲学家一样思考》，北京大学出版社2015年版，第38页。

对真理的哲学性的信仰。然而，就人们对"信仰"一词的一般使用与理解而言，"信仰"一词所指称的含义以及人们所实际"信仰"的具体对象无疑是大为不同的。有人持有对真理的宗教性信仰，也有人持有对真理的哲学性信仰，有人信仰神灵和仙佛，也有人信仰天道和圣贤，甚至还有人信仰金钱，诚如晋人鲁褒《钱神论》所说：

> 钱之为体，有乾坤之象，内则其方，外则其圆。其积如山，其流如川。动静有时，行藏有节，市井便易，不患耗折。难折象寿，不匮象道，故能长久，为世神宝。亲之如兄，字曰"孔方"，失之则贫弱，得之则富昌。无翼而飞，无足而走，解严毅之颜，开难发之口。钱多者处前，钱少者居后。处前者为君长，在后者为臣仆。……钱之为言泉也，无远不往，无幽不至。京邑衣冠，疲劳讲肆，厌闻清谈，对之睡寐，见我家兄，莫不惊视。钱之所祐，吉无不利，何必读书，然后富贵！昔吕公欣悦于空版，汉祖克之于赢二，文君解布裳而被锦绣，相如乘高盖而解犊鼻，官尊名显，皆钱所致。空版至虚，而况有实；赢二虽少，以致亲密。由此论之，谓为神物。无德而尊，无势而热，排金门而入紫闼。危可使安，死可使活，贵可使贱，生可使杀。是故忿争非钱不胜，幽滞非钱不拔，怨仇非钱不解，令问非钱不发。……谚曰："钱无耳，可使鬼。"凡今之人，惟钱而已。[1]

那么，除了讲求"信"德之外，儒家究竟有没有自己特殊的信仰呢？若有，儒家的信仰究竟是什么？或者，儒家所信仰者究竟为何物呢？

2. 儒家的信仰

子曰："笃信好学，守死善道。"（《论语·泰伯》）又曰："朝闻道，夕死可矣。"（《论语·里仁》）在我看来，夫子此处所谓"笃信"之"信"显然并非一般之"信"德，而是"信仰"之"信"，而且，此"笃信"与"好学"密不可分，或可说由"学"而"信"、因"信"而"学"，而所"信"所"学"者即"道"

---

① 曹道衡编选：《汉魏六朝文精选》，商务印书馆 2018 年版，第 131—132 页。

或"善道"。依据詹姆斯·克里斯蒂安的说法，对孔子而言，其实我们所有人都是道的信徒，都会依赖某种道而活，并忠诚于它，而其中，最深最诚笃的信念就是，我们愿为追寻一种道的生活而生死无悔，哪怕这种道在现实生活中越来越难以实行，我们仍然忠信于它。

众所周知，夫子生活在"礼崩乐坏"的春秋衰乱之世，对夫子而言，"道之不行，已知之矣"（《论语·微子》），但即使夫子明明知道他所信赖的道在现实生活中已很难实行，他仍然忠诚于自己所信赖的道，仍然愿意尽自己最大的努力去追寻它、践行它和弘扬它，正所谓"知其不可而为之"（《论语·宪问》），"人能弘道，非道弘人"（《论语·卫灵公》）。子曰："谁能出不由户？何莫由斯道也？"（《论语·雍也》）我们所有人都遵循和依赖某种道而活，但君子有君子之道，小人有小人之道，善人有善人之道，恶人有恶人之道，而夫子所遵循和依赖的乃是君子之道，是仁义之道。也许夫子努力去践行仁义君子之道，却未必能完全做得到，正所谓"君子道者三，我无能焉：仁者不忧，知者不惑，勇者不惧"（《论语·宪问》），但他决不轻言放弃，甚至愿意为之献出生命，故子曰："志士仁人，无求生以害仁，有杀身以成仁。"（《论语·卫灵公》）

从上述意义上讲，我们有充分的理由说，夫子乃是一个有信仰的人，他所谓"笃信好学，守死善道"以及"朝闻道，夕死可矣"，正是对他自己信仰的真诚表达。表面上他就像任何盲目的信徒一样，完全忠于自己的道，但他敏而好学，愿意向任何人学习，也愿意在与抱持各种道的人进行自由而开放的深入对话与充分交流的基础上，做出决定，并为自己所选择的将会以之为生的道负责。子曰："道不同，不相为谋。""当仁，不让于师。"（《论语·卫灵公》）孔子师徒对于他们所信赖的道，从不惮乎持续不断地展开审查、提出疑问和进行辩难，在被困于陈、蔡之际，夫子便向他最欣赏的三位弟子子路、子贡和颜回提出过这样的问题："吾道非邪？吾何为于此？"（《史记·孔子世家》）夫子愿意倾听各种不同的批评意见，以便好好审查自己愿意为之而生的道，然后做出承诺，遵循自己能够信赖的最好的道去生活，故面对同时代的隐者"滔滔者天下皆是也，而谁以易之？且而与其从辟人之士也，岂若从辟世之士哉"的质疑声，夫子怃然曰："鸟兽不可与同群，吾非斯人之徒与而谁与？天下有道，丘不与易也。"（《论语·微子》）显然，夫子不愿"以无道必天下而弃之也"①。

由上所言，我们可以说夫子确立和奠定了此后儒家信仰的学问根基和精神方向。对此儒家信仰，《大学》《中庸》《孟子》更进一步做了义理化的阐发和诠释，《大学》所谓"大学之道，在明明德，在亲民，在止于至善"，《中庸》所谓"天命之谓性，率性之谓道，修道之谓教。道也者，不可须臾离也，可离非道也"，乃至孟子"道性善"（《孟子·滕文公上》）而倡言"君子所性，仁义礼智根于心"（《孟子·尽心上》）及尽心知性知天之说，可以说使人们对儒家之道的信仰更获得了一种心性论的深厚根基，即人们遵循和依赖的道并非来自别处，而恰恰就源于人自身天生内在固有的天赋"明德"、天命之性或良心善性。正是这一天赋天命的明德、本心和善性，决定了人之所以为人的本质属性，决定了人生在世的究竟意义和根本使命便是一个人作为人之本性的自我实现，决定了人与人如何能够群居和一、社会之所以为社会或人们如何能够"成社会而共生活"的根本之道。而且，儒家并非狭隘的人类主义者，他们从不脱离天来思考人，他们汲汲于下学而上达，乃至于学贯天人。故《中庸》曰：

> 喜怒哀乐之未发，谓之中；发而皆中节，谓之和。中也者，天下之大本也；和也者，天下之达道也。致中和，天地位焉，万物育焉。

> 君子之道，造端乎夫妇，及其至也，察乎天地。

> 唯天下至诚，为能尽其性；能尽其性，则能尽人之性；能尽人之性，则能尽物之性；能尽物之性，则可以赞天地之化育；可以赞天、地之化育，则可以与天、地参矣。

> 大哉圣人之道！洋洋乎！发育万物，峻极于天。优优大哉！

---

①程树德撰，程俊英、蒋见元点校：《论语集释》，中华书局1990年版，第1271页。

唯天下至诚，为能经纶天下之大经，立天下之大本，知天地之化育。

而孟子曰："尽其心者，知其性也。知其性，则知天矣。存其心，养其性，所以事天也。"（《孟子·尽心上》）

上述古典儒家的信仰，至宋明时期被发展成一种更为精微的哲学性的信仰。美国汉学家包弼德说："理学本质的核心是一种信仰——自觉地献身于某种信念。"[1]理学家自觉地为之献身的这种信念便是对于人性本善和天理良知的信仰。对宋明理学家而言，天地间充满着一种生生不息的伟大力量，正所谓"天理生生，相续不息"[2]，"'生生之谓易'，是天之所以为道也。天只是以生为道，继此生理者，即是善也"[3]，所谓的体认天理，说到底便是要深刻体认宇宙间存在着的这一"创造与维持所有的生命"性质的"综合的、和谐的、协调的造化力量"[4]，并将此理此道认作己性，而人生的根本使命就是要将此天赋的道德本性自我实现出来以成圣成贤。体认天理，学以至圣人，这可以说是理学家的核心信念，对他们而言，人之初生决非一块白板，人是天生的灵物，生来就是一团活物，人之良知良能、天德性灵皆本原于天，人若对天道性理、人性本善加以真切体认，并能"实有诸己"，则"自性而行，皆善也"[5]。但唯有致知明理，由学而觉，由思而悟，对天德本性体认真切，所谓"德者得也，须是实到这里须得"[6]，才能"知之明，信之笃，行之果"[7]。故

---

① ［美］包弼德著，［新加坡］王昌伟译：《历史上的理学》，浙江大学出版社2010年版，第171页。

② 程颢、程颐著，王孝鱼点校：《二程集》，中华书局1981年版，第1228页。

③ 程颢、程颐著，王孝鱼点校：《二程集》，中华书局1981年版，第29页。

④ ［美］包弼德著，［新加坡］王昌伟译：《历史上的理学》，浙江大学出版社2010年版，第137页。

⑤ 程颢、程颐著，王孝鱼点校：《二程集》，中华书局1981年版，第15、318页。正如英国著名汉学家葛瑞汉所说："兄弟俩认为，理存在于人自身之内，作为其不变的本性，正确的行动就是符合他的本性的行动。"［英］葛瑞汉著，程德祥等译：《中国的两位哲学家：二程兄弟的新儒学》，大象出版社2000年版，第31页。

⑥ 程颢、程颐著，王孝鱼点校：《二程集》，中华书局1981年版，第42页。

⑦ 程颢、程颐著，王孝鱼点校：《二程集》，中华书局1981年版，第139页。

曰:"觉悟便是信。"① "信之不笃,执德无由弘。"② 此宋儒程子所谓"信",在我看来,正是"信仰"之"信",而依程子之见,信有二,有信于人者,有能自信者,唯有自得自信才是真正的"信仰"之"信",也唯有能自得自信,儒家之义理信念和道德信仰才能真正坚定不移而不被异端之学迷惑扰乱,正所谓:"学者须要自信,既自信,怎生夺亦不得。"③ "学者必至于自信而不惑,则彼不能乱。"④ 毋庸讳言,"尧、舜之为善,与桀、跖之为恶,其自信一也"⑤,然而,程子所谓"自信"乃是信赖和遵从自己的本心善性,决不同于恶人之"自信"。尤其是,程子之为学理念不禁人之有疑,尤重学源于思,故其所谓"自信",决非盲目的信仰,而实是由疑而问学、由思而觉悟所获得,更由体悟天理、认性善为己之所有而来。正是由于拥有了这样一种"自信",二程兄弟才会如此坚定地宣称:"欲趋道,舍儒者之学不可。"⑥ 另如明儒罗

近溪尝言:"故今为世道计者,请自吾辈之学问先之。吾辈为学问谋者,请自身心之本源先之。今天下孔、孟之'四书'群然读之,而'四书'之意义则纷然习之,曾有一人而肯信人性之皆善哉?反之己身,有一人而肯信自性之为善哉?夫性善者,作圣之张本,能知性善,而圣贤乃始人人可以为之也。圣贤者,人品之最贵,知其可为圣贤,而于人人乃始不以卑贱而下视之也。……故今谛思,吾侪能先明孔、孟之说,则必将信人性之善,信其善而性灵斯贵矣,贵其灵而躯命斯重矣。兹诚转移之机,当汲汲也。"⑦ 罗子所谓"信",亦正是对"人性之善"或人天生之"性灵"的信仰。

① 程颢、程颐著,王孝鱼点校:《二程集》,中华书局 1981 年版,第 82 页。

② 程颢、程颐著,王孝鱼点校:《二程集》,中华书局 1981 年版,第 353 页。

③ 程颢、程颐著,王孝鱼点校:《二程集》,中华书局 1981 年版,第 188 页。

④ 程颢、程颐著,王孝鱼点校:《二程集》,中华书局 1981 年版,第 1196 页。

⑤ 程颢、程颐著,王孝鱼点校:《二程集》,中华书局 1981 年版,第 324 页。

⑥ 程颢、程颐著,王孝鱼点校:《二程集》,中华书局 1981 年版,第 187 页。

⑦ 《参政罗进溪先生汝芳》,见沈善洪主编:《黄宗羲全集》(第八册),上海古籍出版社 1992 年版,第 25—26 页。

3. 小结

孔子之"贵仁"，孟子之"道性善"，宋明儒者之体认天理、指点良知，其实都是意在激发和唤醒人天赋内在的良心善性或道德本性，诚如钱穆先生所说："'性之善'，'心之灵'，此是中国人对人生之两大认识，亦可说是两大信仰。而此两大认识与两大信仰，在孔子实已完全把它揭露了。孔子《论语》常提到'仁'字，此乃孔门教义中最重要的一个字，其实仁字已包括了心灵与性善之两义。"[①] 那么，人之为人，何以能够具备"性之善""心之灵"呢？说到底，乃是因为人具"天地之德""五行之秀气"（《礼记·礼运》），故而人性本善而能为"万物之灵"（《尚书·泰誓上》）。相信或信仰人性本善，并非一种"肤浅的乐观主义"，而是希望人们能够遵循自己善良的本性而去生活，唯有如此，"世界的改进"[②] 才是有可能的；相信或信仰人心之灵，也并非一种人类中心主义，而是希望人类能够担负起参赞天地、化育万物的神圣职责和道德使命，唯有如此，人类才配享有"万物之灵"的称号。

历史告诉我们，真实而合理的信仰可以成就人类高贵而伟大的精神品格，狭隘而荒谬的信仰则可能成为残忍迫害异端的口实和利器。如果说"真正的信仰"并"不是一种迷惑人心的东西所引发的迷狂状态，它是一种内在的精神状态，一种深刻的存在感，一种你或者有或者干脆没有的来自内心的指导，它（如果你有的话）将把你的整个存在提升到一个更高的水平"[③]，那么，在中国历史上，正是对心之灵、性之善的认识和信仰，塑造了孔孟儒家的一种内在的道德精神状态和深刻的道德存在感，而且作为一种你或者有（良心善性之天赋固有，反思以求，存养扩充）或者干脆没有（为物欲蒙蔽而完全陷溺

---

① 钱穆：《中国思想通俗讲话》，见《钱宾四先生全集》（第24册），联经出版事业公司1998年版，第36页。

② ［英］安东尼·阿巴拉斯特著，曹海军等译：《西方自由主义的兴衰》，吉林人民出版社2004年版，第254页。

③ ［捷］哈维尔：《真正的信仰》，《读者》1999年第12期，第19页。

放失掉）的来自内心的指导，正是它（如果你有的话）把儒家的整个存在不断提升到一个更高的道德水平和精神境界。

（本文是笔者参加2017年9月27日在中国孔子研究院召开的"世界儒学大会青年博士论坛"时提交的会议论文。原载《廊坊师范学院学报》2017年第4期，收入本书时有改动）

"儒者之学"的根本关切与精神特质

——二程兄弟性理体认之学及其为学理念与道德信仰

　　二程兄弟①是引领和开创儒学第二期发展而且是当时最富独创性的新儒学思想家。他们最主要的思想贡献便在于其对天道性理的根本领悟与深刻洞见，并以性理为中心概念建构了一套将天、人、性、命、心、德、道、理、仁、诚、圣、学贯通为一的宏大思想体系，提出了诸如体认天理、学为圣人、人性本善、格物致知、穷理尽性等一系列重要儒学命题。人们在论及二程及宋明新儒学思潮时，常常把他们构建的思想体系和意义框架，仅仅看作一种哲学学说，亦即看作一种纯哲学玄想与思辨的产物，然而，这一看法显然并不完全符合二程所谓"儒者之学"本身的宗旨与意蕴。尽管在今天，对于历史上的所谓"儒者之学"，我们可以从哲学论说的意义上去理解和诠释，但其本身的宗旨和意蕴却绝非仅仅是要以空言立说而已，事实上，对二程而言，"立

---

① 程颢（1032—1085），字伯淳，世称明道先生；程颐（1033—1107），字正叔，世称伊川先生。对于二程之学，本文只作综合论述，不进行严格区分。

言"必须以"明道"为宗旨和目的,正所谓"立言,所以明道也"①;进而言之,立言明道又必须落实在"以身任道"的躬行实践上才有意义,纯粹的"空言"或"学说"是毫无意义的。因此,在二程所谓"儒者之学"的意义上,对于形上之性理或天道义理的体认和证悟,绝非一种纯哲学的玄想与思辨,其性理之学的根本关切与宗旨乃是要为人的道德修养和精神生活奠立一种形上性理的终极依据,并以此来为"儒者之学"树立一种"学以至圣人"的为学标的和以天地万物为一体的仁道信仰,反之,只有"学以至圣人"的为学工夫和以天地万物为一体的仁道实践才能真正证成形上性理作为终极的、具有绝对普遍意义的道德精神实体之真实存在的真理性。而所谓"体认"一词,则最能体现二程性理之学宗教性的深刻意蕴与精神特质。兹就这一问题论述一二,以就正于方家。

一、重思"儒者之学"的宗旨与本义

美国著名汉学家包弼德尝言:

> 从一个历史的观点来看,我们认为一个人是否是"儒者"其实并不需要接受关于"儒学"是什么的定义。我们其实只要承认,所谓的"儒学",不过就是某一个时代,那些自称为"儒者"的人正在从事的事情:"儒学"就是"儒者"的事业。②

这样一种"历史的观点",当然是有道理且无可厚非的。不过,当涉及"儒者"的自我身份认同和儒学形态的历史演进乃至根本性的时代转向时,问题似乎也并不是这样一种"历史的观点"所能够充分解释清楚的。

正如安乐哲先生所说,也许我们不应该问"什么是儒学"或"儒学是什么"的问题,而更应该对于儒学"持一种叙事性(narrative)而非分析性(analytical)的理解",因为"是什么"的问题"易于将儒学本质化为一种特殊

---

① 程颢、程颐著,王孝鱼点校:《二程集》,中华书局1981年版,第1169页。
② [美]包弼德著,[新加坡]王昌伟译:《历史上的理学》,浙江大学出版社2010年版,第71页。

的意识形态"；"除了'什么'的问题之外"，我们需要追问的更为重要的问题就是，"在不断演化的中国文化的各种特定条件下，儒学如何历史性地发挥作用，以力图最大限度地利用既有的外部环境"①。要而言之，从叙事性的理解视角讲，所谓"儒学"，乃"是一个社群的连续的叙事，是一种进行着的思想与生活之道的中心……切近作为一种连续文化叙事的儒学，呈现给我们的是一种周而复始、连续不断并且始终随机应变的传统，从这一传统中，形成了她自身的价值和理路。对于我们来说，通过在特定的人物和事件之中引出相干的关联，使对于儒学的叙事性理解成为可能。儒学在相当程度上是传记性（biographical）和谱系性（genealogical）的，她是对一种构成性典范（formative models）的叙述"②。

相对于包弼德所说的那种历史的观点，这种叙事性的理解视角也许更具启发性，可以使我们更好地来审视和反思历史上的"儒学"及其历史演进和时代转向的问题。如所周知，儒学的历史并非一种单线发展的过程，儒家的传统也并非"一种单一的信念或一套统一的实践"③，不仅其内部充满着认识的歧异紧张和思想的分化对立，主流和支流、官方和民间等各种儒学论说的此消彼长，以及彼此竞争的各种儒者的自我身份认同和对于不同类型的儒者的辨分判别，而且在与外部环境进行交互影响和相互作用的历史过程中，也始终伴随着持续不断的需要加以调适的诸如道与势之间的紧张状况和冲突问题。在这样一种真实而生动的历史演化过程中，一些具有典范意义的特定的人物和事件，特别是儒者对于自我身份的重新界定和儒家事业的重新规划而做出的历史性选择，真正赋予并决定了作为一种叙事性、过程性的儒学的实质内涵和真实面目。

①《儒学与杜威的实用主义：一种对话》，见［美］安乐哲著，温海明等译：《和而不同：中西哲学的会通》，北京大学出版社2009年版，第358页。
②《儒学与杜威的实用主义：一种对话》，见［美］安乐哲著，温海明等译：《和而不同：中西哲学的会通》，北京大学出版社2009年版，第358—359页。
③［美］包弼德著，刘宁译：《斯文：唐宋思想的转型》，江苏人民出版社2001年版，第22页。

降至北宋之世，儒家学者所面对的，一是"只是以章句训诂为事"[①] 的汉唐经学传统，二是佛老之学"穷高极微""弥漫滔天"的严重挑战，另外还有"溺于文章"的文人习气。对此三大为学趋向和士习流弊的直接反思，激发了宋代儒家学者对儒者身份与"儒者之学"的重新思考、辨分与界定，宋代新儒学思潮的兴起即由此而发端。那么，"儒者之学"究竟是一种什么性质的学问呢？程颐如是说：

> 今之学者，歧而为三：能文者谓之文士，谈经者泥为讲师，惟知道者乃儒学也。[②]

> 古之学者一，今之学者三，异端不与焉。一曰文章之学，二曰训诂之学，三曰儒者之学。欲趋道，舍儒者之学不可。[③]

> 今之学者有三弊：一溺于文章，二牵于训诂，三惑于异端。苟无此三者，则将何归？必趋于道矣。[④]

> 今之学者有三弊：溺于文章，牵于训诂，惑于异端。苟无是三者，则将安归？必趋于圣人之道矣。[⑤]

程颐之所以将"儒者之学"与文章、训诂、异端之学明确地加以辨分判别，意在突出和彰显的正是"儒者之学"的本真含义与儒之为学的宗尚志趣，即知道、趋道或对圣人之道的追求。果如是言，则所谓的章句训诂之学与此便是不相干的，故二程所谓的"儒者之学"或"道学"事实上已大为不同于汉唐经师与文儒专以章句训诂、注经说经和著作文章为能事与要务的学问了。

辟黜异端之迷惑，旨在维护儒家之道在学术思想上的正统地位；摈斥对文章之沉溺，意在扭转文人学者以文章为能事的风气习尚；诟病训诂之拘牵，目的在使"儒者之学"的关注重心从滞心于章句训诂之末转向性命义理、心

---

① 程颢、程颐著，王孝鱼点校：《二程集》，中华书局1981年版，第232页。
② 程颢、程颐著，王孝鱼点校：《二程集》，中华书局1981年版，第95页。
③ 程颢、程颐著，王孝鱼点校：《二程集》，中华书局1981年版，第187页。
④ 程颢、程颐著，王孝鱼点校：《二程集》，中华书局1981年版，第187页。
⑤ 程颢、程颐著，王孝鱼点校：《二程集》，中华书局1981年版，第1185页。

性修养或圣贤学问之本。在当时，显然并非只有二程兄弟认识到一般学者之
"溺于文章，牵于训诂，惑于异端"的弊端，但他们由此而对"儒者之学"的根
本关切及其为学宗旨与志趣所做的重新思考和界定，却确乎具有独见自得的
代表性、创造性的典范意义，诚如英国著名汉学家葛瑞汉所说："在新儒学复
兴儒学的运动中，真正有创见的人物是程伊川。如果衡量一位哲学家伟大的
尺度是他的贡献的独创性和他的影响大小的话，毫无疑义，程伊川是两千年
来最伟大的儒学思想家！"① 依程颐之见，"欲趋道，舍儒者之学不可"，或
者说"儒者之学"必趋归于"圣人之道"，这使二程"新儒学"的学术关怀和
思想关切从根本上区别于老释异端之学以及一般文人学者和儒士经生的文章、
训诂之学，从而对开启和引领有宋一代新儒学复兴运动做出了最具独创性的
思想贡献。

虽然程颐一再斥责学者拘牵于章句训诂之末，但他并非简单地拒斥和否
定儒者注解经义的经典学问，也并非完全脱离经典和经义来探究和追求圣人
之道，他不仅明确承认和充分肯定为学治经、读书穷理以及思索经义之价值
和意义的重要性，甚至可以说其为学求道的根底即在"六经"，尤其是《论语》
《孟子》《大学》《中庸》《易经》诸经传，如史传所谓"颐于书无所不读，其学
本于诚，以《大学》、'语'、'孟'、《中庸》为标指，而达于'六经'"（《宋
史·道学一》），但他认为，若仅仅是"滞心于章句之末"而不能穷理以致
用，或"思索经义"而"不能于简策之外脱然有独见"，又或者为学治经而无
所"自得"，那么，章句训诂就只是一种无用之学，"思索经义"因不能资之
深、居之安而"非特误己，亦且误人也"②，不能自得则"尽治'五经'，亦是
空言"③。事实上，与拘牵于章句训诂之末的汉唐传统经学不同，二程"新儒
学"首先重视和强调的是"知道"或"趋道"本身的根本重要性，亦即对于二

---

① ［英］葛瑞汉著，程德祥等译：《中国的两位哲学家：二程兄弟的新儒学》，大象出版社
2000 年版，第 32 页。

② 程颢、程颐著，王孝鱼点校：《二程集》，中华书局 1981 年版，第 1187、1186 页。

③ 程颢、程颐著，王孝鱼点校：《二程集》，中华书局 1981 年版，第 2 页。

程"新儒学"来讲，更为重要的是，学者对于道或义理本身首先必须具有深造自得而独立自觉的认知、洞察和领悟，尽管他们认为"道之大原在于经"①，学者须读书以求道或"由经穷理"②，但问题的关键在于读书学经应是为求道穷理而服务的，而不是相反，因此，学经或读《论语》《孟子》之书而不能"知道"③，那就是无益的。而且，对义理的体悟或觉解，不能单纯依靠书册，"若一向靠书册"，便不可能"居之安，资之深"，乃至"不惟自失，兼亦误人"④。由此可见，二程兄弟为学治经、读书穷理与思索经义的根本用心，可以说正在于对根本义理的体悟和觉解，或者说意在对经典文本所蕴含的根本义理做一种哲学诠释学意义上的领悟和理解，它是通过与经典文本及其文本作者（特别是孔孟圣贤）进行思想对话的方式来实现的。由于思想家之间的义理对话与对于经典文字、章句、名物、制度方面所做的单纯的注疏训诂工作有着实质性的差别，因此，不同于汉唐学者拘牵于章句训诂之末的纯粹注疏工作，二程兄弟的为学治经、读书穷理以及思索经义可以说重新激活了对经典义理的根本领悟和觉解。与此同时，在二程看来，当时学者无疑面临着古今截然不同的为学境遇，即：

> 古之学者，皆有传授。如圣人作经，本欲明道。今人若不先明义理，不可治经，盖不得传授之意云尔。如《系辞》本欲明《易》，若不先求卦义，则看《系辞》不得。⑤

> 古之学者，先由经以识义理。盖始学时，尽是传授。后之学者，却先须识义理，方始看得经。（一本云："古之人得其师传，故因经以明道。后世失其师传，故非明道，不能以知经。"）⑥

① 程颢、程颐著，王孝鱼点校：《二程集》，中华书局1981年版，第463页。
② 程颢、程颐著，王孝鱼点校：《二程集》，中华书局1981年版，第158页。
③ 程颢、程颐著，王孝鱼点校：《二程集》，中华书局1981年版，第89、95页。
④ 程颢、程颐著，王孝鱼点校：《二程集》，中华书局1981年版，第165页。
⑤ 程颢、程颐著，王孝鱼点校：《二程集》，中华书局1981年版，第13页。
⑥ 程颢、程颐著，王孝鱼点校：《二程集》，中华书局1981年版，第164—165页。

儒学的多维诠释

这一古今不同的意识，不仅迫使二程等新儒学家们不得不"先须识义理"，或以"知道""明道"为先务，而且也促使他们不得不认真对待并思考造成古今不同的根本原因所在。

程颐在为其兄程颢所写的"墓表"中说："周公没，圣人之道不行；孟轲死，圣人之学不传。道不行，百世无善治；学不传，千载无真儒。无善治，士犹得以明夫善治之道，以淑诸人，以传诸后；无真儒，天下贸贸焉莫知所之，人欲肆而天理灭矣。先生生千四百年之后，得不传之学于遗经，志将以斯道觉斯民。……先生出，倡圣学以示人，辨异端，辟邪说，开历古之沉迷，圣人之道得先生而后明，为功大矣。"①据伊川先生所言，其兄明道先生之所以"倡圣学以示人，辨异端，辟邪说"，是因为在他看来，"道之不明，异端害之也"，以至于"孟子没而圣学不传"，故"以兴起斯文为己任"②。然而，反过来讲，异端之炽之所以能够害及"道之不明"，盖亦由孟子之后"千载无真儒"而圣学不得其传所致，正所谓"两汉而下，儒者之论大道，察焉而弗精，语焉而弗详，异端邪说起而乘之，几至大坏"（《宋史·道学一》），或如陆九渊所说："近日学者无师法，往往被邪说所惑。异端能惑人，自吾儒败绩，故能入。"③正唯如此，他们不得不跨越时代而直接上接千载不传之绝学，以便传承延续孔孟圣学儒道之正统。

二程兄弟于千四百年之后，面对"圣人之学，不传久矣"而学绝道丧的儒学困境，自觉以兴起斯文、倡明圣学为己任，而自命为得圣人不传之学于遗经、"以身任道"④而超绝千古的真儒。不过，明道先生更有名言曰："吾学虽有所受，天理二字却是自家体贴出来。"⑤可见，二程之学，又并非仅从遗经而悟得圣人不传之绝学，而更是基于自家对于天理深造自得的直接体贴和

① 程颢、程颐著，王孝鱼点校：《二程集》，中华书局1981年版，第640页。

② 程颢、程颐著，王孝鱼点校：《二程集》，中华书局1981年版，第638页。

③陆九渊著，钟哲点校：《陆九渊集》，中华书局1980年版，第438页。

④ 程颢、程颐著，王孝鱼点校：《二程集》，中华书局1981年版，第546页。

⑤ 程颢、程颐著，王孝鱼点校：《二程集》，中华书局1981年版，第424页。

深刻领悟，就此而言，我们甚至也可以说，如果不能于经书简策之外对道体性理脱然有其独见自得的领悟体认，那么，他们不可能从根本上摆脱章句之末、训诂之学的牵滞而重新激活"四书五经"的经典义理，乃至使学者能够通过治经读书来寻求到知道进德的阶梯与门径。不仅如此，也正是基于对道体性理脱然有其独见自得的领悟体认，他们才能对于佛老之学的严峻挑战做出真正富有创造性的回应，乃至重新树立"儒者之学"的正统地位。

面对佛老之学"穷高极微""诬世界乾坤为幻化"①的世界观和遗世绝伦、"以人生为妄见"②的人生观以及"因其高明"而产生的深入人心的广泛影响，简单地遵循汉唐经典训诂注疏之学的学术传统已很难对此做出有效而强有力的理论回应。面对佛学"人人谈之，弥漫滔天"③、其"言性命道德"可致人"才愈高明，则陷溺愈深"④的时代精神状况，明道先生不得不"泛滥于诸家，出入于老、释者几十年，返求诸'六经'而后得之"（《宋史·道学一》）。同时，正是基于对天道性理的独见自得的领悟体认，二程兄弟才能建构起一套天、人、理、气、身、心、性、命、道、德、仁、诚、圣、学等系统性的概念框架与思想体系，乃至以义理上卓立自信的姿态，并通过立言明道的方式，真正能够使"儒者之学"与佛老之学相抗衡。

显然，二程立言明道的根本目的，非徒以空言立说，而在使人进学修德乃至学以至圣人，故他们直接揭提性理之形上实体以示人，而以"圣人可学而至"⑤、"圣贤之道（或作'学'）可以必至"⑥、"人皆可以为圣人，而君子之学必至圣人而后已"⑦为为学宗旨。因此，总的来说，二程兄弟重思"儒者之学"的宗旨与本义及其立言明道的根本目的，事实上意在完成两项重要

---

① 张载著，章锡琛点校：《张载集》，中华书局1978年版，第8页。

② 张载著，章锡琛点校：《张载集》，中华书局1978年版，第64页。

③ 程颢、程颐著，王孝鱼点校：《二程集》，中华书局1981年版，第3页。

④ 程颢、程颐著，王孝鱼点校：《二程集》，中华书局1981年版，第23页。

⑤ 程颢、程颐著，王孝鱼点校：《二程集》，中华书局1981年版，第577页。

⑥ 程颢、程颐著，王孝鱼点校：《二程集》，中华书局1981年版，第333页。

⑦ 程颢、程颐著，王孝鱼点校：《二程集》，中华书局1981年版，第1199页。

使命，一是为"儒者之学"树立思想上的义理自信和形上依据，二是为"儒者之学"奠立为学求道、修德成圣的基本路向和目标追求。而且，这两者是一体相关而密不可分的，立言明道既是为了阐明天人性命的根本道理，同时亦是为了追求实现为学成圣的人生目标，换言之，为学成圣必须以性命之理为义理依据，反之，性命之理亦必须以为学成圣为目标归宿，否则，割裂二者则必使性理之说成为空言，而为圣之学亦必进退失据。那么，他们究竟是如何在这两者之间建立起一种密切相关的富有意义的义理关系的呢？对此，二程兄弟自觉而真诚地在这方面所做的系统努力，可以说树立了富有深远影响的道学典范。

二、二程性理之学的核心要义与为学理念

程颐宣称上接千载不传之绝学和"欲趋道，舍儒者之学不可"，不仅是要重新厘清"儒者之学"作为正统之学的本真含义，而且也是要重新确立"儒者之学"应以趋道成圣为目标追求的宗旨方向和为学理念。根据程颐的这一厘定，所谓"儒者之学"，实亦即是"道学"；而"道即性也"①，"性即理也"②，故"道学"亦即性理之学；再进而言之，"理则须穷，性则须尽"③，故亦可谓之穷理尽性之学，而欲穷理须格物致知，欲尽性须明理知道，穷理尽性的根本目的则在学以至圣人。综观二程性理之学的核心要义，我们无疑可以从中领悟到他们对"儒者之学"在两个层面上极富创造性的思想贡献，一是对性理本体的形上体悟与证成，二是奠立了为学致知的义理路向。程子曰：

> 天者理也。④
>
> 万物皆只是一个天理，己何与焉？⑤

---

① 程颢、程颐著，王孝鱼点校：《二程集》，中华书局 1981 年版，第 1 页。
② 程颢、程颐著，王孝鱼点校：《二程集》，中华书局 1981 年版，第 292 页。
③ 程颢、程颐著，王孝鱼点校：《二程集》，中华书局 1981 年版，第 27 页。
④ 程颢、程颐著，王孝鱼点校：《二程集》，中华书局 1981 年版，第 132 页。
⑤ 程颢、程颐著，王孝鱼点校：《二程集》，中华书局 1981 年版，第 30 页。

天理云者，这一个道理，更有甚穷已？不为尧存，不为桀亡。人得之者，故大行不加，穷居不损。这上头来，更怎生说得存亡加减？是佗元无少欠，百理具备。①

理则天下只是一个理，故推至四海而准，须是质诸天地，考诸三王不易之理。故敬则只是敬此者也，仁是仁此者也，信是信此者也。②

在天为命，在人为性，论其所主为心，其实只是一个道。③

理也，性也，命也，三者未尝有异。穷理则尽性，尽性则知天命矣。天命犹天道也，以其用而言之则谓之命，命者造化之谓也。④

自理言之谓之天，自禀受言之谓之性，自存诸人言之谓之心。⑤

心具天德，心有不尽处，便是天德处未能尽，何缘知性知天？尽己心，则能尽人尽物，与天地参，赞化育。赞则直养之而已。⑥

随事观理，而天下之理得矣。天下之理得，然后可以至于圣人。君子之学，将以反躬而已矣。反躬在致知，致知在格物。⑦

至显莫如事，至微莫如理，而事理一致也，微显一源也。古之所谓善学，以其能通于此而已。⑧

惟积学明理，既久而气质变焉，则暗者必明，弱者必立矣。⑨

涵养须用敬，进学则在致知。⑩

进学莫先乎致知，养心莫大乎理义。⑪

① 程颢、程颐著，王孝鱼点校：《二程集》，中华书局1981年版，第31页。
② 程颢、程颐著，王孝鱼点校：《二程集》，中华书局1981年版，第38页。
③ 程颢、程颐著，王孝鱼点校：《二程集》，中华书局1981年版，第204页。
④ 程颢、程颐著，王孝鱼点校：《二程集》，中华书局1981年版，第274页。
⑤ 程颢、程颐著，王孝鱼点校：《二程集》，中华书局1981年版，第296—297页。
⑥ 程颢、程颐著，王孝鱼点校：《二程集》，中华书局1981年版，第78页。
⑦ 程颢、程颐著，王孝鱼点校：《二程集》，中华书局1981年版，第316页。
⑧ 程颢、程颐著，王孝鱼点校：《二程集》，中华书局1981年版，第1222页。
⑨ 程颢、程颐著，王孝鱼点校：《二程集》，中华书局1981年版，第1187页。
⑩ 程颢、程颐著，王孝鱼点校：《二程集》，中华书局1981年版，第188页。
⑪ 程颢、程颐著，王孝鱼点校：《二程集》，中华书局1981年版，第1188页。

无物无理，惟格物可以尽。①

或问："学必穷理。物散万殊，何由而尽穷其理？"……子曰："求一物而通万殊，虽颜子不敢谓能也。夫亦积习既久，则脱然自有该贯。所以然者，万物一理故也。"②

显然，在上述一系列立言明道的性理论说中，二程兄弟试图向人们揭示这样一个宇宙真理，性理乃天地万物存在的终极根源和最高原理，它是一种真实而客观存在的形上实理，亦是一种天地万物一体相关的最具普遍意义的公共的道理，它不以人的意志为转移，但人可以格物致知、积学明理，乃至以义理养心、穷理尽性、变化气质、学以至圣人。不仅如此，事实上，人类的心灵德性是最能与天道性理相互贯通而若合符契的，甚至可以说"天人本无二，不必言合"③，因为人天生就"心具天德"④，只要人能尽心，便可以知性知天，最终，天德的自我实现乃至拥有天理也正是人之所以为人的本质属性的根本体现。不难看出，二程兄弟如此立言明道的意图是很明确的，就是通过将天、人、性、命、心、德、道、理、仁、诚、圣、学贯通为一而建构一种完整的世界观图景，以便安顿人生的价值与意义，事实上这也就为"儒者之学"提供了一种坚实的义理根基，而所谓"道学"或"圣人之学"的根本义蕴亦在此。

那么，这样一种将天、人、性、命、心、德、道、理、仁、诚、圣、学贯通为一的性理之学，是不是由想象力的虚构或抽象的思辨推理能力而人为建构的一种纯粹主观性的东西呢？二程兄弟的回答一定是否定的，因为他们将其性理之学建立在一种富有生机和活泼的心灵直觉或生命体悟之上，这甚至就来自他们对生命本身的热爱及由此而产生的喜悦，而"对生命的热爱所产生的喜悦"本身"就代表一种道德的光辉"，"这种喜悦，不假借于名位，不

---

① 程颢、程颐著，王孝鱼点校：《二程集》，中华书局1981年版，第1267页。

② 程颢、程颐著，王孝鱼点校：《二程集》，中华书局1981年版，第1191页。

③ 程颢、程颐著，王孝鱼点校：《二程集》，中华书局1981年版，第81页。

④ 子曰："人之所以为人者，以有天理也。天理之不存，则与禽兽何异矣？"（程颢、程颐著，王孝鱼点校：《二程集》，中华书局1981年版，第1272页。）

依托于财富，它来自健康的心灵"，正因为如此，他们才孜孜不倦地致力于观察"物理"，并由此来深切体认和领悟与"满腔子是恻隐之心"①的"自家意思一般"的天地造物之"生意"和"各遂其生的万物自得意"②。程子曰："'生生之谓易'，是天之所以为道也。天只是以生为道，继此生理者，即是善也。"③"观生理可以知道。"④"天理生生，相续不息。"⑤"万物之生意最可观，此元者善之长也，斯所谓仁也。人与天地一物也，而人特自小之，何耶？"⑥显然，正是通过心灵的直觉或生命的体悟，他们真切地感受到一种天地生生不息的伟大力量，深刻地体认到宇宙间存在着一种"创造与维持所有的生命"性质的"综合的、和谐的、协调的造化力量"⑦，而最足以体现这一创造性的造化力量和生生之理之道的便是所谓的"仁"，故程子曰：

非仁无以见天地。⑧

学者须先识仁。仁者，浑然与物同体。⑨

所以谓万物一体者，皆有此理，只为从那里来。"生生之谓易"，生则一时生，皆完此理。人则能推，物则气昏，推不得，不可道他物不与有也。人只为自私，将自家躯壳上头起意，故看得道理小了佗底。放这身来，都在万物中一例看，大小大快活。⑩

若夫至仁，则天地为一身，而天地之间，品物万形为四肢百体。夫人岂有视四肢百体而不爱者哉？圣人，仁之至也，独能体是心而已，曷

---

① 程颢、程颐著，王孝鱼点校：《二程集》，中华书局1981年版，第62页。

② 韦政通：《人文主义的力量》，中华书局2011年版，第179—180页。

③ 程颢、程颐著，王孝鱼点校：《二程集》，中华书局1981年版，第29页。

④ 程颢、程颐著，王孝鱼点校：《二程集》，中华书局1981年版，第1171页。

⑤ 程颢、程颐著，王孝鱼点校：《二程集》，中华书局1981年版，第1228页。

⑥ 程颢、程颐著，王孝鱼点校：《二程集》，中华书局1981年版，第120页。

⑦ [美]包弼德著，[新加坡]王昌伟：《历史上的理学》，浙江大学出版社2010年版，第137、175页。

⑧ 程颢、程颐著，王孝鱼点校：《二程集》，中华书局1981年版，第1264页。

⑨ 程颢、程颐著，王孝鱼点校：《二程集》，中华书局1981年版，第16页。

⑩ 程颢、程颐著，王孝鱼点校：《二程集》，中华书局1981年版，第33—34页。

尝支离多端而求之自外乎？故"能近取譬"者，仲尼所以示子贡以为仁之方也。医书有以手足风顽谓之四体不仁，为其疾痛不以累其心故也。夫手足在我，而疾痛不与知焉，非不仁而何？世之忍心无恩者，其自弃亦若是而已。①

　　仁者以天地万物为一体，莫非我也。知其皆我，何所不尽！不能有诸己，则其与天地万物，岂特相去千万而已哉？②

在二程兄弟的性理之学中，所谓仁心仁德已绝不仅仅是一种局限于人与人之间对他人之爱的单纯情感表达，而是一种人类心灵对于天地万物为一体的最深沉的生命领悟和精神体认。那么，这样一种生命领悟和精神体认的意义何在？对此，我们不能把它简单地归之于痴人之梦语或臆想之妄言，因为二程的性理之学及其仁道观念，绝非仅仅停留于精神体认的理念层面，最终是要落实在学以至圣人的践履工夫或道德实践上才能证成的，正唯如此，所以他们才要"言学便以道为志，言人便以圣为志"③，这充分彰显了"儒者之学"即"道学"或性理之学的根本宗旨与自我承诺，不仅是要立言明道，而且更重要的是要"以身任道"和"进学求益"，故必以"学以至圣人"为人生标的与志向，尽管"夫学者必志于大道，以圣人自期，而犹有不至者焉"④，但"其自任之重也，宁学圣人而未至，不欲以一善成名"⑤。因此，诚如包弼德所言，"理学本质的核心是一种信仰——自觉地献身于某种信念，而不是哲学的陈述或不经明确表述的假设"⑥。可以说，二程所自觉献身于的正是以天理仁道为核心的道德信仰。对二程而言，"天只以生为道"⑦，或"天地中

① 程颢、程颐著，王孝鱼点校：《二程集》，中华书局1981年版，第74页。

② 程颢、程颐著，王孝鱼点校：《二程集》，中华书局1981年版，第1179页。

③ 程颢、程颐著，王孝鱼点校：《二程集》，中华书局1981年版，第189页。

④ 程颢、程颐著，王孝鱼点校：《二程集》，中华书局1981年版，第1190页。

⑤ 程颢、程颐著，王孝鱼点校：《二程集》，中华书局1981年版，第337页。

⑥［美］包弼德著，［新加坡］王昌伟：《历史上的理学》，浙江大学出版社2010年版，第171页。

⑦ 程颢、程颐著，王孝鱼点校：《二程集》，中华书局1981年版，第29页。

只是一个生"①，也就是说，"天地的核心是一种生生的力量"②，正是这种力量使天地间充满了生生不息的自然生机、生气、生意，它像鸢飞鱼跃一样，让人感觉到的不是敬畏恐惧，而是亲切活泼。也正是基于这样一种生命体认和精神领悟，二程才能够从本体论的意义上将天、人、性、命、心、德、道、理、仁、诚、圣、学通贯而为一，从而使孔孟古典儒家视仁为人类基本特质的人类学观念获得了一种本体论的意义支撑，乃至在此意义支撑下将人的精神境界提升到一种全新的天人不二的精神高度，这是一种万物一体、公正无私、博大含容的仁者情怀和心灵境界，正所谓"仁者，以天地万物为一体，莫非己也"③或"仁者，浑然与物同体"④。

综上，二程兄弟性理之学的核心要义，可以说是以思索经义、体认天理、格物致知、穷理尽性、学为圣人为鹄的的。然而，上述义理信念与道德信仰，绝非一种盲目的教条主义的信念和肤浅的乐观主义的信仰，它们必须通过人切己反躬的为学工夫和实践途径才能被证成。汇观二程兄弟的为学理念，仅就其核心旨趣而言，可将其概括为如下几个要点：

1."士之于学也，犹农夫之耕"⑤而不可一日舍之，而为学的根本目的是修德成圣，正所谓"学本是修德"⑥，"学必激昂自进，不至于成德，不敢安也"⑦，"有求为圣人之志，然后可与共学"⑧。不过，为学志道修德既需要

---

① 程颢、程颐著，王孝鱼点校：《二程集》，中华书局1981年版，第223页。

② [美]包弼德著，[新加坡]王昌伟：《历史上的理学》，浙江大学出版社2010年版，第142页。

③ 程颢、程颐著，王孝鱼点校：《二程集》，中华书局1981年版，第15页。

④ 程颢、程颐著，王孝鱼点校：《二程集》，中华书局1981年版，第16页。

⑤ 程颢、程颐著，王孝鱼点校：《二程集》，中华书局1981年版，第189页。

⑥ 程颢、程颐著，王孝鱼点校：《二程集》，中华书局1981年版，第232页。

⑦ 程颢、程颐著，王孝鱼点校：《二程集》，中华书局1981年版，第1190页。

⑧ 程颢、程颐著，王孝鱼点校：《二程集》，中华书局1981年版，第322页。

以忠信为本①，亦需要刚勇精进②，反之，"人无忠信，则不可以为学"③，"人之学不进，只是不勇"④，"有志于道，而学不加进者，是无勇也"⑤；而君子之学必至于圣人而后已。不至于圣人而后已者，皆自弃也"⑥，但学者必以圣人自期，而非以圣人自居，"以圣人自期，而犹有不至者焉"⑦，故君子之学必日进日新而不已。

2. 正唯为学的根本目的在修德成圣，故"学者先务，固在心志"⑧，心志端正方能从根本上奠定为学的根本与趋向，所谓心志端正，即学之为学当切己务实修德，而非为名为利，为名为利而学则"是伪也"⑨，"大本已失，尚何所学哉"⑩，反之，"志立则有本。譬之艺木，由毫末拱把，至于合抱而干云者，有本故也"⑪，或者"根本既立，然后可立趋向；趋向既立矣，而所造有深浅不同者，勉与不勉故也"⑫。

3. 力学必穷理，穷理而格物致知，则"知无不尽""守无不固"⑬；然而，格物致知的根本目的，不在于获得外在的闻见性的知识，而在于"积学明理"

① 程子曰："忠信为基本，所以进德也。""人必以忠信为本。"（程颢、程颐著，王孝鱼点校：《二程集》，中华书局1981年版，第351、352页。）
② 程子曰："学者自治，极于刚则守道愈固，勇于进则迁善愈速。"（程颢、程颐著，王孝鱼点校：《二程集》，中华书局1981年版，第1187页。）
③ 程颢、程颐著，王孝鱼点校：《二程集》，中华书局1981年版，第352页。
④ 程颢、程颐著，王孝鱼点校：《二程集》，中华书局1981年版，第141页。
⑤ 程颢、程颐著，王孝鱼点校：《二程集》，中华书局1981年版，第1193页。
⑥ 程颢、程颐著，王孝鱼点校：《二程集》，中华书局1981年版，第318页。
⑦ 程颢、程颐著，王孝鱼点校：《二程集》，中华书局1981年版，第1190页。
⑧ 程颢、程颐著，王孝鱼点校：《二程集》，中华书局1981年版，第168页。
⑨ 程颢、程颐著，王孝鱼点校：《二程集》，中华书局1981年版，第219页。
⑩ 程颢、程颐著，王孝鱼点校：《二程集》，中华书局1981年版，第1190页。
⑪ 程颢、程颐著，王孝鱼点校：《二程集》，中华书局1981年版，第1186页。
⑫ 程颢、程颐著，王孝鱼点校：《二程集》，中华书局1981年版，第1189页。
⑬ 程颢、程颐著，王孝鱼点校：《二程集》，中华书局1981年版，第1195页。

或明善修德，故其所谓"知"，并非"闻见之知"，而是"德性之知"①。而"德性之知"莫大于识仁知仁，故"学之大无如仁"②，"学者须先识仁。仁者，浑然与物同体。义、礼、知、信皆仁也。识得此理，以诚敬存之而已"③，或者"学必先知仁，知之矣，敬以存之而已"④；而作为"德性所知"，所谓识仁知仁之"知"，说到底也就是"识得仁体，实有诸己"⑤之"知"，亦是尽心知性知天之"知"，正唯如此，故曰："不知天，则于人之贤否愚智，有所不知，虽知之，有所不尽。故学以知天为本。"⑥而"心具天德，心有不尽，则于天德不尽，其于知天难矣"⑦。

4.学贵有渐而自得，先识而后行。无论是修德成圣，还是进学致知、格物穷理，又或者是以诚敬存养天德仁体，都切不可"穷高极远"⑧，亦不可"拘迫""急迫"或"迫切"以求之；既要"必有事焉"，亦须"勿忘，勿助长"（《孟子·公孙丑上》）。故程子反复申言曰："入德必自敬始，故容貌必恭也，言语必谨也。虽然，优游涵泳而养之可也，拘迫则不能入矣"⑨，"人之进于贤德，必有其渐，习而后能安，非可陵节而遽至也"⑩，"学业之充实，道德之崇高，皆由积累而至"⑪，"惟积学明理，既久而气质变焉，则暗者必

---

① 程子曰："闻见之知，非德性之知。物交物则知之，非内也，今之所谓博物多能者是也。德性之知，不假闻见。"（程颢、程颐著，王孝鱼点校：《二程集》，中华书局1981年版，第317页。）

② 程颢、程颐著，王孝鱼点校：《二程集》，中华书局1981年版，第433页。

③ 程颢、程颐著，王孝鱼点校：《二程集》，中华书局1981年版，第16页。

④ 程颢、程颐著，王孝鱼点校：《二程集》，中华书局1981年版，第1184页。

⑤ 程颢、程颐著，王孝鱼点校：《二程集》，中华书局1981年版，第15页。

⑥ 程颢、程颐著，王孝鱼点校：《二程集》，中华书局1981年版，第1191页。

⑦ 程颢、程颐著，王孝鱼点校：《二程集》，中华书局1981年版，第1260页。

⑧ 程颢、程颐著，王孝鱼点校：《二程集》，中华书局1981年版，第15页。

⑨ 程颢、程颐著，王孝鱼点校：《二程集》，中华书局1981年版，第1194页。

⑩ 程颢、程颐著，王孝鱼点校：《二程集》，中华书局1981年版，第974页。

⑪ 程颢、程颐著，王孝鱼点校：《二程集》，中华书局1981年版，第936页。

明，弱者必立矣"①，"学者须敬守此心，不可急迫，当栽培深厚，涵泳于其间，然后可以自得。但急迫求之，只是私己，终不足以达道"②，"凡志于求道者，可谓诚心矣，欲速助长而不中理，反不诚矣。故求道而有迫切之心，虽得之，必失之"③。可见，正确的为学入德、明理求道的方法在于优游涵泳、栽培存养、逐渐积累而至，而且贵在自得，"学要在自得"④，"学莫贵于自得，得非外也，故曰自得"⑤，"义有至精，理有至奥，能自得之，可谓善学矣"⑥，而"谓之得者，便是己有也"⑦，即得之为得，意谓自有所得而为己所有，如"学者识得仁体，实有诸己，只要义理栽培"⑧。不仅学要贵在自得，而且亦贵学而养之存之，识之行之⑨，成之行之⑩，而"行之亦须量力有渐"⑪，否则，"若不能存养，只是说话"⑫，"学之而不养，养之而不存，是空言也"⑬，"学而不能成其业，用而不能行其学，则非学矣"⑭，"言而

---

① 程颢、程颐著，王孝鱼点校：《二程集》，中华书局1981年版，第1187页。
② 程颢、程颐著，王孝鱼点校：《二程集》，中华书局1981年版，第14页。
③ 程颢、程颐著，王孝鱼点校：《二程集》，中华书局1981年版，第1175页。
④ 程颢、程颐著，王孝鱼点校：《二程集》，中华书局1981年版，第122页。
⑤ 程颢、程颐著，王孝鱼点校：《二程集》，中华书局1981年版，第316页。
⑥ 程颢、程颐著，王孝鱼点校：《二程集》，中华书局1981年版，第1189页。
⑦ 程颢、程颐著，王孝鱼点校：《二程集》，中华书局1981年版，第438页。
⑧ 程颢、程颐著，王孝鱼点校：《二程集》，中华书局1981年版，第15页。
⑨ 程子曰："见之既明，养之既熟，泰然而行之，其进曷御焉？""识必见于行，如行道涂，涉暗阻，非日月之光，炬火之照，则不可进矣。故君子贵有识。力学穷理，则识益明，照知不惑，乃益敏矣。""未有知之而不能行者。谓知之而未能行，是知之未至也。"（程颢、程颐著，王孝鱼点校：《二程集》，中华书局1981年版，第1190、1191页。）
⑩ 程子曰："学贵乎成，既成矣，将以行之也。"（程颢、程颐著，王孝鱼点校：《二程集》，中华书局1981年版，第1197页。）
⑪ 朱熹撰：《朱子全书》（第十三册），上海古籍出版社、安徽教育出版社2002年版，第181页。
⑫ 程颢、程颐著，王孝鱼点校：《二程集》，中华书局1981年版，第5页。
⑬ 程颢、程颐著，王孝鱼点校：《二程集》，中华书局1981年版，第1189页。
⑭ 程颢、程颐著，王孝鱼点校：《二程集》，中华书局1981年版，第1197页。

不行，是欺也"①，"所见所期，不可不远且大"而行之不能"量力有渐"则必"志大心劳，力小任重，恐终败事"②。因此，一个人唯有能够积学明理，渐积而进，优游涵泳，自得存养，且能识明学成而又见于行，行之亦能"量力有渐"，其为学之效才能"充实而有光辉，所谓修身见于世也"③。

5. 二程教人进学致知、义理养心、格物穷理、识仁明善，并以学为圣人自期，看似一味冀望于学者能够极乎高明而上达于形而上者④，然而，事实并非如此，他们并不教人"穷高极远"，也从来不轻忽脚踏实地的下学工夫。综合而言，其为学理念重在将形上之道与形下之事、道德性命之理与洒扫应对之习、仁体之识与孝悌之行上下贯通为一，正所谓"凡下学人事，便是上达天理"⑤，"形而上者，存于洒扫应对之间，理无小大故也"⑥，"尽性至命，必本于孝弟""世之言道者，以性命为高远，孝弟为切近，而不知其一统。道无本末精粗之别，洒扫应对，形而上者在焉"⑦。反之，"今之学者，却只做一场说话，务高而已"⑧，"今之语道者，语高则遗卑，语本则遗末"⑨。正唯重视上下贯通而不穷高极远的下学工夫，故程子论德性之涵养特重自幼便熏染教辅养成之功，正所谓"习与智长，化与心成"或"少成若天性，习惯如自然"⑩，而针对学者而言，则尤重于身之所处、动作周旋和人伦日用间做慎独修身、反躬克己、止于至善的切实修身工夫，故曰："学始于不欺暗室"⑪，

① 程颢、程颐著，王孝鱼点校：《二程集》，中华书局1981年版，第90页。

② 程颢、程颐著，王孝鱼点校：《二程集》，中华书局1981年版，第21页。

③ 程颢、程颐著，王孝鱼点校：《二程集》，中华书局1981年版，第315页。

④ 程子曰："实是实非能辨，则循实是，天下之事归于一是，是乃理也，循此理乃可进学至形而上者也。"（程颢、程颐著，王孝鱼点校：《二程集》，中华书局1981年版，第351页。）

⑤ 程颢、程颐著，王孝鱼点校：《二程集》，中华书局1981年版，第360页。

⑥ 程颢、程颐著，王孝鱼点校：《二程集》，中华书局1981年版，第1175页。

⑦ 程颢、程颐著，王孝鱼点校：《二程集》，中华书局1981年版，第1257页。

⑧ 程颢、程颐著，王孝鱼点校：《二程集》，中华书局1981年版，第145页。

⑨ 程颢、程颐著，王孝鱼点校：《二程集》，中华书局1981年版，第1174页。

⑩ 程颢、程颐著，王孝鱼点校：《二程集》，中华书局1981年版，第537页。

⑪ 程颢、程颐著，王孝鱼点校：《二程集》，中华书局1981年版，第351页。

"君子之学，将以求其本心"①而"克己之私既尽，一归于礼，此之谓得其本心"②，"学者有所得，不必在谈经论道间，当于行事动容周旋中礼得之"③，"'致知在格物'，格物之理，不若察之于身，其得尤切"④，"世之人务穷天地万物之理，不知反之一身，五脏六腑毛发筋骨之所存，鲜或知之。善学者，取诸身而已。自一身以观天地"⑤，"致知，但知止于至善、为人子止于孝、为人父止于慈之类，不须外面，只务观物理，泛然正如游骑无所归也"⑥，"君子之学，要其所归而已"⑦。

6. 最后，为学之道须由疑而入，由问而知，由思而睿，由求而得，而学之有成须知道本而诚之，又须心活而通。故曰："学者要先会疑"⑧，会疑则善问，善问而明辨则识理亦明。同时，有疑则学而思，学而善思则"可与适道"⑨，学而深思则可以造于道而有所得⑩，故曰："学原于思"⑪，"为学之道，必本于思，思则得之，不思则不得也。故《书》曰：'思曰睿，睿作圣。'思所以睿，睿所以圣也"⑫。反之，"不思故有惑，不求故无得，不问故不知"⑬。为学之道既须由疑而入，由思而得，与此同时，又须贵乎诚与通，正所谓"学者不可以不诚，不诚无以为善，不诚无以为君子。修学不以诚，则

① 程颢、程颐著，王孝鱼点校：《二程集》，中华书局1981年版，第1164页。
② 程颢、程颐著，王孝鱼点校：《二程集》，中华书局1981年版，第1199页。
③ 程颢、程颐著，王孝鱼点校：《二程集》，中华书局1981年版，第404页。
④ 程颢、程颐著，王孝鱼点校：《二程集》，中华书局1981年版，第175页。
⑤ 程颢、程颐著，王孝鱼点校：《二程集》，中华书局1981年版，第411页。
⑥ 程颢、程颐著，王孝鱼点校：《二程集》，中华书局1981年版，第100页。
⑦ 程颢、程颐著，王孝鱼点校：《二程集》，中华书局1981年版，第319页。
⑧ 程颢、程颐著，王孝鱼点校：《二程集》，中华书局1981年版，第413页。
⑨ 程颢、程颐著，王孝鱼点校：《二程集》，中华书局1981年版，第322页。
⑩ 程子曰："不深思则不能造于道，不深思而得者，其得易失。"（程颢、程颐著，王孝鱼点校：《二程集》，中华书局1981年版，第324页。）
⑪ 程颢、程颐著，王孝鱼点校：《二程集》，中华书局1981年版，第80页。
⑫ 程颢、程颐著，王孝鱼点校：《二程集》，中华书局1981年版，第324页。
⑬ 程颢、程颐著，王孝鱼点校：《二程集》，中华书局1981年版，第327页。

学杂；为事不以诚，则事败；自谋不以诚，则是欺其心而自弃其忠（吕本、徐本'忠'作'志'）；与人不以诚，则是丧其德而增人之怨。今小道异端，亦必诚而后得，而况欲为君子者乎？故曰：学者不可以不诚。虽然，诚者在知道本而诚之耳"①；"人心常要活，则周流无穷，而不滞于一隅"②，"学贵于通。执一而不通，将不胜其疑矣。通莫如理"③。为学以诚而不以伪，才能真实无妄、专心一志地致力于积善修德而不息，乃至学为君子，不至于圣人而不已；人心能活而不僵死，才能不滞于一隅而真正体会天地之间周流无穷、生生不息、贯通万物为一体的活泼生机、生意、生道与生理，正所谓"观天理，亦须放开意思，开阔得心胸，便可见"④。

三、体认之学的宗教维度与人性本善的道德信仰

那么，我们究竟应如何来理解二程兄弟的性理之学及其为学理念和道德信仰的深刻意蕴呢？又或者，它究竟具有什么样的道德的甚至是宗教的教益呢？

英国著名宗教哲学家约翰·希克根据维特根斯坦对"看"的两种含义的区分而从宗教多元论的立场就"经验为"的意义维度所做的论述，也许可以给我们带来某种意味深长的启发。根据维特根斯坦的区分，"看"一词具有两种含义，一是单纯的"看"，二是"看作"，"看作"不同于单纯的"看"，在"看作"中，"解释性活动"是必不可少的，即把所看到的东西"解释或理解成具有某种特殊的意义"，据此，约翰·希克认为，"可以把仅仅以视觉为基础的'看作'这一概念扩展成'经验为'这一综合性的概念，因为我们不仅仅通过视觉发现意义"，而且，可以"用'经验为'这一术语来指代日常世界多维度的意识"⑤。事实上，"或许除了某些例外，全人类的经验都是'经验为'"，

---

① 程颢、程颐著，王孝鱼点校：《二程集》，中华书局1981年版，第326页。

② 程颢、程颐著，王孝鱼点校：《二程集》，中华书局1981年版，第76页。

③ 程颢、程颐著，王孝鱼点校：《二程集》，中华书局1981年版，第1199页。

④ 程颢、程颐著，王孝鱼点校：《二程集》，中华书局1981年版，第33页。

⑤［英］约翰·希克著，陈志平、王志成译：《理性与信仰——宗教多元论诸问题》，四川人民出版社2003年版，第20页。

"总是对某种呈现给我们的东西的理解", "这种东西具有某种可认识的特征", 可称之为"意义", 而且, "对具有这种或那种意义的实在者的意识, 总体现出一种实践倾向"①。重要的是, 在不同于单纯的"看"或"经验"的"看作"或"经验为"的意识层次, 发挥作用的正是"在我们和其他动物共有的意义维度之外还有人的独特的意义维度", "这些独特的人的意义维度超出了环境的纯自然意义, 表现为伦理的、美学的和宗教的三种意义"②。

具体而言, "我们可以把一个情景经验为具有伦理的或道德的意义, 而这个伦理的或道德的意义也可以被称为社会的或个人的意义, 因为道德必须处理人之间的相互影响与相互关系", "伦理意义预设了自然意义, 并且我们可以在这一确切意义上把伦理意义描述为更高级的意义。因为伦理意义总是一个自然情景的更深层的意义或形而上的意义。把一个情景经验为具有这种或那种道德意义, 就是在这种情景中, 以一种或多种适合于这种意义的方式活动的倾向性状态。……说我们是伦理动物, 就是说我们会把人类的种种处境经验为具有伦理意义"③。除此之外, 我们还可以把一种情景经验为具有美学的和宗教的意义, 而就宗教的意义来讲, "一神论宗教的一个特征是: 原则上可以把人类的任何情景都经验为人正生活在不可见的上帝的临在之中"④, 然而, "以宗教的方式认识和经验的东西本身是有歧义的"⑤, 而且, "经验方式具有相对性", 宗教"经验为"的方式也"不只是一种形式, 而是多

①［英］约翰·希克著, 陈志平、王志成译:《理性与信仰——宗教多元论诸问题》, 四川人民出版社 2003 年版, 第 21—22 页。

②［英］约翰·希克著, 陈志平、王志成译:《理性与信仰——宗教多元论诸问题》, 四川人民出版社 2003 年版, 第 23 页。

③［英］约翰·希克著, 陈志平、王志成译:《理性与信仰——宗教多元论诸问题》, 四川人民出版社 2003 年版, 第 23—24 页。

④［英］约翰·希克著, 陈志平、王志成译:《理性与信仰——宗教多元论诸问题》, 四川人民出版社 2003 年版, 第 24 页。

⑤［英］约翰·希克著, 陈志平、王志成译:《理性与信仰——宗教多元论诸问题》, 四川人民出版社 2003 年版, 第 27 页。

种形式"，可称为"不同的宗教"，譬如，"在一个有神论传统中，如果假定了上帝这一概念，即作为人格的终极之实在和奥秘的概念，又假定了灵修方式，那么他或她很可能把生活经验为生活在不可见的上帝的临在之中，把周围的世界经验为上帝的创造物，把道德要求经验为神命。……但如果假定了某个非常不同的梵的概念，或者法、空、道的概念，即终极的实在和奥秘作为非人格的基础或生存过程的概念，又假定了非有神论传统中的灵修方式，那么这样的宗教徒很可能把生活经验为最终导致觉悟与认识实在的羯磨过程"①。就宗教"经验为"的方式而言，"一方面，全部经验可能都不正确，而只是投射在宇宙中的不同幻象；另一方面，每一种宗教都可能对超出人类概念的无限的神性实在作出回应，而人类又能够以这些迷人的不同方式思考和经验这个神性实在"②。总之，"宗教生活的经验本身能够采取不同的方式。它可以把世界经验为上帝的作品、善恶的战场、湿婆的宇宙之舞，或者把世界经验为无始无终地相互依存的过程，即缘起（pratitya samutpada），在缘起中经验到涅槃（niruana）等等。这些都是宗教'经验为'的不同方式"③。

在我看来，约翰·希克对维特根斯坦的独创概念所做的扩展并将其与"具体的宗教生活方式相联系"④而做的创造性运用，对于我们重新审视、思考、认识和理解二程甚至是整个宋明新儒学性理之学特殊形态的义理信念及其道德生活实践的精神特质，无疑可以带来某种重要的启示。众所周知，继古典儒学和汉唐经学之后，宋明新儒学思潮的发生在整个儒学发展史上具有非常特殊的意义，然而，新儒学之"新"究竟"新"在何处，似乎仍有进一步

---

① ［英］约翰·希克著，陈志平、王志成译：《理性与信仰——宗教多元论诸问题》，四川人民出版社2003年版，第29页。

② ［英］约翰·希克著，陈志平、王志成译：《理性与信仰——宗教多元论诸问题》，四川人民出版社2003年版，第29页。

③ ［英］约翰·希克著，陈志平、王志成译：《理性与信仰——宗教多元论诸问题》，四川人民出版社2003年版，第30页。

④ ［英］约翰·希克著，陈志平、王志成译：《理性与信仰——宗教多元论诸问题》，四川人民出版社2003年版，第30页。

深入思考、探究和讨论的必要。宋明新儒学或性理学是否只是"对一些传统儒学道德规范的维护",即"理学家把这些规范哲理化,并不是为了告诉人们如何为自己思考,而是为了说服他们遵循传统的典范,并通过哲理的阐述使他们相信这些典范就自然存在于人性之中"①,还是其"学"自有其深造自得而不同于汉唐经学甚至古典儒学的独创性思想贡献和理论旨趣? 否则,我们又何以有充分的理由能够宣称正是他们的思想贡献和理论发展而使儒家天人、身心、性命、义理之学之精微造极于宋明呢? 我认为,借鉴和参照约翰·希克对作为人类经验生活的一种道德和宗教之"经验为"方式的独特含义的揭提和阐述,我们将可以更好地来理解和回答这一问题。

我们常常将宋明新儒学的核心理念称之为"性理之学""义理之学""身心之学""心性之学""德性之学""生命体认之学",那么,我们是否真正理解了这些说法本真而独特的含义呢? 事实上,在我看来,关键性的问题在于我们是否真正理解了宋明儒者所谓"体贴"或"体认"一词的道德和宗教含义。二程兄弟首先明确而独创性地使用这一词汇来立言阐明他们对于天道性理的体会和领悟的"经验为"方式,其影响所及,可以说塑造和形成了宋明新儒学的一大思维特征。正如熊十力先生所说,"先哲尚体认"而不同于"西哲精思辨"②。这一点,无论是程朱理学还是陆王心学皆然,如或问二程《遗书》首卷"体道"之说,朱子回答说:"'体',犹体当、体究之'体',言以自家身己去体那道。盖圣贤所说无非道者,只要自家以此身去体它,令此道为我之有也。如克己,便是体道工夫。"③而王阳明《语录》亦有言:"明道云:'吾学虽有所受,然"天理"二字,却是自家体认出来。'良知即是天理,体认者,实有诸己之谓耳。"④显然,二程所谓"体贴"或"体认",并非意指一种纯主

①[美]包弼德著,[新加坡]王昌伟:《历史上的理学》,浙江大学出版社2010年版,第135页。
②熊十力:《熊十力全集》(第三卷),湖北教育出版社2001年版,第557页。
③黎靖德编,王星贤点校:《朱子语类》,中华书局1986年版,第2488页。
④黄宗羲:《明儒学案》卷十《姚江学案》,见沈善洪主编:《黄宗羲全集》(第七册),浙江古籍出版社1992年版,第218页。

观的感受和想象，而是强调以身体道或以心观理而使之"为我之有"或"实有诸己"。用约翰·希克的讲法，事实上，二程天理或性理体认之学意在把天地万物"经验为"生生之道或天理流行的真实体现，也就是把生活"经验为"生活在生生不息的天理流行之中，把周围的世界"经验为"生生之道或天理流行的创造物，把道德要求"经验为"天性、天命、天德，而所谓"天德云者，谓所受于天者未尝不全也。苟无污坏，则直行之耳。或有污坏，则敬以复之耳"①。正因为如此，所以学者首先需要做的就是体认天理、认识天德之仁，并通过诚敬存养的方式来自我修持或恢复实现这一天德。需要强调指出的是，在体认天理的意义上，二程的性理之学虽然具有一种"经验为"的宗教性意义维度，但是，它不同于佛学释教的根本点就在于，"儒者之学"并不脱离现实世界而体认形上之理，更不将尘世生活和现实世界"经验为"虚妄梦幻，不仅如此，相反，它体认天理的目的恰恰是要更好地回归并过上一种更富有道德意义的现实人伦生活。因此，在"儒者之学"的意义上，对天理的体认自然而然地导向了更加自觉地在人伦日用之间进行道德生活的实践，二程所谓致知穷理、通过学而至乎觉悟处的意义也正在于此。② 体认天理或致知穷理的根本目的，不在于获取外在事物的闻见性知识，而在于以开阔活泼的生命观照和心灵感通的方式来体认天地生生不息和万物一体的道理，不在于对外在客观物理的科学探究，而在于关乎自我身心的道德修养和伦理实践。

二程及其同时代的张载在闻见之知与德性之知之间做出了明确的区分，这一区分对于其性理体认之学来讲具有至关重要的特殊含义，因为闻见之知只具有关乎外在事物的知识性的经验意义，而唯有德性之知才能使我们把生活境"经验为"具有道德的甚至是既道德而又超道德的更深层的或形而上

---

① 程颢、程颐著，王孝鱼点校：《二程集》，中华书局 1981 年版，第 1257 页。

② 问："学何以有至觉悟处？"曰："莫先致知。能致知，则思一日愈明一日，久而后有觉也。学而无觉，则何益矣？又奚学为？'思曰睿，睿作圣。'才思便睿，以至作圣，亦是一个思。故曰：'勉强学问，则闻见博而智益明。'"（程颢、程颐著，王孝鱼点校：《二程集》，中华书局 1981 年版，第 186 页。）

的意义，因为人有闻见知觉，动物也有闻见知觉，而唯有在德性之知发挥作用的意识层次，我们才能发现"在我们和其他动物共有的意义维度之外还有人的独特的意义维度"，这就是人作为"天地之心""万物之灵"所具有的独特的意义维度，也是最足以彰显人类能"浑然与物同体"之独有心灵和精神生活之特质的意义维度，正所谓"'万物皆备于我'，不独人尔，物皆然。都自这里出去，只是物不能推，人则能推之"①，"'万物皆备于我'，此通人物而言。禽兽与人绝相似，只是不能推"②。然而，能推在乎人，问题亦出乎人，所谓"禽兽之性却自然……人虽是灵，却椓丧处极多"③，原因是多方面的，其中最主要的，一是"人之为智"或流于穿凿而"入于巧伪"④，二是人之"昏于天理者"，由于"嗜欲乱之耳"⑤，或者"人心莫不有知，惟蔽于人欲，则亡天德（一作理）也"⑥，三是"人与天地一物也，而人特自小之"⑦，问题在于"理与心一，而人不能会为一者，有己则喜自私，私则万殊，宜其难一也"⑧。正唯如此，二程才汲汲于要人"大其心"或"放开意思，开阔得心胸"以"观天理"⑨，通过格物致知、力学穷理来认识天地万物一体之"仁"，如此，不仅可以使"人之知思，因神以发"⑩，乃至以活泼明觉的人类心灵观照感通天地万物之理，而且能正确地发挥出于人性之"推成己之道成物"之"智"⑪的作用，从而消解和破除人的穿凿之智及其感官嗜欲和狭隘自私之心的破坏性与局限性。面对各种穿凿有害的私智、私欲、私心和私意等"人性

① 程颢、程颐著，王孝鱼点校：《二程集》，中华书局1981年版，第34页。
② 程颢、程颐著，王孝鱼点校：《二程集》，中华书局1981年版，第56页。
③ 程颢、程颐著，王孝鱼点校：《二程集》，中华书局1981年版，第56页。
④ 程颢、程颐著，王孝鱼点校：《二程集》，中华书局1981年版，第275页。
⑤ 程颢、程颐著，王孝鱼点校：《二程集》，中华书局1981年版，第1194页。
⑥ 程颢、程颐著，王孝鱼点校：《二程集》，中华书局1981年版，第123页。
⑦ 程颢、程颐著，王孝鱼点校：《二程集》，中华书局1981年版，第120页。
⑧ 程颢、程颐著，王孝鱼点校：《二程集》，中华书局1981年版，第1254页。
⑨ 程颢、程颐著，王孝鱼点校：《二程集》，中华书局1981年版，第33页。
⑩ 程颢、程颐著，王孝鱼点校：《二程集》，中华书局1981年版，第82页。
⑪ 程颢、程颐著，王孝鱼点校：《二程集》，中华书局1981年版，第82页。

中与生俱来的阴暗面"①，二程和宋明理学家不得不提出和深入思考的一个问题就是，它们究竟来自哪里？这一问题涉及的正是他们性理之学中最富争议性的解释性因素，说到底，他们必须解释人之善与恶的来源以及善恶与人之本性究竟是一种什么性质的关系问题。

二程及其同时代的张载对理与气、性与才、心与形、天地之性与气质之性的明确区分正是为了回答这一问题。然而，有关人性的问题恰恰是一个充满了歧义性的"是非之地"②。二程明确肯定和认同孟子的性善论，认为"孟子言人性善是也。……孟子所以独出诸儒者，以能明性也"③；相反，正是因为荀子"以礼为伪，以性为恶"，所以二程诟病之为"才高学陋""不见圣贤"④而"不知性"⑤。孟子不仅明言人性本善，而且曾如是说："广土众民，君子欲之，所乐不存焉；中天下而立，定四海之民，君子乐之，所性不存焉。君子所性，虽大行不加焉，虽穷居不损焉，分定故也。君子所性，仁义礼智根于心。"（《孟子·尽心上》）又说："口之于味也，目之于色也，耳之于声也，鼻之于臭也，四肢之于安佚也，性也，有命焉，君子不谓性也。仁之于父子也，义之于君臣也，礼之于宾主也，知之于贤者也，圣人之于天道也，命也，有性焉，君子不谓命也。"（《孟子·尽心下》）朱熹以"所得于天者"⑥来解释前一句中"所性"的意思，而在解释后一句话的意思时则援引了程子的下面两句话："五者之欲，性也。然有分，不能皆如其愿，则是命也。不可谓我性之所有，而求必得之也。""仁、义、礼、智、天道，在人则赋于命者，所禀

---

①张灏：《张灏自选集》，上海教育出版社2002年版，第37页。

②［英］葛瑞汉著，程德祥等译：《中国的两位哲学家：二程兄弟的新儒学》，大象出版社2000年版，第276页。

③程颢、程颐著，王孝鱼点校：《二程集》，中华书局1981年版，第204页。

④程颢、程颐著，王孝鱼点校：《二程集》，中华书局1981年版，第403页。

⑤程颢、程颐著，王孝鱼点校：《二程集》，中华书局1981年版，第204页。

⑥朱熹撰：《朱子全书》（第六册），上海古籍出版社、安徽教育出版社2002年版，第432页。

有厚薄清浊。然而性善可学而尽，故不谓之命也。"①那么，孟子所谓"君子所性"以及"君子不谓"究竟意味着什么？朱熹和程子的解释又是否合乎孟子的本义呢？这的确不是一个容易回答的问题，在我看来，所谓"所得于天者"和"不可谓我性之所有"皆只是就孟子所说"君子所性"和"君子不谓性"的字面意思来讲的，但是，从二程性理体认之学的角度来讲，在"五者之欲"与"仁、义、礼、智"这两种与生俱来或天命所赋的"性"之间，究竟应将何者"体认"或"经验为"自己真正的本性，这才是问题的真正要害或关键所在。因为，就人性的基本面或双重性来讲，人具有两种与生俱来的禀赋似乎是无可争议或不可否认的事实，但是，将何者"体认"或"经验为"人的真正本性而求其充分实现却是大为不同的，如果将"五者之欲"认作"我性之所有，而求必得之"，则势必造成人之私欲、私心和私意的膨胀和泛滥，相反，将"仁、义、礼、智"之天道善性认作"我性之所有"而求其"可学而尽"，才是人们能够真正共同生活在一起而形成人类社会，并使之能够永久延续而生生不息的人性根基。故张载曰："形而后有气质之性，善反之则天地之性存焉。故气质之性，君子有弗性者焉。"②此所谓"弗性"也正是不将"气质之性"认作人之真正本性的意思，与孟子所谓"君子不谓性"的意思相同，而与孟子所谓"君子所性"的意思相反。

就二程兄弟而言，如他们说："天之付与之谓命，禀之在我之谓性，见于事业（一作物）之谓理"③，"在天为命，在义为理，在人为性，主于身为心，其实一也"④，"性即理也，所谓理，性是也。天下之理，原其所自，未有不善"⑤，"孟子曰：'尽其心者知其性也，知其性则知天矣。'心也，性也，

① 朱熹撰：《朱子全书》（第六册），上海古籍出版社、安徽教育出版社2002年版，第450页。

② 张载著，章锡琛点校：《张载集》，中华书局1978年版，第23页。

③ 程颢、程颐著，王孝鱼点校：《二程集》，中华书局1981年版，第91页。

④ 程颢、程颐著，王孝鱼点校：《二程集》，中华书局1981年版，第204页。

⑤ 程颢、程颐著，王孝鱼点校：《二程集》，中华书局1981年版，第292页。

天也，非有异也"①，"吾生所有，既一于理，则理之所有，皆吾性也"②，"理义者，人心之所同然者也。吾信乎此，则吾德实矣"③。显然，上述种种说法，其实都可以归结为一点，那就是二程的根本立场乃是将天、命、义、理、心、性"经验为"或"体认"为"一"，并认其"未有不善"，那么，人之不善又从何而来呢？二程曰："性无不善，而有不善者才也。性即是理，理则自尧、舜至于涂人，一也。才禀于气，气有清浊。禀其清者为贤，禀其浊者为愚"④，"性出于天，才出于气，气清则才清，气浊则才浊。譬犹木焉，曲直者性也，可以为栋梁、可以为榱桷者才也。才则有善与不善，性则无不善"⑤，"性无不善，其所以不善者才也。受于天之谓性，禀于气之谓才，才之善不善由气之有偏正也"⑥，"性无不善，其偏蔽者，由气禀清浊之不齐也"⑦，"人只为自私，将自家躯壳上头起意，故看得道理小了佗底"⑧，"人有是形，而为形所梏，故有内外生焉。内外一生，则物自物，己自己，与天地不相似矣"⑨。这是说，人之善与不善出自气禀之才，气有清浊偏正，故才有贤愚善恶之分；心之妙用可"通乎道"而"广大"无有"限量"⑩，反之，人受有限之形气所拘囿和桎梏，而在自家躯壳上头起意，此正是人之狭隘自私的根源。正因为如此，人其实与生俱来便具有两面性，故"论性，不论气，不备；论气，不论性，不明"⑪。不仅如此，实亦可以说"天下善恶皆天

---

① 程颢、程颐著，王孝鱼点校：《二程集》，中华书局 1981 年版，第 321 页。

② 程颢、程颐著，王孝鱼点校：《二程集》，中华书局 1981 年版，第 1159 页。

③ 程颢、程颐著，王孝鱼点校：《二程集》，中华书局 1981 年版，第 1160 页。

④ 程颢、程颐著，王孝鱼点校：《二程集》，中华书局 1981 年版，第 204 页。

⑤ 程颢、程颐著，王孝鱼点校：《二程集》，中华书局 1981 年版，第 252 页。

⑥ 程颢、程颐著，王孝鱼点校：《二程集》，中华书局 1981 年版，第 393 页。

⑦ 程颢、程颐著，王孝鱼点校：《二程集》，中华书局 1981 年版，第 1256 页。

⑧ 程颢、程颐著，王孝鱼点校：《二程集》，中华书局 1981 年版，第 33 页。

⑨ 程颢、程颐著，王孝鱼点校：《二程集》，中华书局 1981 年版，第 1161 页。

⑩ 程颢、程颐著，王孝鱼点校：《二程集》，中华书局 1981 年版，第 1252 页。

⑪ 程颢、程颐著，王孝鱼点校：《二程集》，中华书局 1981 年版，第 81 页。

理"①。然而，事实上，在二程看来，我们仍需就性理与气禀加以明辨区分，才能真正认识人性的本质，也就是说，就"生之谓性"的"人生气禀"来讲，是"理有善恶"的，故"有自幼而善，有自幼而恶"者，实是"气禀有然也"，因此，可以说"善固性也，然恶亦不可不谓之性也"；但是，这只是就气质之性而言，若就性理之本原来讲，则只可讲人性本善，而所谓"理有善恶"并不是说"性中元有此两物相对而生也"②。故曰："气有善不善，性则无不善也。"③又或者说："言人性善，性之本也；生之谓性，论其所禀也。"④即就人性之根本而言"性无不善"，而就性之气禀而言则"理有善恶"，而"谓之恶者"，其实并非本恶，只是"或过或不及"⑤而已。因此，二程一方面首先强调的是"不知性善，不可以言学；知性之善而以忠信为本，是曰'先立乎其大者'也"⑥，此所谓"知"，乃是"知道"之"知"，亦正可谓之"体知"，即由"体认天理"而"知性善"，或将善认作己性，这是从人性本善的意义上来讲的；然而，"人之所以不知善者，气昏而塞之耳"⑦，又或者，"夫人之性至大矣，而为形气之所役使而不自知"⑧，所以二程另一方面则格外强调并反复申言人的气禀之性完全可以通过为学工夫来加以变化，或者通过致知明理来破除形气之私，正所谓"才之不善，亦可以变之，在养其气以复其善尔"⑨，"若夫学而知之，气无清浊，皆可至于善而复性之本。……孔子所言上知下愚不移，亦无不移之理，所以不移，只有二，自暴自弃是也"⑩。由上可知，对

---

① 程颢、程颐著，王孝鱼点校：《二程集》，中华书局1981年版，第14页。

② 程颢、程颐著，王孝鱼点校：《二程集》，中华书局1981年版，第10页。

③ 程颢、程颐著，王孝鱼点校：《二程集》，中华书局1981年版，第274页。

④ 程颢、程颐著，王孝鱼点校：《二程集》，中华书局1981年版，第207页。

⑤ 程颢、程颐著，王孝鱼点校：《二程集》，中华书局1981年版，第1182页。

⑥ 程颢、程颐著，王孝鱼点校：《二程集》，中华书局1981年版，第1255页。

⑦ 程颢、程颐著，王孝鱼点校：《二程集》，中华书局1981年版，第274页。

⑧ 程颢、程颐著，王孝鱼点校：《二程集》，中华书局1981年版，第322页。

⑨ 程颢、程颐著，王孝鱼点校：《二程集》，中华书局1981年版，第394页。

⑩ 程颢、程颐著，王孝鱼点校：《二程集》，中华书局1981年版，第292页。

二程而言，性无不善，乃是就性之本而言的，从本体论的意义上讲则体现了人之所以为人的本质属性，而恶则不具有本体论的意义。

上文已言，二程之为学理念不禁人之有疑，尤重学原于思。正唯如此，故其基于性理之体认或"经验为"的方式而来的义理信念和道德信仰，并非一种主观独断的教条，但他们深切地希望"破昏为醒"①，通过"呼而觉之"②的方式将那些知识蒙昧之人唤醒，使他们能够通过力学明理、格物致知的为学工夫而思而觉，乃至克己窒欲、变化气质、改恶向善、复其天德之善性，正所谓"甚矣，欲之害人也！人为不善，欲诱之也。诱之而不知，则至于灭天理而不知反。……然则何以窒其欲？曰思而已矣。觉莫要于思，惟思为能窒欲。"③"人心至灵，一萌于思，善与不善，莫不知之。"④"为恶之人，原于不知思，有思则心悟。"⑤而人之天德与善性之大者为仁，故学者务须首先识仁知仁，而问题的紧要之处仍然在于只有"体而得之""认得为己"而"实有诸己"才有其真实的意义，正所谓"学为易，知之为难。知之非难也，体而得之为难"⑥，"仁者，以天地万物为一体，莫非己也。认得为己，何所不至？若不有诸己，自不与己相干"⑦，"学者识得仁体，实有诸己，只要义理栽培"⑧，"仁者以天地万物为一体，莫非我也。知其皆我，何所不尽！不能有诸己，则其与天地万物，岂特相去千万而已哉？"⑨

然而，二程兄弟决非肤浅的乐观主义者，因为他们深切地意识到问题的

① 程颢、程颐著，王孝鱼点校：《二程集》，中华书局1981年版，第472页。

② 程颢、程颐著，王孝鱼点校：《二程集》，中华书局1981年版，第1255页。

③ 程颢、程颐著，王孝鱼点校：《二程集》，中华书局1981年版，第1260页。

④ 程颢、程颐著，王孝鱼点校：《二程集》，中华书局1981年版，第1152页。

⑤ 程颢、程颐著，王孝鱼点校：《二程集》，中华书局1981年版，第1271页。

⑥ 程颢、程颐著，王孝鱼点校：《二程集》，中华书局1981年版，第321页。

⑦ 程颢、程颐著，王孝鱼点校：《二程集》，中华书局1981年版，第15页。

⑧ 程颢、程颐著，王孝鱼点校：《二程集》，中华书局1981年版，第15页。

⑨ 程颢、程颐著，王孝鱼点校：《二程集》，中华书局1981年版，第1179页。

关键恰恰就在于克制己私最难，故曰"克己最难"①；他们也并非绝对的禁欲主义者，尽管他们明确主张"人心私欲，故危殆。道心天理，故精微。灭私欲则天理明矣"②，但他们也曾明言"耳闻目见，饮食男女之欲，喜怒哀乐之变，皆其性之自然"③，他们所反对的只是人之悖理违道而私心自用、嗜欲过度，他们所悲叹的只是"人于外物奉身者，事事要好，只有自家一个身与心，却不要好"④，凡此皆是由于人不知学、不知思、不知求、不知格物致知、不知穷理尽性，故昏蒙迷惑而陷溺放失。其实，说到底，如此种种最终亦皆是由于人不能体认天理而将无有不善之性理"体认"为或"经验为"自己真正的本性。程子曰："口目耳鼻四支之欲，性也，然有分焉，不可谓我须要得，是有命也。仁义礼智，天道在人，赋于命有厚薄，是命也，然有性焉，可以学，故君子不谓命。"⑤然而，对此性命之分际不能真切体认乃至"以义安命"，不知天道在人，不知存养心性，不知天德可学而复，而只是要一味满足一己之私意私欲，此正世间之恶所由起也。反之，若能对天道性理、人性本善加以真切体认，并能"实有诸己"，则"自性而行，皆善也"⑥。但唯有致知明理，由学而觉，由思而悟，对天德本性体认真切，所谓"德者得也，须是实到这里须得"⑦，才能"知之明，信之笃，行之果"⑧。故曰："觉悟便是信"⑨，"信之不笃，执德无由弘"⑩。而信有二，有信于人者，有能自信者，唯有自得自信，儒者之义理信念和道德信仰才能真正坚定不移而不被异端之学迷惑

① 程颢、程颐著，王孝鱼点校：《二程集》，中华书局1981年版，第128页。
② 程颢、程颐著，王孝鱼点校：《二程集》，中华书局1981年版，第312页。
③ 程颢、程颐著，王孝鱼点校：《二程集》，中华书局1981年版，第1180页。
④ 程颢、程颐著，王孝鱼点校：《二程集》，中华书局1981年版，第10页。
⑤ 程颢、程颐著，王孝鱼点校：《二程集》，中华书局1981年版，第257页。
⑥ 程颢、程颐著，王孝鱼点校：《二程集》，中华书局1981年版，第318页。
⑦ 程颢、程颐著，王孝鱼点校：《二程集》，中华书局1981年版，第42页。
⑧ 程颢、程颐著，王孝鱼点校：《二程集》，中华书局1981年版，第139页。
⑨ 程颢、程颐著，王孝鱼点校：《二程集》，中华书局1981年版，第82页。
⑩ 程颢、程颐著，王孝鱼点校：《二程集》，中华书局1981年版，第353页。

扰乱，正所谓："学者须要自信，既自信，怎生夺亦不得。"①"学者必至于自信而不惑，则彼不能乱。"②此所谓"自信"，乃由疑而问学、由思而觉悟所获得，更由体悟天理、认性善为己之所有而来，故非蒙蔽之自信，亦非盲目之信仰。正是由于拥有了这样一种"自信"，二程兄弟才会如此坚定地宣称："欲趋道，舍儒者之学不可。"③

张载曾云："道德性命是长在不死之物也，己身则死，此则常在。"④而二程兄弟则曰：有生则有死，此自然之天理；生死为"常事"，此亦"无可惧者"⑤。人之为人，真正应该深切关怀的是，既然生而为人，究竟应如何学以为人，乃至学以至圣人，如此才能不妄自辜负了"自家元是天然完全自足之物"⑥的天德善性，为此，人必须致知明理，学为圣人，使人性之善"实有诸己"，一言以蔽之，"人得天地之正气而生，与万物不同。既为人，须尽得人理"⑦。可以说，对二程兄弟来讲，性理体认之学乃是与每个人的身心性命切己相干的一种具有道德意义的"生命的学问"，同时，它亦不仅仅关乎个人的身心道德修养问题，而且意在为人人当各尽其性分的所有人的伦理生活提供一种意义框架；而从"体认"或"经验为"的意义上讲，它还具有一种重要而特殊的富有宗教性意义的精神维度，即通过把天道生理"体认"为或"经验为"自己的天德本性，并通过下学上达、学为圣人的工夫实践，恢复自己的天德本性，变化气质而实现自我的转化，以便提撕上遂而重新与天理为一。如果说宗教的经验生活与修行实践关乎着人们"与超越的神性实在的关系"⑧，

---

① 程颢、程颐著，王孝鱼点校：《二程集》，中华书局1981年版，第188页。

② 程颢、程颐著，王孝鱼点校：《二程集》，中华书局1981年版，第1196页。

③ 程颢、程颐著，王孝鱼点校：《二程集》，中华书局1981年版，第187页。

④ 张载著，章锡琛点校：《张载集》，中华书局1978年版，第273页。

⑤ 程颢、程颐著，王孝鱼点校：《二程集》，中华书局1981年版，第1171页。

⑥ 程颢、程颐著，王孝鱼点校：《二程集》，中华书局1981年版，第1页。

⑦ 程颢、程颐著，王孝鱼点校：《二程集》，中华书局1981年版，第211—212页。

⑧ [英]约翰·希克著，陈志平、王志成译：《理性与信仰——宗教多元论诸问题》，四川人民出版社2003年版，第18页。

而且"每一种宗教都可能对超出人类概念的无限的神性实在作出回应，而人类又能够以这些迷人的不同方式思考和经验这个神性实在"①的话，那么，二程兄弟的性理体认之学，便可被看作是这样一种意义上的"独特的经验生活的宗教方式"或"经验和参与人类生存的宗教方式"②，因为只有在这一意义上，所谓"看作""经验为"或"体认"也才是有意义的。

性理之为性理，乃天下万物公共的道理，非人所可得而私也；人有生有死，而性理却是天地之间"长在不死之物"，此"长在不死之物"亦可谓之为"超越的神性实在"，程子曰："盖上天之载，无声无臭，其体则谓之易，其理则谓之道，其用则谓之神，其命于人则谓之性，率性则谓之道，修道则谓之教。孟子去其中又发挥出浩然之气，可谓尽矣"③，"莫大于道，莫妙于神"④，"气充则理正，正则不私，不私之至则神"⑤。在"体认"或"经验为"的意义上，此皆可以说是通过儒者性理之学的话语方式而对超越个人生死之天道天理或"神性实在"的证悟性的"思考和经验"。而由此"体认"或"经验为"的方式所能得出的最终结论便是，"天理无私"⑥，生生不息，"故君子之学，莫若廓然而大公，物来而顺应"⑦；人唯有廓然大公而无我无私，才能学以至圣人，从而穷理尽性乃至于充分实现"以物待物，不以己待物"⑧以使万物各得其性而"无一失所"⑨的天理和"浑然与物同体"或"以天地万

① [英]约翰·希克著，陈志平、王志成译：《理性与信仰——宗教多元论诸问题》，四川人民出版社2003年版，第29页。

② [英]约翰·希克著，陈志平、王志成译：《理性与信仰——宗教多元论诸问题》，四川人民出版社2003年版，第19页。

③ 程颢、程颐著，王孝鱼点校：《二程集》，中华书局1981年版，第4页。

④ 程颢、程颐著，王孝鱼点校：《二程集》，中华书局1981年版，第1181页。

⑤ 程颢、程颐著，王孝鱼点校：《二程集》，中华书局1981年版，第1182页。

⑥ 程颢、程颐著，王孝鱼点校：《二程集》，中华书局1981年版，第1271页。

⑦ 程颢、程颐著，王孝鱼点校：《二程集》，中华书局1981年版，第460页。

⑧ 程颢、程颐著，王孝鱼点校：《二程集》，中华书局1981年版，第125页。

⑨ 子曰："使万物无一失所者，斯天理，中而已。""无妄，天性也，万物各得其性，一毫不加损矣。"（程颢、程颐著，王孝鱼点校：《二程集》，中华书局1981年版，第1182、1261页。）

物为一体"的仁道，而圣人之所以为圣人，正在于"圣人之神，与天（一有地字）为一"①，或者"圣人之心，与天为一"②，又或者"圣人与理为一"③。总之，一句话，"至公无私，大同无我，虽眇然一身，在天地之间，而与天地无以异也，夫何疑焉？"④ 如若不然，则徒然生而为一风痹不知痛痒之"小人"⑤ 或"不知觉不认义理"的麻木不仁之人⑥ 而已。这究竟是一种虚妄而不实的幻想，还是一种真实而合理的信仰，此在自家体认之，正所谓"学者有所闻，而不著乎心，不见乎行，则其所闻固自他人之言耳，于己何与焉"⑦？

（原载《孔子学刊》第 9 辑，青岛出版社 2018 年 12 月出版，收入本书时有改动）

---

① 程颢、程颐著，王孝鱼点校：《二程集》，中华书局 1981 年版，第 22 页。

② 程颢、程颐著，王孝鱼点校：《二程集》，中华书局 1981 年版，第 1261 页。

③ 程颢、程颐著，王孝鱼点校：《二程集》，中华书局 1981 年版，第 307 页。

④ 程颢、程颐著，王孝鱼点校：《二程集》，中华书局 1981 年版，第 1172 页。

⑤ 子曰："莫大于性。小人云者，非其性然也，自溺于小而已，是故圣人闵之。"（程颢、程颐著，王孝鱼点校：《二程集》，中华书局 1981 年版，第 1260 页。）

⑥ 程子曰："医家以不认痛痒谓之不仁，人以不知觉不认义理为不仁，譬最近。""人之一肢病，不知痛痒，谓之不仁。人之不仁，亦犹是也。盖不知仁道之在己也。知仁道之在己而由之，乃仁也。"（程颢、程颐著，王孝鱼点校：《二程集》，中华书局 1981 年版，第 33、366—367 页。）

⑦ 程颢、程颐著，王孝鱼点校：《二程集》，中华书局 1981 年版，第 1186 页。

陆九渊"心学"之意义浅释

据儒家文献记载，在齐桓公和管仲之间，曾经发生过一场著名的对话：

> 齐桓公问于管仲曰："王者何贵？"曰："贵天。"桓公仰而视天。管仲曰："所谓天，非苍莽之天也。王者以百姓为天。百姓与之则安，辅之则强，非之则危，倍之则亡。"《诗》曰："民之无良，相怨一方。"民皆居一方，而怨其上，不亡者未之有也。①

这场对话最耐人寻味之处就在于，在古来中国人的思想观念中，天之为天的含义究竟为何，其实是不可一概而论的。如果我们模仿一下齐桓公之问管仲，而与宋代理学家进行一场对话的话，也许会出现下面这样的场景：

我们问理学家曰："人者何贵？"曰："贵天。"我们仰而视天。理学家曰："所谓天，非苍莽之天也。天即理也。人之所以为人者，以有天理也，人

---

① 韩婴撰，许维遹校释：《韩诗外传集释》，中华书局1980年版，第148—149页。

而悖天逆理，则与禽兽无异矣。"①

据冯友兰先生所说，在中国哲学史的思想脉络中，"天"有"五义"，即物质之天、主宰之天、运命之天、自然之天和义理之天。②理学家所谓的天，显然属于义理之天，而管仲所谓天的含义却不属于其中的任何一种，另如春秋时人所说的"君，天也"（《左传·宣公四年》）、"君命，天也"（《左传·定公四年》），与管仲所谓"王者以百姓为天"一样，其所谓的"天"都属于一种纯粹属人性质的世俗化的政治含义，只是其意思正好相反而已。不过，程朱理学家所谓的义理之天，从人之所以为人的角度讲，其实是即超越即内在的，因为在他们看来，天理之在人者实即人之天赋内在固有的道德本性，然而，他们却将人之一心分而为二，即道心与人心，易言之，即天理与人欲。如所周知，从陆王心学的角度讲，程朱的看法似有歧心与理为二之弊，故他们极力主张心即理或人心即天理的心学观点。如陆九渊曰："天理人欲之言，亦自不是至论。若天是理，人是欲，则是天人不同矣。"③"天理人欲之分论极有病。"④并说：

> 人之所以为人者，惟此心而已。⑤

> 天之所以与我者，即此心也。人皆有是心，心皆具是理，心即理也。⑥

---

① 认天即理也而非苍苍之谓，可以说是宋明理学家的通见共识。但如朱子，亦并不完全否认"苍苍之谓天"之义，故曰："但如今人说，天非苍苍之谓。据某看来，亦舍不得这个苍苍底。"（《朱子语类》卷第五）又曰："天固是理，然苍苍者亦是天，在上而有主宰者亦是天，各随他所说。"（《朱子语类》卷第七十九）不过，朱子有时也说："天之所以为天者，理而已。天非有此道理，不能为天，故苍苍者即此道理之天。"（《朱子语类》卷第二十五）可见，认天为理仍是朱子所谓"天"的根本义。

② 参考自冯友兰：《三松堂全集》（第二卷），河南人民出版社2001年版，第281页。

③ 陆九渊著，钟哲点校：《陆九渊集》，中华书局1980年版，第395页。

④ 陆九渊著，钟哲点校：《陆九渊集》，中华书局1980年版，第475页。

⑤ 陆九渊著，钟哲点校：《陆九渊集》，中华书局1980年版，第76页。

⑥ 陆九渊著，钟哲点校：《陆九渊集》，中华书局1980年版，第149页。

人心至灵，此理至明，人皆有是心，心皆具是理。①

人心至灵，惟受蔽者失其灵耳。②

仁，人心也，心之在人，是人之所以为人，而与禽兽草木异焉者也。③

义理之在人心，实天之所与，而不可泯灭焉者也。彼其受蔽于物而至于悖理违义，盖亦弗思焉耳。④

人性本善，其不善者迁于物也。知物之为害，而能自反，则知善者乃吾性之固有，循吾固有而进德，则沛然无他适矣。⑤

常人泊没于声色富贵间，良心善性都蒙蔽了。⑥

可见，在陆氏看来，仁即人心，而心之在人，既是天之所与我者，亦是人之所以为人者，而且，人心之至灵其实就是人性之本善，唯其受到声色富贵货利等私意物欲的蒙蔽，才会泊没、陷溺、丧失其至灵与本善，但其为人所固有，非由外铄，故只要人能反思以求、奋拔自立，其良心善性终究是泯灭不了的。正唯如此，故陆氏教人首重先立乎其大者，先立乎其大者，则其小者不能夺也。大者谓此心此理也，小者谓物欲利欲也。

以上即为陆氏心学的核心要义。

那么，我们究竟应如何认识和理解陆氏心学在思想史上的意义呢？

首先，陆氏"发明本心"，其最重要的贡献就是"认识了人类之所以为人"。

梁漱溟先生常说，"除非过去数千年的中国人都白活了，如其还有他的贡献，那就是认识了人类之所以为人"⑦。对此，理学家多有其充分而自觉

---

① 陆九渊著，钟哲点校：《陆九渊集》，中华书局1980年版，第273页。

② 陆九渊著，钟哲点校：《陆九渊集》，中华书局1980年版，第189页。

③ 陆九渊著，钟哲点校：《陆九渊集》，中华书局1980年版，第373页。

④ 陆九渊著，钟哲点校：《陆九渊集》，中华书局1980年版，第376页。

⑤ 陆九渊著，钟哲点校：《陆九渊集》，中华书局1980年版，第416—417页。

⑥ 陆九渊著，钟哲点校：《陆九渊集》，中华书局1980年版，第450页。

⑦ 梁漱溟：《中国文化要义》，见《梁漱溟全集》第三卷，山东人民出版社1990年版，第130页。

的意识和明确的表达，如程子曰："人之所以为人者，以有天理也。天理之不存，则与禽兽何异矣？"①张载曰："学者当须立人之性。仁者人也，当辨其人之所谓人。学者学所以为人。"②与理学家"性即理"之说不同的是，象山（即陆九渊）以为，人之所以为人者，或天之所以与我者，唯此心此理而已，故曰心即理也。尽管存在"性即理"与"心即理"的不同认识，但不同只存在于对"心"的认识上，而就理学家所谓"性"与象山心学之所谓"心"，其实却是同指一理而义无二致的。说到底，在他们看来，孔孟之所谓"仁"，实即人之所以为人的本质属性所在。不过，象山继"夫子以仁发明斯道"③，特别是直接上承孟子昌明"仁，人心也"（《孟子·告子上》）之后，而重新"发明本心"，在思想史上实具有其特殊的贡献，并占有一特别的地位。诚如韦政通先生所说，象山"发明本心"所表现出的强烈的四无依傍、自立自主、轩昂奋发的精神，"在宋儒中可说是孤峰突起"，而且，"象山的心学，不只是继承孟子，而是把孟子的心性之学推向一个新的阶段，心学中象山而白沙而阳明，遂臻于大成，也使孟子心性之学发展到尽头"④。

有一个非常值得我们认真思考的问题，"认识了人类之所以为人"，或者认识了人之所以为人者在此心此理，其意义究竟何在？我认为，我们可以借用梁漱溟先生的说法来回答这一问题，即只有认清了人之所以为人，我们才能真正懂得人与人如何才能"成社会而共生活"这一根本性的人类生存问题，即"人与人之间，从乎身则分则隔，从乎心则分而不隔，然卒以身之故，此不隔之心却容易隔起来，故在文化上恒必有其相联相通之道，而后人类乃得成社会而共生活"⑤，那么，如何才能在文化上恒必使人与人能够相联相通呢？

① 程颢、程颐著，王孝鱼点校：《二程集》，中华书局1981年版，第1272页。

② 张载著，章锡琛点校：《张载集》，中华书局1978年版，第321页。

③ 陆九渊著，钟哲点校：《陆九渊集》，中华书局1980年版，第398页。

④ 韦政通：《中国思想史》，水牛出版社1986年版，第1185、1186页。

⑤ 梁漱溟：《中国文化要义》，见《梁漱溟全集》（第三卷），山东人民出版社1990年版，第302页。

这涉及心对心的问题，而"对于他心，只能影响之感召之，而且不可必得，说不到控制改造。……所谓人对人的问题，其实就是心对心的问题，彼此互相感召之间，全靠至诚能动"①，而且，"必要在人生价值判断上有其共同点，而后才能成社会而共生活"②。象山之"发明本心"、扶持此理，不外要人明白"天下一家，痛痒未尝不相关"③，亦正是要寻求和奠立人与人相联相通乃至于能够"成社会而共生活"的人生价值判断或心、理上的共同点，故象山曰：

> 此天之所以予我者，非由外铄我也。思则得之，得此者也；先立乎其大者，立此者也；积善者，积此者也；集义者，集此者也；知德者，知此者也；进德者，进此者也。同此之谓同德，异此之谓异端。④

> 盖心，一心也，理，一理也，至当归一，精义无二，此心此理，实不容有二。故夫子曰："吾道一以贯之。"孟子曰："夫道一而已矣。"又曰："道二，仁与不仁而已矣。"如是则为仁，反是则为不仁。仁即此心也，此理也。⑤

另外，我认为，象山对于夫子所谓"里仁为美"之含义的推阐与论释，亦最能阐明唯人心之仁才能真正构筑人们"成社会而共生活"之价值根基与心理本源之义，其言曰：

> 自为之，不若与人为之；与少为之，不若与众为之，此不易之理也。仁，人心也。为仁由己，而由人乎哉？我欲仁，斯仁至矣。仁也者，固人之所自为者也。然吾之独仁，不若与人焉而共进乎仁。与一二人焉而共进乎仁，孰若与众人而共进乎仁。与众人焉共进乎仁，则其浸灌薰陶之厚，规切磨砺之益，吾知其与独为之者大不侔矣。故一人之仁，不若

---

① 梁漱溟：《中国文化要义》，见《梁漱溟全集》（第三卷），山东人民出版社1990年版，第263页。

② 梁漱溟：《中国文化要义》，见《梁漱溟全集》（第三卷），山东人民出版社1990年版，第215页。

③ 陆九渊著，钟哲点校：《陆九渊集》，中华书局1980年版，第200页。

④ 陆九渊著，钟哲点校：《陆九渊集》，中华书局1980年版，第1页。

⑤ 陆九渊著，钟哲点校：《陆九渊集》，中华书局1980年版，第4—5页。

一家之仁之为美；一家之仁，不若邻焉皆仁之为美；其邻之仁，不若里焉皆仁之为美也。"里仁为美"，夫子之言，岂一人之言哉？①

其次，陆氏"发明本心"具有"开辟价值之源，挺立道德主体"以及激发人之向上心的深刻意蕴。

牟宗三先生曾言，"孔子的重点是讲仁，重视讲仁就是开主体"，而"儒家之所以为儒家的本质意义"就体现在它"开辟价值之源，挺立道德主体"②上。依象山之见，"心是大本大源，万物万事之所以立所以发，莫不由心"③。不过，心作为大本大源的最重要的意义还是主要体现在"开辟价值之源，挺立道德主体"上。象山像程朱理学家一样，汲汲于明辨区分善恶、是非、邪正、公私、义利的问题，其目的不外是要为世人树立一种正确的价值观，希望以此来引导世人能够遵循以"五常"为核心的道德行为准则，从而构建一种人类美好的共同生活。不过，与程朱"道问学"不同的是，象山重在通过直接"发明本心"的方式来"开辟价值之源"。与此同时，对象山而言，"发明本心"之无上重要性还在于其具有挺立人之"道德主体"的根本意义。象山所谓"先立乎其大者"，立此心此理，亦即挺立人之"道德主体"而已。象山"此理本天所以与我，非由外铄。明得此理，即是主宰。真能为主，则外物不能移，邪说不能惑"④，所谓"收拾精神，自作主宰"⑤，所谓"自得、自成、自重，不倚师友载籍"⑥，"人须是力量宽洪，作主宰"⑦，"自立自重，不可随人脚跟，学人言语"⑧，等等，其意皆在于此。

换一个角度来讲，或者同样借用梁漱溟先生的说法，我认为，象山教人

① 陆九渊著，钟哲点校：《陆九渊集》，中华书局1980年版，第377—378页。
② 牟宗三：《中国哲学十九讲》，上海古籍出版社2005年版，第62、49页。
③ 韦政通：《中国思想史》，水牛出版社1986年版，第1186页。
④ 陆九渊著，钟哲点校：《陆九渊集》，中华书局1980年版，第4页。
⑤ 陆九渊著，钟哲点校：《陆九渊集》，中华书局1980年版，第455页。
⑥ 陆九渊著，钟哲点校：《陆九渊集》，中华书局1980年版，第452页。
⑦ 陆九渊著，钟哲点校：《陆九渊集》，中华书局1980年版，第453页。
⑧ 陆九渊著，钟哲点校：《陆九渊集》，中华书局1980年版，第461页。

之所以"先立乎其大者"，其实也就是要指点和激发人之向上心。如象山曰：

　　吾人所安者义理，义理所在，虽刀锯鼎镬，有所不避，岂与患得患失之人同其欣戚于一升斗之间哉？①

　　古人不求名声，不较胜负，不恃才智，不矜功能，故通体皆是道义。道义之在天下，在人心，岂能泯灭。第今人大头既没于利欲，不能大自奋拔，则自附托其间者，行或与古人同，情则与古人异，此不可不辩也。②

　　吾人仕进自有大义，所贵乎学者，以明此义耳。不学者固不足道。号为学者而又牵于俗论私说，则是义犹未明，私犹未彻耳。……若眄眄然顾流俗之议论，则安在其为知道明义也。计利害，计毁誉，二者之为私均也。大哉！圣人之道。洋洋乎发育万物，峻极于天，优优大哉。天之所以为天者，是道也。故曰"唯天为大"。天降衷于人，人受中以生，是道固在人矣。孟子曰："从其大体"，从此者也。又曰："养其大体"，养此者也。又曰："养而无害"，无害乎此者也。又曰："先立乎其大者"，立乎此者也。居之谓之广居，立之谓之正位，行之谓之大道。非居广居，立正位，行大道，则何以为大丈夫？③

　　场屋得失有命，不足计。④

　　大凡为学须要有所立，《语》云："己欲立而立人。"卓然不为流俗所移，乃为有立。须思量天之所以与我者是甚底？为复是要做人否？理会得这个明白，然后方可谓之学问。⑤

　　天之所以予我者，至大、至刚、至直、至平、至公。如此私小做甚底

① 陆九渊著，钟哲点校：《陆九渊集》，中华书局1980年版，第90页。
② 陆九渊著，钟哲点校：《陆九渊集》，中华书局1980年版，第101页。
③ 陆九渊著，钟哲点校：《陆九渊集》，中华书局1980年版，第180页。
④ 陆九渊著，钟哲点校：《陆九渊集》，中华书局1980年版，第189页。
⑤ 陆九渊著，钟哲点校：《陆九渊集》，中华书局1980年版，第438页。

人？须是放教此心，公平正直。①

若某则不识一个字，亦须还我堂堂地做个人。②

上是天，下是地，人居其间。须是做得人，方不枉。③

要当轩昂奋发，莫恁他沉埋在卑陋凡下处。④

世不辨个小大轻重，既是埋没在小处，于大处如何理会得？⑤

人生天地间，如何不植立。⑥

梁漱溟先生说，所谓"向上心"，乃是指"不甘于错误的心，即是非之心，好善服善的心，要求公平合理的心，拥护正义的心，知耻要强的心，嫌恶懒散而喜振作的心……总之，于人生利害得失之外，更有向上一念者是"⑦。用象山的话说，所谓向上心，就是不甘于沉埋、卑陋和陷溺的心，即卓然不为利欲所没、不为流俗所移的心，轩昂奋发或奋拔植立的心，不求名声、不较胜负、不恃才智、不矜功能的心，嫌恶患得患失而不计利害、不计毁誉的心，要求公平正直、志存高远的心，以居天下之广居、立天下之正位、行天下之大道为吾分内事的心。总之，于人生利害得失之外，更有向上一念者是。象山曰："某向来区区之志，素有不在利害间之语，正为此耳。"⑧诚哉斯言！

最后，陆氏之"发明本心"，还充分彰显了儒家士大夫的职责意识与民本情怀。

象山之"发明本心"，从正面讲，是要指点人心之灵、吾心之良，乃至激发人之慨然奋发的向上心，而从反面讲，则亦是意在救治人之心病。如象山曰：

① 陆九渊著，钟哲点校：《陆九渊集》，中华书局1980年版，第441页。

② 陆九渊著，钟哲点校：《陆九渊集》，中华书局1980年版，第447页。

③ 陆九渊著，钟哲点校：《陆九渊集》，中华书局1980年版，第450页。

④ 陆九渊著，钟哲点校：《陆九渊集》，中华书局1980年版，第452页。

⑤ 陆九渊著，钟哲点校：《陆九渊集》，中华书局1980年版，第452页。

⑥ 陆九渊著，钟哲点校：《陆九渊集》，中华书局1980年版，第466页。

⑦ 梁漱溟：《中国文化要义》，见《梁漱溟全集》（第三卷），山东人民出版社1990年版，第133页。

⑧ 陆九渊著，钟哲点校：《陆九渊集》，中华书局1980年版，第169页。

愚不肖者不及焉，则蔽于物欲而失其本心；贤者智者过之，则蔽于意见而失其本心。①

溺于声色货利，狃于谲诈奸宄，牿于末节细行，流于高论浮说，其智愚贤不肖，固有间矣，若是心之未得其正，蔽于其私，而使此道之不明不行，则其为病一也。②

大概人之通病，在于居茅茨则慕栋宇，衣敝衣则慕华好，食粗粝则慕甘肥，此乃是世人之通病。③

今世人浅之为声色臭味，进之为富贵利达，又进之为文章技艺。又有一般人都不理会，却谈学问。吾总以一言断之曰：胜心。④

老夫无所能，只是识病。⑤

所悯小民被官吏苦者，以彼所病者在形，某之所忧人之所病者在心。⑥

人心有病，须是剥落。剥落得一番，即一番清明，后随起来，又剥落，又清明，须是剥落得净尽方是。⑦

说晦翁云："莫教心病最难医。"⑧

可见，象山"发明本心"，亦自信能识人之心病。依象山之见，人心之病，在或蔽于物欲，或蔽于意见；在或溺于声色货利，或狃于谲诈奸宄，或牿于末节细行，或流于高论浮说；人之病道，或由于资禀，或由于渐习；"此道与溺于利欲之人言犹易，与溺于意见之人言却难"⑨；体病易治，心病难医；人

① 陆九渊著，钟哲点校：《陆九渊集》，中华书局1980年版，第9页。
② 陆九渊著，钟哲点校：《陆九渊集》，中华书局1980年版，第150页。
③ 陆九渊著，钟哲点校：《陆九渊集》，中华书局1980年版，第404页。
④ 陆九渊著，钟哲点校：《陆九渊集》，中华书局1980年版，第406页。
⑤ 陆九渊著，钟哲点校：《陆九渊集》，中华书局1980年版，第447页。
⑥ 陆九渊著，钟哲点校：《陆九渊集》，中华书局1980年版，第456—457页。
⑦ 陆九渊著，钟哲点校：《陆九渊集》，中华书局1980年版，第458页。
⑧ 陆九渊著，钟哲点校：《陆九渊集》，中华书局1980年版，第468页。
⑨ 陆九渊著，钟哲点校：《陆九渊集》，中华书局1980年版，第398页。

心有病，须是剥落，愈剥落愈清明。

然而，心病之难医，莫甚于"今天下士皆溺于科举之习"[1]，乃至"今人多被科举之习坏"[2]，或者"大率人多为举业所坏"[3]。象山直指人病，发明本心，教人深思痛省，无非意在大其心量、提振士气，使之慨然奋发、超然卓立，以先知先觉之心，以此道此理觉此民，正所谓"天之生斯民也，以先知觉后知，先觉觉后觉，要当有任其责者"[4]，否则，"天以是理畀人，而举世莫任其责，则人极殆不立矣"[5]。象山不仅希望士大夫能够奋发植立而勇担以此道觉此民之责，更念念切切于"格君心之非，引之于当道"[6]。要而言之，则不外彰明和凸显了儒家士大夫的职责意识与民本情怀而已。如象山曰：

> 天生民而立之君，使司牧之，张官置吏，所以为民也。"民为大，社稷次之，君为轻"，"民为邦本，得乎丘民为天子"，此大义正理也。[7]

> 常人所欲在富，君子所贵在德。士庶人有德，能保其身；卿大夫有德，能保其家；诸侯有德，能保其国；天子有德，能保其天下。无德而富，徒增其过恶，重后日之祸患，今日虽富，岂能长保？又况天生民而立之君，使司牧之，故君者，所以为民也。……行仁政者所以养民。君不行仁政，而反为之聚敛以富之，是助君虐民也，宜为君子之所弃绝。[8]

> 科举取士久矣，名儒巨公皆由此出。今为士者固不能免此。然场屋之得失，顾其技与有司好恶如何耳，非所以为君子小人之辨也。……诚能深思是身，不可使之为小人之归，其于利欲之习，怛焉为之痛心疾首，

① 陆九渊著，钟哲点校：《陆九渊集》，中华书局1980年版，第150页。
② 陆九渊著，钟哲点校：《陆九渊集》，中华书局1980年版，第453页。
③ 陆九渊著，钟哲点校：《陆九渊集》，中华书局1980年版，第461页。
④ 陆九渊著，钟哲点校：《陆九渊集》，中华书局1980年版，第239页。
⑤ 陆九渊著，钟哲点校：《陆九渊集》，中华书局1980年版，第127页。
⑥ 陆九渊著，钟哲点校：《陆九渊集》，中华书局1980年版，第179页。
⑦ 陆九渊著，钟哲点校：《陆九渊集》，中华书局1980年版，第69页。
⑧ 陆九渊著，钟哲点校：《陆九渊集》，中华书局1980年版，第274页。

专志乎义而日勉焉,博学审问,慎思明辨而笃行之。由是而进于场屋,其文必皆道其平日之学、胸中之蕴,而不诡于圣人。由是而仕,必皆共其职,勤其事,心乎国,心乎民,而不为身计。其得不谓之君子乎。[①]

作之君师,所以助上帝宠绥四方。故君者所以为民也。书曰:"天视自我民视,天听自我民听。"孟子曰:"民为贵,社稷次之,君为轻。"岁之饥穰,百姓之命系焉,天下之事孰重于此。[②]

自周衰以来,人主之职分不明。《尧典》命羲和敬授人时,是为政首。后世乃付之星官、历翁,盖缘人主职分不明所致。孟子曰:"民为贵,社稷次之,君为轻。"此却知人主职分。[③]

后世人主不知学,人欲横流,安知天位非人君所可得而私?[④]

汤放桀,武王伐纣,即"民为贵,社稷次之,君为轻"之义。孔子作《春秋》之言亦如此。[⑤]

上述引文可以说集中体现了象山出于士大夫职责意识的民本情怀、思想与主张,对此,韦政通先生亦有极精到的评论,其言道:

他发挥孟学,不限于心性一面,还有民本思想;心性学是体,民本说是用;历史上能将这个体用一贯表现出来的,孟子以后,也只有象山,这是儒学的真家当。[⑥]

民贵君轻说,与君主专制的要求极端相悖,象山却一而再,再而三的讲到……这是以民本的理想,重定君主的职分,真是犯上的大罪。他又以为此义符合孔子作《春秋》的春秋大义,也同于三代革命之义……

---

① 陆九渊著,钟哲点校:《陆九渊集》,中华书局1980年版,第276页。

② 陆九渊著,钟哲点校:《陆九渊集》,中华书局1980年版,第283页。

③ 陆九渊著,钟哲点校:《陆九渊集》,中华书局1980年版,第403页。

④ 陆九渊著,钟哲点校:《陆九渊集》,中华书局1980年版,第426页。

⑤ 陆九渊著,钟哲点校:《陆九渊集》,中华书局1980年版,第473页。

⑥ 韦政通:《中国思想史》,水牛出版社1986年版,第1191页。

如果象山生于清末，他必然会赞助孙中山先生的革命。①

总之，象山以为，"人心至灵，此理至明，人皆有是心，心皆具是理"②，这是何等简易明白的道理，而世人多被物欲所蒙蔽，故不明此心此理乃吾所固有，非由外铄。明乎此，则心得其正，斯为心理健康之君子，反之，心不得其正，则为心理病态之小人矣。另如象山曰："四方上下曰宇，往古来今曰宙。宇宙便是吾心，吾心即是宇宙。千万世之前，有圣人出焉，同此心同此理也。"③又曰："宇宙内事，是己分内事。己分内事，是宇宙内事。"④担当责任而视宇宙内事即吾分内事，这又是何等的心量、胸怀和气魄，世人不识此心此道之大，徒自小之而已，正所谓"道大，人自小之；道公，人自私之；道广，人自狭之。"⑤正唯如此，故"志小不可以语大人事"⑥。

"仰首攀南斗，翻身倚北辰，举头天外望，无我这般人。"⑦这就是象山其人。

"易简工夫终久大，支离事业竟浮沉。"⑧"易简"就是象山的学问工夫。

有人议象山者云："除了'先立乎其大者'一句，全无伎俩。"象山闻之曰："诚然。"⑨吾人闻之曰：大者不先立，却要先立小者，大丈夫何须如此伎俩!

象山曰："大世界不享，却要占个小蹊小径子；大人不做，却要为小儿态，可惜!"⑩可惜的不只是古人如斯而已。而今生活在科举久废的新时代，正是昌明和发扬儒者此心此理之"学"的本真含义而当以圣贤自期之时，竟也

---

① 韦政通：《中国思想史》，水牛出版社1986年版，第1199—1200页。

② 陆九渊著，钟哲点校：《陆九渊集》，中华书局1980年版，第273页。

③ 陆九渊著，钟哲点校：《陆九渊集》，中华书局1980年版，第273页。

④ 陆九渊著，钟哲点校：《陆九渊集》，中华书局1980年版，第273页。

⑤ 陆九渊著，钟哲点校：《陆九渊集》，中华书局1980年版，第448页。

⑥ 陆九渊著，钟哲点校：《陆九渊集》，中华书局1980年版，第433页。

⑦ 陆九渊著，钟哲点校：《陆九渊集》，中华书局1980年版，第459页。

⑧ 陆九渊著，钟哲点校：《陆九渊集》，中华书局1980年版，第427页。

⑨ 陆九渊著，钟哲点校：《陆九渊集》，中华书局1980年版，第400页。

⑩ 陆九渊著，钟哲点校：《陆九渊集》，中华书局1980年版，第449页。

有人圣贤不做，却要做旧时代通经入仕、科举做官的迷梦，真的可惜！

（本文是笔者为参加2019年10月25—27日在江西省抚州市金溪县举办的"陆九渊诞辰880周年暨心学传承与发展国际学术研讨会"提交的会议论文，收入本书时有改动）

儒家信仰与阳明良知之学

王阳明(1472—1529),名守仁,字伯安,世称阳明先生,明代心学思潮的开创者,既是中国历史上富有创见的思想家,又是一位世所罕见的能够将学术与事功集于一身的伟大儒者。他揭橥良知之学、倡言知行合一和致良知之教,使儒家心学大放异彩,为后人留下了一笔十分宝贵的精神财富,产生了深刻而久远的历史影响。本文将主要从儒家信仰的角度对阳明良知之学的理论义涵尝试做一些粗浅的论述,以求教于方家。

一、"性之善,心之灵":宋明理学家的儒家信仰

美国著名汉学家包弼德曾说:"理学本质的核心是一种信仰——自觉地献身于某种信念,而不是哲学的陈述或不经明确表述的假设。"① 究其实质,我认为,理学家自觉地为之献身的这种信念便是对于性之善和心之灵以及与之密切相关的天理、良知和儒家仁道的信仰。诚如钱穆先生所说:"'性之

① [美]包弼德著,[新加坡]王昌伟译:《历史上的理学》,浙江大学出版社2010年版,第171页。

善'、'心之灵'，此是中国人对人生之两大认识，亦可说是两大信仰。而此两大认识与两大信仰，在孔子实已完全把它揭露了。孔子《论语》常提到'仁'字，此乃孔门教义中最重要的一个字，其实仁字已包括了心灵与性善之两义。"① 如果说孔子之"贵仁"、孟子之"道性善"首先奠定了儒家信仰的义理基调的话，那么，宋明理学家则可以说将此儒家信仰发扬光大了。他们汲汲于体认天理、发明本心、指点良知，其实都是意在激发和唤醒人对于自身"性之善""心之灵"的认识和信仰，以便能够使之遵循自己天赋固有的良心善性或道德本性而立身行事。

就中国思想的整个发展历程来讲，汉末佛教传入，道教兴起，释老之胜场即在心性之修持，然佛教以人生为幻妄，而道教所求在长生之术，可以说对以伦常名教为中心的儒家思想的正统地位构成了极为严重的挑战。职是之故，宋代道学思潮兴起，作为对佛老二教之挑战的一种自觉的意识反应，唯有在心性问题上能够自立根本，方能重塑儒家的信仰或重新确立儒家在中国思想中的正统地位，此乃理有固然、事所必至者。正唯如此，宋代道学思潮的兴起及其在后世深入持久的发展演化，始终围绕并最终要解决的问题不外乎个人身心的修持与安顿，并在此基础上重建人间的合理秩序。而个人身心的修持与安顿，说到底，乃是"如何成圣"的问题，故如秦家懿所说："理学的最深层面，是成圣的肯定。……'圣人可学'既是宋儒一致的意思，'如何成圣'便成为研讨问题。朱熹与陆九渊的分歧，在于进学或修身的先后重要性。"② 然而，欲研讨"如何成圣"，必须首先解决的问题就是"如何能够成圣"，即"成圣"的可能性或现实性的终极依据问题，这终极依据的问题说到底便是心与性的问题。不首先了解这一点，我们便很难真正认清宋明道学运动或理学思潮的实质意涵及其内部的不同走向和思想异同。

那么，对宋明理学家而言，心性之为心性究竟意味着什么，而心性之修

① 钱穆：《中国思想通俗讲话》，见《钱宾四先生全集》（第24册），联经出版事业公司1998年版，第36页。
② 秦家懿：《王阳明》，东大图书公司1987年版，第1页。

持又究竟为了什么目的？事实上，心性之为心性，并非一个单纯的心性问题，理学家对于心性问题的关注和探究实关乎着他们对于人与社会的系统观念，反之，他们对于人与社会的系统观念亦必须被置于对心性问题的认识基础之上才是真正可理解的。正如英国汉学家葛瑞汉所说，理学家坚持认为，"人的全部责任是作为社会的一员合乎道德地行事，遵守儒家经典为父子、君臣、夫妇、长幼、朋友之间设定的种种责任规范"，但他们并非简单地将这种种责任规范作为僵死的教条而为之辩护，而是将这些责任规范作为活的真理，牢固地置于一种系统连贯、包罗万象的世界观或关于人与社会的理论背景之下，换言之，"宋代新儒学哲学家之所以重要，就在于对人在世界所处位置的这种观点，他们努力用一种统一的世界图景给予描述和阐释"①。而所有这些又都与其对于性之善和心之灵的认识与信仰密不可分，而对于性之善与心之灵的认识与信仰，归根结底亦正是理学本质的核心所在。

自北宋周、张、二程之后，道学或理学思潮兴起，关于性之善、心之灵的认识和信仰，逐渐在宋明理学家中间获得了最为广泛的分享或达成了最具普遍性意义的共识。他们同认"人性本善"或"人性皆善"，如朱子曰："人性本善，只为嗜欲所迷，利害所逐，一齐昏了。"②陆九渊曰："人性本善，其不善者迁于物也。知物之为害，而能自反，则知善者乃吾性之固有，循吾固有而进德，则沛然无他适矣。"③而阳明则曰："人性皆善，中和是人人原有的，岂可谓无？但常人之心既有所昏蔽，则其本体虽亦时时发见，终是暂明暂灭，非其全体大用矣。"④他们亦同认人心至灵，如《周易程氏传》卷一曰："天地交而万物生于中，然后三才备，人为最灵，故为万物之首。"⑤另如，周敦颐

①［英］葛瑞汉著，程德祥等译：《中国的两位哲学家：二程兄弟的新儒学》，大象出版社2000年版，第27页。

②黎靖德编，王星贤点校：《朱子语类》，中华书局1986年版，第133页。

③陆九渊著，钟哲点校：《陆九渊集》，中华书局1980年版，第416—417页。

④王守仁撰，吴光、钱明等编校：《王阳明全集》，上海古籍出版社1992年版，第23页。

⑤程颢、程颐著，王孝鱼点校：《二程集》，中华书局1981年版，第759页。

《太极图说》曰："无极而太极。……二气交感，化生万物。万物生生，而变化无穷焉。惟人也，得其秀而最灵。"朱子解曰："盖人物之生，莫不有太极之道焉。然阴阳五行，气质交运，而人之所禀独得其秀，故其心为最灵，而有以不失其性之全，所谓天地之心，而人之极也。"① 朱子又曾曰："心者，人之神明，所以具众理而应万事者也。"② 陆九渊亦曰："人心至灵，此理至明，人皆有是心，心皆具是理。"③ 又曰："人心至灵，惟受蔽者失其灵耳。"④ 而阳明则曰："盖天地万物与人原是一体，其发窍之最精处，是人心一点灵明。"⑤

由此可见，对于理学家而言，所谓的心性之学说到底也就是心灵性善之学，易言之，理学家意义上的心性之学也就是关于性之善、心之灵的儒家信仰与人生学问，程朱陆王之学所同者在此，所异者亦须准此才能得到更好的理解。所同者在其拥有共同的关于性之善、心之灵的儒家信仰，而所异者不在性之善方面，而在心之灵方面。而如果说"真正的信仰"并"不是一种迷惑人心的东西所引发的迷狂状态，它是一种内在的精神状态，一种深刻的存在感，一种你或者有或者干脆没有的来自内心的指导，它（如果你有的话）将把你的整个存在提升到一个更高的水平"⑥，那么，理学家对于性之善、心之灵的认识和信仰，便正是这样一种性质的信仰，它塑造了宋明理学家的一种内在的道德精神状态和深刻的道德存在感，而且作为一种你或者有（良心善性或天德良知之天赋固有，反思以求而存养扩充，或存理灭欲以复其本然固有）或者干脆没有（为物欲私意蒙蔽而完全陷溺放失掉）的来自内心的指导，它（如果你有的话）把理学家的整个存在不断提升到了一个更高的道德水平和精神境界。也正是对性之善、心之灵的信仰，使理学家的成圣之学或圣贤学问成

---

① 朱熹撰：《朱子全书》（第十三册），上海古籍出版社、安徽教育出版社2002年版，第72—74页。

② 朱熹撰：《朱子全书》（第六册），上海古籍出版社、安徽教育出版社2002年版，第425页。

③ 陆九渊著，钟哲点校：《陆九渊集》，中华书局1980年版，第273页。

④ 陆九渊著，钟哲点校：《陆九渊集》，中华书局1980年版，第189页。

⑤ 王守仁撰，吴光、钱明等编校：《王阳明全集》，上海古籍出版社1992年版，第107页。

⑥ ［捷］哈维尔：《真正的信仰》，《读者》1999年第12期，第19页。

了一种有本有源的人生学问①，而在追求成圣成贤的身心修持的人生历程中，他们所展现出的那种民胞物与、以天地万物为一体的博大的仁者情怀和高远境界，"为天地立志，为生民立道，为去圣继绝学，为万世开太平"②的宏伟的人文理想和政治抱负，以及"义理所在，虽刀锯鼎镬，有所不避"③、卓然不拔的义理自信和"收拾精神，自作主宰"④、壁立千仞的独立品格，才是真正可理解的。

二、学为圣贤：人生的根本使命与阳明良知之学的基本义涵

定义"人是什么"或反身性地思考人生的目的和使命，可以说是世界上每个伟大宗教传统或精神传统的核心要务，"这表明，了解我们是谁对我们的存在不可或缺"⑤，作为中国历史上的伟大精神传统之一，儒家亦不例外。对理学家来讲，关于人生的目的和使命，一言以蔽之，我们来到世上最重要、最根本的便是为了学做人或学所以为人，如张载曰："学者当须立人之性。仁者人也，当辨其人之所谓人。学者学所以为人。"⑥陆九渊曰："上是天，下是地，人居其间。须是做得人，方不枉。""人当先理会所以为人，深思痛省，枉自汩没虚过日月。"⑦朱子则曰："圣贤千言万语，只是教人做人而已。"⑧或者"圣人千言万语，只是要教人做人"⑨所谓学做人或学所以为人，也就是学尽人之所以为人之道，为此必须为学以穷理尽心、复其本然

---

① 如孟子所谓："源泉混混，不舍昼夜，盈科而后进，放乎四海。有本者如是，是之取尔。苟为无本，七、八月之间雨集，沟浍皆盈；其涸也，可立而待也。"（《孟子·离娄下》）
② 张载著，章锡琛点校：《张载集》，中华书局1978年版，第320页。
③ 陆九渊著，钟哲点校：《陆九渊集》，中华书局1980年版，第90页。
④ 陆九渊著，钟哲点校：《陆九渊集》，中华书局1980年版，第455页。
⑤ [美]詹姆斯·克里斯蒂安著，赫忠慧译：《像哲学家一样思考》（下），北京大学出版社2015年版，第491页。
⑥ 张载著，章锡琛点校：《张载集》，中华书局1978年版，第321页。
⑦ 陆九渊著，钟哲点校：《陆九渊集》，中华书局1980年版，第450、451页。
⑧ 黎靖德编，王星贤点校：《朱子语类》，中华书局1986年版，第243页。
⑨ 黎靖德编，王星贤点校：《朱子语类》，中华书局1986年版，第2945页。

之性，方能"不负此生"或不"梦过一生"①，如陆九渊曰："儒者以人生天地之间，灵于万物，贵于万物，与天地并而为三极。天有天道，地有地道，人有人道。人而不尽人道，不足与天地并。"又曰："人皆有是心，心皆具是理，心即理也……所贵乎学者，为其欲穷此理，尽此心也。有所蒙蔽，有所移夺，有所陷溺，则此心为之不灵，此理为之不明，是谓不得其正。"②朱子则曰："这道理只是一个道理，只理会自家身己是本，其他都是闲物事。缘自家这一身是天造地设底，已尽担负许多道理，才理会得自家道理，则事物之理莫不在这里。一语一默，一动一静，一饮一食，皆有理。才不是，便是违这理。若尽得这道理，方成个人，方可以柱天踏地，方不负此生。若不尽得此理，只是空生空死，空具许多形骸，空受许多道理，空吃了世间人饭！"③就理学家所说做人的道理来讲，说到底，也就是本着性善心灵的信仰而努力将人天赋的道德本性自我实现出来以成圣成贤。

倡明圣学，以性之善、心之灵作为成圣的本体论依据，以为学成圣作为人生的根本使命，可以说是宋明新儒学思潮的最大思想贡献，亦是其思想的根本原动力所在。而理学家之汲汲于讲学、穷理、明道、成圣，正是为了要做这样的圣贤人物，程朱如此，陆王亦不例外。据《年谱》记载：④

十一岁的阳明尝问塾师曰："何为第一等事？"塾师曰："惟读书登第耳。"而阳明疑曰："登第恐未为第一等事，或读书学圣贤耳。"十八岁时他拜谒理学家娄谅，"语宋儒格物之学"，于"圣人必可学而至"深有所契而"始慕圣学"。数年后，二十一岁时，他依朱子"格物"之说"取竹格之"，因"沉思其理不得"而"遇疾"，遂疑"圣贤有分，乃随世就辞章之学"。三十四岁

----

① 张载曰："万物皆有理，若不知穷理，如梦过一生。"（章锡琛点校：《张载集》，中华书局1978年版，第321页。）

② 陆九渊著，钟哲点校：《陆九渊集》，中华书局1980年版，第17、149页。

③ 黎靖德编，王星贤点校：《朱子语类》，中华书局1986年版，第3116—3117页。

④ 参考自王守仁撰，吴光、钱明等编校：《王阳明全集》，上海古籍出版社1992年版，第1221、1223、1226、1228、1229、1278页。

时，他有感于"学者溺于词章记诵，不复知有身心之学"，故于京师讲学而"首倡言之，使人先立必为圣人之志"，并与湛若水"一见定交，共以倡明圣学为事"。三十七岁时，他谪居贵阳龙场，居夷处困而"忽中夜大悟格物致知之旨"，"始知圣人之道，吾性自足，向之求理于事物者误也"，故立良知之说，并于次年"始论知行合一"。五十岁时，他"始揭致良知之教"，并遗书邹守益曰："近来信得致良知三字，真圣门正法眼藏。往年尚疑未尽，今自多事以来，只此良知无不具足。"

可见，阳明为学立教先后次第分明，虽谓学有三变、教亦有三变，然而，事实上，自幼至老，学为圣贤乃是他始终一贯而未曾完全放弃过的人生追求，而且，随着人生阅历的增加，其对于儒家之圣学更能不断获得深造自得的亲身证悟。

然而，程朱性理之学使程朱所走的是程朱意义上的为学成圣的人生之路，而阳明良知之学则使阳明走上了另一种不同的为学成圣的人生之路。毋庸讳言，他们之间确乎存在着诸多深刻的思想分歧和观念差异，要而言之，他们对心之灵或心与性（理）的关系问题、《大学》所谓的"格物致知"和圣人之所以为圣均有不同的理解和诠释。就朱子与阳明之间的思想差异而言，如果说朱子的心性论存在歧心（心之灵）、理（性之善）为二之问题的话，那么，阳明力主"心即理"及其所谓"良知"之学，说到底所突出和强调的正是一种心（心之灵）、理（性之善）为一之义；如果说朱子教人"即物而穷其理"[1]的话，那么，阳明则教人只在心（或身心）上做为善去恶的格物工夫；如果说朱子所谓圣人重在德才兼备的话，那么，阳明所谓圣人则是只关乎德性而无关乎才力的。所有这些差异，最终使阳明摆脱了朱子学思想权威的支配性影响，从而能够自立宗旨、独立创辟并毅然走上了一条更加简易直截的依良知而行的成圣之路。而阳明之所以能够走出朱子学思想权威的支配性影响，归根结底，亦可以说完全有赖于阳明对"良知"的悟得。反之，也正是对"良知"的悟得，赋予了阳明超乎常人的道德勇气、独立不倚的学术批判精神和思想自由的思

---

[1] 朱熹撰：《朱子全书》（第六册），上海古籍出版社、安徽教育出版社2002年版，第20页。

维能力，并真正体现了他对儒家圣贤学问和心性之学深造自得的真切体认和独到创见。

"良知"一词并非阳明本人所独创，而是本源于孟子性善论的发明，宋代理学家推尊和崇信孟子的性善之论，故亦特别重视并常常论及孟子所发明的良知、良能、良心诸概念，但唯有到阳明那里，"良知"一词才真正成为其整个学术思想的最根本和核心的概念，在阳明看来，它是其"立言宗旨"所在，更是孔孟以来儒家成圣之学的根本或"学问头脑"所系，正所谓"我此良知二字，实千古圣贤相传一点骨血也"①。那么，对阳明而言，良知之为良知，究竟意味着什么呢？扼要而言，我们可将阳明良知之学的基本义涵概括如下：

第一，良知是"造化的精灵"②、人人具有的"天植灵根"③，是"天理之昭明灵觉处"④，说到底，"良知即是天理"⑤。

第二，良知之为良知，只是个是非好恶之心，是"人心一点灵明"，是每个人做人的"明师"⑥和"准则"⑦，它原是完完全全、精精明明、光明莹彻的，随你如何都不能泯灭；而且，道即是良知，良知即是天理，故良知在人或心之为心，其明觉恒照之功，不在照管道理⑧，而在照亮世界，只要你不自欺

---

① 王守仁撰，吴光、钱明等编校：《王阳明全集》，上海古籍出版社1992年版，第1179页。

② 王守仁撰，吴光、钱明等编校：《王阳明全集》，上海古籍出版社1992年版，第104页。

③ 王守仁撰，吴光、钱明等编校：《王阳明全集》，上海古籍出版社1992年版，第101页。

④ 王守仁撰，吴光、钱明等编校：《王阳明全集》，上海古籍出版社1992年版，第72页。

⑤ 王守仁撰，吴光、钱明等编校：《王阳明全集》，上海古籍出版社1992年版，第72页。

⑥ 王守仁撰，吴光、钱明等编校：《王阳明全集》，上海古籍出版社1992年版，第105页："道即是良知。良知原是完完全全，是的还他是，非的还他非，是非只依着他，更无有不是处。这良知还是你的明师。"

⑦ 王守仁撰，吴光、钱明等编校：《王阳明全集》，上海古籍出版社1992年版，第92页："尔那一点良知，是尔自家底准则。尔意念着处，他是便知是，非便知非，更瞒他一些不得。尔只不要欺他，实实落落依着他做去，善便存，恶便去。"

⑧ 如朱子所言，儒家与佛氏的心性修持之学，其同者在"唤醒此心"，而"其为道则异"，即"吾儒唤醒此心，欲他照管许多道理；佛氏则空唤醒在此，无所作为，其异处在此"。（见朱熹撰：《朱子全书》第十四册，上海古籍出版社、安徽教育出版社2002年版，第573页。）

和信得及，它就会明诚相生、常觉常照，照亮你置身其中的整个生活世界。

第三，良知为人心光明之本体，人人皆有且完全具足、常在恒照而不能泯灭，但除了圣人能够保全而无障蔽之外，一般人却"不能不昏蔽于物欲"或"多为物欲牵蔽，不能循得良知"，故"须学以去其昏蔽"①。为学工夫只在心上朴实用功，或在意念上实落做为善去恶的功夫，而"必欲此心纯乎天理，而无一毫人欲之私"，此便是"作圣之功"②。

第四，良知在人，具有常在恒照而不能泯灭的虚灵明觉的本质特性；是非之心，为人之价值判断的根本来源或道德生活的源头活水。然而，人之灵明本体不免受世俗习心的污染或私意物欲的昏蔽，故须在意念上做为善去恶的朴实功夫，以去其污染昏蔽，复其本体之明。然而，不管怎样，说本体也罢，说功夫也好，究其根本目的或宗旨，不外教人实实落落依良知而行、循良知而做。因此，良知在人，说到底，必须知行合一并进而融明觉性、是非感与行动力为一贯，这可以说是阳明良知之学的必然要求或题中应有之义，此亦正是阳明良知之学的核心理念或根本信念所在。

依阳明之见，良知之知"未有知而不行者"，"知而不行，只是未知"，"就如称某人知孝、某人知弟，必是其人已曾行孝行弟，方可称他知孝知弟，不成只是晓得说些孝弟的话，便可称为知孝弟"③。因此，知行的本体必是合一无间而不可分开的，所谓的知而不行或知行分离，乃是被私欲私意隔断所致。阳明曾如是简明表达他对知行本体的新的认识和理解，即"知是行的主意，行是知的功夫；知是行之始，行是知之成"④，并阐述其立言宗旨曰："今人学问，只因知行分作两件，故有一念发动，虽是不善，然却未曾行，便不去禁止。我今说个知行合一，正要人晓得一念发动处，便即是行了。发动处有不善，就将这不善的念克倒了。须要彻根彻底，不使那一念不善潜伏在胸中。

---

① 王守仁撰，吴光、钱明等编校：《王阳明全集》，上海古籍出版社1992年版，第63、69页。

② 王守仁撰，吴光、钱明等编校：《王阳明全集》，上海古籍出版社1992年版，第66页。

③ 王守仁撰，吴光、钱明等编校：《王阳明全集》，上海古籍出版社1992年版，第4页。

④ 王守仁撰，吴光、钱明等编校：《王阳明全集》，上海古籍出版社1992年版，第4页。

此是我立言宗旨。"① 显然, 据此宗旨而言, 阳明所谓"知是行的主意""知是行之始", 其意也正是要教人于意念发动处着实去做省察克己工夫, 而其所谓"行是知的功夫""行是知之成", 则亦同样是要教人依着良知躬行实践、切实去做, 故其知行合一之教实是具有强烈现实针对性和"补偏救弊"意义的"对病的药", 其所针对者便是当时人将知行分作两件去做的弊病, 如阳明曰: "今人却就将知行分作两件去做, 以为必先知了然后能行, 我如今且去讲习讨论做知的工夫, 待知得真了方去做行的工夫, 故遂终身不行, 亦遂终身不知。此不是小病痛, 其来已非一日矣。"② 将知行分作两件做, 则必然导致或冥行妄作或悬空思索的毛病, 而"古人所以既说一个知又说一个行者, 只为世间有一种人, 懵懵懂懂的任意去做, 全不解思惟省察, 也只是个冥行妄作, 所以必说个知, 方才行得是; 又有一种人, 茫茫荡荡悬空去思索, 全不肯着实躬行, 也只是个揣摸影响, 所以必说一个行, 方才知得真"③, 而其实知行是不可分为两件, 而只能合一并进的, 正所谓"知者行之始, 行者知之成: 圣学只一个功夫, 知行不可分作两事"④。

阳明晚年更进一步揭提"致良知"之教, 将"致良知"视作"学问大头脑"和"圣人教人第一义"⑤。如阳明曰:

> 君子之酬酢万变, 当行则行, 当止则止, 当生则生, 当死则死, 斟酌调停, 无非是致其良知, 以求自慊而已。⑥

> 吾教人致良知, 在格物上用功, 却是有根本的学问。日长进一日, 愈久愈觉精明。世儒教人事事物物上去寻讨, 却是无根本的学问。方其壮时, 虽暂能外面修饰, 不见有过, 老则精神衰迈, 终须放倒。譬如无

① 王守仁撰, 吴光、钱明等编校:《王阳明全集》, 上海古籍出版社1992年版, 第96页。

② 王守仁撰, 吴光、钱明等编校:《王阳明全集》, 上海古籍出版社1992年版, 第4—5页。

③ 王守仁撰, 吴光、钱明等编校:《王阳明全集》, 上海古籍出版社1992年版, 第4页。

④ 王守仁撰, 吴光、钱明等编校:《王阳明全集》, 上海古籍出版社1992年版, 第13页。

⑤ 王守仁撰, 吴光、钱明等编校:《王阳明全集》, 上海古籍出版社1992年版, 第71页。

⑥ 王守仁撰, 吴光、钱明等编校:《王阳明全集》, 上海古籍出版社1992年版, 第73页。

根之树，移栽水边，虽暂时鲜好，终久要憔悴。①

天理即是良知，千思万虑，只是要致良知。良知愈思愈精明，若不精思，漫然随事应去，良知便粗了。若只着在事上茫茫荡荡去思，教做远虑，便不免有毁誉得丧人欲挽入其中，就是将迎了。②

知行合一乃是阳明悟得吾性自足、心理只是一个之后针对世人将知行分为两事而教人做的功夫，尤其是教人务必明白一念发动处即是行的道理，并在此处实实落落做"为善去恶"的"格物"功夫。阳明晚年教人"致良知"，则可说是对其早期知行合一学说的重要理论发展和思想升华，从而使其良知之学在义理与实践上都更为圆莹透彻。朱子"格物"之说，强调"即物而穷其理"，亦即"就事事物物上求其所谓定理者也"，在阳明看来，这无疑是"以吾心而求理于事事物物之中"，故有"析'心'与'理'而为二"之弊；相反，依阳明之新解，"所谓致知格物者，致吾心之良知于事事物物也"，而"吾心之良知，即所谓天理也"，故"致吾心良知之天理于事事物物，则事事物物皆得其理矣"，由此而言，"致吾心之良知者，致知也"，"事事物物皆得其理者，格物也"，这事实上也就是"合心与理而为一"③了。总之，心理一个、知行合一、致吾心之良知，可以说是阳明良知之学的三大要义。

三、"信得良知"：做一个心地光明、纯乎天理的人

以上为阳明良知之学的大要。那么，我们究竟应如何认识和理解阳明良知之学的旨趣和意义呢？

宋儒朱、陆之间有"道问学"与"尊德性"之争，阳明良知之学显然亦以"尊德性"为鹄的。比较而言，朱子由"道问学"而建立起来的宏大的人文性的学问大厦，尽管亦以学以为己和成德成圣为其根本宗旨，其所谓"格物致

---

① 王守仁撰，吴光、钱明等编校：《王阳明全集》，上海古籍出版社1992年版，第99—100页。

② 王守仁撰，吴光、钱明等编校：《王阳明全集》，上海古籍出版社1992年版，第110页。

③ 王守仁撰，吴光、钱明等编校：《王阳明全集》，上海古籍出版社1992年版，第44—45页。

知"的目的亦并非意在求取关于外在事物的经验性知识①，而是扩充和完善本然固有的道德之知，但朱子毕竟强调一个人不能仅仅做一个无见识、没文化的"好人"而已，尤其是圣人君子必须具备广泛博大的人文学识（博学），而且，尤其应该德才兼备，才能真正成为治平天下的经世有用之人，而要博学，就必须格物致知、即物而穷其理，故曰："人如何不博学得。……若是不致知、格物，便要诚意、正心、修身；气质纯底，将来只便成一个无见识底呆人。"又说："今人只管说治心、修身。若不见这个理，心是如何地治？身是如何地修？若如此说，资质好底便养得成，只是个无能底人；资质不好，便都执缚不住了。"②平心而论，朱子"道问学"自有其不可抹杀的积极价值和客观意义，尽管"尊德性"乃儒家学问的根本，但人之一切不是都可以化约为德性问题的，如果说人除了是一道德性之存在，毕竟还是一文化性和社会性之存在的话，那么，朱子之"道问学"及其强调才之用的问题便自有其本身的道理。而阳明对于朱子"格物"之说又何以期期以为不可呢？关键在于，阳明认为朱子"格物"之说缺少头脑，缺少头脑则不免乎"务外遗内，博而寡要"，乃至"玩物丧志"③，而其流弊所及真有不可胜穷者，正所谓"知识愈广而人欲愈滋，才力愈多，而天理愈蔽"④。为了补偏救弊，阳明特拈出"良知"二字以为"头脑"以教人，此亦正是阳明良知之学何以要"必欲此心纯乎天理，而无一毫人欲之私"的根本用心所在。所谓"必欲此心纯乎天理，而无一毫人欲之私"，说到底，也就是教人克制自己的私欲，依循良知之天理而行，

---

① 如劳思光先生说："观朱氏'格物致知'之说，最须注意者是：朱氏虽就思解一面言'知'，与日后阳明之以道德自觉言'知'不同；但'格物'仍非求取经验知识之意，且'格物'之目的并非求对经验世界作客观了解，与经验科学之为求知而求知实不相同。是以，无论赞成或反对朱氏之学说，凡认为朱氏之'格物'为近于科学研究者，皆属大谬。"（见劳思光：《新编中国哲学史》三卷上，广西师范大学出版社2005年版，第234页。）

② 朱熹撰：《朱子全书》（第十四册），上海古籍出版社、安徽教育出版社2002年版，第304页。

③ 王守仁撰，吴光、钱明等编校：《王阳明全集》，上海古籍出版社1992年版，第45页。

④ 王守仁撰，吴光、钱明等编校：《王阳明全集》，上海古籍出版社1992年版，第28页。

因为良知为人心光明之本体，循此良知而行，你就能做一个心地光明、纯乎天理的人。

然而，"必欲此心纯乎天理，而无一毫人欲之私"，决非教人悬空想个本体、空空地去"尊德性"，或者如佛家"明心见性"只是做一个"自了汉"而出来做事都不济，而是教人务必要"在事上磨炼做功夫"，如此方为"有益"，否则，只会"遇事便乱，终无长进"①。故阳明力主于"意之所在""意之所发""意之所着""意之所用"处来切实做"格物"功夫。依阳明之见，只要人能够"随事随物精察此心之天理"，并实实落落依着此心之天理良知做去，便"无有不是处"，亦"无不是道"，反之，"沉空守寂与安排思索，正是自私用智，其为丧失良知，一也"②。

阳明从未教人脱离事物而穷此心之天理、实现自我的道德价值或空空地去尊德性，尽管阳明的良知之学"只承认道德行为之价值，而不认为独立意义之知识活动有何独立价值"③，但并不因此便丧失其本身的价值与意义，因为良知在人，关系甚大，推言至极，则可以穷尽万事万变，故阳明有诗曰："人人自有定盘针，万化根源总在心。"④

吾心之良知即是天理，丧失良知，泯灭天理，不知其可也。而良知之为良知，究为何物呢？阳明曰："良知只是个是非之心，是非只是个好恶，只好恶就尽了是非，只是非就尽了万事万变。"又曰："是非两字，是个大规矩，巧处则存乎其人。"⑤那么，果真如此吗？英国大哲学家罗素曾说："良心是对每个人的个人天呈，它能够让人判断什么是对的，什么是错的。这个观点的困难在于，良心随着时代在变化。今天，大多数人都会认为，只是因为不

---

① 王守仁撰，吴光、钱明等编校：《王阳明全集》，上海古籍出版社1992年版，第92页。
② 王守仁撰，吴光、钱明等编校：《王阳明全集》，上海古籍出版社1992年版，第47、105、69、72页。
③ 劳思光：《新编中国哲学史》三卷上，广西师范大学出版社2005年版，第318页。
④ 王守仁撰，吴光、钱明等编校：《王阳明全集》，上海古籍出版社1992年版，第790页。
⑤ 王守仁撰，吴光、钱明等编校：《王阳明全集》，上海古籍出版社1992年版，第111页。

同意异己分子的形而上学就要烧死他们是错误的，而在过去，只要是为了正确的形而上学的利益，这是一个很值得称赞的行为。研究过道德观念史的人不会认为良心是一成不变的。因此，我们不得不放弃以一组行为规则来定义德行的尝试。"①毫无疑问，阳明所谓"良知"，就其发用流行而落实在具体道德行为层面讲，也不可能不带有其时代性的道德意识及其局限性的烙印，这自然也是其困难所在。然而，阳明良知之学的真义并非到此而止，我们必须继续深入思考的问题是，除了时代性的道德良心（良知）之外，还有没有超越时代性的道德良心（良知），以及究竟何为真正的道德或道德良心（良知）。梁漱溟先生说："有存乎一时一地的所谓道德"，但"道德原自有真"，而"道德之真要存乎人的自觉自律"②，或者也可以说，"道德之真义应在人莫不有知是知非之心，即本乎其内心之自觉自律而行事"③。一时一地的所谓道德，或随着时代变化的良心，在过去或许就是要求人们遵从习俗和权威的道德良心，此应被称作受世俗习心所熏染的道德良心，决非阳明所谓不离不滞④、光明莹彻之良知，阳明所谓良知乃指"心之虚灵明觉"，亦即"所谓本然之良知"⑤，亦可谓为本源性（本源于心之灵、性之善）的是非之心。阳明曰："凡所谓善恶之机，真妄之辨者，舍吾心之良知，亦将何所致其体察乎？"⑥为什么这样讲呢？因为，唯有吾心本然之良知才是道德之真的体现，才是人类道德生活的真正根基与源头活水。阳明以"良知"二字为"头脑"、以"是非"二字为"大规矩"，并非要以一组外在的行为规则或一套固定的仪文节目来定

①［英］伯特兰·罗素著，黄翔译：《哲学大纲》，商务印书馆2014年版，第194—195页。

②梁漱溟：《人心与人生》，见《梁漱溟全集》（第三卷），山东人民出版社1990年版，第719页。

③梁漱溟：《人心与人生》，见《梁漱溟全集》（第三卷），山东人民出版社1990年版，第703页。

④即既不离于见闻习俗，又不滞于见闻习俗。

⑤王守仁撰，吴光、钱明等编校：《王阳明全集》，上海古籍出版社1992年版，第47页。

⑥王守仁撰，吴光、钱明等编校：《王阳明全集》，上海古籍出版社1992年版，第46页。

义德行，而是以良知来指导和调整具体的行为仪节①，其中自有深意在，因为"义理无定在，无穷尽"②，因为阳明所谓"良知"，"不是教条，也不遵奉教条"③，亦不教人盲目地遵从权威。正唯如此，故阳明能够"学贵自得"而发出具有振聋发聩意义的是非之"公"论，其言曰："夫学贵得之心。求之于心而非也，虽其言之出于孔子，不敢以为是也，而况其未及孔子者乎！求之于心而是也，虽其言之出于庸常，不敢以为非也，而况其出于孔子者乎！"④ 又曰："夫道，天下之公道也；学，天下之公学也，非朱子可得而私也，非孔子可得而私也。天下之公也，公言之而已矣。"⑤ 正唯如此，故阳明能够不像朱子那样念兹在兹地一心要扶持三纲而辟佛老之异端⑥，而是以自由开放的胸襟、本其光明圆莹之良知，平视三教，深契妙悟，观其会通，卓然曰："圣人与天地民物同体，儒、佛、老、庄皆吾之用，是之谓大道。"⑦ 正唯如此，故阳明能够抛弃先前的"乡愿"意思而"做得个狂者的胸次"⑧，亦教人"常常怀个'遁世无闷，不见是而无闷'之心，依此良知，忍耐做去，不管人非笑，不管人毁谤，不管人荣辱，任他功夫有进有退，我只是这致良知的主宰不息，久

---

① 王守仁撰，吴光、钱明等编校：《王阳明全集》，上海古籍出版社1992年版，第50页："夫良知之于节目时变，犹规矩尺度之于方圆长短也。节目时变之不可预定，犹方圆长短之不可胜穷也。故规矩诚立，则不可欺以方圆，而天下之方圆不可胜用矣；尺度诚陈，则不可欺以长短，而天下之长短不可胜用矣；良知诚致，则不可欺以节目时变，而天下之节目时变不可胜应矣。"

② 王守仁撰，吴光、钱明等编校：《王阳明全集》，上海古籍出版社1992年版，第12页。

③ 冯友兰：《中国哲学史新编》（下册），人民出版社1999年版，第243页。

④ 王守仁撰，吴光、钱明等编校：《王阳明全集》，上海古籍出版社1992年版，第76页。

⑤ 王守仁撰，吴光、钱明等编校：《王阳明全集》，上海古籍出版社1992年版，第78页。

⑥ 朱子曰："佛老之学不待深辨而明，只是废三纲五常，这一事已是极大罪名，其他更不消说。"（见朱熹撰：《朱子全书》第十八册，上海古籍出版社、安徽教育出版社2002年版，第3932页。）

⑦ 王守仁撰，吴光、钱明等编校：《王阳明全集》，上海古籍出版社1992年版，第1180页。

⑧ 王守仁撰，吴光、钱明等编校：《王阳明全集》，上海古籍出版社1992年版，第116页。

久自然有得力处，一切外事亦自能不动"，并说，"人若着实用功，随人毁谤，随人欺慢，处处得益，处处是进德之资。若不用功，只是魔也，终被累倒"①。

所谓"义理无定在，无穷尽"，除了要人不把义理当作教条看之外，还有更深一层的意思，这就是要人须"就自己良知上真切体认"②而"着实用功"，用功愈久，则见道愈深而终无穷尽，故曰："人不用功，莫不自以为已知，为学只循而行之是矣。殊不知私欲日生，如地上尘，一日不扫，便又有一层。着实用功，便见道无终穷，愈探愈深，必使精白无一毫不彻方可。"③又曰："只这个要妙，再体到深处，日见不同，是无穷尽的。"④由此可见，阳明虽一方面强调良知之明觉而"觉即蔽去"以复其本体光明的"简易透彻功夫"⑤，但另一方面却也深知去人欲犹如破山中贼，甚至比山中贼更难破，正所谓"私欲日生，如地上尘，一日不扫，便又有一层"⑥，正所谓"不努力与内心的恶念作斗争就不清楚它的力量"⑦，换言之，只有像朱子所说的那样"扶起此心来斗"⑧，你才能真正明白源自私欲和恶念的黑暗力量有多么强大。正唯如此，故阳明亦曰："'破山中贼易，破心中贼难。'……若诸贤扫荡心腹之寇，以收廓清平定之功，此诚大丈夫不世之伟绩。"⑨但，不管怎样，阳明相信良知在人，是随你如何不能泯灭的，只要你真切体认，而且"信得良知，只在良知上用工"⑩，即完全信赖吾心本然之良知，并"循着良知发用流行将去"⑪，

---

① 王守仁撰，吴光、钱明等编校：《王阳明全集》，上海古籍出版社1992年版，第101页。

② 王守仁撰，吴光、钱明等编校：《王阳明全集》，上海古籍出版社1992年版，第59页。

③ 王守仁撰，吴光、钱明等编校：《王阳明全集》，上海古籍出版社1992年版，第20页。

④ 王守仁撰，吴光、钱明等编校：《王阳明全集》，上海古籍出版社1992年版，第93页。

⑤ 王守仁撰，吴光、钱明等编校：《王阳明全集》，上海古籍出版社1992年版，第111页。

⑥ 王守仁撰，吴光、钱明等编校：《王阳明全集》，上海古籍出版社1992年版，第20页。

⑦ [英]C.S.路易斯：《第十六讲 信、望、爱》，见何光沪编：《信仰二十讲》，中国青年出版社2008年版，第280页。

⑧ 黎靖德编，王星贤点校：《朱子语类》，中华书局1986年版，第206页。

⑨ 王守仁撰，吴光、钱明等编校：《王阳明全集》，上海古籍出版社1992年版，第1248页。

⑩ 王守仁撰，吴光、钱明等编校：《王阳明全集》，上海古籍出版社1992年版，第71页。

⑪ 王守仁撰，吴光、钱明等编校：《王阳明全集》，上海古籍出版社1992年版，第69页。

人们就能看到道或天理实现的希望，因为道不在别处，就在人心，就在吾心之良知。如果说阳明所谓"良知"，说到底即集中体现了一种将"心之灵"与"性之善"真正合而为一的儒家信仰的话，那么"信得良知"便正是对这一儒家信仰的真实表达。所谓"信得良知"，亦可以说是一种儒家化的良知信仰或良知化的儒家信仰，正是基于这一信仰，阳明先生才汲汲于教人依良知而行，做一个心地光明、纯乎天理的人。

综上所述，如果我理解不错的话，阳明良知之学之所以强调"必欲此心纯乎天理，而无一毫人欲之私"，并切切于要人在良知意念上实实落落做"为善去恶"的"格物"功夫，其目的只在去其私欲牵蔽而实现心灵意志的纯化、本然之良知发用流行的自由和道德良心的自觉自律，唯有如此，你才能做得一个心地光明、纯乎天理的人，而做一个心地光明、纯乎天理的人，绝非意味着做一个心地单纯而一无用处的呆子，而是做一个保有向上之心的人。良知之为良知，或良知在人而不能泯灭，正是使吾人之生命能够保有一向上之机的希望所在，而所谓"向上心"，亦即梁漱溟先生所说，是"不甘于错误的心，即是非之心，好善服善的心，要求公平合理的心，拥护正义的心，知耻要强的心，嫌恶懒散而喜振作的心……总之，于人生利害得失之外，更有向上一念者是，我们总称之曰：'人生向上'"①。当然，保有向上之心，不是教人只是悬空想个本体，而是必须在事上磨炼做功夫，否则，你不可能真正了解向上之心或良知之本体光明的益处及其能够照亮世界的奥秘。

阳明师徒曰："人胸中各有个圣人，只自信不及，都自埋倒了"②，"近来信得致良知三字，真圣门正法眼藏"③，"我此良知二字，实千古圣贤相传一点骨血也"④，"信得此过，方是圣人的真血脉"⑤。正是因为体认真切、信得良知，所以阳明能够从朱子之学权威性的思想形式统制下脱然获得心灵

---

① 梁漱溟：《中国文化要义》，见《梁漱溟全集》（第三卷），山东人民出版社1990年版，第133页。

② 王守仁撰，吴光、钱明等编校：《王阳明全集》，上海古籍出版社1992年版，第93页。

③ 王守仁撰，吴光、钱明等编校：《王阳明全集》，上海古籍出版社1992年版，第1278页。

④ 王守仁撰，吴光、钱明等编校：《王阳明全集》，上海古籍出版社1992年版，第1179页。

⑤ 王守仁撰，吴光、钱明等编校：《王阳明全集》，上海古籍出版社1992年版，第116页。

的解放，也正是因为对吾心之良知有着深造自得的真切体认与深刻信仰，旨在将吾心良知的明觉性、价值判断的是非感与道德实践的行动力融为一体、合为一贯的阳明良知之学，才真正能够在中国哲学史上为儒家圣人之学或心灵性善之学放一异彩，这不仅在后世产生了广泛而深远的学术思想影响，而且阳明生前之能成就旷世之丰功伟绩，亦非徒然也。

最后，如汉娜·阿伦特所说，"一个有文化的（cultivated）人，应该'知道如何从现在以及过往的人、物、思想之中，选择自己的同伴'"①，而在我看来，最值得我们深长思之或向自己提出的问题就是，作为一个有着天赋良知的人，我们又当如何选择自己的同伴呢？我们真的知道如何从现在以及过往的人、物、思想之中，选择自己的同伴吗？我们愿意选择阳明为同伴、让良知伴随我们一生一世吗？论者愿向世人进一言曰：此心光明，以阳明为伴，让良知照亮世界，亦复何求！

（本文是笔者参加 2017 年 11 月 23 日深圳市委党校"中华优秀传统文化"工作坊暨中国孔子研究院"春秋讲坛"所提交的学术报告讲演稿。原载《特区实践与理论》2018 年第 4 期，收入本书时有改动）

---

① [美]汉娜·阿伦特著，罗纳德·贝纳尔编，曹明、苏婉儿译：《康德政治哲学讲稿》，上海人民出版社 2013 年版，第 156 页。

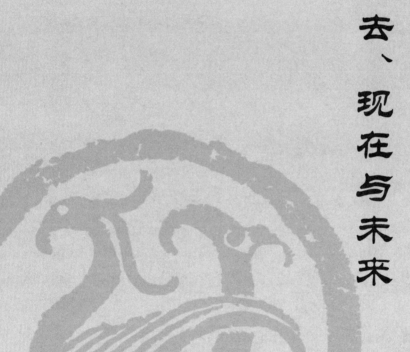

第四部分
儒学的过去、现在与未来

浅谈孔子儒家与人的教育

儒家学派本身的发生、存在和延续是与儒学教育事业密不可分的，事实上，在我看来，儒家之为儒家，甚至可以说与其对人的教育、教养乃是一而二、二而一的问题。就先秦时期的诸子百家来讲，把人文教养或对人的教育事业作为自己创宗立派之根基的学术思想流派，当首推孔子和儒家，此外还有墨家。但墨家的教育组织，有着自己明确的"墨者之法"来强制性地规制墨者个人的行为和墨者团体的行动，其政治和宗教组织的集体主义色彩太过强烈而易流于僵固，很难说是一种纯粹的注重个体道德自觉和自我完善成长的教育组织和学术团体；法家的政治色彩更浓，而其自身又缺乏相应自觉的可以持久维持的自我身份认同的学派属性和组织形式；道家则偏重对自然之道和形上智慧的个人独特领悟，一般较为轻忽而缺乏有组织的学术传承建制（后来的道教另当别论）。唯有孔子和儒家，最为重视对人有系统地进行学术传授，并特别注重对人进行人文教养，发展具有道德人格培育性质的教育事业，为此，孔子和儒家必须具备一定的教学场所和组织形式，必须在师生之间建立起一定的情感和学术的联系纽带，甚至促进形成一种相对持久稳定的薪火相传的传承授受的教育学术谱系。

尤其值得我们重视的是，孔子和儒家自始就坚持一种"有教无类"的开放式自由教育，在实际的教学活动中，不仅不抹杀人的个性特点，而且特别注重"因材施教"，培养和成就各种类型的有用人才，这不仅使儒家的教育事业充满了内在的活力，所培养的人才具有丰富的多样性，而且，这样一种教育事业又反过来为儒家学派在历史上生生不息的生存和传承延续提供了各种各样且不断更新的人才保障和智力支撑。因此，不仅儒家学派以教育事业作为自身学派生命的根基，从某种意义上讲，我们甚至可以说，儒家本身事实上就体现为一种教育实践活动和事业，特别是以人的道德品格培养或对人的人文教育为主的教育实践活动和事业。正如梁启超先生所说，"孔教"所以能"悬日月、塞天地，而万古不能灭者"，在于"其所教者，人之何以为人也，人群之何以为群也，国家之何以为国也。凡此者，文明愈进，则其研究之也愈要"，而且，孔子最重人格教育，故孔子必将"于将来世界德育之林"，"占一最重要之位置"[1]；"孔子教义第一作用实在养成人格"，这既是"孔子之圣所以为大为至"而孔子教义"实际裨益于今日国民者"之所在，亦是吾人今日"诵法孔子"及"昌明孔子之教"[2]所由之道之所在。

我一直特别关注和思考的一个问题就是：儒家为什么能传承下来？其生存的根基究竟是什么？作为一个学派，它为什么能够长期影响中国人、影响中国的社会和中国的政治，而且具有那么长远而广泛的影响力？在我看来，作为一个学派，其持续而长久的生命力和影响力应该不是只靠官方将其作为一种教条主义的意识形态来尊崇。

就孔子来讲，他首先是一个教育家，他就是以兴办私学教育起家的，儒家就是在教育的根基上形成的。在中国历史上，任何一个伟大的儒学思想家，他也一定同时是大教育家。儒家关注教育问题，也以教育为根基展开一系列的社会教育和政治活动，从而产生了广泛的社会、政治影响，这是其生存最

---

① 陈书良编：《梁启超文集》，北京燕山出版社2009年版，第244页。

② 梁启超：《梁启超全集》，北京出版社1999年版，第2813页。

主要的一个根基。而且在积累了两千多年后，儒家对教育的认识，对教育方面的实践，还有教育方法的总结，非常成熟，有着非常丰富且高远的教育思想和理念。从孔子开始，的的确确，他们提出的很多东西，到今天我们还没有超越，还有待于我们去落实。总之，儒家本身就是以教育为根基、重视教育、与教育密不可分的一个学派。

儒家教育和我们现在的教育相比，大为不同。当然，在历史上，科举式的应试教育也曾产生过很长久而且负面作用很大的影响。在这里，我只想略微谈谈理想意义上的儒家教育及其能带给我们的一些重要启示。

第一，儒家重视经典教育。为什么重视经典教育呢？儒家要传道，道就蕴含在经典当中。所谓的道，不是传统狭隘的道统意义上的道，从今天更广泛的意义上来讲，传道可以说就是一种文化传承，以教育传承文化，而文化关乎着整个民族、社会、国家的生活方式和生存之道，以传统为根基，不能轻易丢失！钱穆先生尝说："世未有其民族文化尚灿烂光辉，而遽丧其国家者；亦未有其民族文化已衰息断绝，而其国家之生命犹得长存者。"[①] 信哉斯言，而儒家之所以能够在中国的历史上产生如此深远的影响并占据文化主导的地位，也在于它对经典教育的持久坚持和对文化传承的始终不渝。所以儒家教育首先就是经典教育，是一种文化传承。

第二，儒家教育是对人的人格教育。人格教育，是一种人性化的教育，也是一种内涵很丰富的人文教育，重视培养人的道德品格和人文精神。重视人文知识的传播传授，注重道德人格的培养和人文教养的陶冶，这点很重要。遗憾的是我们今天似乎对这个重视不是很够，现代教育很多只是一个模式化的单纯的知识的传授和职业技能的训练；虽然人文素养也讲，但只是作为辅助性的东西，多数人并不会太在意，有些做法还时常把这最重要的问题给扭曲和败坏了。今天，我们面临着现代教育带来的各种各样的问题，我们今天亟须解决的一大教育难题就是，如何让教育本身重归本位，即成为一种真正

---

① 钱穆：《国史大纲》，商务印书馆1994年版，"引论"第32页。

意义上的人的教育。我认为，真正的儒家人格教育的理念可以提供给我们很多有益的启示，儒家的复兴首先应该是儒家人格教育的复兴，儒家在今天也理应在教育事业上有大的作为，尤其是在促进和推动教育向人的教育的教育变革过程中发挥重要支撑和引领作用，只有这样才能不辜负时代、国家和人民的期望。

第三，儒家教育的概念还是一个广义的大概念，不仅仅局限于学校中的教学活动，而且包括了对人民大众的教化、社会生活方式方面的移风易俗以及对士大夫或从政官员进行的"知行合一""政学合一"的政德教育等。所以儒家能影响社会大众，同时也关注政治、试图以教育活动来影响政治。而另一方面，从传统儒家的角度理解，其实政治也就是一种教化的工作。"教化"是儒家一个重要的道德和政治词汇，但是，我们只有对教化的两种不同含义做出明辨区分，才不至于产生严重的误解。事实上，对于孔孟儒家所谓的"教化"，我们不能简单地从意识形态的角度去理解，不能理解成是灌输什么意识形态的东西以便对人们实施政治控制，孔孟所谓的教民化民绝不是这个意思。孔孟儒家所谓教化乃是意指国民人文教养或所有人道德品格的培育和提升，如梁启超和萧公权先生所讲，孔孟讲教化，其根本目的旨在提升国民品德或使人民养成美善之品性与行为。但"教化"也可能会变成操纵和控制人民的一种手段和方式，这显然属于另外一种完全政治化和意识形态化的"教化"含义。不过，就儒家教育的本来含义来讲，我们需要深思的一个问题就是：究竟什么叫真正的教育和教化？什么叫教养？如果人连基本的人文教养和道德品格都不具备，一个优良的文明社会及其生活秩序能否真正建立和形成？儒家教育强调"化"，所谓"化"就是潜移默化，除了"化"，儒家教育还讲求一个字，就是"养"，它和"化"类似，就是说教化是一个养的工作，慢慢地去养，需要在一种良好的环境和氛围下去养；不是说我强加一个东西给你，也不是我用一个我认为正确的东西像捏泥人似的任意改造你。儒家教育首先是基于对人性的理解，但这种理解不是说我可以拿一个什么标准，僵固教条化的什么东西去要求你，或外在地强加给你。人性的化育、人格的陶冶是需要在正确了解人性的基础上逐渐"养"成的。

为什么整齐划一的现代教育模式特别是应试教育存在种种的问题？说到底，它不是基于对人性的真实而正确的认识与理解——人是活生生的、有个性的生命，而不是任由他人来捏塑和改造的材料，真正的人必须是能够自主自立的，教育的真正目的在于人的自我成长与完善，在这个方面，我认为我们能够也需要从儒家教育的思想资源中发掘和借鉴很多有益的理念。按照儒家"人"的教育理念，合乎人性的道德人格的培育一定是"养"出来的，一定是"化"出来的，而不是强加改造出来的。具体来说，在儒家教育理念当中，这种化和养是什么呢？让人首先有一种内在的主体的心灵自觉，这是通过激发的方式来做的而不是外在强加给你的。比如说到怎么做人，首要的是激发你的内在的自觉，让你形成一种道德自主、一种独立的人格，然后在这个基础上，再引导你去明白一些人生的道理。

从孔子开始，到宋明时期的二程、朱熹、陆九渊、王阳明等，都强调教育首要的是激发人先立志。当然，这不是我们现在教育小学生的那种简单的做法，问一问学生你将来志向是什么，不是这个意思。儒家所谓的立志是要立志做圣贤，做一个圣贤人物，树立并终身追求成圣成贤这样一个人生目标和志向，这是很重要的。这种立志是内在的，发自内心的，必须由你自己来做的，不是我强迫你，叫你立志，你才立志。否则，其他的一切都免谈。而当一个人立定了做圣贤的志向，或者一个人的人格真正立起来之后，教育的活动才能顺理成章地展开。

儒家教育理念中还有我们上面提到的有教无类和因材施教，对于这些可贵的理念，我们迄今也还缺乏认真的对待和实践。因此，我们仍然面临着需要深思力行的这样的问题：怎样把儒家教育的有益理念真正落在实处，并使之发扬光大？这既需要在现行正规教育体系之外，通过儒家式人文教育来做一些补偏救弊的工作，又需要在现行的正规教育体系中把儒家有教无类、因材施教和注重人格教养的人文教育理念和原则，创造性地切实落实在具体教育体制和教学实践中，这是一个亟须我们加以探索的时代课题！

目前的教育体制和学制是封闭和具有时段性的，传统的教育是一生的，师生的关系肯定是一生的交往，而现在讲终身学习、终身教育，讲尊师重教，但是学生只在学校中有限的时间内读书求学，上一些有限的课程，怎么会一生都记得、都尊重老师呢？这决定了现在的学校教育很难是真正的人格的、人文的教育，因为人格的、人文的教育需要人与人、师与生之间长期甚至是终身的相互交流和影响，需要慢慢地养和化，不是老师简单上几节课，就把你教育成人了，那不可能；所以现在的教育培养出来的一些人虽然可能拥有了丰富的知识，却不见得具有真正的人文人格教养！如何开放学校教学资源，使学校成为人们终身可以出入学习、养成人格的一片纯净的精神家园，而不是受世俗功利污染和行政权力支配的场所，这是需要我们认真思考和真正加以改进的根本问题。当然，古今教育不同，现代教育亦有现代教育的优点与长处。但不管怎样，如果说"中国传统文化最伟大处就是讲教育"[1]的话，那么，在我看来，尽一切可能办好我们的教育，乃至尽一切可能努力让人民都能受到普遍而良好的教育，可以说也就是对中华优秀传统文化最好的继承与弘扬！

简单总结一下我要讲的意思：儒家重视经典教育，因为它要传道授业，传承文化；儒家注重人格教育，目的在教人养成一种独立自主、健全完整的道德人格；儒家教育是一种人性化的人文教育，重在陶冶人的性情和心灵，提升人的人文教养，成就人的富有意义的人生。儒家离不开教育，不重视和关切人的教育的儒家也是不可想象的！

（原载中国孔子研究院编《孔子文化季刊》2016年第4期，收入本书时有改动）

---

[1] 钱穆：《人生之两面》，见《灵魂与心》，广西师范大学出版社2004年版，第126页。

浅谈儒家文化的复兴

我们今天之所以关注、思考和讨论儒家文化的复兴问题，在我看来，那是因为历史上的儒家、儒学与"儒教"，始终与中国文化之深层义理、中华民族之慧根命脉一线贯通而紧密相连，因此，今日谈儒家、儒学、"儒教"的复兴亦必须落实而形成一种参与塑造中国式的价值取向、义理信念与民族生活的方式或样法的文化因素或力量，才有其真实的当下价值与现实意义。

我所谓的"儒家文化"，乃是包括"儒家""儒学""儒教"等名词概念而言的，如果说所谓的"儒家"主要是指致力于以孔子与"四书五经"为宗本的学术思想的传承与创新的学者群体，"儒学"是指自孔子以来的历代儒家学者在传承与创新中所发展出的学术思想谱系，"儒教"是指历代中国人以儒为教、化民成俗的生活信念及其实践形式，那么，所谓"儒家文化"，则主要是指将"儒家""儒学""儒教"的学术思想或生命的学问与信念（亦可统称之为"儒家之道"）贯彻落实到现实生活实践中去，人们依此生活而形成的一种具有惯常性、普遍性的行为模式、价值取向、义理信念与生活方式。不过，虽然我们有必要厘清"儒家""儒学""儒教""儒家文化"这几个概念的基本含义与实质内涵以便将它们明晰地区别开，但我们绝无意于将它们割裂开来看待，它们实质上构成一个意义密切相关的整体。概言之，儒家学者群体的形成是儒家文化复兴的必要条件，适应时代需要、历久（传承）而弥新（创新）的儒学是儒家文化复兴的学术根基，而"儒教"在社会各个领域的广泛推广与普遍践行则是儒家文化复兴的目标与归宿，三者相辅相成、相须相资，始可共同促成儒家文化的复兴并构成其复兴的主要标志。

而我们之所以强调"参与塑造"的问题，则主要是基于这样一种考虑，在我看来，当下我们更需要以一种适度理性和多元开放的心态来看待儒家、儒学、"儒教"的复兴问题，即只把它看作参与塑造中国式的价值取向、义理信念与民族生活的方式或样法的多元文化因素或力量中的一种，也许应是一种主导性的文化因素与力量，但在我们谈论儒家、儒学、"儒教"乃至儒家文化的复兴话题时，却并不意味着必然排斥其他有益、有价值的文化因素或力量参与塑造中国式的价值取向、义理信念与民族生活的方式或样法的可能性，当然也不简单地拒斥对儒家、儒学、"儒教"乃至儒家文化本身及其复兴问题的批评性反思。如是之不深闭固拒，始能丰富、扩充、光大儒家文化，明乎此，我们才能在与各种有益的思想文化资源展开良性对话的公共论域中更好地来阐述和谈论儒家文化的复兴问题。

倡言儒家文化的复兴，必先明了孔子之学与儒家之道究竟是一种什么性质的学问。就此问题，我想强调两点：

其一，诚如梁漱溟先生所言，"孔子的东西不是一种思想，而是一种生活"[1]。依我的理解，这是说孔子之学（或儒家之道）的性质不在于它是一种玄思冥想的成果，它不是一般所谓纸上的学术或书斋里的学问，更不是西方意义上的那种以抽象思辨为根本特征的"哲学思想"，而在于它是源于生活而又归宿于生活的一种实践性的义理信念，是一种"人文教"性质的"生命的学问"（牟宗三先生的说法）或"吃紧为人"的"人生大道"（钱穆先生的说法）。儒家文化在历史上之所以能够形成、延续乃至可大可久地得以广泛传播，正在于自孔子创立儒家学说与学派之后，有越来越多的人接受和认同儒家有关

---

[1] 梁漱溟：《梁漱溟全集》（第一卷），山东人民出版社1989年版，第540页。

"生命的学问"或"人生大道"的义理信念并将其贯彻落实到生活实践中去，而形成了一种民族性的生活方式或文化模式。

其二，另如清人皮锡瑞尝言："盖凡学皆贵求新，惟经学必专守旧。经作于大圣，传自古贤。先儒口授其文，后学心知其意，制度有一定而不可私造，义理衷一是而非能臆说。世世递嬗，师师相承，谨守训辞，毋得改易。如是，则经旨不杂而圣教易明矣。"[1]皮氏所言主要在强调儒家经学之"守旧"和"义理衷一是"的一面，不过，综合地讲，儒家之学并不专主"守旧"，而是亦有其"求新"和应时而变的一面，即儒家之经义教旨虽不能凭空臆说，但儒家之学术思想却不能不应时而变、推陈而出新。儒家的义理正是在传承与创新的过程中不断扩大其影响而深入人心的，故今日之儒家文化的复兴亦必以儒家义理的传承与创新作为其本根与基础，而儒家义理的传承与创新又端赖乎儒家学者群体之努力。那么，怎样才算是一位儒者呢？诚一言难尽之，譬如，做一个儒者，究竟是谨遵孔子之教言而"群而不党"呢，还是适应时代之变化而结社成党（宗教性的会社或政治性的党派），甚而"党同"以"伐异"呢？这显然不是一个非此即彼，能够简单明了地做出回答的问题。不过，除了组织性的问题之外，我认为，就个人的立场修为而言，做一个儒者究应具备一种什么样的品格，尽管也可能见仁见智，却是较易明白说出的，即就当下而言，做一个儒者，首应具备孔子所谓君子、儒行的诸多道德操守与人格修养，次则应具备一种捍卫儒家之道、守望中国文明的坚定立场与担当意识，再则应能适应时代之需要而在多元文明的对话中致力于儒学的传承与创新，并谨慎而负责任地代儒家立言。质言之，做一个当代的儒者，应具备君子的道德品格、坚定的儒家立场、鲜明的中国情怀、多元的文化素养和广阔的人类视野。否则，只是一味地或者一厢情愿地凭着自负虚骄之气、无操守地为儒家代言，就只会成为儒家在当代的积极却又有害的代理人！

根据上述两点看法，我想就儒家文化的当下复兴问题提几点粗浅的个人

----

①皮锡瑞著，周予同注释：《经学历史》，中华书局1959年版，第139页。

意见：

第一，欲扭转近代以来西方强势文化的冲击及其引发的内部批判所造成的儒家文化的困境，使其摆脱儒门淡泊、花果飘零、魂不附体的状态，得以神明归位而有体可依，乃至将其重新恢复为一种中国式的明体达用之学，我认为首应复兴的便是儒家的义理信念与独立精神。儒家的义理信念以孔孟、"四书五经"为宗本，以仁义、五常之道为核心，以修齐治平为旨归，而其独立精神则表现为崇尚人格独立和捍卫道义至上的意志与品格，关于前者无须我在此多作申言，而关于后者却有必要格外强调一下，故不妨将古来圣哲先贤所言引之如下：

子曰："三军可夺帅也，匹夫不可夺志也。"（《论语·子罕》）

孟子曰："居天下之广居，立天下之正位，行天下之大道；得志，与民由之；不得志，独行其道。富贵不能淫，贫贱不能移，威武不能屈。此之谓大丈夫。"（《孟子·滕文公章句下》）

荀子曰："权利不能倾也，群众不能移也，天下不能荡也。生乎由是，死乎由是，夫是之谓德操。德操然后能定，能定然后能应。能定能应，夫是之谓成人。"（《荀子·劝学》）又曰："仁之所在无贫穷，仁之所亡无富贵；天下知之，则欲与天下同苦乐之；天下不知之，则傀然独立天地之间而不畏：是上勇也。"（《荀子·性恶》）

儒有忠信以为甲胄，礼义以为干橹；戴仁而行，抱义而处；虽有暴政，不更其所。其自立有如此者。……儒有今人与居，古人与稽；今世行之，后世以为楷；适弗逢世，上弗援，下弗推，谗谄之民有比党而危之者；身可危也，而志不可夺也；虽危起居，竟信其志，犹将不忘百姓之病也。其忧思有如此者。……儒有澡身而浴德，陈言而伏，静而正之，上弗知也，粗而翘之，又不急为也；不临深而为高，不加少而为多；世治不轻，世乱不沮；同弗与，异弗非也。其特立独行有如此者。……儒有不陨获于贫贱，不充诎于富贵，不慁君王，不累长上，不闵有司，故曰儒。（《礼记·儒行》）

宋儒周敦颐曰："天地间至尊者道。"(《周敦颐集·通书·师友上》)

明儒王艮曰："圣人以道济天下，是至重者道也。"(《黄宗義全集·明儒学案·泰州学案一》)

明儒吕坤曰："公卿争议于朝，曰天子有命，则屏然不敢屈直矣。师儒相辩于学，曰孔子有言，则寂然不敢异同矣。故天地间，惟理与势为最尊。虽然，理又尊之尊也。庙堂之上言理，则天子不得以势相夺。即相夺焉，而理则常伸于天下万世。故势者，帝王之权也；理者，圣人之权也。帝王无圣人之理，则其权有时而屈。然则理也者，又势之所恃以为存亡者也。以莫大之权，无僭窃之禁，此儒者之所不辞而敢于任斯道之南面也。"(《呻吟语·谈道》)

晚明大儒王夫之曰："儒者之统，与帝王之统并行于天下，而互为兴替。其合也，天下以道而治，道以天子而明；及其衰，而帝王之统绝，儒者犹保其道以孤行而无所待，以人存道，而道可不亡。"(《读通鉴论第十五卷·宋文帝》)

上述引言，从不同的角度论述和强调了儒家所应具有的独立自主精神。子言匹夫不可夺志，而儒家之君子更应"笃信好学，守死善道"(《论语·泰伯》)；孟荀所言大丈夫、成人之德操与所谓"上勇"，亦皆从独立人格的意义上强调儒家学者或其心目中理想的仁人君子应坚守道义而志尚仁义；《礼记·儒行》则假借孔子之口，倡言儒之为儒当以独立自主、特立独行之德行与志节来立身处世，如此自爱自重才能让人"不敢以儒为戏"或不"以儒相诟病"；宋明儒者更强调"道"的至尊性，或者是理尊于势，故儒者理应具备一种任斯道之重的担当精神，甚至有时更要能够"保其道以孤行而无所待"。上述引言，无疑是儒家学者们都耳熟能详的，不过，笔者仍然不惮烦琐而详引之如上，不外乎意在强调如此这般的一种独立精神才是儒学能够源远流长的最根本的精神动力，亦是儒家文化能够长期延续存在的最深层的源头活水。我认为，这才是真正的儒家文化之"体"（根本），此"体"不能到儒家自身之外去寻找。儒家之学之所以在近现代竟成了一种"游魂"，绝不是因为它丧失了对帝王之势的依附，而是因为它丧失了其自身的义理自信与独立精神。兹事体大，故言儒家文化的复兴，必以恢复此义理自信与独立精神为先。然而，必须指出的是，恢复儒家自身适度的义理自信及其卓然独立而不畏的独立精神，决不能让一种虚骄狂妄而无忌惮之意气与之伴生滋长。前者有利于儒学文化复兴之社会资本的培育与良性增长，后者则只会损害之。

第二，儒家文化的复兴之路可能不止一种，而是存在着各种不同的路径与策略的可能选择，不过，如果说我们真的坚信儒家的道义追求与义理信念乃是高于现实、超然于政治权势之外之上的一种独立的文化因素与精神力量的话，那么，事实上我不认为当前急于采取一种建制化的形式（如立"儒教"为"国教"或建立宗教性的"儒教"组织）来推动"儒教"和儒家文化的复兴是一种最明智的方式，而毋宁维持目前儒学和儒家文化复兴的"运动特征"，"运动"之为"运动"，其特点与意义正在于它富有活力的多样性和孕育各种未来可能的推动性。反之，建制化的形式也许会增强其组织性的势力，但也易于使其在权势与利益的纠葛中很快走向义理信念的异化与组织形式的僵化。

第三，在坚守儒家的义理自信与独立精神之"体"和致力于推动儒家文化复兴之运动的前提下，我认为儒家文化的复兴实应走一条中道的、反思性的复兴之路。所谓"中道"，是指应避免两种极端的偏向，一个极端是认为凡属儒家或儒家文化的皆是好的对的，都理所当然要复兴，凡属非儒家或非儒家文化的皆在排斥摈弃之列；与上述独断论和不宽容相反，处于另一个极端的则是认为认不认同儒家的义理信念或主不主张儒家文化的复兴，只是一种纯粹的"个人爱好"，而无关乎其他，即儒家的义理信念与儒家文化的复兴与当下的中国或当今的时代并无多少意义关涉而无关宏旨。要想避免上述两个极端或者在它们中间尝试思考、探索和开辟一条儒家文化的复兴通道，我认为必须合乎时宜而适中地阐明儒家义理信念的意义所在或者儒家文化复兴的必要性，而且这一阐明的工作必须建立在批判性的自我反思的基础之上，不加反思地简单认同或简单拒斥儒家文化及其义理信念，既无益于儒家文化的复兴，又不利于消除儒家文化中的消极阴暗面。另外，我所谓的"反思"，亦包括两个维度的问题：一是对历史上的儒家文化（包括儒学、"儒教"在内）的反思，二是对当下儒家文化复兴运动本身的反思。前者着重于对历史形态的儒家文化的优良传统与消极阴暗面的全面系统的考察与清理，后者则主要是指应对儒家文化的当下复兴运动保持一种高度自觉与警惕的意识。深刻的反思将带来合理而适度的良性复兴，反之，笼统而偏激地倡导全面复兴"儒教"与儒家文化，或者只是以一种简单的逻辑宣称"儒学在当今中国有什么用"，宣称应对、化解中国人面临的各种生存问题的"唯一办法"就是"复兴儒学"或复兴"儒教"与儒家文化，不仅无济于事，反而只会激起意识形态的狂热而徒增无谓的义气之纷争。

最后，依我之见，今日言儒家文化之复兴，必是指一种新生的现象或新生的事物，与所谓的建立"儒家文化保护区"的问题毫不相干。就其作为一种新生的现象与事物来讲，需要指出的是，目前的状况仍然存在着一些困难与不足，譬如，学术传承有余，而思想创新不足；义理阐释有余，而生活实践不足。这些问题都有待于有志推动儒家文化复兴运动的同仁努力加以克服与解决。

（本文是笔者 2011 年 9 月 17 日参加在中国人民大学孔子研究院召开的"百年辛亥　儒家百年——儒家文化复兴之路"座谈会时提交的会议发言稿，原载中国孔子研究院编《孔子文化季刊》2011 年第 4 期，收入本书时有改动）

试谈儒学复兴的未来前景

在中国历史上，儒家思想及其意义具有错综复杂的多维面向，儒学发生、成长、演化的历史决非一种单线发展的过程，"儒教"或儒家文化的传统也决非"一种单一的信念或一套统一的实践"①。因此，对儒家思想、儒学、"儒教"或儒家文化及其意义的任何单一的、固定不变的教条式解读，都不可避免地会导致严重的误读和曲解。

儒家一定是关切个人德性修养的，也一定是关切政治和公共治理的。在儒家的视域中，修己与安人、正己与化人、内圣与外王实则是一体两面而密不可分的问题，尽管在历史上某一时期的儒者或是偏重于外王学的政事功业，或是偏重于内圣学的心性修养，但是，诚如杜维明先生所说，"完全不关切政治的儒家是不可想象的"②，同样，完全不关切德性修养的儒家也是不可想

---

① [美]包弼德著，刘宁译：《斯文：唐宋思想的转型》，江苏人民出版社2001年版，第22页。

② 杜维明著，郭齐勇、郑文龙编：《杜维明文集》（第五卷），武汉出版社2002年版，第574页。

象的。事实上，信如有的学者所言，传统儒学的特色在于它全面安排人间秩序的实践诉求。然而，近代以来，在遭遇西方强势文化的冲击和挑战，在经受现代中国学者无情蔑弃与激烈抨击的冲刷和洗礼之后，尽管当下儒学复兴的呼声正日趋强劲，但迄今为止，儒学的文化身份与价值定位可以说仍然是一个悬而未决、富有争议的难题。

曾经有学者断言，由于全面安排人间秩序的"儒家建制"，自辛亥革命以来便迅速地崩溃了乃至一去不复返了，故而儒学遂尽失其具体的托身之所，变成了"游魂"。认清了这一无可争辩的事实，我们也许不得不承认的是，儒家通过建制化而全面支配中国人的生活秩序的时代恐怕已经一去不复返，而有志为儒家"招魂"的人不必再在这一方面枉抛心力。然而，断言或宣称现代儒学为"游魂"，并非如一般人所误解的那样，是对儒学死亡的宣判或诅咒，而只是说传统"建制化的儒学"已成为历史，但"魂"即是"精神"，从传统建制中游离出来之后，儒学的精神可能反而在自由中获得了新生，乃至在今天一味诅咒儒学或完全无视它的存在恐怕也是不行的。

然而，值得注意的是，在当今中国却兴起了一股有志为儒家"招魂"、意在重新建立政教合一的"儒教国家"的"政治儒学"和将"儒教"建制化为"国教"的思潮。发起、鼓动这一思潮的所谓"大陆新儒家"如蒋庆、康晓光等人，积极明确地提出了自己的一系列具有强烈而鲜明的政治化和宗教化意识形态色彩的政治主张和具体制度构想，即"在当今中国恢复中国古圣王之教"，"'儒化'当今中国的政治秩序"①，将所谓的"不是由民作主，亦不是以民为本"的"为民而王"的"王道政治"②具体落实为一种由分别代表民心民意、天道圣法和历史文化三重合法性的庶民院、通儒院、国体院组成的三院制的"儒教宪政"③制度，又或者是"反对'主权在民'原则，主张政治精英垄断政

① 蒋庆：《关于重建中国儒教的构想》，见任重、刘明主编：《儒教重建主张与回应》，中国政法大学出版社2012年版，第6页。

② 蒋庆：《政治儒学》，生活·读书·新知三联书店2003年版，第203页。

③ 蒋庆：《广论政治儒学》，东方出版社2014年版，第18页。

治权力"①，以实行具有权威主义合法性的现代仁政或建立儒士共同体专政的"儒教"国家。那么，在有志为儒家"招魂"的蒋庆先生看来，儒学在当今中国究竟有什么用呢？要而言之，蒋庆先生认为儒学有八个方面的用处，即通过儒学可以安顿中国人的个体生命、重建中国人的社会道德、重塑中华民族的民族精神、重建中国人的信仰与希望、重建中国政治秩序的合法性、建立具有中国文化特色的政治制度、奠定中国现代化的道德基础、解决中国的生态环保问题。总之，一句话，在蒋庆先生看来，儒学可以解决当今中国面临的所有重大时代性难题，因此，只有儒学才是当今中国最有用的思想学说！正唯如此，蒋庆先生由"儒学在当今中国有什么用"而推论出的一个结论就是，要想解决当今中国面临的所有重大时代性难题，唯一办法就是复兴儒学，而且，希望仅仅通过他的一场关于"儒学在当今中国有什么用"的演讲，就能够使大家达成儒学在当今中国最有用的共识，这是何等超凡的气魄、胆识和魅力！不过，如果我们并不天真地认为儒学在日常生活中的制度化即是儒学的充分实现，认为缘饰和歪曲都是制度化过程中所确实发生过的现象，那么，我们是否有必要保持这样一种高度警醒的意识，即当蒋氏"全能教义"式的"儒学"重新被制度化或建制化，其"用"是否就意味着儒学的充分实现而不会被缘饰和歪曲？而且，在道理上，"儒学在当今中国有什么用"与在现实中"复兴儒学"有什么用，这两者之间毕竟尚隔一间。

但是，不管怎样，正如约翰·密尔所说，即使我们姑且冒认蒋庆先生的有关"儒学在当今中国有什么用"和"唯一办法就是复兴儒学"的个人意见皆系真确，但接下来我们仍需考查一下，"若不对那些意见的真确性进行自由和公开的讨论而径加以主张，这样又有什么价值。凡持有一种坚强意见的人，不论怎样不甘承认其意见有谬误的可能，只要一想，他的意见不论怎样真确，若不时常经受充分的和无所畏惧的讨论，那么它虽得到主张也只是作为死的

---

① 康晓光：《仁政：权威主义国家的合法性理论》，见《战略与管理》2004年第2期，第110页。

教条而不是作为活的真理——他只要想到这一点，就应该为它所动了"①。我们不知道蒋庆先生是否想到了这一点并为它所触动，但我们并不天真地认为听蒋先生这么一说国人就可以达成儒学在当今中国最有用的共识。如果我们不想让儒学或"复兴儒学"在当今中国变成一种"死的教条"，而是希望它能够重新成为一种"活的真理"，那它必然要"时常经受充分的和无所畏惧的讨论"，在讨论中意见分歧的发生乃是有益的和再正常不过的现象。约瑟夫·熊彼特说："理解自己信念的相对正确性而又毫不畏缩地支持它，这就是文明人区别于野蛮人的地方。"② 在我看来，今天，儒者所能做的最有意义的事情，也许是在思想自由、价值多样以及多元文明竞立并存的时代背景和生活环境下，理解儒学信念的相对正确性而又毫不畏缩地支持它，而且更加重要的是，要通过交流和对话、积极沟通和良性互动的方式，调动、整合各种有益资源，共同协作应对我们所面临的生存困境和时代性难题；而不是像王夫之所说，"儒者任天下事，有一大病，将平日许多悲天闵人之心，因乘权得位，便如郁火之发于陶，迫为更改，只此便近私意，而国体民命，已受其剥落矣"③，更何况还未"乘权得位"呢，就汲汲于要将儒学重新建制化为一种"全能教义"。这无疑需要具备一种自我信念上的节制美德，不节制的结果也许只会陷入自欺或导致自毁，不仅达不成思想的共识，反倒会在当今中国引发激烈而无谓的思想的纷争和意识的撕裂。

　　事实上，据我们观察，在当今中国，一味诅咒儒学者有之，而有志为儒家"招魂"者也不乏其人。当然，处身在这两种极化立场之间者亦大有人在。不过，令人颇感吊诡的是，真诚地批评反思儒学之历史阴暗面者常常被污名化为儒学的一味诅咒者，反之，积极阐扬儒学之精神价值与意义者却不得不与有志为儒家"招魂"而自我标榜为"儒家代表"的人苦苦竞争儒家代言人的身

①［英］约翰·密尔著，许宝骙译：《论自由》，商务印书馆2017年版，第40页。
②［美］约瑟夫·熊彼特著，吴良健译：《资本主义、社会主义与民主》，商务印书馆2009年版，第360页。
③ 王夫之：《船山遗书》，北京出版社1999年版，第2519页。

份和名位，而且，理性的批评者与温和的阐扬者也总是公然地相互丑诋和敌视，局面之尴尬着实令人担忧。为此，要想达成基本的思想共识而不是简单地消除意见分歧，最好的办法就是大家都能够清楚地认识到，儒学之用必须基于儒学之体的"托身之所"，儒学的现代复兴必须基于恰当的现代定位，唯明体才能达用，唯恰当的定位才能有适用的复兴。要而言之，就儒学自身来讲，唯以心性修养为体，才能求其外王事功之用①；而就儒学之体的"托身之所"或恰当定位而言，则儒学必须托身于现代社会生活形态之所，才能求其适当之用。也就是说，儒学要想托身于现代社会生活形态之所而求其适当之用，就必须通过创造性转化和创新性发展的方式，在适应现代社会生活条件的前提下将其适合当今之用的人文思想资源与价值符号系统重新激活，儒学只有在转化适应并积极参与现代社会生活形态之塑造的动态过程中才能真正走向适当其用的传承与复兴。不过，在今天，我们对于儒家前景的估计却也不能不以儒家以往的历史为依据或以儒学的传统功能作为参照，以便在儒家思想和当代社会之间能够寻求一种有意义的整合方式。

就笔者一直以来所关切的核心研究主题，即历史上的儒家政治哲学与政治文化传统而言，虽然这项学术研究工作的重心在做历史的梳理和客观的理解，但并不预先断定儒家之外王学思想及其政治实践，在今天看来已毫无价值又或者是全盘适用。乔治·萨拜因曾言，"群居的生活和组织乃是生物生存的基本手段"，而人类尤其如此，因为"人类不像海龟那样有着坚韧的甲壳，也不像豪猪那样有一身刺毛"，为了维持自身的生存，人类必须过群居生活，并有效地组织自身的群居生活，而政治理论即为"人类为了有意识地理解和

---

① 宋儒张载曰："既学而先有以功业为意者，于学便相害，既有意必穿凿，创意作起事也。德未成而先以功业为事，是代大匠斫希不伤手也。"（章锡琛点校：《张载集》，中华书局1978年版，第279页。）现代新儒家代表人物牟宗三说："凡宣传科学而必诋诬儒家内圣外王之教者，其人为无知。凡要求事功而反心性之学者，其人为鄙陋。"（黄克剑、林少敏编：《牟宗三集》，群言出版社1993年版，第93页。）

解决其群体生活和组织中的各种问题而做出的种种努力"①。而我们的古哲先贤亦说："凡人之性，爪牙不足以自守卫，肌肤不足以捍寒暑，筋骨不足以从利辟害，勇敢不足以却猛禁悍，然且犹裁万物，制禽兽，服狡虫，寒暑燥湿弗能害，不唯先有其备，而以群聚邪。群之可聚也，相与利之也。利之出于群也，君道立也。故君道立则利出于群，而人备可完矣。"（《吕氏春秋·恃君》）尽管由于时代性的限制，我们的古人基本上并没有脱离君主制的观念框架来展开他们的政治思考与政治实践，但是，这并不意味着他们为了有意识地理解和解决人类群体生活和组织中的各种问题而做出的种种努力就仅仅是一堆完全错误的历史尝试，其得失成败实则需要我们客观、公正而审慎地进行历史评判。

我们既不认为某些人"在自家书斋中杜撰"出来的"政治儒学"②在当今中国能够成为一种"教条"式的"全能教义"，同样我们也不认为历史上基于儒学视域的政治思考对我们今人就毫无启发价值和借鉴意义。从"有意识地理解和解决其群体生活和组织中的各种问题"的意义上来讲，古今中西的政治哲学与政治文化传统所积累的丰富思想资源与实践经验，同样值得我们认真对待，并能够激发我们深思这样的问题：我们为什么需要政治？什么才是真正的政治？如果说人本质上是一种政治性的存在，人必须过一种政治共同体的文明生活的话，那么，人究竟应该是一种什么样的政治性的存在？过一种政治共同体的文明生活或维护一种治理优良的政治文明的生活秩序，又究竟意味着什么？汉娜·阿伦特认为，我们必须摆脱"政治涉及的是统治或支配、利益、执行手段等"诸如此类的古老偏见，真正的政治处理的是"在一起"（being together）的问题，尽管"这并非是要否认利益、权力、统治是极为重要

---

① [美]乔治·萨拜因著，[美]托马斯·索尔森修订，邓正来译：《政治学说史》（第四版）上卷，上海人民出版社 2008 年版，第 11—12 页。

② 杜维明著，朱志方译：《青年王阳明（1472—1509）：行动中的儒家思想》，生活·读书·新知三联书店 2013 年版，"杜维明作品系列"序言第 16 页。

的，甚至是核心的政治概念"，但对于政治而言，真正"根本的概念"却关乎着"生活在一起"（the living together）①的问题。对于阿伦特而言，真正的政治不等于统治、支配和控制，对于孔子和儒家而言，真正的政治不等于用强制性的政令和刑罚手段来使人民屈服顺从，而是以正确的道德行为和文明的礼义规范来引领、感化人民，政治上的第一义乃是旨在"提高国民人格"②或养成人民"美善之品性与行为"③。与之相反，法家认为政治的根本目的在于专务以刑罚法令预防和禁止人们的奸邪行为，乃至把所有臣民都设想为奸邪之徒而不相信有自善之民；道家则认为应实行因循自然、放任在宥的无为政治。所有这些我们过去所隶属或今天仍然必须面对的政治思考传统都值得我们认真对待并加以充分领会，正如麦金太尔所说："对自己所隶属或面对的各种传统有一种充分的领会的美德。这一美德不可混淆于任何形式的保守主义好古癖；我并不赞成那些选择了厚古薄今、因循守旧的保守主义角色的人。相反，事实毋宁是，对传统的充分领会是在对未来可能性的把握中显示自身的，并且正是过去使这些未来可能性有益于现在。"④不过，我们仍然认为，在上述政治思考传统中，孔子和儒家对于性近习远的人们共同生活在一起及其和而不同、群居和一之道的思想探索和政治思考，在今天仍然具有重要的启示价值和意义。在我看来，探索和思考和而不同、群居和一之道的最好方法和途径就是问一下"不同"真的能"和"或"群居"真的能"和一"吗？实现和而不同、群居和一或多样性和谐的政治目标，其实是需要极为高明而含弘包容的政治智慧的，而政治之为政治，说到底也就是要通过人们之间的协作行动来创造一种美好社会、维护共同治理的优良生活秩序或实现某项伟大的

---

① [美]汉娜·阿伦特著，罗纳德·贝纳尔编，曹明、苏婉儿译：《康德政治哲学讲稿》，上海人民出版社2013年版，第203页。

② 梁启超：《先秦政治思想史》，上海古籍出版社2013年版，第97页。

③ 萧公权：《中国政治思想史》，新星出版社2005年版，第44页。

④ [美]A.麦金太尔著，宋继杰译：《追寻美德：伦理理论研究》，译林出版社2003年版，第283页。

人类事业。我们认为，从这一意义上讲，古今政治视野的会通与融合将是极富理论价值和实践意义的。

[原载中国社会科学出版社 2018 年出版的《大陆新儒学评论（2017 年卷）》；本文原为笔者主编、学习出版社出版的"儒家政治哲学与政治文化论丛"的总序，题目是新拟订的，个别文句稍有修改]

试评"回到康有为"之谬说

近年来出现的一个热点话题就是，一些自命为"大陆新儒家"并自相标榜为"康党"的学者所提出的"回到康有为"①。

据说，"大陆新儒家"之自命为"大陆新儒家"乃是因为不同于"港台新儒家"，"港台新儒家"比较重视儒家"心性之学"，而且其哲学思想和论述具有太多西方化的形上学色彩，而"大陆新儒家"则更多关注儒家"政治之学"，热衷于创制立法而欲建构一套具有儒家传统特色的政法制度，关于这股思潮我在他处已多有评述，在此只专门就"大陆新儒家"近年来提出的"回到康有为"这一话题略谈一点自己的感想和看法。

据说，"回到康有为"是为了"扶危定倾"，"重新挺立"由传统思想和传统制度构架支撑的传统中国这一千年古宅，以便"使亿兆国人能安宅于此，乐业于此"，为此，唯一需要的便是必须"从外面运来新的材料，重新加固和修缮"。那么，具体怎么做呢？就是"回到康有为"。而康有为又究竟是一个

---

① 曾亦等："回到康有为"专题，原载《天府新论》2016年第6期。下文关于"回到康有为"观点的引文均出自此专题，故不再一一标注出处。

什么样的人物呢？首先，康有为是一个变法者，康有为要变的法，"一个是祖宗之法，一个是数千年来孔子所立之法"，因为不如此不足以"引进西人之新法"，因此可以说，"康有为变法的目的，是想把中国引向西方那条道路"；而同时康有为又是一个立法者，因为作为变法者的康有为，"其实是效法孔子"，孔子是一个立法者，而且"作为圣人，不是因为他的道德心性，也不是所谓'万世师表'，而是因为孔子改制，即为万世立法"，而康有为也是这么干的，他变了孔子之法，意在"要订新法"，所以他才不愧为"现代中国的立法者"。但问题是，康有为效法孔子而变法，不光把祖宗之旧法给变了，还把孔子所立万世之法也都给变了，而主张"回到康有为"的"康党"们却无意于把康有为所立之法也给变了，这便是他们的基本立场，其实他们并不想像康有为追随效法孔子那样，也追随效法康有为，而是要坚定地维护和保守康有为所订立之法，而在康有为所订立之法中，令他们最感兴趣、倍加珍视的便是"君主制和国教论"。表面上看，这两者似乎是中国固有之旧物，而非康有为所"引进西人之新法"，中国已有数千年的君主制传统，之前亦有自己的"国教"——"儒教"，但是康有为既是"现代中国的立法者"，他便不可能只是原样继承和恢复这两样东西，不然他变祖宗之法和孔子之法以"引进西人之新法"也就变得毫无意义了。依"康党"们之见，"君主制在今天的中国已经不可能了，但是……还是需要一种替代物"，而"国教"则是"现代中国应有的部分"，于是，这两样东西也就自然成了现代中国所必需的了，具体而言，"君主制对于现代国家的意义，则阐明了凌驾于个体自由意志亦即民意之上的神圣力量，以及把个体组织起来的等级原则。至于国教，则提供个体以一种精神和信仰的力量，以此制约个体之分散性，且将个体塑造成有道德的私民与服务于国家的公民"。所谓"现代国家"，说到底也就是由西方人所创造发明的现代民族国家，尽管其中有人对此进行了反思和质疑，但就"康党"的基本政治立场和态度及其念兹在兹而深切关注的现代中国的民族认同和"国族"建构问题来看，他们基本上是站在西方人所建立的基于民族国家的世界秩序框架内来思考问题的，因此，如果我理解不错的话，从他们的相关言论，我们自然可以推出一个最终的一般结论，那就是"回到康有为"，坚持走西方现代民族国家之路，或者坚持走现代民族国家的西化之路。

毫无疑问，在所谓"康党"之间并非没有分歧和争议，他们的观点和看法决非完全一致，从其发表的会议讨论的真实记录中，我们也看不到他们对相关问题的严肃、认真、系统、全面和充分的论证，给人的印象和感觉常常是一些闲聊式的"儒家论述"，其中充满了思维的错乱和逻辑的含混。譬如：所谓"回到康有为"这一说法本身便是笼统而含混不清的，似乎只具有吸引人们眼球的那种"标题党"之标签和口号的意义。据"康党"们所说，其实康有为本人就是一个思想极为复杂的人物，如有人说："现代思想都是'五四'的徒子徒孙，至于康有为的思想，要复杂得多，因为他是直接从传统思想中生长出来的。同时，我认为，他对现实问题的思考，又足以成为现代各种思想的源头。"所谓现代各种思想，想必激进主义、自由主义、保守主义之类都包括在内，既然康有为的思想是它们的源头，如此说来，所谓"回到康有为"真是一个笼统得不能再笼统、含混得不能再含混的思想命题了。当然，"康党"们自己还是非常清楚而有其高度选择性的，那就是他们只是毫不含糊地要回到那个维护"君主制"和倡导"国教论"的保守主义的康有为，但问题是，你必须首先把激进主义的康有为和自由主义的康有为像切毒瘤一样从康有为身上切除掉。

一方面，"康党"们切除了激进主义的康有为，也就等于切除了康有为"公羊三世说"中的第三世即孔子儒家太平大同之教的最高级理想社会阶段，即彻底否定了其《大同书》中的社会理想。尽管康有为本人"一直秘而不宣"，非常审慎地拒绝公开出版他的《大同书》，但他也终生未曾宣称过要放弃他的三世说和大同理想，一个被切除了太平之世和大同理想的康有为还是不是康有为其实是很值得怀疑的，但主张"回到康有为"的"康党"们却的确是只要"小康"而不再对太平大同理想抱有任何希望的，所谓"张三世"其实只剩下切除后残余的"两世"而已。正因为人为地切除了激进主义的康有为，所以他们也只是讲"改良"，并彻底否定康有为以后或五四运动以后的一切政治和文化的激进主义，乃至只是追溯"到'五四'或新文化运动那里找激进主义的根源"，而不怎么愿意追溯到作为"现代各种思想"之源头的康有为那里找激进主义的根源。既然"三世"只剩"两世"了，因此，他们所谓的"异内外"，也就只能是"见治升平，内诸夏而外夷狄"而已，至于"著治大平，夷狄进至于爵，天下远近小大若一"①，就像"修文德，来远人"一样，恐怕只能被他们看作"完全是不通时势的迂腐之见"。在"康党"们看来：现代政治是以民族国家为前提的，已经不是"修文德，来远人"的时代了。不管他们得出这一一般性结论的立论根基是否只是建立在一个虚设的极端特例之上，也不管他们如何宣称"可以肯定的一点就是，由中国参与建构的国际新秩序，肯定不同于西方人主导的弱肉强食的旧秩序"，但他们的真实用心却因"赤裸裸地宣扬霸权"而暴露无遗了，他们竟然从孔子《春秋》对霸功的肯定和称许中发现了一个惊人的秘密，即"儒家是非常法家的"，换言之，孔子《春秋》所肯定和称许之"霸功"也就是法家所鼓吹和主张之"霸道"。不仅如此，这一发现更使他们通过"春秋公羊学"直接对接上了西方现代民族国家之霸权主义和帝国主义的原则立场，那就是："对内可以多讲些仁政，对外则何妨讲霸道呢？"这样的"康党"式"儒家"们干脆脱掉和抛弃了在他们看来大概只不过是一件"虚假外衣"的儒家王道的"伪装"，直接鼓吹和倡导起民族国家之"霸道"和"霸权"了，但也因此暴露了自己"伪儒"的真实面孔。

另一方面，"康党"们切除了自由主义的康有为，也就等于切除了自由、民主、平等等康有为从西方引进的"新法"，那么所谓"康有为变法的目的，是想把中国引向西方那条道路"，或者必须"从外面运来新的材料"来"重新加固和修缮"传统中国这座千年古宅，又究竟意味着什么呢？譬如"君主制"和"国教论"，究竟哪一样是康有为从外面运来的新材料而能够把中国引向西方那条道路呢？如上面所说，"君主制"应该说是中国所固有的东西，只是在"康党"的理解中实现了它的华丽变身，具有了"现代国家的意义"，不过，按

---

① 十三经注疏整理委员会整理：《春秋公羊传注疏》，北京大学出版社2000年版，第31—32页。

照康有为的"公羊三世说"，究竟是据乱世的君主专制还是升平世的君主立宪才具有"现代国家的意义"呢？如果说"现代国家"意味着是一种"凌驾于个体自由意志亦即民意之上的神圣力量"，显然只能是绝对的君主专制意义上的君主制才能具有这样一种意义，但有的"康党"却告诉我们说"康有为接受了共和国的现实，即便他主张君主制，也只是'虚君共和'而已"。试问：既然是"虚君共和"，又怎么可能作为一种"神圣力量"而"凌驾于个体自由意志亦即民意之上"呢？至于康有为的"国教论"，想当年康有为意欲模仿基督教而建立"孔教"并主张立"孔教"为"国教"，显然是引进或从外面运来了一些西方宗教的形式化的"新的材料"的，但也至多只是一"不中不西即中即西"①的东西，而且，"康党"告诉我们说，作为变法者和立法者的康有为把孔子之法都给变了，那么，康有为所谓的"国教"或要全国人民信奉的"国教"又岂不只是康有为本人之教，而所谓"孔教"又岂不只是打着孔子名号的伪孔教？果如是言，那么，"康党"所谓的"国教"——"国家宗教"或"公民宗教"，又究竟是一种什么东西呢？与康有为的"国教"究竟是一种什么关系呢？究竟是康有为本人所立之教，还是仍然伪装成"孔教"或假装以孔子为"教主"的"国教"？

据上所言，"康党"们似乎手中握有一把奇妙的手术刀，也似乎拥有一种神奇的切割术，他们"回到康有为"，不是把康有为的思想作为一个整体来认真对待，而是先把它加以阉割，切除掉一些具有激进主义和自由主义的思想毒瘤，但实施切除手术之后，究竟还剩下一些什么而值得"康党"们能够自居为康有为的传人呢？无非就是"在今天的中国已经不可能了"的"君主制"和"不中不西即中即西"的"国教论"，而"康党"们所做的工作也无非是，一是为已经变得过时或不可能了的君主制寻找一个代替物，结果找到了"现代国家"，其实也就是由西方最早建立的现代民族国家；二是未经充分论证就想当然地认为国教乃是"现代中国应有的部分"，但是呢，很可惜的是，"这个

---

① 梁启超：《梁启超国学论著二种》，安徽师范大学出版社2014年版，第173页。

前景还没有浮现出来"。但不管怎样，"因为康有为清醒意识到，对于共和国来说，如果没有君主制，没有国教，终有分裂之虞。可以说，直到现在，中国还没有摆脱这个危险"，所以，"康党"们认为，"我们现在重新思考康有为，乃至回到康有为，其意义正在这里"。不过，就目前的形势来看，一百多年过去了，我们一直在学习西方，已经有了一个逐渐强大起来的"现代国家"，这似乎是"康党"们也承认的，那么，唯一剩下来要做的事情，也就是"国教"那点事了。而想当然地强加给国人一种统合性的"国教"，究竟是能够解决"分裂之虞"呢，还是会像当年陈独秀批评康有为所说的那样，"平地生波，惑民诬孔"①，乃至无端引生和制造出思想—意识形态的分裂与混乱之虞，这是"康党"们应该像康有为审慎地看待他的《大同书》那样而审慎地加以认真思考和理性考量的，但他们不愿也不想这样做，只是一门心思要"回到康有为"，汲汲于回到五四运动之前的康有为，而鄙夷不屑于追随五四运动之后的新儒家，旧话重提而又了无新意，不仅把康有为切割得面目全非，而且还彻底否定掉康有为和五四运动以后的现代各种思想，甚至左派、右翼任我笑骂，否定完、笑骂完之后，"康党"们就不怕自己变成"虚无党"吗？不过，他们却不这样认为，只因为说了一句"回到康有为"，顿时感觉自己的"儒家"形象和身价辈分高出了他人许多，殊不知思想上阉割了康有为，自己康有为传人的身份因此变得甚是可疑，而且他们自己也会像切割后的康有为那样变得面目全非，还谈什么辈分！谓予不信，试看上述他们的种种言论。

此外，"康党"们还有一些令人费解的含混说法和荒谬的思想观念，比如：一些对康有为思想有专门精深研究的"康党"们说，康有为的思想是"直接从传统思想中生长出来的"，试问：康有为就从来没有受过晚清以来逐渐传入的西方思想的任何影响吗？如果没有受过西方思想的任何影响，康有为又干吗要变法，而且还"想把中国引向西方那条道路"呢？还有，康有为本人的终极理想是人人独立自主、自由平等，然而，"康党"们既然完全放弃了这一

①　陈独秀：《驳康有为致总统总理书》，见陈独秀等主撰：《新青年·精选本》（上），中国书店 2012 年版，第 125 页。

终极理想，所以也就热衷于或极力要为人生而不平等的自然事实做合理化论证了，他们认为父子之间是"完全不能讲平等"的，"否则，会天下大乱的"，"西方人却把父子搞平等了"，"这简直是悖逆父子之伦"。试问：西方人讲父子平等，悖逆父子之伦，结果搞乱了自己，这不正好可以让主张"对内可以多讲些仁政，对外则何妨讲霸道"的"康党"们省却许多对外讲霸道的时间，可以多留些时间对内讲仁政了吗？又或者这不是让"康党"们有了更多可以用儒家的"不平等"之教去教化西方人的机会了吗？还有的"康党"不是把《大学》所谓"民之所好好之，民之所恶恶之，是谓民之父母"理解为为民父母、担负保民养民之责者亦当尊重民意，反而曲解成"政府犹如父母"，应把人民当作"不懂事的孩子"而需要在精神上加以管教的意思。诸如此类，不一而足。

总之，在主张"回到康有为"的"康党"们看来，"君主制"是个好东西，"国教论"是个好东西，法家的霸道、西方的霸权和神圣而强大的"现代民族国家"是个好东西，不平等的"等级制"是个好东西，把人民当作愚昧无知而不懂事的小孩子加以精神上的管制教化是个好东西。这就是所谓的"康党"，也就是所谓的"大陆新儒家"！试问：这样的所谓"儒家"，究竟是现当代新儒家思潮中生长出的一朵"奇葩"，还是其中的一种只会污染"儒家"之象征符号的异种？如果是前者，我们当然需要对它加倍爱护、珍惜、灌溉、培育，但如果是后者，那么由它所引领的儒学创新及其走向复兴的未来前景实在是令人担忧的。

本人就"回到康有为"的话题说了这许多，究竟想说明一些什么问题呢？其一，借用清儒阮元说过的一句话讲就是："若立一说，标一旨，即名为大儒，恐古圣贤不若是之易也。"[①] 其二，"五四"之后的新儒家梁漱溟先生尝言："'人类设非进于天下一家，即将自己毁灭'（One world, or none）；非谓今日

---

① 阮元：《十驾斋养新录序》，见杨翼骧、孙香兰主编，南开大学古籍整理研究所选：《清代史部序跋选》，天津古籍出版社1992年版，第258页。

之国际情势乎？"① 显然，这完全不在"康党"们的问题意识和理论视野之内，因为他们所关注而念兹在兹的只是神圣的现代国家之民族认同与"国族"建构的问题，当然这在维护一国自身之生存、安全和团结的意义上也是很重要的，不过，在我看来，其思考仅仅止乎此，未免显得有些狭陋，也正是在此意义上，"回到康有为"恰恰不是"政治成熟"的表现，而是"政治幼稚病"的象征。其三，依我之见，吾人今日从事政治思考的事业，必须首先能够认真对待、积极应对和妥善处理现代多民族国家和全球社会之优良治理及其思想多元、文化多样之事实问题，必须能够学会容忍异己和慎思——努力追寻和探究既和而不同而又求同存异的人类共同生活之道，而且就像儒家历来所强调的那样，人们必须首先能够做到诚意慎独即审慎地独在，然后才能努力去"修己以安人"（《论语·宪问》），这其实是一件非常不容易的事，试问：不需要别人发"牌照"给你而自命为"儒家"之人，你自己真的先做到了吗？正如《大学》所谓："君子有诸己而后求诸人，无诸己而后非诸人。所藏乎身不恕，而能喻诸人者，未之有也。"

（原载《大陆新儒学评论·2017年卷》，该书由中国社会科学出版社于2018年1月出版；本文原为笔者《道义、权力与政治——儒家政治哲学与政治文化论集》一书"后记"第265—274页中的主要内容，该书由学习出版社于2017年8月出版，收入本书时有改动）

第四部分　儒学的过去、现在与未来

---

① 梁漱溟：《人心与人生》，见《梁漱溟全集》（第三卷），山东人民出版社1990年版，第526页。

"生活儒学"之我见

作为当下儒学论说中的一种富有创见性的理论建构，"生活儒学"理念的提出，对于激励和促进人们深切关注、思考和探究儒学与生活之关系问题，无疑有着重要启示意义和独到思想贡献。尽管笔者不完全认同"生活儒学"的一些具体论点和说法，但认为"生活儒学"理念本身是值得我们认真思考和严肃对待的一个重要理论问题。故不揣谫陋，略陈己见，既是为了向提出"生活儒学"理念的黄玉顺教授致敬，亦是为了向诸位有道君子求教。

一

在时下流行的各种有关"某某儒学"的论说中，异见纷呈，莫衷一是，表面上看起来似乎很能彰显出儒学在当下的繁荣景象，提出"某某儒学"之说者也似乎对于"儒学"颇具独到之心得创见，但仔细论究起来，这些说法往往给人一种割裂之感，似乎儒学之为儒学，只能被"某某"所限定，而很难使我们对儒学获得一种完整的理解。《庄子·天下篇》有言：

> 天下大乱，贤圣不明，道德不一，天下多得一察焉以自好。……是

故内圣外王之道，暗而不明，郁而不发，天下之人各为其所欲焉以自为方。悲夫！百家往而不反，必不合矣！后世之学者，不幸不见天地之纯，古人之大体，道术将为天下裂。

今日之世界虽不能说已陷入"天下大乱"，但思想之歧异多元，世人"多得一察焉以自好"或"各为其所欲焉以自为方"，却显然是一大事实，而有关"某某儒学"的各种说法亦正体现了时下儒家内部之观点不一和意见分歧。当然，观点歧异和思想多元未必就是坏事，但也足以说明今人"不见天地之纯，古人之大体""内圣外王之道，暗而不明，郁而不发""道术将为天下裂"之不幸状况。

这种状况——当下儒者们纷纷将儒学自相标榜为"某某儒学"的状况，说是儒学之繁荣景象，未必就是真正的繁荣，也许是一种潜藏着某种危险的"虚假繁荣"[1]；说是儒学之不幸状况，也未必就是真正的不幸，各种儒学观点的多元竞争虽然使人们易于陷入割裂之见，但也有可能发挥某种积极作用，即能够有效防止和削弱那种鼓吹排他性地偏执于传统儒学之一端而自据为绝对真理的儒家原教旨主义者僭妄地自称并独享"儒家代表"之名声，这也许又是一种不幸中的大幸。

但不管是幸还是不幸，我们都有必要追本溯源，深入探究儒学之本真含义及其与生活的本质关联。只有厘清弄懂了这一问题，我们才能真正理解儒

---

[1] 如黄玉顺教授说："这里我不得不说：至少就政治儒学而论，比起20世纪的现代新儒家来，当今的大陆新儒家整体上是退步了。大陆新儒家致力于政治儒学的有一大批人，其思想观点的差距甚大。其中存在着一些极其危险的政治倾向，特别是个别人不仅倡导威权主义，甚至主张专制主义、极权主义，反对自由、平等、民主等现代文明价值，不禁让人想起鲁迅的说法——'帮忙与帮闲'，实则是帮凶。其中有些人是'真睡着了'，有些人则是'装睡着了'。我特别想指出这样一股危险的思潮：以狭隘民族主义的'中西对抗'来掩盖'古今之变'的人类文明走向，借'反西方'之名，行'反现代'之实，用'文化'来拒绝'文明'。这些都是当前'儒学复兴'中最值得警惕的倾向。""在形下的层级上，当代儒家的政治哲学必须接受现代政治文明的基本价值，否则儒学迟早必定为时代所唾弃，不论当前如何'虚假繁荣'。"（《也论"大陆新儒家"——回应李明辉先生》，《探索与争鸣》，2016年第4期，第50、51页。）

学何以能够在中国历史上作为思想文化之主流而长期延续，并对中国人的生活产生其持久、深入而广泛的影响，乃至进而能够使之在当今和未来继续得以发扬光大。在我看来，兹事体大，非三言两语可以说清，亦非对儒学有粗浅了解者所能胜任，这实则是一项应以创造性的、抽象的哲学思辨能力来从事儒学理论建构的严肃事业，黄玉顺教授对"生活儒学"所做的理论阐发工作适足以当之。总的来讲，黄教授的"生活儒学"极大地提升和拓展了一个非常重要的儒学论域，即有关"生活"的儒学论域，或者也可以说，极大地丰富和发展了儒学视域下的生活理念，其中所蕴含的许多精义妙论足可以启发和引导我们做更进一步的深入的理论探究和实践反思。

二

根据我个人的理解，黄教授所提出的"生活儒学"理念，显然不是要用"生活"这一限定语来片面地理解和定义"儒学"，而是意在从"生活"的角度来赋予"儒学"一种完整而本真的含义。换言之，儒学之为儒学，正在于它的"生活"理念。依黄教授之见，"生活本身就是一切的一切的本源"，而"儒学的一切的一切，都从'生活本源'说起"①。要而言之，所谓的"生活儒学"，其本意即在于此。

黄教授对"生活"本身或者"生活即本源"的独到理解，构成了其有关"儒学"或"生活儒学"的整个论说的前提。然而，黄教授有关"生活"的这一独到理解或个人见解，能否作为我们论说和探究儒学本真含义的公共起点呢？在黄教授本人看来这也许是一种不言而喻或自洽自明的理论预设，但在我看来，却是可商且还有讨论余地的。譬如，如果说"生活本身就是一切的一切的本源"，而"儒学的一切的一切，都从'生活本源'说起"这一说法可以成立的话，那么，"自由主义的一切的一切，都从'生活本源'说起"，或者"存在主义的一切的一切，都从'生活本源'说起"，又或者"马克思主义的一切的一切，都从'生活本源'说起"，这些说法是否也可以顺理成章地成立呢？

---

① 黄玉顺：《爱与思——生活儒学的观念》（增补本），四川人民出版社2017年版，第210页。

如果这些说法都可以成立的话，有关"生活本源"的理论预设又究竟具有什么样的意义？儒学与"生活本源"之间究竟是一种什么性质的独特关系呢？如果这些都是需要认真对待和严肃回答的理论问题，那么"生活"与"儒学"之间便不可能是一种不言自明的直接的单一推导关系。如果上述说法都可以成立的话，那么，无论一般所谓的"儒学"还是黄教授本人所说的"面向生活本身的儒学"① 即"生活儒学"，也就仍然是一种"从'生活本源'说起"的特殊论说，因为其他的"学"也都可以"从'生活本源'说起"，因为"生活本身就是一切的一切的本源"，离开了"生活本源"，不仅儒家之"学"，任何"学"都不可能凭空立言，或者都是无从说起的。换言之，任何"学"都必须"面向生活"，因为"我们的一切的一切，无不源于生活、归于生活"②。

黄教授在借由谢灵运"池塘生春草"和周敦颐"池塘生莲花"的生活感悟来阐释"在生活并且去生活乃是生活本身的本源结构"③ 时，如是说：

> 至于作为生活本身的池塘淤泥，尽管我们可称之为"污浊的塘泥"，然而作为本源的际遇，生活本身既没有形而上的本体意义，更没有形而下的道德意味。生活本身既非什么美妙的事情，也非什么丑恶的事情。生活本身必定是"价值中值"，否则我们就无法理解："污浊的塘泥"何以能够生成作为"花之君子者"的莲花来？池塘淤泥既可以生成花之富贵者，也可以生成花之隐逸者，还可以生成花之君子者：生活本身没有任何价值意义。在这个意义上，生活本身是无意义的。之所以无意义，是因为生活本身是无——无物。或者更确切地说，就在生活而言，生活本身没有任何意义；生活的意义，是我们去生活的建构：我们去生活，就是去构造意义。④

果如上言，则"生活"之为"生活"，在中国，既可以生成崇名教的儒家

① 黄玉顺：《爱与思——生活儒学的观念》（增补本），四川人民出版社2017年版，第292页。
② 黄玉顺：《爱与思——生活儒学的观念》（增补本），四川人民出版社2017年版，第292页。
③ 黄玉顺：《爱与思——生活儒学的观念》（增补本），四川人民出版社2017年版，第263页。
④ 黄玉顺：《爱与思——生活儒学的观念》（增补本），四川人民出版社2017年版，第266页。

之学，也可以生成贵自然的道家之学，既可以生成重权势的法家之学，也可以生成法天志的墨家之学；而在西方，既可以生成强调个人自由与个体权利的自由主义，也可以生成主张"存在先于本质"的存在主义，既可以生成信仰共产主义、追求全人类解放事业的马克思主义，也可以生成信仰种族优越论、反犹主义的法西斯主义。如果说"生活本身是无——无物"或"生活本身没有任何价值意义"的话，那么，所有这些由"生活"而生的中国之"学"和西方之"主义"，也就都是"无"中生有的一种东西，其价值和意义都是"我们去生活的建构"。

如果笔者理解不错的话，说到底，"生活儒学"所抱持的乃是一种无可无不可的"没有任何价值意义"的、"价值中值"的"生活"论。不过，这与周敦颐"池塘生莲花"的生活感悟没有任何关系，因为周敦颐所强调的恰恰是莲花虽然生于淤泥，却具有"出淤泥而不染，濯清涟而不妖"的清洁、高贵、超脱的君子品格。

三

然而，"生活儒学"所谓的"生活"是否真的就是"没有任何价值意义"的"无——无物"？果真如此，则"生活"又何以能够成为"一切的大本大源、源头活水"[1]？为了能够证成"生活"之为一切的"本源"，而其本身再无"本源"，黄教授不得不诉诸"回归前原创期的生活"[2]，即"生活意味着：生——活。我们生了，我们活着。如此而已，岂有他哉"[3]！但在进一步的引申论说中，最终还是不得不过渡到原创期之孔孟儒家对生活领悟和生活情感的表达，要而言之，"生活如水"，"一个人的生命存活，不过是一滴水；而生活本身却是大海"，"这样的生活领悟，被儒家表达为'生生'。……生活就是这样的生生，就是生生不息。《易传》说：'生生之谓易。'只要我们能够从本

---

① 黄玉顺：《爱与思——生活儒学的观念》（增补本），四川人民出版社 2017 年版，第 233 页。

② 黄玉顺：《爱与思——生活儒学的观念》（增补本），四川人民出版社 2017 年版，第 211 页。

③ 黄玉顺：《爱与思——生活儒学的观念》（增补本），四川人民出版社 2017 年版，第 213 页。

源上去理解这句话，那么它就是对生活领悟的本源表达"①。如"子在川上，曰：'逝者如斯夫，不舍昼夜！'"（《论语·子罕》），不仅孔子对水的感叹传达着这种本源的生活领悟，而且孟子所谓的"良知""良能"也同样表达着作为本源的生活领悟和生活情感。说到底，所谓"生活"，又并非"没有任何价值意义"的"无——无物"②，因为"存在就是生活，就是生活感悟，就是生活情感"③，"没有生活情感，也就没有存在。而这正是儒家思想的核心所在：没有爱的情感，就没有存在"④。而"生活本源层级上的作为生活情感的爱"⑤也就是孔子所谓的"仁"。当然，按照黄教授的概念区分，孔子所谓的"仁"有三个不同层级的含义，即形下之仁、形上之仁和本源之仁，而"生活本源层级上的作为生活情感的爱"只能是指"本源之仁"⑥。由此可见，不管我们赞不赞同黄教授有关形下、形上、本源之仁的概念区分，确定无疑的是，黄教授所谓的"生活"又并非"没有任何价值意义"的"无——无物"，而是绝对有其实质性的内涵及其价值意义的，因为"存在就是生活，就是生活感悟，就是生活情感"，就是"作为生活情感的爱"或"本源之仁"。而且，只有在"存在"或"生活"被赋予了"生活感悟"和"生活情感"的实质内涵之后，所谓"生活"也才能真正与"儒家思想的核心"相关联起来，乃至所谓"生活儒学"才能真正名正言顺地得以被证成。

笔者是非常欣赏和钦佩黄教授的哲学思辨水平和概念构造能力的，但是，在我看来，"生活儒学"与孔孟儒学之间的关系仍然是暧昧不清的。尽管黄教授一再强调孔孟思想中"作为生活感悟的'爱'（前主体性、前实体性）的

---

① 黄玉顺：《爱与思——生活儒学的观念》（增补本），四川人民出版社2017年版，第219页。
② 黄玉顺：《爱与思——生活儒学的观念》（增补本），四川人民出版社2017年版，第266页。
③ 黄玉顺：《爱与思——生活儒学的观念》（增补本），四川人民出版社2017年版，第226页。
④ 黄玉顺：《爱与思——生活儒学的观念》（增补本），四川人民出版社2017年版，第226页。
⑤ 黄玉顺：《爱与思——生活儒学的观念》（增补本），四川人民出版社2017年版，第242页。
⑥ 黄玉顺：《爱与思——生活儒学的观念》（增补本），四川人民出版社2017年版，第242页。

'仁'"或"作为生活情感的'恻隐之心'、'不忍之心'"①,就是"本源的爱"或黄教授所谓的"生活本源"本身,然而,孔孟儒家对于生活本身的理解及其对他们自身的生活领悟和生活情感的儒家式表达,真的就是黄教授本人所谓的"生活本源"意义上的生活领悟和生活情感吗?如果说黄教授所谓的"生活"就是"一切的一切的本源",而其本身再无"本源",而且也不允许问"生活何以可能"的问题的话,那么,孔孟儒家的生活理念却并不如是,因为黄教授的下面一段话恰恰告诉了我们这一点:

> 存在作为一种生活领悟,在本源上不过是说的生活本身的生活情感,而其源头,乃是母子之爱。这一点对于儒学来说乃是最本源的感悟:亲子之爱乃是本源的本源。难怪孔子要从"父母之怀"与"有三年之爱于其父母"说起,孟子要从"亲亲仁也"说起。亲亲是最本源的生活情感,而我们乃由亲亲而存在。②

根据笔者的理解,其实,所谓"亲亲是最本源的生活情感,而我们乃由亲亲而存在",其意正是说亲亲就是存在或生活的根基或本源,当然,孔孟儒家有关"亲亲"的生活情感与生活感悟不可能来自"生活"之外或之上,而是"源于生活而归于生活、出于生活而入于生活"③,而且正是在"在生活并且去生活"④的过程中获得并加以践行的。唯有如此,儒家之富有道德意义的人伦"生活"才是可能的。因此,对孔孟儒家来讲,基于由亲亲而存在的生活感悟和生活情感,真正需要思考和询问的人生大问题正是"生活本身何以可能"⑤的问题,否则,人心陷溺、麻木不仁,生活必将不成其为生活矣,乃至真的要沉沦为"没有任何价值意义"的"无——无物"了,此正是孟子何以汲

---

① 黄玉顺:《面向生活本身的儒学——黄玉顺"生活儒学"自选集》,四川大学出版社2006年版,第33页。
② 黄玉顺:《爱与思——生活儒学的观念》(增补本),四川人民出版社2017年版,第226页。
③ 黄玉顺:《爱与思——生活儒学的观念》(增补本),四川人民出版社2017年版,第296页。
④ 黄玉顺:《爱与思——生活儒学的观念》(增补本),四川人民出版社2017年版,第254页。
⑤ 黄玉顺:《爱与思——生活儒学的观念》(增补本),四川人民出版社2017年版,第231页。

汲于反复申言"思"与"求"的重要性而曰"学问之道无他，求其放心而已矣"（《孟子·告子上》）的根本用意所在。而孔子之所以"亟称于水"，孟子以为"源泉混混，不舍昼夜，盈科而后进，放乎四海。有本者如是，是之取尔"，反之，"苟为无本，七八月之闲雨集，沟浍皆盈；其涸也，可立而待也"（《孟子·离娄下》），其意亦在于强调，富有道德意义的生活之水之所以能够奔流不息乃至"盈科而后进，放乎四海"，正在于其有本有源，而天之所与、人所固有的良心善性便是生活的大本大源、源头活水。然而，黄教授的"生活儒学"却将"生活"本源化了，而本源化的结果就是使"生活本身"不再需要"本源"，乃至成了无源之水、无本之木的"没有任何价值意义"的"无——无物"，并禁止人们问"生活本身何以可能"的问题。

四

根据早期中国人或古典儒家的观念，人是天地之心、万物之灵、最为天下贵者，人怎么可能只可以问"人之为人何以可能"①，却不能问"生活本身何以可能"呢？我不知道"人之为人"和"生活之为生活"这两者之间究竟有什么实质性的区别，黄教授在书中写道："生活并不是'什么'——生活不是一个东西。……'何以可能'这样的问题乃是针对形而上学的，是在追问形而上学的根据或者本源。然而生活不是形而上学，也不是形而上学所思考的事情。生活并没有根据……生活也没有本源。"②照此说来，既然我们可以问"人之为人何以可能"，看来"人"是一个东西，而且是形而上学所思考的事情。

其实，人与生活是密不可分的，离开人谈生活，生活是空洞无物的，反之，离开生活谈人，人也同样将变成抽象空洞之物。问题的关键在于，人不仅是一种形而下的物质性的肉体存在，同时还是一种形而上的精神性的心灵存在，换言之，人不仅仅关注形而下的养生生存之道，同时也会关切形而上的生生不息之道，而人之所以被称为"天地之心""万物之灵"正在于后者。

① 黄玉顺：《爱与思——生活儒学的观念》（增补本），四川人民出版社2017年版，第295页。
② 黄玉顺：《爱与思——生活儒学的观念》（增补本），四川人民出版社2017年版，第293页。

也许我们可以套用黄教授最乐道之的"人天然是儒家"①的说法来讲，作为"天地之心""万物之灵"，人天然是一种形而上学动物。而作为形而上学动物，人既然可以问"人之为人何以可能"，同样也可以问"生活何以可能"，因为生活是人的生活，对人来讲，思考和询问人类生活之道或生活本身之形而上学的本源与根据的问题，乃是再自然不过的事情了。

显然，笔者所理解的"生活"与黄教授的"生活儒学"所谓的"生活"并非一回事。笔者实在缺乏黄教授所具备的形而上的抽象思辨能力，所以只能根据自身"常识"性的"生活感悟"来望文生义地尝试给"生活"下一个定义，所谓"生活"不外就是生命的活动或人生的活法，而且主要是就人类自身的生活而言。之所以特别强调主要是就人类自身的生活而言，乃是基于孔孟儒家的视角，因为他们主要围绕着"仁者，人也"（《中庸》）、"仁，人心也"（《孟子·告子上》）的核心理念而思考人类生活本身的问题，亦即人类如何才能过上一种真正富有道德价值与意义的人伦社群生活。当然，他们的思考并不局限于人类自身，或者将人类的生活从天地万物中抽离、孤立、隔绝出来，而是将人类的生命及由生命活动而构造的人类社群生活放置于天地万物生生不息的整个生命洪流和宏大背景中来加以体认和领悟，不仅汲取天地之道用之于塑造人类自身的生活，而且致力于积极参赞天地万物之化育。

不同的生命体验和生活感悟会引发出不同的生活理念。与孔孟儒家不同，道家老庄对化生天地万物的形上之道的体认和领悟及其由此而来的特殊的生命体验和生活感悟，使他们崇尚法天贵真、顺应自然甚至主张人类应完全回归自然而过一种与禽兽万物融为一体的天放生活。而法家狭隘地局限于政治权力斗争的生命体验和生活感悟，使他们发展出一种君国本位的富强之术，并力主以强力胁迫人民只能过一种一心一意尽力于耕战、完全受支配和控制的生活。面对如此不同的生活理念，难道我们不应该反思和询问"生活

---

① 黄玉顺：《面向生活本身的儒学——黄玉顺"生活儒学"自选集》，四川大学出版社2006年版，第51页。

何以可能"以及什么样的生活才是真正富有价值和意义的生活这样的问题吗？正是这样的反思和追问，使孔孟儒家汲汲于向上寻求人类生活的形上本源与根据——天地生生之仁，向内掘井及泉地开发内在心性的大本大源——人天赋的良知良能、良心善性，借此而人极得立，人类的生活（生命活动）也才能有定向。只有人极确立，生活有本有源、有根基和定向，人类才能真正得以生生不息。毋庸讳言，这也许只是孔孟儒家的一种有关生活理念的特殊论说，但在我看来，却富有普适性的恒久意义，值得我们今人认真对待。至于它在历史上的影响及由其衍生出的具体生活方式或社会形态的利弊得失，则诚如黄教授所说，乃属于形而下的问题，宜随时因革损益，以便能够使儒家的优良生活理念得以更好地实现乃至发扬光大。

总而言之，依笔者之见，我们不需要一个无本无源的"生活"理念或"没有任何价值意义"的"生活本源"理念，此一理论前提预设实属不必要。当然，对"生活儒学"的这一理论前提预设的质疑，绝不意味着对其整个理论言说和思想创见之价值与意义的否定，相反，在我看来，去掉了这样一种不必要的理论前提预设，不仅不影响其整个理论论说和思想创见的创新价值与独特意义，反而可以使之更加合理而自洽，也可以使我们获得一个更加丰富饱满而生动活泼、既有本有源而又能成为一切之本源的"生活"理念。不知黄教授以为然否，敬祈批评指教！

（本文是笔者2016年8月20日参加在济南召开的"黄玉顺生活儒学全国学术研讨会"时提交的会议论文，后收入齐鲁书社2017年6月出版的《黄玉顺生活儒学研究》一书，并刊载于广西师范大学出版社2017年8月出版的《当代儒学》第十一辑，收入本书时有改动）

商业、道德与文明

——从古典儒家的视角看商业道德与商业伦理

　　我们生活在一个现代工商业文明发达的经济全球化时代，日新月异的科技创造、不断更新换代的工业产品，全球规模的跨国公司、金融资本和商业贸易，日益广泛地深入到我们社会生活的方方面面，不仅产生着难以估量的支配性影响，而且正日益深刻地改变着我们的日常生活形态。换言之，现代工商业和市场经济的发展，使得商业活动和商品贸易已经成为整个现代文明生活赖以维持的根本支柱，使我们的生存和生活完全摆脱其影响而重回自给自足的自然经济状态成为不可能。然而，也正因为如此，一种严格要求遵循法律规则和行为规范的商业伦理与商业道德才更加成为我们日常生活的必需品。因此，毋庸置疑的是，现代商业活动和市场经济的良性发展必须建立在一种健全而有效的法治文明的根基之上。不过，在笔者看来，传统的商业伦理和古老的道德智慧也仍然能够给我们带来重要的借鉴价值和启示意义，因为诚实经商和取之有道的道理是古今不异的。

一、引言：为盗之道

姑且让我们从一个非常富有教育意义的"为盗之道"的寓言故事讲起。故事出自《列子·天瑞》，其文如下：

> 齐之国氏大富，宋之向氏大贫。自宋之齐，请其术。国氏告之曰："吾善为盗。始吾为盗也。一年而给，二年而足，三年大穰。自此以往，施及州闾。"向氏大喜，喻其为盗之言，而不喻其为盗之道，遂逾垣凿室，手目所及，亡不探也。未及时，以赃获罪，没其先居之财。向氏以国氏之谬己也，往而怨之。国氏曰："若为盗若何？"向氏言其状。国氏曰："嘻！若失为盗之道至此乎？今将告若矣。吾闻天有时，地有利。吾盗天地之时利，云雨之滂润，山泽之产育，以生吾禾，殖吾稼，筑吾垣，建吾舍。陆盗禽兽，水盗鱼鳖，亡非盗也。夫禾稼、土木、禽兽、鱼鳖，皆天之所生，岂吾之所有？然吾盗天而亡殃。夫金玉珍宝，谷帛财货，人之所聚，岂天之所与？若盗之而获罪，孰怨哉？"向氏大惑，以为国氏之重罔己也，过东郭先生问焉。东郭先生曰："若一身庸非盗乎？盗阴阳之和以成若生，载若形，况外物而非盗哉？诚然，天地万物不相离也，仞而有之，皆惑也。国氏之盗，公道也，故亡殃；若之盗，私心也，故得罪。有公私者，亦盗也；亡公私者，亦盗也。公公私私，天地之德。知天地之德者，孰为盗耶？孰为不盗耶？"

上引寓言故事所要阐明的道理其实并不深奥难懂，说白了，无非就是古语所云"君子爱财，取之有道"的道理。齐国的国氏依靠自身诚实辛勤的生产劳动，从自然界中获取生存资源、积累财富，自然资源属"天之所生"而非"吾之所有"，故可名之为"盗"；而宋之向氏只"喻其为盗之言"而"不喻其为盗之道"，遂"逾垣凿室"，大肆窃取别人家的财物，别人家的财物属"人之所聚"而非"吾之所有"，故亦名之为"盗"，但此"盗"非彼"盗"，所以向氏最终只能自食"以赃获罪，没其先居之财"的恶果。向氏竟不解其获罪之由，而向东郭先生请教，东郭先生为之剖白，所讲道理可谓深刻而发人深思。

东郭先生所讲的究竟是一种什么样的道理呢？要而言之，我们人类必须仰赖天地万物而生，没有人不是盗取或取资于"天之所生"而非"吾之所有"的自然资源来维持自身个体生命和生存需要的。天地万物为我们的生存提供了非"吾之所有"的自然资源，这些自然资源并非天然地属于谁之所有，人们只能依靠自身诚实辛勤的生产劳动来获取和积累所需要的物质资源和财富，这才是合乎"公道"的"盗之有道"。反之，如果有人贪婪地将天生的自然资源据为一己之所有，或者盗取他人通过"公道"的方式而获取和积累的财富，则只能说是一种出于一己之"私心"的犯罪行为。说到底，二者表面看上去都是一种"盗"的行为，但在根本性质上却有公私之别，合乎"公道"者属于正当合理的行为，而出于"私心"者则是不正当不合理的行为。

这一寓言故事及其所阐发的道理着实耐人寻味，它充分彰显了"君子爱财，取之有道"的生存理念。在我看来，这一生存理念不仅适用于生产劳动活动，而且更加适用于商业经营活动，也就是说，只有合乎"公道"（道德规范）的商业经营活动才是正当而合理的，否则就是一种纯粹出于"私心"的牟利行为，如果这种牟利行为再构成对他人的欺诈和伤害，则更是一种不可容忍的犯罪行为，这无疑是一种古今相通一致而普遍适用的商业真理。

二、《史记·货殖列传》能够带给我们的重要启示

商业活动起源于人类社会生活的基本需要，从原始的"抱布贸丝"（《诗经·卫风·氓》）、以物易物和"牵车牛，远服贾"（《尚书·酒诰》），到现代发达工商业文明的货币经济和全球贸易，贸易、交换和通商活动乃人类生活所不可或缺者，正如梁启超先生所说："通商者天地自然之理，人之所藉以自存也。"[1] 正因为如此，汉代中国历史上最伟大的史学家、太史公司马迁在其鸿篇巨制《史记》中为他那个时代和之前的那些名著一时的工商业者正式立传，专门记述他们生息资货、追逐财利而发迹并可为后世智者采择借鉴的

---

① 梁启超：《〈史记·货殖列传〉今义》，见《梁启超全集》（第一册），北京出版社 1999 年版，第 116 页。

故事，名为《货殖列传》。在该篇中，司马迁不仅充分而明确地肯定了自古以来人们逐利行为的正当性与合理性，正所谓"天下熙熙，皆为利来；天下壤壤，皆为利往"（《史记·货殖列传》），而且认为，人们只有在逐利而致富的基础上才可能真正过上一种明礼义、知荣辱而"好行其德"的文明生活，反之，"无岩处奇士之行，而长贫贱，好语仁义，亦足羞也"。尤其耐人寻味的是，司马迁更将那些善于经营工商业而致富者称之为"善治生者"，而不是像后世鄙薄工商业者那样简单地称之为"奸商"。

不过，司马迁亦毫不讳言地对人们治生致富的行为做了道德品级上的明确区分，正所谓"今治生不待危身取给，则贤人勉焉。是故本富为上，末富次之，奸富最下"。司马迁不仅对商业活动本身的价值和意义给予了充分肯定，更对那些依靠自身的辛勤劳动和经营智慧而致富者给予了高度赞扬，故曰："夫用贫求富，农不如工，工不如商，刺绣文不如倚市门，此言末业，贫者之资也。"又曰："夫纤啬筋力，治生之正道也，而富者必用奇胜"，"富无经业，则货无常主，能者辐凑，不肖者瓦解"。

而司马迁的《史记·货殖列传》所能带给我们的最大、最重要的启示便在于，他不仅对于人们的经商逐利行为给予正面的充分肯定，也不仅对于那些合乎道德规范的商业经营活动和富而好行其德、能够将经营所积累的财富"分散与贫交疏昆弟"的治生家们给予正面的高度赞扬，而且更为重要的是，他从人们的经营逐利活动中深刻预见到了这样一种社会生活的前景，即人类正当而合理的经营逐利活动必然会导致一种人类交往合作的扩展性文明秩序的形成，要而言之，人民日常生活即衣食所需的自然资源，必"待农而食之，虞而出之，工而成之，商而通之"，这并非由"政教发征期会"所致，而是"人各任其能，竭其力，以得所欲"而导致的自然结果，职是之故，"物贱之征贵，贵之征贱，各劝其业，乐其事，若水之趋下，日夜无休时，不召而自来，不求而民出之"（"索隐"："征者，求也。谓此处物贱，求彼贵卖之"），说到底，这可以说正是一种"自生自发形成的秩序"①，故曰："岂非道之所符，而自然之验邪？"因此，司马迁开篇便直言不讳地批驳了《老子》中关于"至治之极，邻国相望，鸡狗之声相闻，民各甘其食，美其服，安其俗，乐其业，至老死不相往来"的"小国寡民"教言，认为"必用此为务，挽近世涂民耳目，则几无行矣"。在司马迁看来，"夫神农以前，吾不知已。至若《诗》《书》所述虞夏以来，耳目欲极声色之好，口欲穷刍豢之味，身安逸乐，而心夸矜势能之荣使。俗之渐民久矣，虽户说以眇论，终不能化"，故力主"善者因之，其次利道之，其次教诲之，其次整齐之，最下者与之争"。

总之，在司马迁看来，正当而合理的工商经营活动是人类社会生活所必需，是发展生产、沟通有无、提升人类道德文明生活水平的物质基础。换言之，人民只有过上富足而充裕的物质生活，才能期望进一步过上一种真正富有道德意义的文明生活，这也正是司马迁在文中引用《管子》书中的那句名言——"仓廪实而知礼节，衣食足而知荣辱"，并说"礼生于有而废于无。故君子富，好行其德；小人富，以适其力。渊深而鱼生之，山深而兽往之，人富而仁义附焉"的根本用意所在。

三、生命尊严与古典伦理思想

由司马迁《史记·货殖列传》所带给我们的上述启示可知，商业经营活动既是人类社会生活之所必需，它也必须或理应服务于促进和提升人类合乎礼义的文明生活质量的目的，乃至使每个人都能过上一种更加富有生命和道德尊严的生活。也就是说，善于治生者不仅可以使自家致富，其商业经营活动本身即蕴涵着一种更加重要的商业伦理和道德目的，即"君子富，好行其德"或"人富而仁义附焉"，这也必然要求商业经营活动的手段本身必须是正当而合理的。为了牟取富利而不择手段，乃至做出直接或间接伤害他人或伤天害理的行为，无异于是对人类生命尊严的漠视和践踏，而不仅仅是对商业

①［英］冯·哈耶克著，邓正来选编译：《哈耶克论文集》，首都经济贸易大学出版社2001年版，第449页。

伦理和商业道德的破坏。

对于人类生命的可贵和尊严，古人早有明确的论述，如孔子曰："天地之性，人为贵"（《孝经·圣治章第九》），《吕氏春秋·重己》对于人类个体生命的价值更有精辟的具体论述，其言道："今吾生之为我有，而利我亦大矣。论其贵贱，爵为天子，不足以比焉；论其轻重，富有天下，不可以易之；论其安危，一曙失之，终身不复得：此三者，有道者之所慎也。"人的个体生命易失而脆弱，此也正是其弥足珍贵之处，任何人都应该关爱和珍惜自己的生命，同时也不能漠视和伤害他人的生命。至若有"以水火毒药相亏害"者，则正如墨子所说，那只能说明人们还生活在一种像"禽兽"一样的混乱状况下[①]。生活在现代工商文明时代的我们，是否已经远离了这种"禽兽"状态了呢？观察一下我们日常生活中工商业经营的一些怪现象，不禁令人大感困惑和疑问。曾几何时，假冒伪劣产品充斥市场，而今又被屡屡曝光的各种有害之物有时就添加在我们每天衣食所需的商品甚至治病救人的药物中，地沟油、苏丹红、三聚氰胺、吊白块、瘦肉精、避孕药、剧毒农药、铬胶囊、假疫苗，这是中国人民多么熟悉而又令人触目惊心的字眼和词汇，另外还有或直接或间接地谋财害命的价格欺诈和虚假广告，两千多年前墨子所讲的"以水火毒药相亏害"似乎就是对我们部分现实生活状况的真实刻画和描写，这种状况最为严峻地挑战着我们的道德良知和商业伦理底线。

鉴古知今，为了维护人类的生命尊严，救治这种伤天害理的商业乱象，除了严明法治之外，商业经营活动应该遵循什么样的道德规范和伦理准则，才能使人们的经营逐利行为既合理而正当，又能在人类合作中逐渐演化形成一种不断扩展的优良秩序和文明生活？在中国历史上，为了维护和捍卫人的生命和道德尊严，化解和消除人与人"以水火毒药相亏害"的生存状况，曾经发展出两种极端化的古典伦理原则和实践路径，它们分别由战国初期的杨朱和墨翟所提出，前者激烈主张自我中心主义的"贵己"或"为我"之说，最

[①]《墨子·尚同上》："天下之百姓，皆以水火毒药相亏害。至有余力，不能以相劳；腐朽余财，不以相分；隐匿良道，不以相教。天下之乱，若禽兽然。"

充分地突出和彰显了每个人个体生命的可贵性及其丝毫不容损伤的神圣性，故"拔一毛而利天下，不为也"（《孟子·尽心上》），反之，亦"不以天下大利易其胫一毛"（《韩非子·显学》），而后者则极力倡导一种"以自苦为极（最高准则）"（《庄子·天下》）的自我牺牲精神和纯粹利他主义的兼爱学说。如果说前者体现了一种人类个体生存的本能需要的话，后者则可说彰显了一种普遍主义的抽象理性原则，尽管它们都具有一种以利为义的鲜明思想倾向，但前者强调个体生命对于自我而言即是每个人最大最高的利益所在，而后者则强调人们都应追求最大多数人的最大利益，并"用实际效果来鉴定所有道德原则"①，甚至将人们自发地追求自爱自利的行为与利他主义的普遍道德原则完全对立起来，以便能够把其从人类行为和社会生活中彻底根除掉，乃至实现人类普遍的团结与和平。然而，单纯维持个体生命的本能需要和自我中心主义的生存原则，与纯粹利他主义的自我牺牲精神和普遍主义的抽象理性原则，似乎都不能真正满足促进社会经济生活的繁荣并在此基础上增进人类道德文明发展和提升的现实需要。

　　比较而言，与杨、墨同时代的古典儒家自始便在义利之间努力寻求一种持中平衡的仁道思想，他们承认人们天生有好利之性，有逐货利、欲富贵之心，故主张"因民之所利而利之"（《论语·尧曰》），而反对统治者与民争利；他们追求和向往的是制民恒产以保障民生的王道仁政，并认为社会分工乃出于人类社会生活之自然需要，因为"一人之身"之生活所需，实由"百工之所为备"（《孟子·滕文公上》），故主张应实行保护和促进工商的治国之策，而反对法家那种以刑法和赏罚整齐民力来追求君国利益最大化的治国思想。然而，他们又不止于因而利道（导）之策，更在利民、富民的基础上进而主张"教之"即教之以德、诲之以义的治国方略。因为，在他们看来，人类的文明生活理应"通过对品性等级高下的区分和排序而运行"，理应"由真正的

---

① ［英］葛瑞汉著，程德祥等译：《中国的两位哲学家：二程兄弟的新儒学》，大象出版社2000年版，第281页。

贤人为其他人树立标准"①,即应由"喻于义"的道德君子来引领和教导"喻于利"的小人或民众。对此,荀子亦有精辟论述,其文如下:

> 义与利者,人之所两有也。虽尧、舜不能去民之欲利,然而能使其欲利不克其好义也。虽桀、纣亦不能去民之好义,然而能使其好义不胜其欲利也。故义胜利者为治世,利克义者为乱世。上重义,则义克利;上重利,则利克义。故天子不言多少,诸侯不言利害,大夫不言得丧,士不通货财;有国之君不息牛羊,错质之臣不息鸡豚,冢卿不修币,大夫不为场圃,从士以上皆羞利而不与民争业,乐分施而耻积臧。然故民不困财,贫窭者有所窜其手。(《荀子·大略》)

"义胜利者"为道德文明之治世,反之,"利克义者"为利欲横流之乱世,这可以说是古典儒家的通见共识。

四、儒家仁道与商业伦理

古典儒家的上述通见共识,其实并不意味着他们像后世的统治者和世俗文人儒生那样歧视商人及其商业经营活动,乃至奉行重农抑末政策或者是羞于言利而耻于为商,相反,在孔子弟子中便出现了一个善于货殖的富商子贡(名端木赐,字子贡)。子贡的商业经营智慧及其人生价值追求也确乎为后人提供了历史上第一个"儒商"的卓越典范。

子贡的经商才能是深为孔子所肯定和嘉许的,孔子曾评价他的两位爱徒颜回和子贡说:"回也其庶乎,屡空。赐不受命,而货殖焉,亿则屡中。"(《论语·先进》)颜回贫而乐道,子贡善于货殖,但孔子并没有厚此薄彼。在孔子的教导中,孔子特别激赏颜回的贫而好学,但他从不简单排斥和否定人的富贵好利之心,问题的关键在于人之欲富贵而恶贫贱是否求之有道或是否合乎仁义的道德原则,故曰:"富与贵,是人之所欲也;不以其道得之,不处也。贫与贱,是人之所恶也;不以其道得之,不去也。君子去仁,恶乎成

---

① [美]克莱·G.瑞恩,程农译:《道德自负的美国:民主的危机与霸权的图谋》,上海人民出版社2008年版,第148、149页。

名？君子无终食之间违仁，造次必于是，颠沛必于是。"（《论语·里仁》）不管是处贫贱还是处富贵，孔子以教人修身做君子为目标，故孔子既以人人应具备的基本的忠实诚信之德教弟子，更进而提撕上达，教之以仁恕君子之道。孔子论仁虽然说法不一，但要而言之，其仁道理念的核心要义在于强调"内省不疚"的道德良知、"为仁由己"的道德自觉、"克己复礼"的自我克制、关爱他人的伦理美德以及爱由亲始、由近及远、推己及人的不断扩展的实践路径，其中，"己欲立而立人，己欲达而达人"（《论语·雍也》）和"己所不欲，勿施于人"（《论语·颜渊》《论语·卫灵公》）的仁恕之道的核心理念，可以说集中表达了一种最具普适性的道德行为规范、伦理准则和关系理性。它告诉人们，你所欲求的，也就是他人所欲求的；你所厌恶的，也就是他人所厌恶的；我们只有在充分了解和尊重他人与自己一样的欲求、需要、情感和理性的基础上，才能真正与他人建立起一种对双方彼此有益的有意义的健康而良性的交往互动关系。不管一个人的个性、爱好、兴趣如何以及从事什么样的职业，这都是人们应普遍遵循和终身恪守的道德规范和伦理准则，故子贡问："如有博施于民而能济众，何如？可谓仁乎？"孔子回答说："何事于仁！必也圣乎！尧舜其犹病诸！夫仁者，己欲立而立人，己欲达而达人。能近取譬，可谓仁之方也已。"（《论语·雍也》）又一次，子贡问："有一言而可以终身行之者乎？"孔子回答说："其恕乎！己所不欲，勿施于人。"（《论语·卫灵公》）由子贡所问，我们知道，经商致富绝非子贡唯一的人生价值追求，他是一个深刻关切自身道德修养并有着博大情怀的"儒商"，正因为如此，他不仅认同和接受孔子仁者爱人的教诲，而且全力支持孔子的文化教育事业并广泛传播孔子的仁义学说，所到之处深深地赢得了各国诸侯国君的特别敬重，正如司马迁在《史记·货殖列传》中所说：

> 子赣（贡）既学于仲尼，退而仕于卫，废著鬻财于曹、鲁之间，七十子之徒，赐最为饶益。原宪不厌糟糠，匿于穷巷。子贡结驷连骑，束帛之币以聘享诸侯，所至，国君无不分庭与之抗礼。夫使孔子名布扬于天下者，子贡先后之也。此所谓得势而益彰者乎？

另外，子贡和孔子还曾讨论过一个人的生活贫富境况和个人道德修养的关系问题。据《论语·学而》记载，子贡曾问："贫而无谄，富而无骄，何如？"孔子回答说："可也；未若贫而乐，富而好礼者也。"俗语说，人穷则志短，贫穷的人常常会因此而卑屈谄媚他人以求生路，反之，人富则易陷溺于骄奢淫逸，故对他人常常缺乏关爱同情之心。而子贡显然是由于对这种世俗人生情态深感不满，故有此一问，即一个贫穷的人能够做到不卑屈、不谄媚，而一个富裕的人能够做到不骄奢、不淫逸，这样如何？孔子回答说，做到这样当然是可以的，但还比不上贫而能够乐道、富而能够好礼，那就更好了。这番对话将孔子师徒对于贫富的态度以及与之密切相关的人生三种道德修养境界的看法呈现了出来。

从"儒商"子贡身上，我们可以充分地体会到这样一点重要的启示，经商牟利不是人生的唯一目的，一个商人不仅应该遵守诚实守信的基本商业道德，更应该注重个人的道德修养、提升自身的人格品行，即更应该学而修身、富而好礼，甚至应承担起相应的社会责任，为文教事业做出必要的贡献，因为对孔子和儒家而言，其文教事业的根本目的即在全面提升人们的道德文明教养。依我之见，这也正是司马迁强调治生者应"富，好行其德"的根本用意所在。而从孔子和子贡师徒的对话，我们知道，他们所最为推崇和倡导的道德规范和伦理准则就是一以贯之的仁恕之道，这种仁恕之道告诉人们的是，你有自己的愿望欲求并渴望在人生事业上有所成就、取得成功，也应尊重他人的愿望欲求并尽可能帮助他人在事业上有所成就、取得成功，你自己所不希望要的东西就不要强加给别人，你要想受到他人的尊重就必须首先学会尊重他人，你不愿受到他人的伤害就不要去伤害他人。这是人人都应该遵循和恪守的道德规范和伦理准则，为学者当如此，做官者当如此，经商者也当如此，任何人都不应例外。古人有云："做官时少，做人时多；做人时少，做鬼时多。"又曰："心愈狠而计愈拙，当时无恻隐羞恶之心，后世岂无是非之心哉！”①经商之人亦当好好思量，是做一个开明自利的商人、富而好礼的儒商或富而好行其德的仁者，还是做一个只知牟利赚钱而无所不用其极的"奸商"、"心愈狠而计愈拙"或"富而不仁"的小人？其实，人人心中有杆秤，人人心里都明白，做伤天害理的亏心事、赚伤天害理的昧心钱是早晚要遭报应的②，除了国家法律的严厉制裁，还有社会舆论和道德良心的无情谴责。

总之，真正的儒商是一定要"取予以仁"的，真正的商业文明是一定要以健全的法制为根基，以优良的商业道德和商业伦理——儒家的仁恕之道为滋养的，正如李晓先生所说："现代商业社会，应该是一个'仁者'的社会。因为无论我们居住在哪里，也不管我们靠什么谋生，我们的工作和生活，都离不开商品的交换"，而"'仁者''强者'的增多，需要法制，也需要文化——法制规范人的行为，文化启沃人的良知"③。缺失道德良知和社会责任感的市场经济和商业社会，一定是不健全的。古人云："神农氏作……日中为市，致天下之民，聚天下之货，交易而退，各得其所。"（《周易·系辞下》）这是古人所描画和向往的理想商业文明，其实这也正是今日我们之所需，而现代商业文明真的能做到这样吗？期望如此！

（原载《中国经济报告》2016 年第 10 期，发表时做了较大删节，收入本书时有改动）

---

① 钱大昕：《十驾斋养新录》，上海书店 1983 年版，第 429 页。
② "积善之家必有余庆，积不善之家必有余殃。"见高亨著：《周易大传今注》，齐鲁书社 2009 年版，第 60 页。
③ 李晓：《货殖春秋：中国古代商业智慧》，华夏出版社 2019 年版，第 210、211 页。

试论中华民族共同体的历史构建、文化认同与儒家智慧

在中华大地上，各民族生息繁衍，绵延不绝，堪称世界人类文明史上的一大"奇迹"①。在中华民族共同体逐渐形成、发展和演进的历史过程中，尽管中华各族群之间为了生存竞争而发生过这样那样的冲突、矛盾和斗争，但占据主流的历史趋势是日趋走向了一种同化融合、凝聚团结乃至和谐共生的共同体生活。费孝通先生关于"中华民族的多元一体格局"的说法②，可以说是对中华民族共同体之根本特质的最恰当的自我表述。在创造和构建中华民族共同体及其认同意识和生活形态的历史过程中，究竟什么因素发挥了决定性的影响和主导性的作用，非常值得我们今人做一些必要的深刻反思和认真总结，其中，最值得我们重视的便是儒家智慧中独具特色的多层级共同体理

① 相关论述可参考梁漱溟：《中华民族是人类一奇迹》，见《中国人：理性早启的人生》，凤凰出版社 2009 年版，第 175—182 页。

② 相关论述可参考费孝通：《中华民族的多元一体格局》，见《费孝通论文化与文化自觉》，群言出版社 2005 年版，第 61—99 页。

念、家国情怀及其所倡导的仁厚宽容、和而不同、求同存异、有容乃大的文化价值观念。

一、中华民族共同体的追寻与创建及其基本特质

诚如有的学者所说,"追求'归属感'的需求"或者"'共同体的追寻'——寻找认同与故乡",乃体现了一个"真实而深刻的存在性问题",是"人类的境况(human condition)本然的一部分"[1]。在中国历史上,历代中国人对于中华民族共同体的追寻与创建,亦可以说是我们生存境况本然的一部分,是出于中华儿女寻找认同与故乡、追求"归属感"的基本需求。要而言之,中国是我中华民族人民祖祖辈辈生活的故乡,是我们深深依恋并寻找认同和归属寄托的"祖国",我们生活在其中,出于本能,必定天然地深切期望能够寻找到一种生活在自己的家——共同体的家园中的感觉。那么,究竟何谓共同体呢?正如英国学者鲍曼所说,共同体之所以是共同体,就在于:"首先,共同体是一个'温馨'的地方,一个温暖而又舒适的场所。它就像是一个家(roof),在它的下面,可以遮风避雨;它又像是一个壁炉,在严寒的日子里,靠近它,可以暖和我们的手","其次,在共同体中,我们能够互相依靠对方"[2]。也就是说,共同体可以给人们提供一种安全感,提供一个温暖而又舒适、彼此关切而又相互依靠的"家"。

从历史的层面来讲,中华民族共同体乃是在各种要素错综复杂的历史互动中逐渐创造和构建而发展形成的,而作为一种共同历史的产物和文化的共同体,或者在中华民族对自身共同体的追寻、创造和建构过程中,有几个关键性的要素是决不容忽视的,即共同的地域、持久一贯的以家庭家族为重心的生活方式和伦理观念、维系共同生活秩序的礼制建构、发展成熟的书写文

---

① [美]本尼迪克特·安德森著,吴叡人译:《想象的共同体——民族主义的起源与散布》,上海人民出版社2005年版,"认同的重量:《想象的共同体》导读"第14、17页。
② [英]齐格蒙特·鲍曼著,欧阳景根译:《共同体》,江苏人民出版社2003年版,第2、3页。

字及其统一和推行、共同祖先和历史记忆的塑造①、中央集权的官僚体制的形成和滋长、以儒家文化为主体的教育体系的建立以及共同的文化价值观的广泛普及等。但不管怎样，正如法国著名汉学家谢和耐所说，"中国文明如同历史上的其他大文明一样是一部持续创作的大作品"②，准此，我们亦可以说，中华民族共同体如同历史上其他的民族共同体一样乃是一部持续创作的大作品。正是在中华民族共同体持续创造的历史过程中，我们认为，它呈现出了以下一些最为重要的基本特质：

第一，以中原为中心的文明发展模式。

在中华民族共同体逐渐形成和持续发展的历史进程中，对于整个中华民族的基本生存和共同生活来讲，有一个地区起到了至关重要的核心支撑作用，这就是"大体与黄河中游的地域范围相当"③的中原地区。更为重要的是，中原之为中原，它不仅为中华民族的生息繁衍提供了一个共同的生活家园，而且，以中原为中心形成了一种独具特色的文明发展道路或模式。可以说，中原乃是华夏文明的摇篮或中华民族的文明策源地，而以中原为中心的文明发展模式乃是在中心—边缘的错综复杂互动模式和动态过程中不断生成、发展、演化和扩展的。

第二，以文化认同为其一贯特色的"中国"意识。

上古华夏民族不仅立足于中原而在新石器中晚期逐渐发展形成了多元一体的民族共同体，而且尤为具有象征意义及根本重要性的便是居于天下之中而立国建都的"中国"观念与意识。这一观念和意识，不仅仅是一个地理疆域的概念，亦不仅仅具有其重要的政治认同意义，更为重要的是，对于中华民族来讲，中国之为中国，还具有一种华夏共同体之自我文化身份与文

---

① 相关论述可参阅王钧林、齐姜红：《黄帝与华夏民族的抟铸与形成》，《海岱学刊》2016年第1期。

② ［法］谢和耐著，耿昇译：《中国社会史》，江苏人民出版社1995年版，第20页。

③ 袁行霈、严文明、张传玺等主编：《中华文明史》（第一卷），北京大学出版社2006年版，第73页。

明特性认同的意义，正所谓："中国有礼仪之大，故称夏；有服章之美，谓之华。"①"中华者，中国也。亲被王教，自属中国，衣冠威仪，习俗孝悌，居身礼义，故谓之中华。"②也就是说，所谓的华夏、中华、中国③，实则具有这样一种文化上的实质性含义：居住在中原之国或中央之国的人们的礼仪化生活方式对于四方"夷狄"之民来讲具有一种"文明"典范的意义。而且，通过这样一种方式，即以中国为中心，并由近及远、由内及外地对周边"四夷"产生一种文化上辐射性的影响作用，而建立一种和平、统一的天下秩序，乃是中华民族所始终坚守的一种"文化中国"的理想目标追求。正是在作为一种文明理想与文明典范意义的"文化中国"信念的指引与感召下，华夏与"夷狄"可以在历史上不断地跨越地理、政治和种族上的界限而实现文化和民族的大融合。因为"中国"与"夷狄"之间的分野不是固定不变的，而是可以相互转化的，正所谓"'夷狄而中国，则中国之；中国而夷狄，则夷狄之。'——这是中国思想正宗……它不是国家至上，不是种族至上，而是文化至上。于国家种族，仿佛皆不存彼我之见；而独于文化定其取舍"④。

第三，以家族为根基、伦理为本位的社会共同体。

中外学者有一个共识，中国传统社会乃是一个以家庭为组织单位、以家族为生活重心、以家庭家族为牢固根基的社会共同体。虽然中国社会的家族形态在历史上曾经发生过这样那样的历史变化，但这一基本特质却是其最鲜

---

① 左丘明撰，杜预注，孔颖达正义：《春秋左传正义》，北京大学出版社1999年版，第1827页。

② 长孙无忌等撰，刘俊文点校：《唐律疏议》，中华书局1983年版，第626页。

③ 夏曾佑先生曾言："种必有名，而吾族之名，则至难定，今人相率称曰支那。案支那之称，出于印度，其义犹边地也，此与欧人之以蒙古概吾种无异，均不得为定名。至称曰汉族，则以始通匈奴得名；称曰唐族，则以始通海道得名，其实皆朝名，非国名也。诸夏之称，差为近古，然亦朝名，非国名也。惟《左传》襄公十四年引戎子驹支之言曰：'我诸戎饮食衣服，不与华同。'华非朝名，或者吾族之真名欤！"（夏曾佑：《中国古代史》，河北教育出版社2000年版，第9—10页。）

④ 梁漱溟：《中国文化要义》，见《梁漱溟全集》（第三卷），山东人民出版社1990年版，第162页。

明而持久一贯的特征。尤其是，正如梁漱溟先生所指出的那样，与商周排他性较强的典型宗法社会相比，秦汉以后中国人的家庭家族形态和宗法伦理观念，与其说是"家族本位"的，毋宁说是"伦理本位"的，因为中国人的伦理观念，虽然"首重家庭""始于家庭"，但并"不止于家庭"，而是常常"举整个社会各种关系而一概家庭化之，务使其情益亲，其义益重"，"由是乃使居此社会中者，每一个人对于其四面八方的伦理关系，各负有其相当义务；同时，其四面八方与他有伦理关系之人，亦各对他负有义务。全社会之人，不期而辗转互相联锁起来，无形中成为一种组织"，这样一种"就家庭关系推广发挥，以伦理组织社会"的方式，由于"没有边界，不形成对抗"，而且能够"由近以及远，更引远而入近"，乃至"泯忘彼此"，以"天下一家""四海兄弟"为旨归，故能"把中国民族在空间上恢拓这样大，在时间上绵延这样久"①。说到底，"根本上中国是无数家族藉伦理联锁以成之社会"②。

第四，以汉族为主体、多元一体的多民族融合体。

在人类文明社会史的发展进程中，人们往往结成群体，既以族类相聚，亦以群类相分，群体与群体、民族与民族之间"既会对抗也会协作"；"我们爱自己的国家"，乃是"因为它是人类分支中的一个集合体；我们对它利益的热忱是代表我们对自己群体的偏爱"，而"对共同危险的感知、敌人的攻击，往往对各民族而言是有利的，因为这可以使其成员更团结，也通过防止分裂和实际的分离，从而消解其内部的不一致意见"③。中华民族共同体发展、形成和演化的历史进程也不例外，它是在中原中心区域与周边地区、华夏与周边"四夷"之间交流互动、冲突融合的过程中，维持和强化其自身的文化身份

---

① 梁漱溟：《中国文化要义》，见《梁漱溟全集》（第三卷），山东人民出版社1990年版，第81—82页。

② 梁漱溟：《中国文化要义》，见《梁漱溟全集》（第三卷），山东人民出版社1990年版，第245页。

③ [英]亚当·弗格森著，张雅楠、杜国宏、李媚等译：《文明社会史论》，中国政法大学出版社2015年版，第20页。

和民族认同意识并成为一体的，当然，这是一个极为复杂的历史过程。不过，总的来讲，秦汉以后形成了一个以汉族为主体、多元一体的多民族融合体。对此，费孝通先生曾经有过精到的论述和分析，他说：

> 中华民族成为一体的过程是逐步完成的。看来先是各地区分别有它的凝聚中心，而各自形成了初级的统一体。比如新石器时期在黄河中下游都有不同的文化区，这些文化区逐步融合出现汉族的前身华夏的初级统一体，当时长城外牧区还是一个以匈奴为主的统一体和华夏及后来的汉族相对峙。经过多次北方民族进入中原地区及中原地区的汉族向四方扩散，才逐步汇合了长城内外的农牧两大统一体。又经过各民族流动、混杂、分合的过程，汉族形成了特大的核心，但还是主要聚居在平原和盆地等适宜发展农业的地区。同时，汉族通过屯垦移民和通商在各非汉民族地区形成一个点线结合的网络，把东亚这一片土地上的各民族串联在一起，形成了中华民族自在的民族实体，并取得大一统的格局。这个自在的民族实体在共同抵抗西方列强的压力下形成了一个休戚与共的自觉的民族实体。这个实体的格局是包含着多元的统一体，所以中华民族还包含着50多个民族。①

综上，在中华民族共同体不断创建、发展和形成的历史进程中，以"新石器时期各地不同的文化区可以作为我们认识中华民族多元一体格局的起点"②，迄今为止，大概经历了三个重要的时期，一是先秦特别是夏、商、周三代华夏民族共同体的基本形成，自西周初年"中国"这一名称开始被用来"称呼华夏族所居住的地区"，"秦以前，华夏族称它的祖国为中国"，"中国是华夏各国的总称"③；二是秦汉以后大一统国家的建立和相当稳定的以汉

---

① 费孝通：《中华民族的多元一体格局》，见《费孝通论文化与文化自觉》，群言出版社2007年版，第77页。

② 费孝通：《中华民族的多元一体格局》，见《费孝通论文化与文化自觉》，群言出版社2007年版，第52页。

③ 范文澜：《范文澜全集》（第十卷），河北教育出版社2002年版，第261页。

族为中心的民族共同体的形成，汉族"是在独特的社会条件下形成的独特的民族"①，"汉族的形成是中华民族形成中的一个重要阶段，在多元一体的格局中产生了一个凝聚的核心"②；三是近代以来由于遭遇西方列强和日本帝国主义的侵凌和欺辱，中华民族在共同抵御外侮和团结抗战中由自在而走向自觉，也就是说，"中华民族作为一个自觉的民族实体，是近百年来中国和西方列强对抗中出现的，但作为一个自在的民族实体则是几千年的历史过程所形成的"③。"中华民族"的概念也正是在其由自在走向自觉的过程中最早由梁启超、杨度和章太炎等明确提出来的④。

二、家国天下：儒家特色的共同体理念与文化价值观念

中国人民何以能够在追寻、创造和构建中华民族共同体之可大可久的伟大事业的历史过程中不断迈向新的实践征程、精神高度和理想境界？这无疑与"在漫长的岁月中，经过一代代先人在实践中不断的探索、积累、完善"而逐渐"形成了一套相当成熟的协调模式"以及"古人高度的政治智慧和中华民族深厚的文化底蕴"⑤密不可分。

中华民族在漫长的"分分合合"历程中，最终由许许多多分散孤立存在的族群而形成一种和而不同、多元一体的民族共同体，究竟哪些文化要素、怎样的内在机制、什么样的思想基础与价值心态发挥了关键性的作用，才能包容四海之内如此众多的族群和观念迥异的不同文化，建立起一个"多元一

---

① 范文澜：《范文澜全集》（第十卷），河北教育出版社2002年版，第258页。

② 费孝通：《中华民族的多元一体格局》，《费孝通论文化与文化自觉》，群言出版社2007年版，第56页。

③ 费孝通：《中华民族的多元一体格局》，见《费孝通论文化与文化自觉》，群言出版社2007年版，第50页。

④ 相关论述可参阅黄兴涛：《民族自觉与符号认同："中华民族"观念萌生与确立的历史考察》，见许纪霖编选：《现代中国思想史论》（上），上海人民出版社2014年版，第177—227页。

⑤ 费孝通："'美美与共'和人类文明"，见《费孝通论文化与文化自觉》，群言出版社2007年版，第437页。

体格局"的中华民族共同体？究竟是什么样的联结各个不同族群、不同地域文化的纽带，促进、维系和发展了中华民族共同体的"多元一体格局"？还有，许许多多的族群在融入以"汉人"为主体的大家庭时，是以一个怎样的机制，使原本属于某一族群的文化，发展成由大家"共享"的共同体文化？所有这些问题，"都是值得我们深刻思考和努力研究的问题"①，而其中尤其值得我们深入思考和探究的便是，儒家智慧中独具特色的多层级共同体理念、家国情怀及其仁厚宽容、和而不同、求同存异、有容乃大的文化价值观念，对于不断扩展拓大的中华民族共同体的形成与绵延及其生生不息所发挥的关键性的凝聚和支撑、提升、引领作用。

钱穆先生尝言："茫茫员舆，芸芸众生，我不知其已历几何世矣！抑有始终未跻于抟成'民族'之境者；有虽抟成为一民族，而未达创建'国家'之域者；有虽抟成一民族，创建一国家，而俯仰已成陈迹，徒供后世史家为钩稽凭吊之资者；则何欤？曰：惟视其'文化'。民族之抟成，国家之创建，胥皆'文化'演进中之一阶程也。故民族与国家者，皆人类文化之产物。举世民族、国家之形形色色，皆代表其背后文化之形形色色，如影随形，莫能违者。人类苟负有某一种文化演进之使命，则必抟成一民族焉，创建一国家焉，夫而后其背后之文化，始得有所凭依而发扬光大。若其所负文化演进之使命既中辍，则国家可以消失，民族可以离散。故非国家、民族不永命之可虑，而其民族、国家所由产生之'文化'之息绝为可悲。世未有其民族文化尚灿烂光辉，而遽丧其国家者；亦未有其民族文化已衰息断绝，而其国家之生命犹得长存者。环顾斯世，我民族命运之悠久，我国家规模之伟大，可谓绝出寡俦，独步于古今矣。此我先民所负文化使命价值之真凭实据也。……我民族国家之前途，仍将于我先民文化所贻自身内部获得其生机。"②诚哉斯言！我民族命运之悠久，我国家规模之伟大，真可谓渊源有自而由来已久，而我民

---

① 费孝通：《"美美与共"和人类文明》，见《费孝通论文化与文化自觉》，群言出版社2007年版，第437页。

② 钱穆：《国史大纲》（修订本）上册，商务印书馆1994年版，"引论"第31—32页。

族之抟成、国家之创建与文化之演进相辅相成、互济相资以为用，沿袭传衍而至周世，终达于成熟而灿烂完备，故孔子曰："周监于二代，郁郁乎文哉！吾从周。"（《论语·八佾》）而东周列国纷争，诸子蜂起，百家争鸣，更造就了中华文明如鲲鹏一般蜕变转化而凌空翱翔的"精神觉醒"和"轴心突破"，奠定了此后中华文化生生不息的价值根基和思想源泉，也正是在这一"精神觉醒"和"轴心突破"的过程中，形成了中国人影响深远而独具特色的共同体理念、家国情怀及其仁厚宽容、和而不同的文化价值观念。

自古至今，中国人一直拥有一种独具特色而持久一贯的共同体理念，并始终抱持一种追寻真正的共同体生活的深厚情结和天然的家国情怀。德国社会学家滕尼斯所谓由亲属组成的血缘共同体、由邻里组成的地缘共同体和由友谊结成的精神共同体①，这三者同样构成了古来中国人"持久的和真正的共同生活"②的秩序形态，构成了古来中国人持久一贯的社群伦理生活的恒久根基，而且，中国人历来以家庭家族为社会生活的重心，其珍惜和重视休戚与共的天然的人伦亲情和"出入相友，守望相助，疾病相扶持，则百姓亲睦"（《孟子·滕文公上》）的邻里生活，恐怕在世界上都是独一无二和无与伦比的③。但其独具特色的共同体理念尚不止于此，中国人还进一步地努力以家为理想样式和标准模板而追寻创建更大共同体的生活秩序，从而形成一种理想的家国天下的多层级的和谐共生的"差序格局"。故在中国人独具特色的共同体理念和秩序构想中，一方面是"聚人而为家，聚家而为国，聚国而为天下"（《六韬·武韬》）的自下而上的秩序构建，而另一方面则是"天下

① 参考自［德］斐迪南·滕尼斯著，林荣远译：《共同体与社会——纯粹社会学的基本概念》，商务印书馆1999年版，第65—66页。

②［德］克里斯蒂安·格拉夫·冯·克罗科夫著，卫茂平译：《决定——论恩斯特·云格尔、卡尔·施米特、马丁·海德格尔》，上海人民出版社2016年版，第25页。

③ 如梁漱溟先生说："中国的家族制度在其全部文化中所处地位之重要，及其根深柢固，亦是世界闻名的。中国老话有'国之本在家'及'积家而成国'之说；在法制上，明认家为组织单位。"（《中国文化要义》，见《梁漱溟全集》第三卷，山东人民出版社1990年版，第19页。）

之本在国，国之本在家，家之本在身"（《孟子·离娄上》）的自上而下的固本培元，这两方面密不可分，是塑造和构建共同体生活秩序之一体两面的根本问题。显然，中国人的共同体理念及其现实生活并不局限于滕尼斯所说的三类共同体，而是具有不断扩展和提升之可能性的一种层级序列，这一层级序列以家为根本、以邻里为基础，但又不止于家和邻里，而是更层层上达于国和天下，其终极理想乃是要化天下为一家、中国为一人、四海为兄弟。

在中华文明的"精神觉醒"和"轴心突破"期所产生的诸子百家思想流派中，尽管有墨家极力鼓吹孤立高悬的"兼相爱、交相利"的天下主义[1]，有法家坚决奉行专务耕战、追求富国强兵以吞没兼并天下的狭隘的国家主义，然而，真正代表中国文化大传统而且影响深远的是儒家。儒家在接续三代礼乐文明的基础上创造性地发展出了一种独具特色且影响深远的家国天下的多层级共同体理念，而且始终坚持以修身为根本、以齐家为始基、以孝悌之道和伦理情谊为纽带，以便构建一种优良的社会生活秩序，乃至进一步推扩拓展以实现治国平天下的社会政治目标，正如《大学》所说，"物有本末，事有终始。知所先后，则近道矣"，具体而言，"古之欲明明德于天下者，先治其国；欲治其国者，先齐其家；欲齐其家者，先修其身"，反之，"身修而后家齐，家齐而后国治，国治而后天下平"，故"自天子以至于庶人，壹是皆以修身为本"。这一过程的具体展开，会自然形成一种不断扩展的"同心圆"秩序，或者是循本末终始之序而层层推进的多层级共同体的"差序格局"。

在儒家看来，家庭无疑是基于人类的自然本能与社会生活需要而形成的一种最为重要的制度，它并不必然是培养人的偏私情感的场所，而是作为社会性动物的人的社会化过程的生活起点，它不是封闭的，而是开放的，家与家比邻而居或人与人聚族而居意味着拥有自然家庭背景的人们可以通过居所

---

[1] 子墨子言："视人之国若视其国，视人之家若视其家，视人之身若视其身。"是故诸侯相爱则不野战，家主相爱则不相篡，人与人相爱则不相贼，贵不敖贱，诈不欺愚。……君臣相爱则惠忠，父子相爱则慈孝，兄弟相爱则和调；天下之人皆相爱，强不执弱，众不劫寡，富不侮贫。（《墨子·兼爱中》）

的接邻与密切的交往而形成一种联系紧密而富有人道意义的共同的社群生活与乡里秩序，在此基础上，进而形成了国家和天下。毋庸讳言，家庭生活和亲人之间的关系主要是建立在血缘纽带和情感基础上的，但是，由家庭生活与亲亲关系所塑造的人与人相互依存、彼此依靠、共同参与、良性互动的人际关系和生活模式，理应构成整个社会人际关系和生活秩序的坚实根基或理想样板，人的充满情感而又富有理性的人际交往的重要社会能力正是首先在家庭生活中得以培养的，如果国家再为家庭生活提供合理而必要的社会性的生存环境与制度保障，人们便自然可以过上一种富有人道意义的社群生活，如孟子以井田制为社会经济蓝图而主张制民恒产以保障民生的仁政理想，目的就是要促进、构建和保障使人们能够过上一种家给人足乃至"出入相友，守望相助，疾病相扶持"而"百姓亲睦"的人道主义的社群生活，进而实现"人人亲其亲、长其长，而天下平"（《孟子·离娄上》）的终极理想目标。如此，个人的修身、家庭的孝悌、国家的仁政和"以德服人"的王道，乃至天下的治平，构成了一种不断层层向上循序推进以实现连续性的优良治理目标的多层级共同体关联模式。在这一关联模式中，人之为人，并不是一种与他人隔绝孤立的个体性存在，而是生来就置身于众多的人伦关系和家庭这一血缘共同体的生活之中，克己修身乃是人伦关系融洽和家庭生活和谐的前提条件，而人伦关系融洽和家庭生活和谐则构成以家庭为组织单位的乡里社群生活乃至整个国家治理安定有序的基础支撑，反之，家庭为每个家庭成员的成长、国家为每个家庭的生活亦有责任和义务提供必要的关爱、支持和保障。进而言之，国家治理优良乃是整个天下平治的根基和前提，或者唯有每个国家得到良好的治理，才能实现整个天下治平的根本目标，反之，也唯有实现天下治平的根本目标，每个国家的优良治理和安定和平才有保障，而天下治平的根本目标事实上只有在"天下为公、四海一家"的精神指导和引领下才能真正实现，为此，人们必须能够超越一切此疆彼界、封畛界域的狭隘自私尤其是狭隘的国家观念，努力追求实现全人类之公平正义、和平安乐、休戚与共、互信互爱互利、共有共享共治而化天下为一家、四海为兄弟的共同体的价值理想信念。

　　与上述多层级共同体理念相辅而行的则是仁厚宽容、和而不同的文化价值观念。正像梁漱溟先生所说，中国人"伦理本位"的观念，虽然"首重家庭""始于家庭"，但并"不止于家庭"，而是"举整个社会各种关系而一概家庭化之，务使其情益亲，其义益重"，同样，儒家的仁道观念，亦是首重孝悌、始于亲亲敬长，但并不止于孝悌和亲亲敬长，而是将植根于家庭之血缘共同体内部的亲亲之情和孝悌之道尽可能推扩施与那些在交往过程中不断遭遇而发生各种各样相互作用的陌生的他者，正所谓"老吾老，以及人之老；幼吾幼，以及人之幼"（《孟子·梁惠王上》），"亲亲，仁也；敬长，义也；无他，达之天下也"（《孟子·尽心上》）。宋儒张载所揭橥的乾父坤母、民胞物与、所有人皆为兄弟（"凡天下疲癃残疾、茕独鳏寡，皆吾兄弟之颠连而无告者也"[1]）的共同体理想，程氏兄弟所阐扬的"以天地万物为一体，莫非己也"或"浑然与物同体"[2]的仁道理念，以及明儒王阳明本其良知之说而对视人犹己，视国犹家，而以天地万物为一体的仁道观所做的更加淋漓尽致的阐发[3]，可以说将儒家的仁道观念发展到了一个崭新的意义境域。因此，作为一种博大而富有包容精神的美德，仁之为仁，体现了一种始于克己复礼、爱亲敬长而不断向外推扩施与以至于"泛爱众"，或者是由亲亲而仁民、由仁民而爱物

---

① 张载著，章锡琛点校：《张载集》，中华书局1978年版，第62页。

② 程颢、程颐著，王孝鱼点校：《二程集》，中华书局1981年版，第15、16页。

③ 如王阳明曰："夫圣人之心，以天地万物为一体，其视天下之人，无外内远近，凡有血气，皆其昆弟赤子之亲，莫不欲安全而教养之，以遂其万物一体之念。"（王守仁撰，吴光、钱明等编校：《王阳明全集》，上海古籍出版社1992年版，第54页。）"大人者，以天地万物为一体者也，其视天下犹一家，中国犹一人焉。若夫间形骸而分尔我者，小人矣。大人之能以天地万物为一体也，非意之也，其心之仁本若是，其与天地万物而为一也。岂惟大人，虽小人之心亦莫不然，彼顾自小之耳。是故见孺子之入井，而必有怵惕恻隐之心焉，是其仁之与孺子而为一体也；孺子犹同类者也，见鸟兽之哀鸣觳觫，而必有不忍之心焉，是其仁之与鸟兽而为一体也；鸟兽犹有知觉者也，见草木之摧折而必有悯恤之心焉，是其仁之与草木而为一体也；草木犹有生意者也，见瓦石之毁坏而必有顾惜之心焉，是其仁之与瓦石而为一体也；是其一体之仁也，虽小人之心亦必有之。是乃根于天命之性，而自然灵昭不昧者也。"（王守仁撰，吴光、钱明等编校：《王阳明全集》，上海古籍出版社1992年版，第968页。）

乃至实现人与人休戚与共、痛痒相关和民胞物与、万物一体之生命共同体理想生活愿景的动态过程。显然，就儒家的仁道理念而言，亲亲孝悌之道之所以倍受重视，乃是因为它是培养普遍性的人类之爱或普世性的同情之心的天然的源头活水和坚实根基，反之，追求普遍性的人类之爱或践行普世性的同情之心，也并不以排斥、否定和牺牲前者为代价。

除了上述多层级的共同体理念和博大包容的仁道理念之外，中国人在历史上还发展出并积累下了在一个文明内部处理和应对多元化存在的丰富而深邃的、富有高度智慧的哲学理念、综合理性与包容精神，如"和而不同""求同存异"的和谐思想、多元一体的综合智慧和"有容乃大"、诸教合一的仁厚宽容精神等。"和而不同"的观念在中国古代产生很早，可以说是中华文化中具有典型意义的和谐思想与哲学智慧。从现有的文献资料来看，"和"与"同"作为一对区别事物"同一性"的两种不同含义的哲学范畴，最早是由西周末年的史伯提出来的。他认为"和"是事物产生、发展的根本法则，而"同"则不利于事物的生存与发展，所谓"和实生物，同则不继"，具体言之即"以他平他谓之和，故能丰长而物归之；若以同裨同，尽乃弃矣"（《国语·郑语》），也就是说，"和"是指众多不同事物之间的和谐、矛盾诸方面的平衡，亦即事物多样性的统一，相反，"同"则指无差别的同一。春秋时期齐国的晏婴继承和发展了史伯关于和而不同的思想，他以"和羹""和声"为例生动而深刻地揭示了相反相济、相反相成的道理，并运用"尚和去同"的思想来说明君臣上下的关系应以"和而不同"为准则的道理，即臣下对君主不应随声附和，而是要"君所谓可而有否焉，臣献其否以成其可"，反之，"君所谓否而有可焉，臣献其可以去其否"，只有这样才能"政平而不干，民无争心"（《左传·昭公二十年》）。而孔子更将"和而不同"看作处理人与人之间、不同意见之间关系的理想准则，他讲过这样一句人所熟知的名言，即"君子和而不同，小人同而不和"（《论语·子路》）。

"和而不同"的思想无疑蕴涵着极其丰富而深刻的哲理，当然，我们不应对此仅做片面的理解，其实，我们的先哲还特别重视人类合作中的"求同存异"问题。人类的任何一项事业都有赖于人们之间的协同合作,这既需要充分尊重参与其中的每一个人各不相同的个性特征、知识能力及意见表达等,同时又强调人们之间同心同德的合作意识十分必要。就人与人之间的合作关系而言,"和而不同"与"求同存异"同样重要,两者并不矛盾。"和而不同"的思想可以说内含着对多元事实的承认,蕴涵着对事物差异性和多样性的接受与包容的态度,强调的是多样性的统一;而"求同存异"则注重的是以同舟共济、休戚与共的共同感来构筑人类合作的基础,即在达成某种基本共识(或可说为"小同")的基础上,或在某种远大而共同的理想目标(或可说为"大同")的指引下,暂时将易于引发或导致矛盾和冲突的"异"的一面放在一边,通过协同合作来共同推动人类某项事业的发展。

在历史上,中华民族的先哲先贤将"和而不同"与"求同存异"的思想原则灵活用于处理不同民族与地域、不同文化和不同学术思想派别之间的关系问题,而发展出了一种"多元一体"的综合智慧和"有容乃大"的包容精神。譬如,在我国多民族文化交融汇合的过程中,虽然也有过摩擦、碰撞和冲突,但主导方面却是和平相处、互相学习、取长补短、共同发展,正因为这样,才能形成中华民族、中华文化和中华思想"多元一体"的基本格局与显著特征。可以说,中华民族共同体和中华文化之所以能够在国内多民族文化融合与中外文化交汇中不断丰富和发展,或者说其可久可大、历久而常新的无穷魅力和强大生命力的根源,就在于她那极富特色的寻求多样性统一的和谐思想、注重多元一体的综合智慧和博大融通的包容精神。

正是在上述多层级共同体和仁道理念以及和而不同、求同存异、有容乃大的文化价值观的深刻影响下,如梁漱溟先生所说,一方面,中国人的生活以家庭家族为重心而易于"养成身家观念重",但另一方面,中国人又"富有天下观念,富有大公无私的心理"而易于"养成天下为公四海一家的精神"①。换言之，身家观念重、重视孝悌亲亲之道，使中国人一向拥有持久深厚的家国情怀，但其家国情怀却并不自私而狭隘，因为另一方面"天下为公四海一家"的精神和博大宽容的仁道理念以及和而不同、求同存异、有容乃大的文化价值观念，又使中国人不断超越家国封闭而狭隘的疆界和夷夏之辨的思想藩篱，去不断追寻整个天下或人类整体作为命运共同体的理想生活愿景。因此，正如梁漱溟先生所言："中国人是富于世界观念的，狭隘的国家主义和民族主义在中国没有，中国人对于世界向来是一视同仁的。"② 吕思勉先生亦曾指出，中国人是向来没有狭隘的国家观念的，"中国人总愿意与天下之人，同进于大道，同臻于乐利。有什么办法，可以使天下的人，同进于大道，同臻于乐利，中国人总欣然接受"，而"压服他人，朘削他人，甚而至于消灭他人的思想，中国人是迄今没有的"③。

尤其值得我们注意的是，上述中国人独具特色的多层级共同体理念，乃是一个家国天下的关联性的整体序列，一个个分立的家构成了国（分封制下的列国，郡县制下的郡、县、乡、里）的组织单位，而一个个并列的国又构成了整个天下的组织单位，故上一层级的共同体必须以分立并列的下一层级的共同体为本为基，但是，分立、并列并不意味着是一种分裂、隔离的状态，因为上一层级的共同体同时亦须为分立并列的下一层级的共同体提供一种超越性、保护性和整体性的纽带关联，以维系分立、并列的下一层级共同体的和谐共生和多元统一。故中国人之所以身家观念重，乃是因为家是中国人整个

① 梁漱溟：《中国人的长处与短处》，见《梁漱溟全集》（第五卷），山东人民出版社1992年版，第982页。

② 梁漱溟：《中国人的长处与短处》，见《梁漱溟全集》（第五卷），山东人民出版社1992年版，第980页。

③ 吕思勉著，李永圻、张耕华整理：《吕思勉中国文化史 中国政治思想史讲义》，天津古籍出版社2007年版，第211、212页。

共同体生活序列的根基或根本，但中国人又一向推崇"大一统"①，乃是因为只有整体关联和多元一体才能更好地维系分立、并列的小共同体的和谐共生和安定团结。因此，中国人的多层级共同体理念及其关联模式，不同于鲍曼所批评的"依赖于分隔、隔离和距离的保持"来维持"共同体的和谐一致"的"多元共同体主义"理念②，而是希望在各层级共同体之间维持一种本末相关、终始相连的整体和谐或多元一体格局，加之仁厚宽容的仁道理念与和而不同、求同存异、有容乃大的文化价值观念对这一多元一体格局发挥了至关重要的融贯、联接和浸润作用，这可以说是中华民族共同体之所以能够如此拓大悠

---

① 杨向奎尝言："一统和大一统思想，三千年来浸润着我国人民的思想情感，这是一种向心力，是一种回归的力量。这种力量的源泉不是狭隘的民族观念，而是一种内容丰富，包括有政治、经济、文化各种要素在内的'实体'，而文化的要素有时更占重要地位。'华夏文明'照耀在天地间，使人们具有自豪感和自信心，因而是无比的精神力量。它要求人们统一于'华夏'，统一于'中国'，这'华夏'与'中国'不能理解为大民族主义或者是一种强大的征服力量，它是一种理想，一种自民族、国家实体升华了的境界。这种境界有发达的经济、理想的政治、崇高的文化水平而没有种族歧视及阶级差别，是谓'大同'。"（杨向奎：《大一统与儒家思想》，北京出版社2011年版，第1页。）

② 依鲍曼之见，建立隔离区和多元共同体主义的诉求所具有的潜在危险或现实危害性在于，"一个隔离区不是一个有共同体感觉的温室。相反，它成了社会分裂、社会碎片化和社会沦丧的实验室"，因此，"隔离区意味着共同体的不可能"。建立隔离区以便隔离他者或自我隔离，无疑源于人们之间深深的敌意和不安全感，而这种不安全感也"往往会把多元文化转变成'多元共同体主义'。根深蒂固的或者微不足道的、明显的或是很难觉察的文化差异，在狂热的防护墙与导弹发射台的建设中，被用作了建筑材料。'文化'变成了被围困的堡垒的同义词，在被围困的堡垒内，居民每天都要求证明他们坚贞不渝的忠诚，并有意避免与外来者的亲密接触。'保卫共同体'必须优先于所有其他责任。……这样建立起来的共同体，变成了以分裂、孤立、分离与疏远为根本目标的探险"。因此，在追寻共同体的过程中，构筑人们之间的安全感乃是至关重要的，因为"安全感是与世隔绝、门墙紧闭的共同体的敌人。感觉安全使得把'我们'与'他们'阻隔开来的海洋看起来更像诱人的游泳池"，"安全感是文化之间对话的必要条件。没有这种安全感，共同体相互开放的可能性，参加可以使它们都受益并加强和睦相处的人性的会谈的这种可能性，就微乎其微。有了它，人性的前景看起来就是光明的"。［英］齐格蒙特·鲍曼著，欧阳景根译：《共同体》，江苏人民出版社2003年版，第151—152、176、177、184页。

久的根本原因所在。

三、结束语：立足现实，走向未来

中华民族和中华文化从来就不是一种完全同质性的单一实体，而是一种内部包含着差异性或多样性的文明实体。[①] 中华民族不是由单一民族所构成，而是在长期的历史进程中各民族经过不断融合而形成的；中华文化也不是由单一的思想文化因素所构成，而是由各种不同的思想文化因素所构成的一个复杂的文化体系。其内部尽管有矛盾与冲突，但中华民族和中华文化却格外珍视和崇尚和谐与统一，因此，在中华民族的历史上和中华文化的内部，整体对多样性的包容与多样性不断趋于融合的走向始终居于主导的地位，而中国之所以为中国，正在于她是一个统一的多民族的文明国家，是一个内部既富有差异性和多样性而又在长期的调适过程中不断趋于融合的"多元一体"化的文明实体。"一个文明，多元的存在"或"一个共同体，多民族的存在"的说法，也许正是对中华文明和中华民族共同体基本特征的最好概括。

2014年9月，习近平总书记在中央民族工作会议上指出："多民族是我国的一大特色，也是我国发展的一大有利因素。各民族共同开发了祖国的锦绣河山、广袤疆域，共同创造了悠久的中国历史、灿烂的中华文化。我国历史演进的这个特点，造就了我国各民族在分布上的交错杂居、文化上的兼收并蓄、经济上的相互依存、情感上的相互亲近，形成了你中有我、我中有你，谁也离不开谁的多元一体格局。"[②] 因此，"加强各民族交往交流交融，尊重差异、包容多样，让各民族在中华民族大家庭中手足相亲、守望相助"[③] 实是中华民族共同体构建的题中应有之义，而且，中华民族与各民族之间理应是一种一体多元、多元合一的关系。因此，在今天，就中华民族共同体的构建

---

① 参见［英］马丁·雅克著，张莉、刘曲译：《当中国统治世界：中国的崛起和西方世界的衰落》，中信出版社2010年版，第165页。

②③参见新华网北京2014年9月29日电，《中央民族工作会议暨国务院第六次全国民族团结进步表彰大会在北京举行》。

而言，决不能像有的学者那样，因为无视我国数千年历史演进的特点和已经形成的各民族"你中有我、我中有你"的现实状况，竟然认为中华各民族互不相关，乃至在此错误认识的基础上将中华民族共同体之构建简单地等同于"同质性"的现代国家国族之建构。在我看来，中华民族共同体的构建必须也理应遵循"推行以渐"的化导方法和构建原则，努力在促进中华各民族共同繁荣和保持中华各民族文化个性特点的基础和前提下，进一步增强各民族对中华民族共同体的认同意识，乃至在中华各民族之间实现多样性的统一这一优良而美好的共同生活之道。具体而言，这既需要我们在承认内部各民族之间如兄弟一般的真挚情谊和平等权利，承认内部民族文化的多样性的前提下，积极思考如何不断深化和增进中华各民族、各地区之间的经济交往、文化交流和政治团结，以及国家应通过什么样的政策规划和制度建制来为培养中华民族共同体认同意识创造条件和奠定基础，同时又需要我们切切记取鲍曼的共同体理论对隔离区、社会分裂和"多元共同体主义"的批评反思，应高度警醒、认真应对和努力消除各种狭隘的地方观念、民族分裂势力和宗教原教旨主义对中华民族共同体的危害，为此，坚持长期持续不懈地真诚善意对话，努力在各兄弟民族之间构筑一种牢固的安全感乃是至关重要的。

反思历史，是为了更好地走向未来；而走向未来，亦必须立足现实。依笔者之见，从中华民族共同体的未来发展与前景的角度来讲，上述儒家特色的多层级共同体理念和仁厚宽容、和而不同等文化价值观念仍然是引领我们走向未来的方向指引。如果说"对于所有的认同来说，在理论上和实践上真正重要的则是：它是如何、从哪儿、被谁、为了什么，而建构起来的"[1]，那么，在今天，对于中华民族共同体的建构及其认同意识的培育，必须也理应是从中华各族人民的实际需要出发，为了所有中华儿女并由全体中国人民来协作合力共同完成的一项伟大事业。为了更好地实现这一伟大事业所追求的理想目标，最后仍需特别强调的是，基于家国天下的多层级共同体的整体关

---

① ［美］曼纽尔·卡斯特著，曹荣湘译：《认同的力量》（第二版），社会科学文献出版社2006年版，第34页。

联或多元一体理念，一方面，我们必须承认家庭、地域、族群、国家等不同层级和各种意义上的共同体对于世人身份认同和寄托其归属感所具有的重要性及其特殊意义；另一方面，我们也明确反对狭隘的家庭主义、地方主义、民族主义和国家国族主义，多层级共同体之优良治理秩序的建构必须遵循不断超越而层层上达的扩展性理想，正如杜维明先生所说，"不能超越家庭主义或裙带关系，就不能成全家庭；不能超越狭隘的民族主义、地方主义，就不能成全地方；不能超越狭隘的国族主义，就不能真正爱国；不能超越人类中心主义，就没办法完成你作为一个人的最高的理想"①。正唯如此，我们决不是狭隘自私的民族国家主义者，我们是放眼世界、胸怀天下、富有"天下为公四海一家"精神的人类主义者，我们"愿意与天下之人，同进于大道，同臻于乐利"，因此，我们同时还乐于致力于人类命运共同体的建构。

增强中华民族共同体的认同意识，把我们的家园和国家首先建设好，这并非出于一种狭隘的自私之心，而是因为中华民族共同体是我们中华儿女共同的家园，是我们首先切己相关、痛痒关心所在，正如明末清初大思想家王夫之所说，"仁莫大于亲亲，非其私之之谓也"②，而是因为"唯斯二者，痛痒关心，良心最为难昧"③。中国人向来没有狭隘的国家观念和民族意识，我们富有"天下为公四海一家"的精神，我们追求和向往"天下一家"、大同世界的终极社会理想和崇高政治目标，但我们也从不架空虚设一种高远孤悬的天下主义理想，也不认为可以跨越时代的可能性而一下子实现大同社会的终极理想。为了在理想与现实、家国与天下之间寻求平衡，一方面，我们务必切记，打铁必须自身硬，我们必须首先能够实现全面建成小康社会、实现中华民族伟大复兴的中国梦的奋斗目标，才有可能逐步引领全人类实现天下为公、大同世界的终极理想和崇高目标；但另一方面，我们也切勿忘记，追求实现天下为公、大同世界的终极社会理想又始终是我们应矢志不移而坚定

---

① 杜维明：《二十一世纪的儒学》，中华书局 2014 年版，第 54 页。

② 王夫之：《船山全书》第十册《读通鉴论》，岳麓书社 1996 年版，第 1122 页。

③ 王夫之：《读四书大全说》，见《船山遗书》（第五卷），北京出版社 1999 年版，第 2620 页。

为之不断努力奋斗的远大而崇高的目标，因为在终极理想的意义上，只有化天下为一家、四海为兄弟，才能使整个天下真正成为一个人类休戚与共的命运共同体，因为只有这样的"天下"，才是"大道之行也，天下为公"(《礼记·礼运》)的天下，也只有这样的"天下"，才能像我们头上的星空和脚下的大地那样，真正激起和唤醒我们内心深处的永恒希望，真正拥有温暖和鼓舞人心的伟大力量。

（原载《中央社会主义学院学报》2017 年第 5 期，收入本书时有改动）

大学之道与人类命运共同体建构的实践进路

人与世界的关系乃是古今中外各种思想流派所共同关注、探究和思考的核心议题，而且，在各种各样的思想论域中，人与世界常常是一种相互定义的关系。人们对于人的看法会塑造甚至决定其有关世界的观念，反之，人们对于世界的看法也会塑造甚至决定其有关人的观念。

从一种对人的过度单一的看法或绝对视角来看，会导致世界图景的扁平化，如就中国思想的各种传统而言，墨家认为人生之初如禽兽而只知自爱自利，欲将此自爱自利之人彻底改造成兼爱利他之人，必须利用尚同一义或国家集权化的方式；道家认为人世间一切的祸乱皆缘起于人类的贪欲、知识、欺诈、虚伪，需要完全抛弃由此而形成的人类文明，才能真正恢复人类自然淳朴的本真属性；法家认为人只是一种好利自为的动物，通过利益诱导和有效操控的手段和方法，便可以将所有人完全改造成受君国全面支配和绝对控制以实现富国强兵之目标的工具。所有这些单一主义的价值原则，可以说彻底消融和吞噬掉了存在于人与人、家与家、国与国之间难以消除的所有差异，而差异就根源于性近习远的错综复杂的人类特性。

而在孔子和儒家看来，人是一种社会性和伦理性的存在，是一种本性相近而积习相远的动物，是一种将人之为人的普遍性、共同性与族聚类分的特殊性、多样性结合为一体的群居性动物。个体之身心习性与人际之伦理关系，血缘亲情之家庭家族，乡党邻里之地方社群，广土众民之封邑邦国，乃至涵盖全体人类之整个天下，所有这些都共同构成了孔子儒家看待人与世界及其关系问题的不可化约的条件和因素。正是这些错综复杂的条件和因素形塑了人类的差异性与多样性，然而，我们需要深入探究思考和明辨区分的问题正在于：什么样的差异是不可避免而可以容忍和接受的？什么样的差异是不合理而需要改变和消除的？人们究竟应如何妥当而审慎地看待和处理人类的多样性问题？所有这些问题都是不可一概而论，也不是能够轻易给出一个终极答案的。孔子儒家正是要在性近习远的人类特性基础上来试图实现某种共同的"和而不同"的道德理想———一种既承认人的差异性和多样性又坚持奉行把人当成人来对待的仁道原则并以超越习性差异和利益分歧的普适性的行为准则和道德信条来修己化人的道德理想。

《大学》曰：

> 大学之道，在明明德，在亲民，在止于至善。……物有本末，事有终始。知所先后，则近道矣。

> 古之欲明明德于天下者，先治其国；欲治其国者，先齐其家；欲齐其家者，先修其身；欲修其身者，先正其心；欲正其心者，先诚其意；欲诚其意者，先致其知。致知在格物。

> 物格而后知至，知至而后意诚，意诚而后心正，心正而后身修，身修而后家齐，家齐而后国治，国治而后天下平。

> 自天子以至于庶人，壹是皆以修身为本。

显然，《大学》的上述理念为我们呈现了一种典型的儒家式的世界观模式：人是一种生活在"家—国—天下"多层级共同体所构成的世界秩序中的存在，尽管家、国、天下诸共同体在组织结构及其运作机理、构成人员的数量与规模方面存在种种的不同，然而，所有这些共同体都是由一个一个的人所构成的，而人与人之间的关系乃是所有问题的根源，只有立基于梁漱溟先生所谓"两方互以对方为重"的均衡性的"伦理本位"①观念，才能构建一种优良的人伦关系秩序与各层级美好的共同体生活，而不至于像墨子所说的那样："内者父子兄弟作怨恶离散，不能相和合；天下之百姓，皆以水火毒药相亏害。至有余力，不能以相劳；腐朽余财，不以相分；隐匿良道，不以相教。天下之乱，若禽兽然。"（《墨子·尚同上》）当然，解决问题的办法并不一定非要强制推行尚同一义之政不可，依《大学》作者之见，"物有本末，事有终始。知所先后，则近道矣"。可见，儒者之学的根本特质在知本末先后之次序，务须以人人修身为根本，并依循本末先后之序而层层递进，奠基以固本，超越以上达，以便通过修齐治平的层累渐进方式来实现一种不断扩展的多层级共同体的优良治理秩序与美好生活。

孟子曰："人有恒言，皆曰'天下国家'。天下之本在国，国之本在家，家之本在身。"（《孟子·离娄上》）故《大学》言："欲明明德于天下者，先治其国；欲治其国者，先齐其家；欲齐其家者，先修其身；欲修其身者，先正其心；欲正其心者，先诚其意；欲诚其意者，先致其知。致知在格物。"上以下为本，后以先为基，然而，反过来讲，置身于家国天下的多层级共同体秩序之中而欲实现一种优良的治理与美好的共同体生活，亦须由身而家、由家而国、由国而天下地不断上达与超越。正如杜维明先生所说："对于超越，简单地说，不能超越主观主义，就不能成全自己，主体性就难以彰显；不能超越家庭主义或裙带关系，就不能成全家庭；不能超越狭隘的民族主义、地方主义，就不能成全地方；不能超越狭隘的国族主义，就不能真正爱国；不能超越人类中心主义，就没办法完成你作为一个人的最高的理想。……牟宗三先生所说的'层层限定，层层破除限定'就是这样一个思路。"②

无论是强调"天下之本在国，国之本在家，家之本在身"，还是注重"层

---

① 梁漱溟：《中国文化要义》，见《梁漱溟全集》（第三卷），山东人民出版社1990年版，第94—95页。

② 杜维明：《二十一世纪的儒学》，中华书局2014年版，第54页。

层限定,层层破除限定"而不断追求上达与超越,其实从不同侧面揭示了同一种修齐治平的儒家智慧,即既重视修身立本、层层递进的实践进路,同时又不失循序以进、层层上达的超越理想;只有从对个人修身的关注进到对人类整体的关注,既富有深切的家国情怀,同时又不为狭隘的家国观念所限定,才能真正建构一种有本有源的人类命运共同体,如吕思勉先生所说:"中国人总愿意与天下之人,同进于大道,同臻于乐利。有什么办法,可以使天下的人,同进于大道,同臻于乐利,中国人总欣然接受","压服他人,朘削他人,甚而至于消灭他人的思想,中国人是迄今没有的"。① 这就是《大学》所谓的大学之道所带给我们的最深切而富有智慧的有益启示。

(本文是笔者 2019 年 9 月 21 日参加在天津师范大学举办的"'中国政治思想与人类命运共同体构建'暨第八届中国政治思想史论坛"时提交的会议发言稿,收入本书时有改动)

---

① 吕思勉著,李永圻、张耕华整理:《吕思勉中国文化史 中国政治思想史讲义》,天津古籍出版社 2007 年版,第 211、212 页。

孔曾颜之志与儒家和平主义

重思孔子和儒家和平主义的理想诉求，并不仅仅是为了发思古之幽情，而且也是为了充分领会我们所隶属的和平主义传统，正如美国著名哲学家麦金太尔所说，这一充分领会的美德"不可混淆于任何形式的保守主义好古癖"，"相反，事实毋宁是，对传统的充分领会是在对未来可能性的把握中显示自身的，并且正是过去使这些未来可能性有益于现在"①。当然，我们所隶属的和平主义传统，并非只有儒家之一种，力行兼爱、尚同非攻的墨家和崇尚自然、与世无争的道家亦同属于中国和平主义的传统，而且，西方亦有西方的和平主义传统。然而，对于我们而言，孔子和儒家的和平主义传统自有其鲜明的特色和深刻而独到的教益。

在我看来，我们必须也只有将儒家的和平主义置于孔子私学教育事业的整体脉络中来加以了解和审视，才能更好地理解其丰富的思想内涵和具体的实践进路。孔子决不是一位空言立说或只是一味空口宣扬某种主义的宣传

①［美］A.麦金太尔著，宋继杰译：《追寻美德：伦理理论研究》，译林出版社 2003 年版，第 283 页。

家，孔子所谓的有道之世，是指一种和平、富足、人道而文明之社会生活的理想愿景。为了实现这一有道治世的理想目标，孔子矢志不渝地终身致力于培养健全人格的私学教育事业，希望受过教育、富有仁德修养和礼仪文明教养的君子能够以德致位、修己安人、改良政治、领袖群伦、造福社会。因此，可以说，孔子事实上乃是将其对天下太平的目标追求及其和平治世理想的具体实现主要寄寓在对人的教育事业之中，尤其是寓和平理想于人的心志教育之中，就像撒播种子一样而将和平的信念播种在人的心田之间，使每个受过教育的人都胸怀经世济民、治平天下的理想与抱负。

如所周知，作为中国历史上最伟大的教育家，孔子乃是中国历史上兴办私学教育事业并取得空前巨大成功的第一人，而且，是"中国历史上特立新创的第一个以教导为人大道为职业的教育家"[①]。其中，有一个值得我们深思的问题就是，孔子的教义和信条为何能够吸引一大批出身微贱的平民弟子，他的什么教导能够如此被弟子们心悦诚服地认同和接受，并被认为是充满意义和生命力的？换言之，对孔子和孔门弟子来讲，什么才是世界上最激动人心的事情？简言之，就是通过修身为学来实现自我的转化、成就自身完美的道德人格；就是对美德的追求，对自我的不断超越与完善，实现学为君子、成圣成贤的人生目标。

为了将弟子们培养成富有仁德修养和礼仪文明教养的道德君子，孔子格外注重指点和激发弟子们的向上心，教弟子反省自求而不断地下学上达，如子曰："士志于道，而耻恶衣恶食者，未足与议也。"（《论语·里仁》）"学如不及，犹恐失之。"（《论语·泰伯》）"譬如为山，未成一篑，止，吾止也。譬如平地，虽覆一篑，进，吾往也。"（《论语·子罕》）诚如梁漱溟先生所说，所谓"向上心"，乃是指"不甘于错误的心，即是非之心，好善服善的心，要求公平合理的心，拥护正义的心，知耻要强的心，嫌恶懒散而喜振作的心……

---

① 钱穆：《孔子传》，生活·读书·新知三联书店2002年版，第12页。

总之，于人生利害得失之外，更有向上一念者是"①。正唯如此，孔子才能在历史上首开其端地创造了一个教育史上的奇迹——弟子三千，贤者七十二，皆身通六艺的异能之士。其中，弟子中最卓越著名者，如子路，一个"无恒之庸人"被培养成了一位见义勇为的勇士；如子贡，一个精通经营之道的商人被培养成了一位才智超群的辩士；如颜回，一个居住在陋巷的贫家子弟被培养成了富有仁德修养、志向远大的圣士。尤其是作为德行科首徒、孔门弟子中最为好学的颜回，以其卓越的仁德修养而向后人充分展现和昭示了这样一种人生的道理，即一个人的生命价值，究竟取决于什么因素？不是贫富贵贱，更不是寿命长短，而在于其道德的修养，此即立德之不朽。

不管怎样，依我之见，孔子私学教育事业的成功，与其开创性地提出并实施了一系列合乎人性需要的教育教学原则、理念与方法，如有教无类、因材施教、好学乐学等，是密不可分的。而说到底，夫子的成功秘诀就在于其循循善诱而成效显著，在此，需要特别提出来加以强调的是，贯穿在孔门的具体教学活动中、作为其私学教育的一项重要内容和方法之一的就是，孔门师徒经常面对面地坦诚交流各自的志向、理想和抱负，不仅通过师徒之间心志的坦白交流和真诚沟通来增进彼此之间的了解，更重要的还在于孔子将和平理想真正植入了对弟子们进行心志教育的过程之中了。

现将相关文献记载备列如下：

1. 颜渊季路侍。子曰："盍各言尔志？"子路曰："愿车马衣轻裘与朋友共敝之而无憾。"颜渊曰："愿无伐善，无施劳。"子路曰："愿闻子之志。"子曰："老者安之，朋友信之，少者怀之。"（《论语·公冶长》）

2. 子路、曾晳、冉有、公西华侍坐。子曰："以吾一日长乎尔，毋吾以也。居则曰：'不吾知也！'如或知尔，则何以哉？"子路率尔而对曰："千乘之国，摄乎大国之间，加之以师旅，因之以饥馑；由也为之，比及三年，可使有勇，且知方也。"夫子哂之。"求！尔何如？"对曰：

① 梁漱溟：《中国文化要义》，见《梁漱溟全集》（第三卷），山东人民出版社1990年版，第133页。

"方六七十，如五六十，求也为之，比及三年，可使足民。如其礼乐，以俟君子。""赤！尔何如？"对曰："非曰能之，愿学焉。宗庙之事，如会同，端章甫，愿为小相焉。""点！尔何如？"鼓瑟希，铿尔，舍瑟而作，对曰："异乎三子者之撰。"子曰："何伤乎？亦各言其志也。"曰："莫春者，春服既成，冠者五六人，童子六七人，浴乎沂，风乎舞雩，咏而归。"夫子喟然叹曰："吾与点也！"三子者出，曾晳后。曾晳曰："夫三子者之言何如？"子曰："亦各言其志也已矣。"曰："夫子何哂由也？"曰："为国以礼，其言不让，是故哂之。""唯求则非邦也与？""安见方六七十如五六十而非邦也者？""唯赤则非邦也与？""宗庙会同，非诸侯而何？赤也为之小，孰能为之大？"（《论语·先进》）

3.孔子游于景山之上，子路、子贡、颜渊从。孔子曰："君子登高必赋。小子愿者，何言其愿。丘将启汝。"子路曰："由愿奋长戟，荡三军，乳虎在后，仇敌在前，蠡跃蛟奋，进救两国之患。"孔子曰："勇士哉！"子贡曰："两国构难，壮士列阵，尘埃涨天，赐不持一尺之兵，一斗之粮，解两国之难。用赐者存，不用赐者亡。"孔子曰："辩士哉！"颜回不愿。孔子曰："回何不愿？"颜渊曰："二子已愿，故不敢愿。"孔子曰："不同，意各有事焉。回其愿，丘将启汝。"颜渊曰："愿得小国而相之。主以道制，臣以德化，君臣同心，外内相应。列国诸侯，莫不从义向风，壮者趋而进，老者扶而至。教行乎百姓，德施乎四蛮，莫不释兵，辐辏乎四门。天下咸获永宁，蝖飞蠕动，各乐其性。进贤使能，各任其事。于是君绥于上，臣和于下，垂拱无为，动作中道，从容得礼。言仁义者赏，言战斗者死。则由何进而救？赐何难之解？"孔子曰："圣士哉！大人出，小子匿。圣者起，贤者伏。回与执政，则由赐焉施其能哉！"（《韩诗外传》卷七）

4.孔子与子路子贡颜渊游于戎山之上。孔子喟然叹曰："二三子各言尔志，予将览焉。由尔何如？"对曰："得白羽如月，赤羽如日，击钟鼓者，上闻于天，旌旗翻翻，下蟠于地，使将而攻之，惟由为能。"孔子曰："勇士哉！赐尔何如？"对曰："得素衣缟冠，使于两国之间，不持尺寸之兵，升斗之粮，使两国相亲如兄弟。"孔子曰："辩士哉！回尔何如？"对曰："鲍鱼不与兰茝同笥而藏，桀纣不与尧舜同时而治。二子已言，回何言哉？"孔子曰："回有鄙之心。"颜渊曰："愿得明王圣主为之相，使城郭不治，沟池不凿，阴阳和调，家给人足，铸库兵以为农器。"孔子曰："大士哉！由来，区区汝何攻？赐来，便便汝何使？愿得衣冠为子宰焉。"（《韩诗外传》卷九）

5.孔子北游于农山，子路、子贡、颜渊侍侧。孔子四望，喟然而叹曰："于斯致思，无所不至矣。二三子各言尔志，吾将择焉。"子路进曰："由愿得白羽若月，赤羽若日，钟鼓之音上震于天，旌旗缤纷下蟠于地。由当一队而敌之，必也攘地千里，搴旗执馘。唯由能之，使二子者从我焉。"夫子曰："勇哉！"子贡复进曰："赐愿使齐、楚合战于漭漭之野，两垒相望，尘埃相接，挺刃交兵。赐著缟衣白冠，陈说其间，推论利害，释国之患。唯赐能之，使夫二子者从我焉。"夫子曰："辩哉！"颜回退而不对。孔子曰："回，来！汝奚独无愿乎？"颜回对曰："文武之事，则二子者既言之矣，回何云焉？"孔子曰："虽然，各言尔志也，小子言之。"对曰："回闻薰、莸不同器而藏，尧、桀不共国而治，以其类异也。回愿得明王圣主辅相之，敷其五教，导之以礼乐，使民城郭不修，沟池不越，铸剑戟以为农器，放牛马于原薮，室家无离旷之思，千岁无战斗之患。则由无所施其勇，而赐无所用其辩矣。"夫子凛然曰："美哉德也！"子路抗手而对曰："夫子何选焉？"孔子曰："不伤财，不害民，不繁词，则颜氏之子有矣。"（《孔子家语·致思》）

孔门师徒之各言其志，直接表达了其各自的人生志向与根本关怀。据前文第1条材料，子路与人交友而重情义，轻财与共，重在外在行为表现；颜渊好学修德，不夸耀自己的善行，不张扬自己的功劳，重在内在品格修养。而孔子本人则深愿老者能得其安养，朋友能信任相交，少者能怀以慈惠，重在修己以安人。据第2条材料，子路具治军安邦的能力，能使人民勇而知义；

冉有具治政理事的才干，能使人民过上富足的生活；公西华愿为相礼者，能主持宗庙祭祀和诸侯会见之礼仪事务；曾皙之志则在能于暮春时节，穿上新制成的春服，约上五六个成人、六七个童子，到沂水去沐浴，在舞雩台下享受春风拂面，然后一路歌咏着回家。据第3、4、5条材料，子路好勇而具军事才能，可以帅军使将而进救两国交争之患；子贡善辩而具外交才能，可以论说利害而平息两国交兵之患；而颜回则唯愿得明王圣主而辅相之，进贤使能，各任其事，且施行父义、母慈、兄友、弟恭、子孝之五种教化，导之以礼乐，使人民城郭不修，沟池不越，铸剑戟以为农器，放牛马于原薮，室家无离旷之思，千岁无战斗之患，天下咸获永宁。

在我看来，我们似无须多作他想，事实上孔子师徒所表达的无非是他们对于修德、交友、治国、安民等人生、伦理与政治问题的一贯关切而已。其中，曾点之志似与其他弟子"皆欲得国而治之"的志愿不同，然而，曾点之志，与其说是一种个人休闲、超然洒脱的人生意境的表达，毋宁说是对有道治世之社会理想与生活愿景的公共性目标的追求，其所描绘的一幅春意盎然而民生安乐的图景，实则最能彰显孔门修己安民之社会理想目标诉求，与孔子本人"老者安之，朋友信之，少者怀之"的志愿是高度一致的，故能赢得孔子的首肯。颜回的景山、戎山或农山之志，也同样表达了与孔子之志高度一致的理想愿景，故亦得到孔子的高度赞赏。不过，孔子对曾点和颜回之志的首肯与赞赏，却并不意味着就对其他弟子之志皆所"不取"[①]。事实上，孔子师徒在有关各自志向的交流中，都不外表达了一种人与人友善相交、国与国和平相处乃至内修己德而外安民生的和平主义理想，只不过是人各有志而境界不同而已。综合上引材料来看，孔子师徒各自心志的表达事实上构成了一个层层递进、不断上达的系列，其中，孔子"老者安之，朋友信之，少者怀之"，曾点"浴乎沂，风乎舞雩，咏而归"，颜回"铸剑戟以为农器，放牛马于原薮，室家无离旷之思，千岁无战斗之患"的理想与志愿，无疑属于孔门所追求实现

①如宋儒程子曰："三子皆欲得国而治之，故夫子不取。"（参见朱熹撰：《四书章句集注》，中华书局1983年版，第131页。）

的、最能体现儒家和平主义之最高目标的社会理想与生活愿景。在孔颜师徒看来，至如子路以军事武力的手段和子贡以利害劝说的方式来挽救、平息战争之祸患的想法，其实只能奏一时之效，却并不能从根本上消除国与国之间的战争隐患。就此而言，孔曾颜之志才真正体现了儒家所追求实现的和平主义的最高理想与根本目标。

非和平即战争，非永续生存即自我毁灭，这是关乎人类未来可能性及其命运选择的大课题。在对人类文明之未来可能性的把握和展望中，重新思考和充分领会儒家的上述和平主义理想与志愿，难道不能带给我们一些深刻的教益或有益的启示吗？

（本文是笔者参加2019年11月30日—12月1日在山东曲阜召开的国际儒学论坛·2019——"儒家思想与人类和平"国际学术论坛时提交的会议论文，收入本书时有改动）

为了人民的安乐和福祉

——试论"马魂"与"中体"的共同使命

时至今日，中、西、马三"学"之间的关系早已不是简单的古今中西之争问题了，而是当今中国思想格局中三者共生并存的内部多元性问题。正是基于这一认识，我们认为，今日中国所面临的一个急迫而重大并极具现实意义的理论问题，就是如何更好地沟通和融合以中、西、马为主的各种不同的思想文化资源，使各种不同的思想文化资源能够在一种理性多元的公共论域或话语平台上彼此展开合理回应与良性对话。其中的一个关键问题便在于，如何看待和理解马克思主义的指导地位与中国文化的主体地位之相容性问题。依方克立先生之见，在当今中国的思想格局之中，从一定意义上说，马克思主义与中国文化都具有"体"的优位性，不过一个是主导性之"体"（他也称为"魂"），一个是主体性之"体"，二者既不能混同，而又彼此构成一种"相需"的关系，只有"强'魂'健'体'、'魂''体'相依才能成大用"[1]。这一

---

① 方克立：《中国文化的综合创新之路》，中国社会科学出版社 2012 年版，第 328、378 页。

精到的论断，非常值得我们严肃而认真地对待，而且，为了激发和引导世人对这一论断之深刻意涵做进一步深入的思考，我们认为很有必要从以下三个方面对这一论断稍加引申阐述。这三个方面，也可以说正是"马魂"与"中体"的三个能够彼此丰富、相互取益的结合点或共通性问题。当然，所谓"结合点"或"共通性"，绝非简单的类比，或将二者简单拼加、混同的结果，而是指一种综合创新之可能性的基点。

1. 人民本位

无论是"马魂"，还是"中体"，其中都蕴含着一种极为深切的政治哲学关怀，而政治哲学的思考关乎着政治事务的基本性质和政治生活的根本问题，譬如人们何以要组成政治社会，人们究竟应如何更好地共同生活在一起，政治的根本目的和应遵循的基本价值原则以及国家的基本职能是什么，等等。我们认为，在政治哲学上，"马魂"和"中体"最易于达成的一个基本共识就是，人是一种群居性或社会性的动物，人们只有组成一种有效而合理的政治社会才能更好地来维持其生存，如荀子说：人与人"离居不相待则穷，群而无分则争"（《荀子·富国》），而马克思的名言则是："人的本质不是单个人所固有的抽象物，在其现实性上，它是一切社会关系的总和。"①

不可否认，"马魂"与"中体"在对人的社会性的具体理解上存在着毋庸置疑的差异，前者强调生产关系的决定意义，后者强调人伦关系的核心作用。然而，它们基于其各自对人的社会性的现实理解而在政治上引申出了一个最为重要的和大体相同的看法，这集中体现在它们在政治生活中都坚持人民本位、人民中心或人民主体地位的观点和看法。如所周知，在中国文化语境和思想脉络中，所谓人民本位或人民主体地位，意味着视人民为国家之根本，视人民的安乐和福祉为政治的根本目的所在，诸如"民惟邦本，本固邦宁"（《尚书·五子之歌》），"政之所兴，在顺民心；政之所废，在逆民心"（《管子·牧民》），"国之所以为国者，民体以为国"（《管子·君臣下》），"乐民

① 马克思：《关于费尔巴哈的提纲》，见中共中央马克思恩格斯列宁斯大林著作编译局编译：《马克思恩格斯文集》（第一卷），人民出版社2009年版，第501页。

之乐者，民亦乐其乐；忧民之忧者，民亦忧其忧"（《孟子·梁惠王下》），"天下之治乱，不在一姓之兴亡，而在万民之忧乐"（《明夷待访录·原臣》），等等，这些极富中国民本文化特色的政治话语，无不深刻而鲜明地表达了人民本位的政治价值原则和目的信念。

在马克思主义的思想观念中，人民本位或人民中心的政治价值原则和目的信念无疑体现得更加充分、鲜明而深刻，因为马克思主义视人民为历史的创造者，乃至"全心全意地信奉着人民主权论"的政治价值原则，并希望将这一原则"贯穿整个社会制度的方方面面"，使之不仅"存在于政治生活中，还应当扩展到经济生活中去"[1]。比较而言，中国文化传统中的民本思想明显存在这样那样的时代局限性，特别是"欲在君主统治之下，行民本主义之精神"[2]，乃至在君主专制统治体制的制约下很难发挥其应有的政治影响和历史作用，但我们不能据此便推论说民本思想所表达的人民本位的政治价值原则和目的信念本身就是错误的。在民本思想中，人民的政治主体地位主要体现在人民被视为国家的根本和政治的根本目的，而在人民主权论思想中，人民的政治主体地位则更进一步体现为直接将政治权利和国家主权赋予人民。但从人民本位的政治价值信念层面来讲，我们认为两者不是对立和冲突的，而是互补和相需的。用前者拒绝和排斥后者是政治上的幼稚和愚蠢，用后者蔑弃和否定前者则是理性自负和肤浅的。

总之，无论是马克思主义之魂，还是中国文化之体，二者都具有一种突出而鲜明的人民性维度。要而言之，人民可以说既是"马魂"之魂，亦是"中体"之体。再进而言之，"马魂"之魂乃是人民主权之魂，"中体"之体乃是"民惟邦本"之体。体健则本可固而邦为宁，魂强则人有权而民主治，二者相互依存、交资为用，才真正体现了一种成熟的政治理性和智慧，也才能更好地成就中国特色社会主义事业。

① [英]特里·伊格尔顿著，李杨、任文科、郑义译：《马克思为什么是对的》，新星出版社2011年版，第200页。
② 梁启超：《先秦政治思想史》，东方出版社2012年版，第7页。

2. 天下情怀

无论是"马魂",还是"中体",它们那深切的以人民为本位或中心的政治情怀和价值信仰,都不仅仅局限于一个地区、国家或民族的狭隘的事务领域和范围,而是很自然地可以加以扩展,推而广之,发展成为一种更具普遍性的天下主义情怀或人类主义精神。

正如许多学者所指出的那样,在古代中国人的文化传统和政治理论中,向来缺乏国家(近代民族国家)的观念,或者"始终未尝认国家为人类最高团体",因此,"其政治论常以全人类为其对象","最大的目的是平天下",而"政治之为物,绝不认为专为全人类中某一区域某一部分人之利益而存在"①。狭隘的国家观念,在迄今为止的人类历史上引发了无穷的利益纷争和战争灾难,激发了古代中国人对天下和平与天下为公的大同社会理想的永恒追求和向往。早在两千多年前,对天下共有、共享和社会公平正义的渴望和追求,就使中国的先哲明确提出了"天下非一人之天下也,天下之天下也"(《吕氏春秋·贵公》)的崇高政治理想和信念。因此,在其理想的政治论中,总是极力反对将国家单纯视为刑法强制的统治机器或暴力机关,反对统治阶级借助国家的统治机器或暴力机关来谋求个人的私利,相反,他们认为"政治的真正目的是人民大众的福利和幸福",国家的存在理应是"一项协作性的事业"②;政治的领域应是人类休戚与共或与民同乐精神最淋漓尽致发挥作用的场所,统治者的职责所在便是服务于保障、改善民生的根本政治目的,以争取人心民意的最大支持。而其最终的目标便是天下的治平安乐,乃至于"中国人总愿意与天下之人,同进于大道,同臻于乐利。有什么办法,可以使天下的人,同进于大道,同臻于乐利,中国人总欣然接受的",正因为如此,"所以中国人容易接受社会主义"③。

---

① 梁启超:《先秦政治思想史》,东方出版社 2012 年版,第 4 页;吕思勉:《吕思勉讲中国思想史》,团结出版社 2019 年版,第 99 页。

② [美]顾立雅著,高专诚译:《孔子与中国之道》,大象出版社 2014 年版,第 5、154 页。

③ 吕思勉:《吕思勉讲中国思想史》,团结出版社 2019 年版,第 99—100 页。

诚然，"马魂"与"中体"产生和形成的社会历史环境不同，马克思主义诞生于欧洲特殊的社会历史环境中，但与中国文化天然的"反国家主义"或"超国家主义"①的政治论相当一致的是，对人类历史进程的深刻系统反思使马克思最清醒冷静地认识到国家作为阶级压迫和统治的暴力工具的现实本质，所以他不仅极力反对"政治压迫和独断专行的国家权力"，并希望"作为暴力工具的国家能够消亡"；不过，对马克思来说，国家将仍存在于社会主义阶段，并实际上认为"国家可以变为有益的强大力量"②。更加重要的是，我们必须认清社会主义以及马克思主义所追求的整个人类解放事业的本质，必须牢记"社会主义意味着每个人都能最大限度地参与社会生活"，"社会主义是这样的一个起点：从这一点开始，全人类都有权决定自身的命运。社会主义是认认真真的民主，而不是仅仅打着民主幌子的政治迷局"③。而且，正如"小康"只是实现"大同"社会理想的一个过渡阶段一样，社会主义也只是实现未来共产主义社会理想的一个过渡阶段，这一全人类解放事业的终极目标的实现，也正如马克思在《共产党宣言》中所说的，它意味着"每个人的自由发展是一切人的自由发展的条件"④。

毋庸讳言，中国人接受社会主义和马克思主义并不是一个简单的历史事实问题，而是社会主义和马克思主义思潮传播到古老的中国后逐渐产生其广泛影响，并与中国革命、建设、改革事业以及中国思想文化传统相互调适乃至紧密结合的一个错综复杂的动态过程。中国人之所以容易接受社会主义和马克思主义，我们认为一个最为重要的原因正在于它们那种共同的人民本位、人民中心和"超国家主义"的政治信念，以及全天下人同进于大道、共享普遍

---

① 梁启超：《先秦政治思想史》，东方出版社2012年版，第4页。

② [英]特里·伊格尔顿著，李扬、任文科、郑义译：《马克思为什么是对的》，新星出版社2011年版，第25、196、198页。

③ [英]特里·伊格尔顿著，李扬、任文科、郑义译：《马克思为什么是对的》，新星出版社2011年版，第93、80页。

④ 中共中央马克思恩格斯列宁斯大林著作编译局编译：《马克思恩格斯文集》（第二卷），人民出版社2009年版，第53页。

安乐和自由的社会理想，即天下情怀和人类精神。诚如熊十力先生尝言："夫自由者，人道之极则也。不自由，毋宁死，以其失去人生之意义故也。自由真义，吾先哲发挥最好。曰：我不欲人之加诸我也，吾亦欲无加诸人。故自由者，一己与人之同游于正义之中，任何团体，与任何个人，不得以非义加诸我，我亦不可以非义加诸任何个人或团体也。"①

3.实践优先

无论是中国文化的"大同"社会理想，还是马克思主义的共产主义社会理想，在实践的层面，理想的实现都不可能是一蹴而就的，对理想僭妄不实的过度追求乃至将这一理想过早地强加于整个社会，不仅无益，反而有害。譬如，历史上王莽式的全盘复古主义的失败就曾经给儒家"变法禅贤"的政治理想造成致命的打击，而思想上的"左"倾教条主义和政治上的躁进冒险主义也曾经给我们的社会主义革命和建设事业带来过浩劫与灾难，这是非常需要我们加以深刻反思的。理想不能代替现实，也不可能一下子实现，但理想之所以为理想，就在于它是超越现实的，"理想只有在同我们保持一定距离时才会温暖我们的心"②；理想之所以为理想，就在于它为我们指明了努力奋斗的目标，尤其是给我们提供了一种据以批判反思不合理现状的标准和尺度。因此，"马克思认为，重要的不是对于理想未来的美好憧憬，而是解决那些会阻碍这种理想实现的现实矛盾。而为人们指引解决问题的合理方向，正是马克思和所有马克思主义者的历史使命"③。

其实，就其实质而言，无论是"马魂"，还是"中体"，它们都不是死的教

① 熊十力：《为青年申两大义——公诚与自由》，见《境由心生：熊十力精选集》，陕西师范大学出版社2008年版，第157页。

② ［美］乔万尼·萨托利著，冯克利、阎克文译：《民主新论》，上海人民出版社2015年版，第116页。

③ ［英］特里·伊格尔顿著，李扬、任文科、郑义译：《马克思为什么是对的》，新星出版社2011年版，第73页。

条或僵化的意识形态教规，也都不是"政治的万能药"①，其真正的活的灵魂或方法论原则在于其具体问题具体分析、经权相资为用的知行合一的实践论。马克思说："社会生活在本质上是实践的。凡是把理论引向神秘主义的神秘东西，都能在人的实践中以及对这种实践的理解中得到合理的解决。""哲学家们只是用不同的方式解释世界，问题在于改变世界。"② 正是基于这一对社会生活和哲学问题意识之本质的重新定位，马克思引领了西方哲学的实践论转向。

　　相对于西方思辨优先的主流哲学倾向而言，中国文化的主流哲学倾向可以说是实践优先的，如张岱年先生所说："在古代，遵循道德原则而行动，谓之'身体力行'，谓之'躬行实践'。'身体力行'意谓在身上体现道德原则。'躬行实践'意谓将道德原则在生活中实现出来。'实践'一词在明代理论著作中已经屡见，意谓实际行动。"③ 当然，古人所谓的"行"或"实践"，与马克思主义所谓的"实践"，无论从内涵和范围上，还是从主体和对象意义上讲，都存在着极大的差异，譬如，古人"所谓实践主要是指个人行动而言，还没有今日所谓社会实践的意义"④，而马克思主义所谓实践更主要的是指社会实践，尤其强调生产实践活动对于改造现实世界的决定性作用。与古人强调通过个人身心修养而实现变化气质、完善品格的自我道德改造不同，马克思唯物主义的出发点是"人类的真实属性"，强调"我们首先是一种客观的、物质的，并且具有形体的存在"，人类应"通过改变周围物质环境而实现自我的改

---

① [英] 特里·伊格尔顿著，李扬、任文科、郑义译：《马克思为什么是对的》，新星出版社 2011 年版，第 190 页。

② 马克思：《关于费尔巴哈的提纲》，见中共中央马克思恩格斯列宁斯大林著作编译局编译：《马克思恩格斯文集》（第一卷），人民出版社 2009 年版，第 501、502 页。

③ 张岱年：《中国伦理思想研究》，见李存山编：《张岱年选集》，吉林人民出版社 2005 年版，第 356 页。

④ 张岱年：《中国伦理思想研究》，见李存山编：《张岱年选集》，吉林人民出版社 2005 年版，第 356 页。

造"，也就是说，人类"并非历史、物质，抑或精神的附庸，而是具有自主能动性，能够创造自身历史的生物。这意味着，相比于启蒙时期的知识精英主义，马克思的唯物主义是民主的。只有通过大多数人集体的实践活动，才有可能改变那些支配我们生活的思想观念，因为这些思想深植于我们的实际行为之中"①。然而，在我们看来，上述两种实践观并不是彼此冲突和对立的，它们都强调人具有自主能动性，都强调人通过行动来改造人类自身和世界的根本重要性，这也正是我们所谓实践优先的意涵所指。

中国文化的主流哲学倾向虽然对于通过生产实践活动改造世界乃至改造人类自身的伟力缺乏应有的认识，但是，他们的道德努力事实上也并不仅仅局限于个人的身心修养。尽管他们可以说是属于那种无恒产而有恒心、致力于个人道德改造的士人精英主义者，但是，对他们而言，"遵循道德原则而行动"事实上具有以修身为本而不断扩展推及于齐家、治国、平天下的广泛而深刻的社会政治实践的含义，而且，在这一不断推扩的实践活动过程中，他们乐于将最广大人民的根本利益和福祉纳入自己的深切政治关怀之中，如孔子主张"因民之所利而利之"（《论语·尧曰》），孟子主张实行仁政、制民恒产以便使人民首先能够过上一种不饥不寒、民生确有保障的安乐生活，然后再教育和引导人民孝悌向善，继而过上一种富有伦理道德意义的社群生活。另如历史上的一些循良之吏，他们勤政爱民，优先关切的便是民生疾苦，注重发展地方经济和兴办教育事业，尽心尽力地为民兴利，"凡有利于民者，为之无不力"②。而为人民大众谋福利也正是马克思主义者的根本政治关切、社会责任和历史使命之所在，当然，所不同的是，马克思主义者更加相信和依靠人民群众自身的力量，以便建设一个更加美好的社会，并满足人民对于美好生活的向往和追求。

综合以上三点，也许我们可以对于方克立先生的下述说法获得一种更加

---

① [英]特里·伊格尔顿著，李扬、任文科、郑义译：《马克思为什么是对的》，新星出版社2011年版，第134页。

② 赵尔巽等撰：《清史稿》，中华书局1977年版，第13090页。

深刻的认识和理解，即"马克思主义的传入不是中国文化的危机，而是给伟大中华文明的复兴带来了生机。马克思主义只是提供一种新的世界观和方法论，为人类文明发展指出一条通向大同的道路，它并不否定也不能代替民族文化的主体性。马克思主义作为一种外来文化，要在中国生根发展，不能没有中国文化这个接受主体"①。要而言之，"马魂"需要"中体"之根为之提供深厚的文化土壤，"中体"则需要"马魂"之理来引之提撕上遂。中国化马克思主义者的敏感神经，一定是一头连接着马克思主义的理论灵魂，一头又连接着五千多年中华文明之深厚文化根基。古人云："治国有常而利民为本"（《淮南子·氾论训》），"为治之本，务在于安民"（《淮南子·诠言训》），"为治之本，务在宁民"（《淮南子·泰族训》）。从治国理政的角度而言，利民、安民和宁民正是"马魂"与"中体"的共同政治关切和历史使命，为了人民的安乐和福祉这一共同的政治关切与历史使命，"马魂"和"中体"理当在政治上彼此协力合作，共同创造中华民族美好的未来，乃至造福于全人类。

（本文是笔者为方克立等著、谢青松编《马魂 中体 西用——当代中国文化的理论自觉》一书写的"代序"，该书由人民出版社于2019年1月出版，收入本书时有改动）

---

① 方克立：《现代新儒学与中国现代化》，天津人民出版社1997年版，第48页。

主要参考文献

杨伯峻译注：《论语译注》，中华书局 2006 年版

何晏等注，邢昺疏：《论语注疏》，上海古籍出版社 1990 年版

王文锦译解：《礼记译解》，中华书局 2001 年版

杨天宇撰：《周礼译注》，上海古籍出版社 2004 年版

杨伯峻译注：《孟子译注》，中华书局 2008 年版

方勇译注：《庄子》，中华书局 2015 年版

陈鼓应注译：《老子今注今译》，商务印书馆 2003 年版

张觉撰：《荀子译注》，上海古籍出版社 1995、2012 年版

刘康德撰：《淮南子直解》，复旦大学出版社 2001 年版

汪荣宝撰，陈仲夫点校：《法言义疏》，中华书局 1987 年版

杨朝明、宋立林主编：《孔子家语通解》，齐鲁书社 2009 年版

刘向撰，向宗鲁校证：《说苑校证》，中华书局 1987 年版

司马迁：《史记》，中华书局 1959 年版

周敦颐著，谭松林、尹红整理：《周敦颐集》，岳麓书社 2002 年版

吕坤著，温大勇译评：《呻吟语》，吉林文史出版社 2001 年版

王夫之著，王伯祥点校：《思问录·俟解》，古籍出版社 1956 年版

李泽厚：《论语今读》，天津社会科学院出版社 2008 年版

左丘明、刘向著，李维琦标点：《国语　战国策》，岳麓书社 1988 年版

李梦生撰：《左传译注》，上海古籍出版社 1998 年版

班固：《汉书》，中华书局 1962 年版

范晔：《后汉书》，中华书局 1965 年版

王充撰，陈蒲清点校：《论衡》，岳麓书社 2006 年版

王国轩、胡平生译注：《大学·中庸·孝经》，中华书局 2011 年版

商鞅、韩非著，张觉点校：《商君书·韩非子》，岳麓书社 2006 年版

王弼、韩康伯注，孔颖达疏，陆德明音义：《周易注疏》，中央编译出版社 2013 年版

王弼、韩康伯注，孔颖达等正义，黄侃经文句读：《周易正义》，上海古籍出版社 1990 年版

高亨：《周易大传今注》，齐鲁书社 1979 年版

孔令河：《五经注译》，山东友谊出版社 2001 年版

陶新华译：《四书五经全译》，线装书局 2016 年版

陈立撰，吴则虞点校：《白虎通疏证》，中华书局 1994 年版

毕沅校注，吴旭民校点：《墨子》，上海古籍出版社 2014 年版

刘向撰，赵善诒疏证：《说苑疏证》，华东师范大学出版社 1985 年版

董诰等编：《全唐文》，中华书局 1983 年版

黄宗羲：《黄宗羲全集》，浙江古籍出版社 1986、1992、1999 年版

陆九渊著：《陆象山全集》，中国书店 1992 年版

李民、王健撰：《尚书译注》，上海古籍出版社 2004 年版

朱熹撰：《朱子全书》，上海古籍出版社、安徽教育出版社 2002 年版

黎靖德编，王星贤点校：《朱子语类》，中华书局 1986 年版

王阳明著，张怀承注译：《传习录》，岳麓书社 2004 年版

王夫之：《读通鉴论》，山西人民出版社 1994 年版

李柏武、石鸣：《郭店楚简》，中国三峡出版社 2010 年版

李零：《郭店楚简校读记》（增订本），中国人民大学出版社 2007 年版

房玄龄注，刘绩补注，刘晓艺校点：《管子》，上海古籍出版社 2015 年版

许嘉璐主编，方向东译注：《大戴礼记》，江苏人民出版社 2019 年版

许慎撰，徐铉等校：《说文解字》，上海古籍出版社 2007 年版

卢守助撰：《晏子春秋译注》，上海古籍出版社 2012 年版

高诱注，毕沅校，徐小蛮标点：《吕氏春秋》，上海古籍出版社 2014 年版

贾谊著，王洲明注评：《新书》，凤凰出版社 2011 年版

徐莹注说：《新书》，河南大学出版社 2016 年版

脱脱等撰：《宋史》，中华书局 1977 年版

张湛注，卢重玄解，殷敬顺、陈景元释文，陈明校点：《列子》，上海古籍出版社 2014 年版

朱熹集传，方玉润评，朱杰人导读：《诗经》，上海古籍出版社 2009 年版

唐书文撰：《六韬·三略译注》，上海古籍出版社 2012 年版

韩婴撰，许维遹校释：《韩诗外传集释》，中华书局 1980 年版

李敖主编：《王安石集　明夷待访录　信及录》，天津古籍出版社 2016 年版

程颢、程颐著，王孝鱼点校：《二程集》，中华书局 1981 年版

王守仁撰，吴光、钱明等编校：《王阳明全集》，上海古籍出版社 1992 年版

章锡琛点校：《张载集》，中华书局 1978 年版

朱熹撰：《四书章句集注》，中华书局 1983 年版

钱穆：《孔子传》，生活·读书·新知三联书店 2002 年版

［美］赫伯特·芬格莱特著，彭国翔、张华译：《孔子：即凡而圣》，江苏人民出版社 2002 年版

［美］顾立雅：《孔子与中国之道》，高专诚译，大象出版社 2000 年版

［美］顾立雅著，高专诚译：《孔子与中国之道》（修订版），大象出版社

主要参考文献

2014年版

[德]卡尔·雅斯贝尔斯著，李瑜青、胡学东译：《苏格拉底　佛陀　孔子和耶稣》，安徽文艺出版社1991年版

李零：《丧家狗——我读〈论语〉》，山西人民出版社2007年版

南怀瑾：《孟子旁通》，复旦大学出版社2018年版

[德]马克斯·韦伯著，洪天富译：《儒教与道教》，江苏人民出版社2010年版

[美]狄百瑞著，黄水婴译：《儒家的困境》，北京大学出版社2009年版

[德]罗哲海著，陈咏明、瞿德瑜译：《轴心时期的儒家伦理》，大象出版社2009年版

徐复观：《两汉思想史》，华东师范大学出版社2001年版

[美]包弼德著，刘宁译：《斯文：唐宋思想的转型》，江苏人民出版社2001年版

[英]葛瑞汉著，程德祥等译：《中国的两位哲学家：二程兄弟的新儒学》，大象出版社2000年版

钱穆：《钱宾四先生全集》，联经出版事业公司1998年版

钱穆：《朱子学提纲》，生活·读书·新知三联书店2002年版

杜维明著，朱志方译：《青年王阳明（1472—1509）：行动中的儒家思想》，生活·读书·新知三联书店2013年版

秦家懿：《王阳明》，东大图书公司1987年版

秦家懿：《王阳明》，生活·读书·新知三联书店2011年版

[美]包弼德著，[新加坡]王昌伟译：《历史上的理学》，浙江大学出版社2010年版

胡适：《戴东原的哲学》，见《胡适文集》（第七册），北京大学出版社1998年版

梁启超著，吴松等点校：《饮冰室文集》（第一集），云南教育出版社2001年版

熊十力：《十力语要》，辽宁教育出版社1997年版

熊十力：《读经示要》，中国人民大学出版社 2006 年版

萧萐父主编：《熊十力全集》，湖北教育出版社 2001 年版

熊十力：《境由心生：熊十力精选集》，陕西师范大学出版社 2008 年版

梁漱溟：《梁漱溟全集》（第一卷），山东人民出版社 1989 年版

梁漱溟：《梁漱溟全集》（第三卷），山东人民出版社 1990 年版

梁漱溟：《中国文化要义》，上海人民出版社 2005 年版

梁漱溟：《中国人：理性早启的人生》，凤凰出版社 2009 年版

冯友兰：《三松堂全集》，河南人民出版社 2000 年版

冯友兰：《冯友兰学术自传》，人民出版社 2007 年版

贺麟：《文化与人生》，商务印书馆 2015 年版

钱穆：《灵魂与心》，广西师范大学出版社 2004 年版

牟宗三：《政道与治道》，吉林出版集团有限责任公司 2015 年版

牟宗三：《生命的学问》，广西师范大学出版社 2005 年版

唐君毅：《生命存在与心灵境界》，中国社会科学出版社 2006 年版

彭华选编：《王国维儒学论集》，四川大学出版社 2010 年版

杜维明：《二十一世纪的儒学》，中华书局 2014 年版

方克立：《现代新儒学与中国现代化》，天津人民出版社 1997 年版

张世保编：《大陆新儒学评论》，线装书局 2007 年版

张世保、谢青松编：《大陆新儒学评论　2017 卷》，中国社会科学出版社 2018 年版

黄玉顺：《面向生活本身的儒学——黄玉顺"生活儒学"自选集》，四川大学出版社 2006 年版

夏曾佑：《中国古代史》，河北教育出版社 2000 年版

范文澜：《中国通史简编》（修订本）第一编，人民出版社 1955 年版

钱穆：《国史大纲》（修订本）上册，商务印书馆 1994 年版

［法］谢和耐著，耿昇译：《中国社会史》，中国藏学出版社 2006 年版

［法］谢和耐著，何高济译：《中国人的智慧》，上海古籍出版社 2013 年版

阎步克：《士大夫政治演生史稿》，北京大学出版社 1996 年版

钱穆：《中国历代政治得失》，九州出版社 2012 年版

钱穆：《中国学术思想史论丛》（一），东大图书公司 1976 年版

［美］本杰明·史华兹著，程钢译：《古代中国的思想世界》，江苏人民出版社 2008 年版

萨孟武：《儒家政论衍义——先秦儒家政治思想的体系及其演变》，东大图书公司 1982 年版

杨向奎：《大一统与儒家思想》，北京出版社 2011 年版

李存山编：《张岱年选集》，吉林人民出版社 2005 年版

韦政通：《中国思想传统的创造转化——韦政通自选集》，云南人民出版社 2002 年版

韦政通：《中国思想史》，上海书店出版社 2003 年版

韦政通：《人文主义的力量》，中华书局 2011 年版

冯友兰：《中国哲学史》，中华书局 1961 年版

冯友兰：《中国哲学史新编》，人民出版社 1999 年版

牟宗三：《中国哲学十九讲》，台湾学生书局 1983 年版

唐君毅：《哲学概论》，中国社会科学出版社 2005 年版

劳思光：《新编中国哲学史》（三卷上），广西师范大学出版社 2005 年版

方克立主编：《中国哲学大辞典》，中国社会科学出版社 1994 年版

梁启超：《先秦政治思想史》，东方出版社 2012 年版

刘泽华：《先秦政治思想史》，南开大学出版社 1984 年版

萧公权：《中国政治思想史》，新星出版社 2005 年版

谢扶雅：《中国政治思想史纲》，正中书局 1954 年版

吕思勉：《中国政治思想史》，中华书局 2012 年版

吕思勉著，李永圻、张耕华整理：《吕思勉中国文化史　中国政治思想史讲义》，天津古籍出版社 2007 年版

吕思勉：《吕思勉讲中国思想史》，团结出版社 2019 年版

金耀基：《中国民本思想史》，法律出版社 2008 年版

刘泽华：《中国传统政治思想反思》，生活·读书·新知三联书店 1987 年版

［美］郝大维、安乐哲著，施忠连译：《汉哲学思维的文化探源》，江苏人民出版社 1999 年版

［美］安乐哲著，温海明等译：《和而不同：中西哲学的会通》，北京大学出版社 2009 年版

哈佛燕京学社主编：《全球化与文明对话》，江苏教育出版社 2004 年版

［美］杜维明：《东亚价值与多元现代性》，中国社会科学出版社 2001 年版

张灏：《幽暗意识与民主传统》，新星出版社 2006 年版

［美］孟德卫著，江文君、姚霏等译：《1500—1800：中西方的伟大相遇》，新星出版社 2007 年版

何兆武、柳卸林主编：《中国印象：外国名人论中国文化》，中国人民大学出版社 2011 年版

许纪霖：《家国天下——现代中国的个人、国家与世界认同》，上海人民出版社 2017 年版

费孝通：《费孝通论文化与文化自觉》，群言出版社 2005 年版

方克立：《中国文化的综合创新之路》，中国社会科学出版社 2012 年版

［英］马丁·雅克著，张莉、刘曲译：《当中国统治世界：中国的崛起和西方世界的衰落》，中信出版社 2010 年版

袁行霈、严文明、张传玺等主编：《中华文明史》（第一卷），北京大学出版社 2006 年版

阮炜：《中外文明十五论》，北京大学出版社 2008 年版

阮炜：《文明的表现》，北京大学出版社 2001 年版

丛日云主编：《西方文明讲演录》，北京大学出版社 2011 年版

［英］克莱夫·贝尔著，张静清、姚晓玲译：《文明》，商务印书馆 1990 年版

［英］亚当·弗格森著，［以］法尼娅·奥兹 - 萨尔兹伯格编，张雅楠、杜

国宏、李媚等译:《文明社会史论》,中国政法大学出版社 2015 年版

[美]本尼迪克特·安德森著,吴叡人译:《想象的共同体——民族主义的起源与散布》,上海人民出版社 2005 年版

[英]齐格蒙特·鲍曼著,欧阳景根译:《共同体》,江苏人民出版社 2003 年版

[德]斐迪南·滕尼斯著,林荣远译:《共同体与社会——纯粹社会学的基本概念》,商务印书馆 1999 年版

[美]曼纽尔·卡斯特著,曹荣湘译:《认同的力量》(第二版),社会科学文献出版社 2006 年版

[英]伯特兰·罗素著,黄翔译:《哲学大纲》,商务印书馆 2014 年版

[美]詹姆斯·克里斯蒂安著,赫忠慧译:《像哲学家一样思考》,北京大学出版社 2015 年版

[美]乔治·萨拜因著,[美]托马斯·索尔森修订,邓正来译:《政治学说史》(第四版),上海人民出版社 2008 年版

[美]威廉·邓宁著,谢义伟译:《政治学说史》(下卷),吉林出版集团有限责任公司 2015 年版

[美]施特劳斯著,李世祥等译:《什么是政治哲学》,华夏出版社 2011 年版

[美]汉娜·阿伦特著,罗纳德·贝纳尔编,曹明、苏婉儿译:《康德政治哲学讲稿》,上海人民出版社 2013 年版

[德]尤尔根·哈贝马斯著,郭官义译:《重建历史唯物主义》,社会科学文献出版社 2000 年版

[美]乔万尼·萨托利著,冯克利、阎克文译:《民主新论》,上海人民出版社 2015 年版

[英]戴维·威廉姆斯编,李竞、李媚译:《伏尔泰政治著作选》,中国政法大学出版社 2014 年版

[德]马克斯·韦伯著,冯克利译:《学术与政治》,生活·读书·新知

三联书店 1998 年版

[美]约瑟夫·熊彼特著，吴良健译：《资本主义、社会主义与民主》，商务印书馆 2009 年版

[美]R.M.基辛著，甘华鸣、陈芳、甘黎明译：《文化·社会·个人》，辽宁人民出版社 1988 年版

[美]迈克尔·桑德尔著，朱慧玲译：《公正：该如何做是好？》，中信出版社 2011 年版

[美]克莱·G.瑞恩著，程农译：《道德自负的美国：民主的危机与霸权的图谋》，上海人民出版社 2008 年版

[德]乌尔里希·贝克著，何博闻译：《风险社会》，译林出版社 2004 年版

[英]齐格蒙·鲍曼著，洪涛、周顺、郭台辉译：《寻找政治》，上海人民出版社 2006 年版

[伊朗]拉明·贾汉贝格鲁著，杨祯钦译：《伯林谈话录》，译林出版社 2002 年版

[英]安德鲁·海伍德著，张立鹏译：《政治学》（第二版），中国人民大学出版社 2006 年版

[美]欧文·白璧德著，张源、张沛译：《民主与领袖》，北京大学出版社 2011 年版

[美]詹姆斯·罗德之著，张新刚译：《柏拉图的政治理论，以及施特劳斯与沃格林的阐释：北大讲稿》，上海三联书店 2012 年版

[英]霍布豪斯著，朱曾汶译：《自由主义》，商务印书馆 1996 年版

[美]本杰明·巴伯著，彭斌、吴润洲译：《强势民主》，吉林人民出版社 2011 年版

[英]安东尼·阿巴拉斯特著，曹海军等译：《西方自由主义的兴衰》，吉林人民出版社 2004 年版

[英]约翰·希克著，陈志平、王志成译：《理性与信仰——宗教多元论诸问题》，四川人民出版社 2003 年版

［英］约翰·密尔著，许宝骙译：《论自由》，商务印书馆2017年版

［美］A.麦金太尔著，宋继杰译：《追寻美德：伦理理论研究》，译林出版社2003年版

丁一凡编：《权力二十讲》，天津人民出版社2008年版

何光沪编：《信仰二十讲》，中国青年出版社2008年版

贺照田主编：《西方现代性的曲折与展开》，吉林人民出版社2002年版

中共中央马克思恩格斯列宁斯大林著作编译局编译：《马克思恩格斯文集》（第一卷），人民出版社2009年版

［英］特里·伊格尔顿著，李杨、任文科、郑义译：《马克思为什么是对的》，新星出版社2011年版

南怀瑾：《南怀瑾选集》（第一卷），复旦大学出版社2003年版

方克立：《方克立文集》，上海辞书出版社2005年版

李晓：《商贾智慧》，广西师范大学出版社2011年版

刘秀池主编：《泰山大全》，山东友谊出版社1995年版

后记

　　30 多年前，也就是 1989 年的 7 月份，我从南开大学硕士研究生毕业后来到孔老夫子的故乡曲阜工作，工作单位是曲阜师范大学孔子研究所（后更名为孔子文化研究院）。没想到 5 年前，我又重新回到圣城曲阜，再续与孔老夫子的缘分，受聘到中国孔子研究院做山东省泰山学者特聘专家兼职工作。

　　我本来就是孔孟之乡的人，老家在济宁市任城区，离曲阜只有 50 公里左右，所以来到曲阜就等于回到了故乡，受聘到中国孔子研究院亦如同回家一样，内心总有一股温暖、惬意和幸福的感觉。当然，能够受聘为山东省泰山学者和中国孔子研究院特聘专家，这更是一份荣光和幸运。

　　2013 年 11 月 26 日，习近平总书记到曲阜考察中国孔子研究院并发表重要讲话，山东省和济宁市政府高度重视并贯彻落实习近平总书记的讲话精神，研究决定启动儒学研究高端人才招聘工作，并于 2015 年 4 月 13 日发布了招聘公告，本人决定提出应聘申请。后来，济宁市委组织部张茂瑞副部长、孔子研究院杨朝明院长和刘续兵副院长（时任学术交流部部长）等一行人，于 5 月 7 日上午专程来京晤谈。正式的招聘面试于 8 月 10 日举行，没想到在经过各项严格的审核和竞聘程序后，本人很荣幸地被聘任到中国孔子研究院做山东省泰山学者特聘专家兼职工作。

　　对本人来讲，受聘为"泰山学者"无疑是一份特殊的"荣幸"，而且，真的是别有一番滋味在心头。一是，本人自 1989 年 7 月到曲阜师范大学孔子研究所工作以来，学术研究一直以孔老夫子为中心，受聘"泰山学者"之前已先后撰写出版了几部研究孔老夫子的书，如《旷世大儒——孔子》（与郭沂教授合著，河北人民出版社 2000 年出版），《历史上的孔子形象》（齐鲁书社 2004 年出版），《孔子评传》（《旷世大儒——孔子》一书的修订本，中国社会出版社 2010 年出版），《孔子新论》（人民出版社 2012 年出版）。二是，恩师刘泽华先生在得知本人受聘为"泰山学者"后，曾建议本人研究一下"泰山文化"。"泰山"为中华"五岳独尊"，既有雄奇而独特的自然景观，又更具悠久而丰富的人文内涵，既是上古帝王封禅告天之圣地，亦是文人学士登临抒怀之道场，"泰山文化"的确是值得我们研究的。经过初步了解，我们不难发现，《诗经·鲁颂·闵宫》有"泰山岩岩，鲁邦所詹"之诗句，"诗圣"杜甫亦曾作"会当凌绝顶，一览众山小"的《望岳》之名篇，而在中国"学者"中，与"泰山"渊源最早最深者则非圣人孔子莫属。孔子志存高远，故"登东山而小鲁，登泰山而小天下"（《孟子·尽心上》）；胸怀仁爱，故过泰山侧而沉痛斥责"苛政猛于虎也"（《礼记·檀弓》）。其实，孔子还是中国历史上的第一位"泰山学者"。据《孔子家语·本姓解》记载："齐太史子与适鲁，见孔子。孔子与之言道。子与悦，曰：'吾鄙人也，闻子之名，不睹子之形久矣。而求知之宝贵也。乃今而后知泰山之为高，渊海之为大。惜乎，夫子之不逢明王，道德不加于民，而将垂宝以贻后世。'"另据《孔子家语·终记解》记载，孔夫子临终前的某日，"蚤晨作，负手曳杖，逍遥于门，而歌曰：'泰山其颓乎！梁木其坏乎！哲人其萎乎！'既歌而入，当户而坐。子贡闻之，曰：'泰山其颓，则吾将安仰？梁木其坏，吾将安杖？哲人其萎，吾将安放？夫子殆将病也。'遂趋而入"。可见，孔子生前，不仅时人子与以泰山之高、渊海之大来譬喻和形容孔子学识之广博，而且孔子本人与弟子子贡亦以泰山之颓、梁木之坏、哲人之萎来看待自己或其师之行将去世。这说明，"泰山"之为"学者"高大之美名正始自于孔老夫子，故被后人赞曰："孔子圣中之泰山，泰山岳中之孔子。"本人不知山东省当初特设"泰山学者"之名目何所取意，但正是上述发现却着实令本人感觉"压力山大",既让本人殊感荣耀,更让本人深感惭愧。才疏学浅之我辈,又有何德何能堪负"泰山学者"之名?不过,这也算是一种鞭策与激励吧,正如孟子所言:"乃所愿,则学孔子也。"(《孟子·公孙丑上》)故本人在应聘时所作个人陈述的"结束语"是这样讲的:"我愿意用生命来书写孔子的故事、诠释儒学的真义,并希望通过矢志不渝的努力把孔子的故事和儒学的真义书写、诠释得更好!"以此明志,唯愿这几年的努力没有玷污和辜负"泰山学者"这一称号!

本人要特别感谢山东省、济宁市和中国孔子研究院这几年提供的令人倍感温馨和鼓舞的优越的科研条件和工作环境,没有山东省"泰山学者"和济宁市儒学研究高端人才工程项目持续提供的经费资助以及中国孔子研究院倾力提供的工作支持与团队成员多年的辛劳付出,我是不可能顺利开展相关科研工作的,故特别致以最诚挚的感谢!其次,还要特别感谢山东友谊出版社对本书出版工作的大力支持和责任编辑赵锐的辛勤付出。